中央高校基本科研业务费专项资金资助

（3072020CF1302）

军事社会学译丛

文武之道
新时代的军人与国家

〔美〕苏珊娜·C.尼尔森
〔美〕唐·M.施耐德　　著

刘　辉　译

哈尔滨工程大学出版社
Harbin Engineering University Press

黑版贸审字：08-2020-112

图书在版编目 (CIP) 数据

文武之道：新时代的军人与国家 / (美) 苏珊娜·C. 尼尔森 (Suzanne C. Nielsen), (美) 唐·M. 施耐德 (Don M. Snider) 著；刘辉译. — 哈尔滨：哈尔滨工程大学出版社, 2020.10

（军事社会学译丛）

ISBN 978-7-5661-2578-1

Ⅰ.①文…　Ⅱ.①苏…②唐…③刘…　Ⅲ.①军人职责－研究　Ⅳ.①E126

中国版本图书馆 CIP 数据核字 (2020) 第 055604 号

选题策划　史大伟
责任编辑　张志雯
封面设计　李海波

出版发行　哈尔滨工程大学出版社
社　　址　哈尔滨市南岗区南通大街 145 号
邮政编码　150001
发行电话　0451–82519328
传　　真　0451–82519699
经　　销　新华书店
印　　刷　哈尔滨市石桥印务有限公司
开　　本　787 mm×960 mm　1/16
印　　张　29.75
字　　数　463 千字
版　　次　2020 年 10 月第 1 版
印　　次　2020 年 10 月第 1 次印刷
定　　价　158.00 元
http：//www.hrbeupress.com
E–mail：heupress@hrbeu.edu.cn

"军事社会学译丛"总序

《左传》云："国之大事，在祀与戎。"《孙子兵法》开篇指出："兵者，国之大事，死生之地，存亡之道，不可不察也。"古今中外，军事与战争是决定一个国家和民族命运的头等大事。

当今世界正面临百年未有之大变局，我国既处于发展的重要战略机遇期，又面临着不可预料的外部风险。习近平同志指出："全军要正确认识和把握我国安全和发展大势，强化忧患意识、危机意识、打仗意识，扎扎实实做好军事斗争准备各项工作，坚决完成党和人民赋予的使命任务。"

对于军事斗争，长久以来我国的军事思想不仅探寻军事战略战术，而且尤为重视军内、军政、军民关系，从《孟子》中的"天时不如地利，地利不如人和"到毛主席指出的战争决定因素"是人不是物"，均充分强调了军事问题的社会性质。在现阶段充分继承这一思想，采用科学的方法对军事问题进行社会学分析，复兴并推动我国的军事社会学研究，无疑是"强军兴军"战略的必然要求。

军事社会学的研究始于19世纪末20世纪初的俄罗斯帝国。第二次世界大战前后，在苏联、美国等国家，军事社会学研究受到普遍重视。1941年，美国成立了旨在调查军队中意见和态度的军队信息与教育研究所。该研究所对发生在美国国内外的战争进行社会心理学和社会学的研究。这项工作规模宏大，被描绘成"社会学界迄今为止最有野心的计划"。其大部分研究成果于1949年由塞缪尔·斯托弗和他的助手们收录在了名为《美国士兵》的著作中，它肯定并强调了群体研究、组织研究、理论研究、方法论研究和应用研究的重要意义。1965年，美国社会学家C.H. 科茨和R.J. 佩里格林撰写的《军事社会学》一书出版，标志着军事社会学作为社会学的一个分支学科正式形成。最初，相关研究因其直接解决军事问题的应用性取向而使学术性有所牺牲，且其关注的问题集中于军事领域内部。在之后的发展中，军事社会学的研究领域日益扩展，对军事问题的社会基础、社会后果等更具社会学风格议题的研究逐渐增多，并且关注不同时代出现的新问题，如恐怖主义、网络战争等。

我国军事社会学研究始于 20 世纪 80 年代中期。1984 年 10 月，中国人民解放军南京政治学院许祥文在《解放军报》发表了《创立具有中国特色的军事社会学》一文，拉开了我国军事社会学研究的序幕。三十多年来，军事社会学在明确学科方向、建立学术机构、汇聚学术队伍、开展学术研究等方面取得了一定的成绩。然而，不容忽视的是，由于军事社会学学科新、起步晚，加之整个社会发展的重点多集中在经济建设领域，因此军事社会学研究既缺乏有深度的、系统的基础理论研究，也缺乏扎实的经验研究，更缺乏对世界军事社会学前沿和动态的了解与把握。

哈尔滨工程大学的前身是中国人民解放军军事工程学院（简称"哈军工"），为我国的国防现代化做出了不可磨灭的贡献。国防现代化不仅需要军事科技这样的硬实力，还需要军事社会学这样的软实力。作为哈军工的传人，我们在新时代有义务担负起推动军事社会学发展的重任。为了学习与借鉴西方较为成熟的研究成果，迅速提升我国军事社会学研究水平，我们与哈尔滨工程大学出版社合作，翻译、出版了这套"军事社会学译丛"。

本译丛第一批共有 10 部著作。例如，《文明与战争》《战争、国家与社会》是"宏观定位著作"，围绕军事社会学的核心主题"战争"展开，探讨战争与国家、社会与文明的关系；《社会学与军事研究：经典与当代的奠基》是"理论奠基著作"，将军事社会学放入社会学的整体思想脉络中考察，寻求军事社会学的社会理论之根；《文武之道：新时代的军人与国家》《士兵与平民》是"结构性分析著作"，聚焦军队在社会结构中的位置，探求军队、军人与其他重要社会群体的关系，分析军事问题的社会基础与社会后果；《军事社会学手册》《劳特利奇军事研究方法手册》是"工具性著作"，为进行军事社会学研究提供全面的理论与方法；《德国的新安全人口统计：人口老龄化时代的军事招募》是"时代前沿著作"，聚焦"人口老龄化"这一各国当代普遍存在的重要人口现象对军队的影响，这对我国极具借鉴价值。

这 10 部著作涵盖了军事社会学研究的宏观与微观、理论与方法、经典与前沿，描绘了一个较为完整的军事社会学研究谱系，为我国军事社会学的发展提供了可借鉴的资源。相信在学界的共同努力下，今后会有越来越多的军事社会学成果不断问世，共同推动这一学科的发展。

纪念塞缪尔·亨廷顿（1927 年 4 月 18 日—2008 年 12 月 24 日）
对美国军政关系研究和实践做出的巨大贡献

前　言

　　就在几个小时之前，我的父亲，陆军退休少将罗伯特·C. 马歇尔（Robert C. Marshall），在家中安详地离世了，他的孩子们都围在他身边。我发现自己正在思考着他多年以来的教导，并且，当我坐下来写这本书的前言时，我觉得我们对话中的一段似乎特别的贴切。当时我打了电话，只是想知道爸爸和妈妈在做什么。我还没有问及或者说出任何实质性的内容时，爸爸开口说话了，于是，我们开始了以下这段交流：

　　　　"我听说，你正在竞选国会议员。"
　　　　"是啊，先生。"
　　　　"民主党？"
　　　　"是啊，先生。"
　　　　"你会不得不说很多的谎话了。"
　　　　"如果我是共和党人，我不会吗？"

　　最后这个问题让爸爸略顿了一下。然后他问道："你为什么要这样做呢？"我回答说："是这样，先生，这太关乎责任、荣誉了。"他打断了我，"你不要将这些词语用于政治。政治与任何荣耀的事情都毫不沾边。"

　　现在轮到我在回答之前略顿一下了，但是随后我就生气了，"爸爸，您知道我离开普林斯顿去越南当兵，您知道我在越南做了些什么，您也知道我现在当梅肯市市长已经四年了。所以让我来告诉您一些事情吧。对于一个像您或像我这样的人来说，过去四年来，我做的事情比我在军队中做的任何事情都要难得多。将子弹装上枪膛，您和我都没任何问题。受辱之前先自决。不是吗，爸爸？不错，政治是关于可能性的艺术，是妥协的艺术。您怎么会知道，任何一个人怎么会知道，哪种妥协是有原则而为之的，是为了获得更大的利益，获得那些有可能而为之的利益，哪种妥协只是推进了某个政党的议程或者它的政治事业？人们常常因此而蔑视政治家，但是政治是另一种战争。如果高尚的人们都放弃了政治，会发生什么呢？"

我一通爆发之后，爸爸和我改变了话题，我们的交流现在让我想起约翰·亚当斯（John Adams）对托马斯·杰斐逊（Thomas Jefferson）说过的话，托马斯·杰斐逊曾是令亚当斯意气难平的政治对手。当两个人都离开政治生活很久后，亚当斯写道："在我们向彼此解释我们自己之前，你和我都不应该死去。"[1] 我们这些人当中，那些既做过军官又做过政客的人，都看到了一个令人误解、不喜，又充满不信任的巨大鸿沟，我父亲的话证明了这一点。如果爸爸和我继续谈下去，就可能会比较、对照一下军务和政务了。这次谈话本来可以导向一场关于军官和政客在开战、备战和免战中都发挥什么作用的讨论。但最终，我们可能都会同意以下的观点，即在更好地"向彼此解释我们自己"的问题上，有着太多的事情是生死攸关的。如果美国要正确定位自己，以应对当前和未来的国家安全威胁，就必须缩小或填平军政文化之间的这一鸿沟。

大约 20 年前，弗朗西斯·福山（Francis Fukuyama）道出了一句名言，他说，我们已经到了"历史的尽头"，达到了自由民主和自由市场资本主义的全球均衡状态。[2] 他断言，由于全球经济相互依存，席卷各地，孤立的民族国家很快会沦为垃圾场。福山认为，自由民主前进的步伐不可阻挡，它能确保个人自由，有效地创造物质财富，在这方面，任何其他形式的政府都不能与之相提并论。他还认为，全球的重商主义者都在谋取利润，操控自由主义代议制政府，消除贸易和通行壁垒，确保和平，因为如果不这样做，就不会有稳定的利润。

福山没有预见或没有充分意识到的是，如果全球相互依存的整合度不高，监管力度不够，就可能带来威胁和动荡。在全球范围内，有数十亿人每天靠着不足两美元的生活费艰难度日，现代化的通信和交通每天都在提醒他们：自己的生活是如此地一贫如洗。这数十亿人也希望像我们一样，拥有现代化的、资本充足的自由市场经济。这种经济能创造和诱导出远远超出生存需要的消费水平，当今世界恐怕难以维系这样的消费能力。严重的经济动荡在所难免，更大范围的全球互依性还意味着，许多的此类动荡具有全球性，对于成千上万乃至数百万的人而言，这种动荡简直是毁灭性的。加上全球流行病、气候变化、恐怖袭击、复兴的民族主义和宗教性的仇外心理等威胁，我们只能寄望于历史的终结尚未到来，因为如果历史已然终结，就会持续不断地发生冲突。仇恨呈几何级数增长，置人于死地；致死和致伤的化学、生物与核技术都既易获得，又便携带，刚好方便了全球范围内那些愤意难平的人。美国的敌人会利用常规的和不对等的战略战术来实现他们的目的。[3]

我们的军职和文职领导人必须通力合作，才能应对整体威胁和全面战争（holistic warfare）的挑战。我们需要进行重大改革，因为资源的减少会带来挑战。无论是现在还是以后兑现的决策，都必须由军职和文职领导人来共同决定。我们政府的军职和文职部门也必须在多个层次上进行大规模重组，在重组中修改和调整陈规陋习。

即使在最好的情况下，这都不是一件容易的事，而且，正如《文武之道》这本书中所明确的，这一努力能否成功，很大程度上取决于军队与它所服务的社会和政府之间的相互影响。不良的军政关系经常出现在政府的行政部门和国会之间，无法形成最有效的国家安全能力，也无法制定最佳的政策和策略来管理这些能力，无论在军事还是民事上都是如此。例如，有目共睹的是，在阿富汗和伊拉克的后冲突时期，稳定行动的各种需求之间并不匹配：现有部队的规模和类型不匹配；政府文职部门极其缺乏落实国家建设工作的能力；作为一个政府，我们在战略沟通方面完全无能为力。

幸运的是，在这个问题上，美国西点军校的研究人员取得了重要的学术成果。需要强调的是本书中得出的两个研究结论。在最后一章，苏珊娜·尼尔森（Suzanne Nielsen）和唐·施耐德（Don Snider）指出，军政关系双方的未来领导人应该既有技术上的专业能力，又有建立和保持相互礼让和信任关系的能力，对于这种领导人的培养，"在最近的几十年里，都是说得多，做得少"。为此，我必须说，在国会议员中，鲜有对使用军事力量了如指掌的人，这极大阻碍了他们对军事事务以及对可能受军事能力影响的议题的决策能力。在我的国会同行中，很少有人了解美国军队的平叛行动是在多大程度上受制于当地居民和当地安全部队的，也很少有人了解那些士气高涨的本土军事力量即使装备很差、训练很少，也会具有强大的战斗力，无论他们是否在为美国的利益而战斗。

我还要强调第十四章中阐述的另一结论，该结论与国会在创建和维持有效军政关系时的重要角色有关。下面我提供一个例子来说明这个结论。在殖民时代，法国和英国将军团公开合并，作为军事战略的一部分管理着"政治后方"。美国军队却没有以任何有组织的方式这样做过。但是，在许多不对等的交战中，我们的敌人是瞄准了美国的"政治后方"的，即我们的祖国和美国人民的意志，将它们作为主要的战略目标。在任何不对等的交战中，美国领导人在选择所用的军事战术战略时，都必须更加有效地考虑他们的选择对政治后方的可能影响。只有拥有一系列更密切、更有效的军政关系，才能实现这样的目标。国会和军队必须解决这个问题，国会要身先士卒，起带头作用。

我在美国军政双方的职位上都服务过多年，我确信本书是为许多学生和从业者准备的，今天，没有什么话题会比这些议题更与他们密切相关。我们面临着重大的国内挑战，包括教育、医疗保健、人口老龄化、移民和其他问题，没有美国武装部队提供的自由和安全，我们就无法应对这些挑战。但是，正如本书所精辟透彻地告诉我们的，军队服务于社会，它们所提供的自由与安全至关重要，而军队与社会之间关系的质量和特性却仍然令人担忧。

吉姆·马歇尔

美国众议院议员

佐治亚州第八区

华盛顿特区

马歇尔是众议院军事委员会恐怖主义和非常规威胁小组委员会成员，也是西点监事会成员，还是默瑟大学法学院的法学教授。在1969年和1970年，他担任越南广义省美军第198轻步兵旅第1/52 C和E侦察排中士。他被授予过作战步兵徽章、紫心勋章和上面有"V"设计和橡树叶簇的铜星勋章。他还是美国陆军游骑兵名人堂成员。

前　言

　　21 世纪初，令人困扰的美国军政关系仍然给美国带来巨大而重要的影响。美军武装部队拥有独具特色的强制能力，又对国家资源有巨大需求，所以军事专业人员要忠诚地服务于美国行政部门中的民选领导人，支持国会表达的立法意图，也必须以反映美国民主原则的方式来完成这些任务，所有这些都至关重要。高级军事领导人还必须客观、专业、坚定，坚守党派中立。

　　正如本书所表明的，在构建军政关系时，文官及其军事合作伙伴的表现都要有效而适当，至于这种有效、适当的行为是怎样的，则再度引起充满活力的辩论。许多美国人相信，在当今美国外交和安全政策中，大国军事手段起着超乎寻常的重要作用。此外，美国在伊拉克进行军事干预的最初几年，正值国防部长唐纳德·拉姆斯菲尔德对其手下高级军事领导人进行管控的时期，这段损失惨重的历史表明，有必要全面、坦诚地回顾最高领导人制定国家安全政策时的程序。

　　因此，本著作的出版正是时候，它选对了人，也选对了地方。为了评估当前的军政关系状况，唐·施耐德和苏珊娜·尼尔森将美国一些最优秀的政治学、历史学、政策研究和社会学领域的学者召集在一起。在历时一年的研究中，他们通力合作，出色地利用了塞缪尔·P. 亨廷顿《军人与国家》（该书写于五十多年前，今天仍为经典）中的观念，将其视为评估当前军政关系的标准。他们的研究成果集成本书，书中见解精彩纷呈，对学者和从业者来说都可谓极其珍贵。

　　这本书还得益于美国西点军校社会科学系，那里每年都组织"高层会议"（Senior Conference）。在过去的半个世纪里，在这个国家安全专业人员的非正式聚会中，一直关注许多主题，但是没有一个主题比这次对美国军政关系的回顾更为及时、更有说服力。这项工作要解决的问题直指美国民主治理形式的核心。为保障美国人民的安全，美国人民会允许他们的军队有怎样的不同和独立？我们对共和国的军事职业、所有社会成员和政府领导人之间的互动又会有怎样的期待？

在漫长的兵役生涯中，我有机会直接了解到与美国军政关系有关的教训，从在越南作战担任步枪排排长开始，到1991年"沙漠风暴"行动中担任师长结束。我还担任过美国陆军战略规划师、参谋长联席会议（JCS）战略规划人、负责机构间协调的参谋长联席会议主席特别助理、联合战区指挥官以及负责国家安全事务（毒品相关问题方面的）的总统内阁办公室官员。

从我参军的那一天起，我就意识到，如果从服兵役的角度看军政关系问题，那么这个问题大都具有情境性。军衔不同，被指派的职责范围与职位不同，军政关系就明显不同。在给军人演讲时，我有时会挑衅地说，作为一名指挥战斗的营长或旅长，我只关注我的情报和作战参谋人员；作为一名师或军团的指挥官，我只关注我的后勤和通信参谋人员；但是，作为联合战区司令官，我只听取我的法务官、公共事务官和我的国务院政治顾问的意见。现实的情况是，在大多数的军事职位上，军政关系都无非关乎遵守宪法、道德勇气、个人荣誉和专业水准。但是在华盛顿各部门的流程中，以及在许多的军阶和职位上，军政关系很快就变得不清不楚的了。

我做过普通军官和高级文职内阁官员，以我在这两个领域中的经验看，我要为那些在政治军事舞台上服役的高级军官提一些基本准则。首先，高级军事领导人必须在现役中表现出坚定的无党派行为和态度。国家是通过选举选出三军统帅和国会议员的，宪法赋予他们保卫美国国家安全的重要责任，再由他们反过来去任命高级文职领导人。公众和高级文职领导人必须视高级军事领导人为政治中立，没有党派之见。

其次，在与以下各方打交道时，高级军事领导人对以下人员或部门必须做到完全透明和足够诚实：国会中宪法规定的雇主；总统和总统办公室；法律和法规允许条件下的作为国家安全进程监督守护者的媒体。当要求高级军事领导人做出专业判断时，他们必须坦诚、客观地表达意见，当等级制度的政策程序失灵时，他们也不表现出愚忠。

最后，我们必须为各军种广泛培养那些精选出来的高级军官，告诉他们，他们有责任承担起分配给他们的政治军事角色。从陆军的营长到师级指挥官，以及陆军姊妹军种中那些负有同等责任的军官，他们都是出类拔萃的人。我们花了 15 年到 25 年的时间，培养出了这些了不起的军官，他们是自己职业生涯中的大师。但是，在"伊拉克自由行动"（Operation Iraqi Freedom）的最初几年里，我们的许多高级军官撞上了国防部长唐纳德·拉姆斯菲尔德，对于拉姆斯菲尔德傲慢、虚伪的行为和错误的判断，他们并没有做好有效应对的准备。这些军事领导人之所以能身居高位，是因为他们有多年积累下来的丰富的经验和技能，也诚实正直，但是其中的一些军事领导人缺乏自信，这可能是因为他们的那套经验是早年形成的，其内容也较为宽泛，例如，他们接受的研究生教育和执行的一些任务都与自己的军种无关，虽然这些经历能使他们具有基本的历史、法律、语言和其他文化意识，也能使他们认识到美国政府的宪政形式是如何运行的，但是他们根本不准备采取主动负责任的态度去进行政治军事对话。这并不足以得出这样的结论，即高级军事领导人只能选择服从共和国，或者只能有原则地辞职。美国需要的高级军官应当尊重文职领导，行为有度，在对战略和国际环境的理解上有丰富的经验，也精通美国国家安全和治理的历史。

我为联邦政府尽心尽力地工作了 37 年以上，其中，包括军职和文职。通过第一手资料，有时也通过这段联邦服务的经历，我坚信，使美国军政关系步入正轨，对我国民主状况的改善和国民安全政策的顺利实施都至关重要。本着这种精神，我建议读者认真研读思考本书。有效的军政关系应该完全符合美国宪法，也要与美国继续在国际舞台上扮演的强者角色相一致，这对所有美国人的未来安全与福利来说都具有重大意义。

巴里·R. 麦卡弗里

美国陆军退休将军

纽约西点军校

麦卡弗里是美国弗吉尼亚州亚历山大市一家国家安全咨询公司——BR. 麦卡弗里联营有限责任公司的总裁。在 2001 年至 2005 年期间，他还是西点军校艾伦·布拉德利特聘教授，从事国家安全研究。

致　谢

　　我们大约在两年前开始着手这一研究项目，主要目的是加强西点军校的美国军政关系教学，我们两个人都在该学院任职，同时也在其他教育机构工作，这些机构对这项令人着迷的跨学科课题同样感兴趣。具体来说，为了 21 世纪这一代的研究生和大学生，我们打算写一本书，详述塞缪尔·P. 亨廷顿《军人与国家》（1957）一书的杰出贡献，并且继续推进这项军政关系研究。我们以亨廷顿的研究为检验今日军政关系问题的标准。亨廷顿的原著有很多闪光点，为促进理论文献的发展，解决重要的政策问题，我们试图沿着他指明的这条路径探索前行。在这一历程中，我们写了本书，希望它对教育工作者有用，包括对我们自己有用，也希望它能有助于那些对军事问题、美国政治和国家安全政策有广泛兴趣的读者。

　　这本书的完成过程并没有完全按照我们的最初计划进行，我们常常告诉学生开始一项研究时要制定计划，结果却没有任何一个计划能够在执行中幸存下来。在项目实施期间，苏珊娜·尼尔森没想到自己会在伊拉克服役五个月，担任戴维·彼得雷乌斯（David Petraeus）将军的参谋人员；而唐·施耐德则在项目结束之前就结束了 50 年的公共服务，离开了西点军校。尽管如此，我们还是相信能达成我们的意愿。幸运的结果是多种因素共同促成的，其中最为重要的是有一支出色的、由专业人员组成的团队，他们都在这一重要的领域中从事教学工作，且志趣相投，追求卓越。在开过的两次会议上，大家齐心协力，反复讨论，经历了无数次的修改，才得以完成本书。

　　因此，首先要感谢的，也最想深表谢意的，是我们的研究团队和各章作者。同意参加这个项目的人都非常出色，他们是伟大的学者，全心全意地致力于美国下一代文职和军职领导人的教育和发展。没有他们的透彻评论、鼓励与支持以及从始至终的乐观态度，这个项目就不可能顺利完成。

他们现在是我们的朋友了，如果将来有机会能与这些学者再度合作，我们都会格外欣喜。

第二个要感谢的必定是西点军校的社会科学系。学者需要某类环境才能茁壮成长，我们都很幸运，在西点军校，特别是在社会科学系，长期以来，一直有着积极而开放的科研环境。自1963年以来，每年都召开由系主任主持、由社会科学系承办的"高层会议"，很多极其资深的军政关系学者和从业者都会来参会。这一著名而富有成效的传统为我们提供了一个场所，在这里，我们自己以及我们各章作者的想法都会受到参会者的检阅。特别感谢社会科学系主任迈克·梅斯（Mike Meese）上校和辛迪·杰布（Cindy Jebb）上校的支持，以及我们的同事杰森·登普西（Jason Dempsey）少校的支持，在2006年年中，杰森·登普西少校最先建议我们利用亨廷顿著作发表50周年的契机来发布2007年的"高层会议"主题。

第三，非常感谢使本项目得以完成的出资方和工作人员。感谢西点军校毕业生协会、北大西洋公约组织和一项匿名私人基金会的慷慨资助。也向社会科学系的工作人员和老师们表示万分感谢，没有他们，这个项目将永远无法开花结果。具体要感谢"高层会议"执行秘书戴维·杜达斯（David Dudas）少校的不懈努力，感谢他的副手斯科特·泰勒（Scott Taylor）少校、会议协调人乔伊·帕斯夸兹（Joy Pasquazi）以及许多有才干的教师，他们以各种方式为2007年"高层会议"的成功举办做出了贡献。

第四个必须要感谢的是我们的编辑顾问特丽莎·劳森（Teresa Lawson），感谢她为本书的出版所做的一切。在本项目后期，她加入了我们，她的才华和通盘的策划帮助了我们，使我们能把此书写得更具整体性，更适用于教学，使其成为一首美国军政关系相互依存思想的"合唱曲"。在书中，我们提出了一些观点和问题，它们是美国未来国家领导人需要应对的。如果我们拥有强大的军事力量和能运用这些力量的好政策，就能解决这些问题。

最后，对于每个人来说，为了能完成这个项目，我们的亲人都付出良多，也弥足珍贵。对于他们的理解和包容，我们深表谢意。

目　录

第一章 引　言

苏珊娜·C.尼尔森，唐·M.施耐德

1957 年，塞缪尔·亨廷顿（Samuel Huntington）出版了一本关于军政【1】关系的开创性著作，书名为《军人与国家》（*The Soldier and the State*）。他认为，这一领域始终深受"理论不足"之困扰，他的主要目标是建构一个理论框架，在对该领域中的重要问题进行批判性考察时，这个框架能提供支持。[1] 亨廷顿同样关注重大政策问题，这也是他写这本书的动机：如果美国需要在"冷战"中获胜，它能否维系这个庞大的职业化军事机构？美国能否维系一支军队，它既能保持适度民主，满足亨廷顿所说的社会性要求（societal imperative），同时又能在军事上有效能，满足亨廷顿所说的功能性要求（functional imperative）？亨廷顿探索了自由民主国家中这两种要求之间的张力，创作出一部影响深远的经典，在过去的 50 年里，对于那些思考、研究和处理美国军政关系的人来说，这部经典之作始终都是一块试金石。

时至今日，亨廷顿的作品仍然具有重要意义。在美国国家安全政策中，大国军事手段正在扮演重要角色，在这一时代背景下，创建一种军政关系，它既民主适度，又能打造出高效能的军队，还能利用军队的政策与战略，这些都是至关重要的。但是，2001 年的"9·11"事件以来，一些事态发【2】展表明，在这些关系的许多重要方面都没有达成广泛共识。以下问题就引起了诸多争议：美国的战略决策及其决策制定的程序是否合理；与国防决策息息相关的人际关系如何处理；提供给文职领导人的军事建议的质量怎样；退休将官公开表达异议的适当性如何。2006 年 12 月，伊拉克研究小组明确表达了对此类问题的特别关注："在美国军队中，国防部文职领导层与各军种之间始终保持着牢固的合作伙伴关系，这一传统由来已久。双方长期以来都受益于这种关系，其中，军方全然坦诚地向文职领导层提出专业意见，文职领导层借助这些意见行使控制权，军方在了解到自己的建议已被听取并得到重视后，也会忠于职守。但是这种关系已经被破坏，有必要修复军政关系。"[2]

本书的中心前提是，美国军政关系面临的现实问题和挑战亟待回顾，亨廷顿的理论仍然是这一回顾的有益出发点。为了推动理论文献的发展，解决与军政关系双方有关的、紧迫的政策问题，本书将沿着亨廷顿指明的探索方向继续前行。

如何看待军政关系

正如亨廷顿在《军人与国家》一书中所写，军政关系"应该被视为互相依存的元素所构成的系统，研究它就是在研究系统"。把特定的事件放到更大的背景下，才能够更好地理解这个事件。[3]与美国政府内其他大多数的程序一样，军政关系既是机构之间的关系，也是个人之间的关系。它们受不同机构职责、不同文化观点甚至是不同个人风格和方法的影响。本部分将详细介绍五类重要关系，它们是军政关系系统中互相依存的要素。大众媒体常常视野狭窄，它们忽视了其中任何一种关系，就可能歪曲对美国军政关系的理解。一些关于五角大楼内部、五角大楼与白宫或国会之间存在分歧的谣言被报道得太多了，就好像它们是军政关系的全部内容一般。只关注成为新闻头条的争议，会导致人们忽略其他更重要的动力，或者说，忽略那些对美国军政互动的民主适宜性和战略有效性具有长期影响的动力。

【3】 这五组相互依存的关系是，文职精英（civilian elites）与军事领导人之间的关系，军事机构与美国社会之间的关系，军事领导人与其职业之间的关系，文职精英之间的关系，以及有影响力的文职精英与美国社会之间的关系。

文职精英与军事领导人

军事职业中的领导人会与联邦一级（国会与行政部门）民选和任命的

文职领导人直接合作，也会与州和地市一级的文职领导人直接合作，共同制定和执行美国国家及国土安全政策。在这一关系中发挥作用的文职精英还包括大学中的研究人员和教师、商业领袖以及媒体工作者，有时我们也把这种关系称为军政关系。

军事机构与美国社会

美国军队由武装部队组成，包括各具特色的陆海空三军。[4]志愿服役的士兵来自广泛的美国社会，可以保留他们作为公民的大多数权利与义务。但是也有一些突出的问题：美国武装部队能否吸引和招募到足够的志愿兵；服兵役的人能否代表他们所服务的社会；军事专业人员是否自认为或被他人认为与众不同或太脱离社会，导致了我们不想看到的军政"隔阂"；在军事职业内部，军事伦理中是否充满着文官的价值观念，而部署和雇佣美国军队依据的就是这种伦理。

军事领导人与其职业

军事职业内部的关系，主要是战略领导人与初级专业人员之间的关系，该关系会随时间而演变，从而对军事职业的精神气质和专业能力产生影响。这种演变会塑造机构能力和专业技能，影响最高军政领导人之间互动时的军事合作伙伴视角。

文职精英之间的互动

行政部门和国会共同对军事事务负有宪法责任，它们之间的关系塑造了其履行该责任的方式。其互动包括以下重要因素：国家两大政党之间的关系；政府行政部门和立法部门是否为同一政党掌管；党派偏见程度，尤【4】其是在国家安全政策问题上的党派偏见程度；政府官员同新闻媒体成员之间的关系。

有影响力的文职精英与美国社会

政治官员和其他文职领袖都会与美国公众建立起自己的关系。这些关系有助于文职精英引导公众形成对国家安全政策的意见，及其对执行该政策的国家工具的看法。

《军人与国家》一书的贡献

本书各章以《军人与国家》为检验标准，谨记上述这些关系，即亨廷顿提出的"由相互依存的元素构成的系统"，对美国军政关系理论和实践的现状及其走向进行全面反思。在这里，我们先对亨廷顿留下来的核心要素和观念做一简要回顾，将其作为我们这项研究的背景。

在《军人与国家》一书中，亨廷顿的出发点是论证以下命题：一个国家的军政关系目标是，"在其他社会价值损失最少的情况下来实现国家安全的最大化"[5]。在提出分析进路时，亨廷顿在三个主要领域里做出了概念性贡献，学者们在该领域中开展后续研究时，也一次次地以这些贡献来指导自己的研究。这些观念涉及以下三个方面：军事机构的影响因素；对军队采用文官控制的模式；对作为职业的军官的描述。

军事机构的影响因素

亨廷顿认为，功能性要求和社会性要求都会对一个国家的武装部队和军事机构产生影响。功能性要求源于守卫这个国家及其生活方式的需要，当国家召集武装部队以发挥其军事职能时，功能性要求就要关注外来威胁和效能需要。正是这些影响因素使军事机构具有了军事性质，也使军队重视纪律和服从等品质，并为维持这样的价值观提供理由。功能性要求需要军队关注这样一些问题，例如，开发或管理针对敌对国家技术能力的制衡系统，设计对军事能力的发展与安排进行指导的训令。

【5】　在军人保卫的社会中，社会性要求使军队受占主导地位的社会力量、意识形态和制度的影响。在社会性要求提出的问题中，一个是军人的职业道德是否与社会主流意识形态相兼容，并隶属于后者；另一个是军队消耗的资源、拥有的政治影响是否与国家的其他价值观相兼容。

亨廷顿认为，功能性要求和社会性要求是两种颇具影响的要求，这两种要求之间相互作用，这一相互作用就是"军政关系问题的核心"[6]。无法平衡两种要求的社会可能就无法保证社会自身的安全。正如亨廷顿在1957 年时写的，他十分担心，因为在他看来，"冷战"是一场长期斗争，在这场斗争中，富有效能的军事机构对确保美国安全至关重要，但是美国的自由主义严重危害了军队的功能，使它无法发展和维系这样的机构。

对军队采用文官控制的模式

亨廷顿留下来的第二个观念是对军队进行文官控制的模式。在亨廷顿看来，只有两种主要的模式：主观控制（subjective control）和客观控制（objective control）。在第一种模式下，对军队的控制反映出国内文官派系之间的竞争。各个集团因社会阶层、政府部门或党羽关系等特征而各不相同，但是每个集团都在寻求控制军队，他们的手段是，要求军官集团遵从他们的观念，为他们的专属利益服务。亨廷顿认为，在主观控制下，社会性要求会主导功能性要求。因此，主观控制对军队效能有负面影响，由于彼此竞争的文官派系不断地为控制军队而斗争，国家安全就可能会受到威胁。亨廷顿认为，在缺少职业化军官集团的情况下，这种模式在所难免。[7]

在客观文官控制下，军官集团不约而同地同意为国家服务，无论哪个文官集团在国内获得法定权力，他们都会这样做。由于军队自愿在政治上变得中立，所以这个系统将政治对军队的影响降到了最低限度。亨廷顿认为，职业军官会寻求客观控制模式，因为该模式与他们的职业精神最相符。军队拥有的政治权利极小，但是它在自己的领域内被授予了很大的自主权，能够依据其职业地位的要求来更好地发挥作用，使社会性要求和功能性要求得以平衡。亨廷顿得出的结论是，客观控制是最佳选择，主要原因有二：一是军队政治中立使文官控制更安全；二是军队的职业主义使国家更安全。【6】因此，军队的效能被最大化。

对作为职业的军官的描述

在后续的研究和分析中，《军人与国家》中的第三个观念可谓硕果累累。该观念认为，军官是一种职业，一类特殊的工作。亨廷顿认为，在西方社会中，军队和其他职业一样具有三个特征：专业能力（expertise）、责任（responsibility）与内部团结（corporateness）。军官具体的专业能力是通过长期教育培养出来的，体现为"对暴力进行管理"（the management of violence）[8]。其中包括对部队进行组织和装备、对它的使用制订计划、对部队的参战和停战情况进行指挥。

在履行这一职能的同时，还伴有一种特殊责任，即只有为社会谋福利，军官才能施展他们的专业能力。只有在代表当事人利益的情况下，军官才能发展、利用他们的专业知识和专业能力，否则当事人就无法获得保护。军官的这种社会责任，也是一种道义上的责任，这种责任将职业军官与其他仅有军事学知识的专家区分开来。

依据亨廷顿的理论，内部团结这一概念指的是，随着时间的推移，某一职业中的成员会发展为一个统一体，意识到他们自己是一个从其所服务的社会中分离出来的群体。这种集体意识源于长期的共同学习和服务，也来自共同承担的社会责任，当成员自己在运用和执行客观的能力标准时，就会自动表现出这种内部团结。[9]

军官这一职业是由功能性要求驱动的，就这一点而言，亨廷顿写道，军官持有特殊的职业军事伦理观，这是一种保守的现实主义观念；亨廷顿在描述这种世界观时，称它为"军事思维（military mind）"。其基本的构成要素有：坚信人容易犯错；坚信人类事务冲突具有持久性；尊重历史；相信历史是轮回的，而不是进步的；强调集体高于个人；强调国家是政治组织的基本单位；强调国际关系中大国的中心地位；强调对威胁和最坏情况进行分析的迫切性，倾向于维系强大的现役部队，对联盟保持审慎；除非能确保胜利，否则避免挑起事端；反对军事冒险主义。"因此，就军事职业来说，军事伦理是消极主义、集体主义、历史倾向性、大国导向、民族主义、军国主义、绥靖主义和工具主义的。"亨廷顿写道，军事伦理"既是现实主义的，又是保守主义的"。[10]

【7】亨廷顿的政策建议来自其分析框架中的这些主要元素。他认为，美国要在"冷战"中获胜，就必须制定与其客观控制观念相符的军政关系政策和措施。如果美国希望在其与苏联的长期军事对峙中取得成功，这种进路也可以使美国建立并维持一支庞大的武装部队，它由专业人员领导，能更

好地保护美国的自由民主主义。亨廷顿还指出，如果美国能改变它在意识形态上的右倾倾向，转而坚持一种与军队的功能性要求更相容的保守主义意识形态，就能更好地保卫美国国家安全。

项目概要

2007 年 6 月，也是《军人与国家》这本书出版 50 年之际，由跨学科的研究者与作者构成的项目组聚首在西点军校，请一些经过挑选的读者来评阅他们的手稿，这些读者是美国军政关系方面的专家学者和从业者，包括文官和军官，也包括现役军人和退役军人。[11] 项目组利用美国比较军政关系方面的丰富文献，也利用他们自己做过的大量研究，对亨廷顿的许多独创观念进行了回顾、检验和批判，并提出了他们自己的对策。本书接下来的部分会概述他们的研究成果，按主题分为四个部分，最后一章对研究项目进行总结。

本书的第一部分共有三章。近 50 年来，学者们在以不同视角研究美国军政关系时，形成了许多截然不同的观点，这三章介绍了这些观点，并利用亨廷顿的思想架构对它们进行了分析。在第二章中，理查德·贝茨（Richard Betts）分析了"9·11"事件后和伊拉克战争前的这几年里，美国军政关系的现状。他提醒道，对于那些可能并不存在的军政关系危机，不要无中生有。在第三章中，马修·莫滕（Matthew Moten）详细描述了一个被许多人视为危机的事件：2002 年，美陆军参谋长埃里克·新关（Eric Shinseki）就成功干预伊拉克所需部队数量提出了建议，该建议遭到美国防部长唐纳德·拉姆斯菲尔德（Donald Rumsfeld）的拒绝。在第四章中，彼得·费弗（Peter Feaver）和埃里卡·西勒（Erika Seeler）评估了亨廷顿思想对半个世纪以来军政关系研究发展的影响。通过对亨廷顿著作发表前【8】后的文献进行综述，他们指出，亨廷顿的著作被封为经典，不虚此名，它标志着军政关系学术研究方面的重大进展，不仅体现在实际层面，而且体现在方法论进路上。

本书的第二部分更直接地阐述了亨廷顿的社会性要求和功能性要求这两个概念，以及它们对美国军政关系的影响。在社会性要求层面，美国的自由主义传统（可追溯到路易斯·哈茨（Louis Hartz））与军队固有的保守主义之间有冲突，亨廷顿很担忧这一冲突，在第五章，迈克尔·戴思齐（Michael Desch）探讨了亨廷顿为什么会有这样的担忧。他描述了"冷战"结束之后这种冲突再次出现，认为它解释了为什么乔治·W.布什总统政府在军政关系管理方面困难重重，为什么以这种管理方式制定的政策与策略没有奏效。在文章的最后，他对客观控制进行了有力辩护。

第六章和第七章则转向了功能性要求。在第六章中，纳迪娅·沙德罗（Nadia Schadlow）和小理查德·莱克门德（Richard Lacquement）认为，亨廷顿将职业军官的角色视为"对暴力的管理者"（the manager of violence），在"冷战"之后的时代里，这一见解过于狭隘了。亨廷顿的看法是，军官和他们领导的军队主要关注常规性、动能性（kinetic）作战，这样的"一支军队，关注的是战斗，而不是战争"。从利用武力实现政治目标的意义上看，赢得战争需要擅长非常规作战（irregular warfare）和稳定行动（stability operations），美国在伊拉克和阿富汗战争中的经历充分证明了这一点。在第七章，威廉森·默里（Williamson Murray）深入考察了军事职业，以及这一职业是如何对其成员进行教育的，他主张对军事职业教育进行改革。他呼吁道，美国军事组织曾经对军事教育非常重视，现在要重振军事教育，这对当今美国军事专业人员的发展至关重要。

本书第三部分解决的是美国军政关系中的军事伙伴问题。在第八章，詹姆斯·伯克（James Burk）对盲目服从和负责任的服从之间的细微差别进行了分析，严格地考察了亨廷顿的观念——"忠诚和服从是军人的核心价值观"。他认为，应该将军官的职业责任和道义责任延伸到正确运用专业知识上，即"军事专业人员需要自主权，包括道德上的自主权"，他写道，"只有这样，才能成为有能力对自己行为负责的行动者"。伯克的这些观点是令人信服的。

在第九章中，达雷尔·德赖弗（Darrell Driver）对军官集团保守的现实主义世界观进行了研究。他的研究挑战了亨廷顿的"军事思维"概念，【9】军事思维将一系列普遍存在、非常保守的公共信念归因于军队职能的影响。德赖弗的数据表明，在被抽到的军官样本中，他们的观念有着惊人的异质性，而他们共同拥有的是对公共服务的信念。第十章由戴维·西格尔（David

Segal）和卡琳·德·安杰利斯（Karin De Angelis）执笔，与军人这一职业有关的概念是在不断演变的，他们从职业社会学的角度追溯了这些概念的发展变化。他们尤其关注了另一位重要的军政关系理论家的思想，即芝加哥大学的莫里斯·贾诺威茨（Morris Janowitz），他赞成军队与更广泛的美国社会进行更多的交汇融合，而不是亨廷顿倡导的自愿隔离。

本书最后一部分侧重于研究军政关系的当前状态，包括高级军官和文职领导的直接人际关系和指导他们的规范与惯例。在第十一章中，对于军事领导人参与国内政治活动的风险和代价，以及那些已经提出的、用于指导他们从事此类活动的各种规则，里莎·布鲁克斯（Risa Brooks）都从批判的视角进行了研究。在文章的结尾处，她谨慎地为这种做法提出了一项准则。

最后两章探讨了军队如何以及如何能更好地与国会和行政部门建立关系。在第十二章中，克里斯托弗·吉布森提出了一种进路，他称之为麦迪逊进路，可以用这种进路来取代客观控制和主观控制。在国家安全政策制定与执行的过程中，军队应该提出建议，吉布森尤其关注了这种提建议的方式。在他的模式中，"国防部的国家安全专家们，既包括文官，也包括军官，会制订相互竞争的计划（并且）……互相批评对方的观点和思想……也鼓励提出彼此独立甚至是相互竞争的行政审议提案"。在第十三章中，历史学家理查德·科恩（Richard Kohn）考察了军政关系中的人格要素。他为军政关系中的双方都提出了一套行为规范，以培养合作关系，这种关系不仅能改善文官控制现状，也能增强军事专家意见对制定英明政策的指导。

本书最后一章对这一集体研究项目得出的重要经验做出评价，对美国军政关系的发展方向提出了看法。

总结

美国将继续依靠自身的军事手段来维护国家的利益和价值观。当其确实实施了武力，其军政关系的特点就是武装行动成败的决定因素。行政部【10】门、国会以及军事领导人将如何为满足共和国的未来需要而密切合作，以创造、培养和装备美国的武装力量？政治领导人和军事领导人将如何制定、实施战略性和行动性规划，以确保对部队的特殊调用符合国家的目的？虽然在这些领域中，政治领导人的权力和责任至高无上，但是他们能否与整个军政关系范围内的军事职业领导人进行有效互动却是成功的关键。

第二章 军政关系依然是问题吗？

理查德·K.贝茨

民主、强大的职业化军事组织相处起来不太容易心平气和，这是亨廷【11】
顿《军人与国家》一书的前提。许多对军政关系陷入沉思的人并不赞同亨
廷顿对此问题的看法和解决方法，但是大多数人都认同他的下述前提，即
两大阵营之间的关系是一个重大且持续存在的问题。一些人认为，即便是
最近，这个问题也可称得上是"危机"。[1]

真的是这样吗？在 20 世纪 50 年代，就军事专业人士在对外政策的角
色上发生严重政治争执显然具有潜在的可能性。但是在那以后的 50 年里，
虽然美国在战争中付出惨痛代价，美国社会内部政治分歧尖锐，这种可能
性却并没有变为现实。军政关系的状况确实令人担忧，但是政界和政府部
门也问题重重。他们在政治和官僚选区中争抢影响力和控制权，这种你争
我夺的气氛弥漫在我们国家的生活中。在 20 世纪时，许多人对军政关系
表示担忧，但是与之相反，军政关系问题并不像民主冲突问题那么严重。

军政关系问题如何才能保持在可控状态？亨廷顿提出过两种理想类
型，即"客观"或"主观"文官控制模式，官方从未明确、持续地采用过【12】
其中任何一种模式，也没有宣称哪一种为标准。鉴于理想类型和实际做法
之间有差别，这种情况也在意料之中。实际上，平衡是通过动态均衡维持的，
恰如政客们时进时退，以这种方式来无声地强调着这两种进路。

任何一种进路都存在问题。学院派批评家往往关注客观控制的缺陷，
军事批评家常常反对主观控制，政界的批评家们在不同的时期有不同的观
点。正如大多数相互竞争的理想类型一样，在真实案例中，解决方案是倾
向于折中选择的。实际上，绝不应该将客观控制扩展为绝对的劳动分工，
通过剥夺文官特权直接开展军事行动。至于平衡，鉴于亨廷顿著作发表以

来的历史记载，亨廷顿反对主观控制的思想在 21 世纪仍然具有说服力。之所以如此，是因为客观控制的批评者已经关注到了一些风险：职业军人有做出错误军事抉择的风险，忽略军事政治化带来的风险，而客观控制的设计就是为了避开这些风险。

在评估文官控制状态的参考文献中有一些术语，本章会对这些术语进行概述，军政领导人之间充满张力，本章也会对造成这种张力的主要成因进行说明；本章还将探讨国内外政治环境中的重大变化对军政关系发展的影响，以及这些影响未成气候的原因。我们认为，20 世纪 60 年代中期以来，文官控制问题变得不那么严重了，也变得易于掌控。在本章的最后，我还给出了支持亨廷顿客观控制模式的理由。

军事政策的双面性

在《军人与国家》一书的背后是有担忧的，"冷战"要解决漫长和平时期中的动员问题，在美国的历史上，这一要求史无前例。在民兵制度和公民士兵（citizen-soldier）的传统中，只要有参战需要就能提供武装力量，而现在，国家不再依靠这种制度与传统了。在"冷战"时期的国家生活中，职业军人必须无限期地发挥重要作用，而不是阶段性地施加重大影响。这种全新挑战的出现，只不过是美国以持久兵力来遏制和威慑某个超级大国的结果。

20 世纪 40 年代至 90 年代的"冷战"时期是一段前所未有的漫长动员期，这段时期结束后，美国国防部门为什么没有回归到其历史上的角色和【13】状态中？为什么尽管从二百多年来的经验和试验中可以得到正确答案，而且半个世纪以来人们对军事事务一直很关注，但是职业军人参与制定政策和策略的恰当尺度却始终无法定夺？答案在于整个这段时期国家安全的外部变化、国内政治和政府机构的内部发展，还是其他的情况？

在亨廷顿的第二部著作《共同防御》（The Common Defense）中，他谈到了更加广阔的、展现军政关系的政治舞台。在书的开篇，亨廷顿主要关注了美国政策的外部领域和内部场所之间的相互作用：

军事政策中最显著、最迷人、也最棘手的部分是它的两面神般的品质。事实上，军事政策不仅朝向两个方向，而且存在于两个世界。一个是国际政治世界，这是大国权衡利益得失的世界，其中有战争和联盟，也有使用武力和外交手腕时的狡猾及残酷。在这个世界中，主要的流通货币是实际的和可能的军事力量，即部队、武器和战舰。另一个世界是国内政治，在这个世界中，有利益群体、政治党派、社会阶层及其相互冲突的利益与目标。这里的流通货币是社会资源，即人、金钱和物质。军事政策上的任何重大决策都会影响这两个世界，同时也受这两个世界的影响。以一种货币为单位做出的决策，始终可以用另一种货币来偿付。但是，汇率常常是个问题。[2]

为理解军政关系中那些更为具体的挑战，《军人与国家》一书的开篇就提出了两种要求：功能性要求（作战和威慑方面的效能）和社会性要求（职业军人要符合自由美国的社会要求和意识形态要求），军事政策的两面性是与这两种要求交叉重叠的。亨廷顿担忧的、并激起他思考的问题是，一方面，如果"只按照功能性要求来塑造军事机构，可能无法将它包含在社会范畴里"；另一方面，"冷战"又使功能性要求占据了优势。从历史角度看，美国人可以通过压制军事职业主义来解决军政关系问题，但是20世纪中期威胁四伏，继续这样做风险太大。"以前的主要问题在于什么样的军政关系模式与美国的自由民主主义价值观最相符？如今，这个问题已经被更重要的议题所取代，即什么样的军政关系模式能最好地维护美国国家安全？"[3]

两种要求的优先等级已然发生改变，但是它们的相互作用仍然是亨廷顿的核心话题。任何一种要求都不能被忽略，问题是以何种模式将它们调【14】和在一起。一些批评家要么对接下来几年里的军政关系历程不满意，要么反对亨廷顿首选的客观控制模式，这些批评家并非都意识到了这些问题。许多人把他们的全部注意力只放在等式一边的问题上。一些人不喜欢客观控制，因为军事共同体与社会其他群体之间的社会"隔阂"看上去是客观控制引起的，但是客观控制的替代选项对军事效能即功能性要求的影响如何，他们却没有予以同等关注。还有一些人也不喜欢客观控制，因为客观控制看上去剥夺了文官对军事行动及其战略的控制，但是这些批评家也没有直接提出支持主观控制。对客观控制辩论不休的部分原因在于，对军事政策的两面性或者军政关系的两种要求的关注度不够平衡。

20世纪中期以来，导致军政领导人之间发生摩擦的两个原因反复出现，十分突出。一个原因涉及战略和军事行动：军事专业人员具有一种倾向，若不承诺采用"压倒性兵力"（overwhelming force）战略，就反对执行作战任务，而这常常违反政治家的利益，政治家希望发动不引人注目的战争（low-profile war），以成本低廉、经济有效的行动进行干预。另一个原因与管理和控制有关，涉及的问题包括如何对军事专家和政治权威进行划界，军事领导人的影响力过大还是不及。

偏爱压倒性兵力的军事传统历史悠久，它与行动果断有关，不同于零敲碎打、毫无作用的施压策略。这种偏好源于对战斗不可预测的敏感性，也源于普遍存在的克劳塞维茨式（Clausewitzian）"摩擦"，还在于许多敌人都拥有一种无法预期的复原力。军事专业人员认为击溃对手比敲打对手要安全得多（这并不意味着军人更喜欢打全面战争（total war），只是在迫使对手屈从于美国提出的任何有争议的要求时，他们宁愿使用更多的兵力，而不是使用看上去适当的兵力）。

保守的政客们通常都有这种倾向。毕竟，20世纪90年代所谓的"鲍威尔原则"（Powell Doctrine）不过是10年前的"温伯格训令"（Weinberger Doctrine）罢了。[4] 自由主义和新保守主义的政客（与旧保守派或左翼分子相反）经常把这方面的提议视为阻挠，过于谨慎，是在立字为证地担保说，【15】任何失败都是文职当权者造成的，这样的发心不够坦荡真诚。[5] 文官往往对少用兵、多做事更感兴趣，例如维和行动；他们希望能够表明，在不必白白浪费生命的情况下，也可以节约地使用武力。军人往往认为这些主张十分幼稚，不负责任。参谋长联席会议主席科林·鲍威尔（Colin Powell）曾向记者抱怨道："只要他们告诉我这件事是受到限制的，那就意味着他们根本不关心你能否实现目的。"[6] 20世纪60年代，双方在应该运用多大规模作战兵力的问题上，剑拔弩张，矛盾激增，尤其体现在审议老挝干预、古巴导弹危机以及越南空战的过程中。20世纪90年代，这一矛盾再度激化，当时，军队遭受了迟迟不对巴尔干地区动用武力的压力；2002年，在伊拉克战争准备阶段，同样爆发了此类冲突，正如马修·莫滕在本书的第三章中所叙述的。[7]

过去，对文职决策者和职业军人的合法权利范围进行划界时，界限划在哪里的问题常常发生在以下的背景下：对预算与采办项目进行管理，文职管理者对军事行动的战术选择进行干预。在20世纪60年代以及2001—2006年的政治领域里，这些纷争最为严重。在学院派分析家的研究中，有两路相反的观点尤为突出。一种观点反对亨廷顿模式，该观点认为，文官应该发挥更积极的作用，对军事机构的层级体系进行更为深入的干预，而不是如客观控制所预想的，用劳动分工来划分军政权力。另一种观点更含蓄地支持了劳动分工原则，该观点认为，正是这类文官干预才造成了功能失调的结果：幼稚或狡猾的政客们在制订军事计划与行动时，对战略不负责任，还营私舞弊。

格雷厄姆·阿利森（Graham Allison）、巴里·波森（Barry Posen）和艾略特·科恩（Eliot Cohen）的著作是第一种观点的例子。[8]这些例子是贯彻克劳塞维茨（Clausewitz）重要思想的尝试，该思想认为，如果希望理性作战（或备战），政策和军事行动就必须相互融合，不能分割。其中，阿利森提出了决策的"组织过程"（organizational process）模式，该模式强调，军队等复杂组织的本位主义和目标错置可能会导致政策运行失调、结果不可预料和事态意外升级，这十分危险。[9]从这一角度看，为避免官僚政治功亏一篑，顶层决策者需要深入研究战术细节，干预军队指挥系统，以确保在使用兵力时，总统的意图不会为标准化的作战程序所改变。波森则认为，不要指望军队能通过改变理论或调整兵力来适应不断变化的战略环境，文职领导人应该对计划进行"审查"，应该同军官集团中少数能提供明智、【16】新颖解决方案的人合作。艾略特·科恩认为，伟大的文职战争领袖应该具有以下这些特征：他能够质疑军方在军事行动问题上的建议，对此既有意愿也有智慧，当各方判断相互冲突时，他会强制军队放弃他们的偏好，转而接受其他选择。艾略特·科恩的研究直接抨击了亨廷顿的客观控制模式，他反对将该模式列为军政关系中的"标准理论"（normal theory）。[10]（实际上，只有职业军官认为它是标准的；文职政客和非专业观察人员在反对主观控制上没有达成任何共识。）艾略特·科恩提供了一些例子，证明文职战争领袖的军事判断似乎比军官要好。

在军政关系问题上，还有一种相反的批判观点，该观点在职业军人中非常流行，代表作是 H. R. 麦克马斯特（H. R. McMaster）撰写的《失职》（*Dereliction of Duty*）。[11] 从这一观点看，在过去的半个世纪里，为国家安全政策带来最大灾难的最大过失性事件，莫过于林登·约翰逊（Lyndon Johnson）和罗伯特·麦克纳马拉（Robert McNamara）不听取军事领导人的专业建议，在发动越南战争时强制实施了"不赢战略"（no win strategy）。第二大过失，也就是本书书名中所指的过失，即参谋长联席会议（JCS）有附和这一误导性计划的意愿，面对行政部门在此事上的所谓欺骗行为保持沉默，而不是辞职或者向国会坦诚交代。也就是说，参谋长联席会议主席厄尔·惠勒（Earle Wheeler）及其同僚的过失在于做了艾略特·科恩建议的事情：他们不同意上级的意见，但上级一旦做出决定之后，他们就闭口不言了。这种做法看上去极不负责任。[12]

所有这些军政关系的观点都有理论依据，这些理论来自"冷战"或更早的时期。亨廷顿在 20 世纪 50 年代整理自己的思想时，他的论点是关于当时的美国政治体系的。自那以后，美国国家安全战略环境以及美国国内政治环境都发生了翻天覆地的变化。这些重大的变化是改变了亨廷顿理论的逻辑，还是改变了批评他的理论的逻辑呢？

外来威胁的新面孔

1957 年，对"冷战"结束做出假想的读者可能会期望，如果战争最终真如预想的那样结束，敌人真的无条件投降，那么遏制国内军事力量的社会性要求就会再次完胜功能性要求。20 世纪 40 年代，外来威胁的变化将美国带入世界政治舞台的中心，1989 年以后的这些变化同样深远，不过却是在相反的方向上，它为美国带来了极其强大的军事力量和完备的国家安全。1939 年是准备同某个大国开战前的最后一年，当时，1.4% 的国内生产总值被用于国防开支，那么为什么美国现在的国防预算要比 1939 年高出三倍呢？[13] 当时苏联有 175 个师和 4 万件核武器，没有什么比它们更能

【17】

威胁到美国的安全了。（基地组织之所以看起来强大，只是因为没有对手，因为它是当地唯一的威胁来源。）在20世纪90年代初那些激动人心的日子里，一些观察家埋头于现实政治，他们预测美国可能会"进入过去的模式"，也就是说，他们预测美国会在和平时期松弛下来，不再长期处于不正常的高度备战状态，也不再对境外实行激进主义，而是采取一种更加宽松的对外政策，该政策主要以经济合作为导向，对其他大国的崛起保持警惕，并且能有节制地诉诸武力。但是，这种情况并没有发生。美国在胜利之后，并没有按照历史惯例遣散军队，而是在和平时期维系了庞大的常备兵力，军队不必大规模缩编，这缓解了军政关系。但是美国持续实施激进主义的对外政策，还是削弱了军政关系，因为对于真正具有政治意识的军人以及具有理想主义倾向的文官来说，这种政策都会激起他们之间的分歧。

尽管击败了法西斯主义的划时代挑战，美国境外激进主义的势头依然有增无减。美国在苏联解体后的15年间，挑起的"热战"（hot war）是"冷战"时期"冷战"数的两倍（小规模的干预也是这种比例），虽然这15年的时间跨度只是"冷战"时间跨度的1/3。仅就美国的军事预算基线来说，不包括战争中的实际支出，到2008年，就增加到5000多亿美元，大约是全球其他国家军事支出的总和，是所有可能敌国军队总支出的五倍多。针对基地组织的战争主要依靠情报搜集和特种部队，占国防预算比例相对较小，这种情况无法解释为什么军事开支规模如此之大。这些数据表明的军事开支低于"冷战"时期，这四场战争比朝鲜战争和越南战争的规模都要小（这四场战争分别是1991年的海湾战争、1999年的科索沃战争、2001年以来的阿富汗战争以及2003年以来的伊拉克战争）。划拨给武装部队的预算占国内生产总值的4%以上，这一比例也确实低于早年的大多数时期，但是当国防预算为6%~9%时，还是远高于20世纪中期的标准。

2001年，发生了令人震惊的"9·11"事件，这一事件激起了当前的激进主义，但是即使是在此之前，美国也没有回到过去的模式。20世纪90年代，美国兵力和预算大幅削减，与"冷战"时期相比缩减了很多，但【18】是依照1940年之前的标准，这种和平时期的军队编制仍然非常庞大。在过去的50年里，欧洲和亚洲发生了世界大战，"冷战"进程几乎遍及全球。苏联的解体让美国更容易沉溺于这种冲动：以看似相对低廉的代价担负起维护全球秩序的使命。之所以这样说，是因为很多美国人不与共和国的前150年相比，而是与他们自己这些年亲历的情况相比。到"冷战"结束时，只有那些到了退休年龄的人才会忆起，在他们年轻时，美国并没有这么庞大的武装部队。

当前的国防预算之所以具有"冷战"时期的规模，部分是因为维持军事机构运行的成本在增长，这种成本的变化是以下两种情况造成的：一是新技术的利用范围在扩张，二是需要更大的诱因来促使美国人志愿参军或重新入伍。军械系统成本的增加远远超过了通货膨胀率，此外，医疗成本、奖励性工资与奖金、其他人力资源投资都很高，部队征兵时的财务负担远远高出了"冷战"的前半段时间。依靠军事开支存活的企业利益集团也变得活跃，他们愈发善于在所有的国会选区中散发分包合同，还煽动"猪肉桶"政治。但是这些原因还是不能解释国防预算基数为什么这么大。

在推倒"柏林墙"之后与"9·11"基地组织袭击事件之前的这段时间里，对外政策的目标与其说是一种必要，不如说是一种选择，这种情况比20世纪30年代以来的任何时期都要明显。在政策方面，美国不必担心权力平衡问题。1991年海湾战争之后，主要问题变成了要承担多少维护世界秩序的责任，以及如何在付出最小代价的情况下控制小规模冲突。争论始终围绕着应该在何时、何地参与人权干预，维护和平以及和平执法。在此期间，美国参与的都是一些小型战争，例如，波黑战争或科索沃战争，这些战争都在迫使不稳定国家或动荡社会依据西方标准来自行管理。

这些选择使军政关系略呈紧张状态。比尔·克林顿总统和"9·11"事件后的乔治·布什总统都有着新威尔逊式（neo-Wilsonian）的冲动，这【19】意味着文职领导层的战争观念更接近于20世纪早期的思想，这些思想源自安抚西部边境的经历。正如莫里斯·贾诺威茨所描述的，战争"本质上就是一种惩罚行为……是为了把生活在法律和秩序规则之外的人带入文明的轨道……关于如何使用有组织的暴力去实现特定的政治稳定或者是新的权力平衡，其中的哲学却几乎无人关心。军事行动的目的是促进全面的政治融合，或者只是为了'惩罚'不法分子"[14]。

这种思考方式引起了军事专业人士的焦虑。他们早就忘了前线的经历，忘了如何监管加勒比地区，与此相反，他们将目光投向了势均力敌的对手，旨在与这样的敌人打现代常规战争。20 世纪 40 年代，美国武装部队在欧洲和太平洋地区取得胜利，45 年来，他们也在北大西洋公约组织（简称"北约"）中央战线上为第三次世界大战做准备，这些军事成就与战备状态打造了他们的形象，尤其是越南的经历使他们意识到非常规战争对他们来说非常不利。

　　直到 2003 年以后，这种定位才像 20 世纪 60 年代时那样受到现实的挑战。"9·11"事件及其余波强调了非常规特种作战的重要性，但是大多数军事专业人员仍然只把它看作一项附加的重要任务，而不是最重要的任务。在伊拉克战争中，开始阶段的常规战取得了胜利，却没有带来最终的胜利，这对军事专业人员的精神造成了沉重打击。他们深陷于毫无结果的反叛乱行动中，加剧了军政关系的紧张局势，虽然这种情况并不像越南战争时那么严重（在越南战争期间，主要的冲突是对越南民主共和国的空战，和伊拉克的情况没有任何可比性）。

　　越南战争之后，与 20 世纪 50 年代和 60 年代相比，两大阵营之间的摩擦变得不那么严重了。空军顶着文官的压力，首先在约翰·肯尼迪（John Kennedy）总统和国防部长罗伯特·麦克纳马拉的带领下，开始着手准备，之后经由理查德·尼克松（Richard Nixon）总统和国防部长詹姆斯·施莱辛格（James Schlesinger）得以复苏，并为有限核战争（limited nuclear war）制定了一份选项清单，最后到吉米·卡特（Jimmy Carter）总统才最终下令执行。否则各军种就会像其他大型官僚组织通常表现出的那样，安于难以控制的现状，舔舐完越南战争的伤口又继续去完成他们的首要使命：常规威慑（conventional deterrence）以及针对苏联而进行第三次世界大战的准备。文职领导人不反对军人想忘掉越南战争的愿望，但是也没有坚称军队要保持反叛乱的能力，将它作为防止未来不测的手段，正是这个可怕的错误，使他们在始于 2003 年的伊拉克战争中自食其果。

　　在 21 世纪，从欧洲任务中撤退和无视非常规战争都已经不再是选项了。【20】在大国平衡政治重新出现之前，主要的问题是，如何打一场针对基地组织及其同盟的全球反叛乱战争，以及是否要利用美国的力量、基于其自身的目的来选择使命。常规部队是实现反恐使命的辅助手段，而选择什么样的使命仍然是现实主义的军人和理想主义的政客之间各执一词的可能原因。

热衷利用武力促进公正和民主的人，即 20 世纪 90 年代的自由主义者和后来的新保守主义者，都相信可以事半功倍地完成任务。而如果悲观主义的军官打算支持帝国的惯常做法，这些军官就会一如既往地要求使用压倒性兵力。

政府的新面孔

在过去的 50 年里，政治进程、机构限制和党派趋势始终在发生变化。最常被提及的是担心军官集团会"共和化"（republicanization），（作为民主党的我要说的是）这实际上并不是一个可怕的、具有威胁的变化，除非放弃客观控制原则。[15] 在关于文官控制的辩论中，人们很少提及一个会带来最大消极影响的变化，这就是 20 世纪 70 年代的陆军重组，该重组要求动员预备役部队来应对所有重大的突发性事件。

让我们看一下政府和政治演化过程中的一些里程碑式事件：

· 1958 年，即《军人与国家》一书出版的第二年，美国国防机构立法重组，把统一指挥系统和特殊指挥系统编入法典（后由国防部长唐纳德·拉姆斯菲尔德将其重新命名为"作战指挥系统"）。这些演变成为区域军政协调的重心，对于负责军政关系的四星上将来说，这些变化具有非同凡响的战略意义。

· 在接下来的几年里，各军种、指挥部、参谋长联席会议、国防部文职秘书处、国家安全委员会（NSC）、国会委员会以及国会预算局等机构的人员都在扩充，使它们之间的互动和影响机制都变得更加复杂。

【21】

· 20 世纪 60 年代，对五角大楼事务反复多次实施高压文官治理，2000 年后，这种情况卷土重来。

· 对对外关系、国防和情报活动的立法监督力度显著增加，国会成立预算委员会。

· 国会通过 1973 年的《战争权力决议案》维护了自己的宪法特权，但是在随后与行政部门发生的争议中，并未始终执行这一议案。

·联邦预算变得不平衡，加大了国内应得权益计划的比重，用于国防的国家资源份额降低。

·1986年的《戈德华特－尼科尔斯国防部改组法》(Goldwater-Nichols Defense Reorganization Act) 强化了参谋长联席会议的作用，但是该联席会议却被移出了指挥系统。[16]

·征兵落幕，在美国人口中，参过军的人口比例持续下降。在政治精英里，尤其是在国会中，过去，退役军人的比例会超出他们在美国人口中的比例，但后来逐渐变得比例不足，国会中参过军的人员越来越少，已经小于退役军人在整个人口中的比例了。[17]

·许多传统上由军队支持的功能开始私有化，转移给了民营公司，如哈里伯顿公司、凯洛格布朗路特集团公司（KBR）以及戴恩国际公司（DynCorp）等。

·两大国家政党的两极化越来越明显，军官的党派身份变得更加明确，且集中在一党之内。

还有一个变化，就是资源上的限制放松了，但是人们并不理解它的重要性。试想一下，今天军队内部的预算看上去如此宽裕，而最近军事开支的增长却几乎没有用来增加可部署的兵力，这十分讽刺。20世纪60年代初，国防支出实际增加了13%，"陆军作战师的数量从11个增加到16个，空军战术联队从16个增加到21个，海军陆战队人数从175 000人增加到190 000人，陆军增加了100 000人"[18]。20世纪90年代末以来，国防预算大幅增加，平均每年增加6%，且持续增长了整整10年，自第二次世界大战以来的任何一个10年中，这样的记录都不曾有过，但是可部署兵力的增长却少得可怜。总统2009财政年度要求整个国家国防开支大于7000亿美元，包括战争支出，如果按实值计算，这比越南战争最激烈时期【22】的1968年的预算还要高出40%，但是越南战争时，战场上部署的美国军人数是2009年的三倍之多，另外还有当时驻扎在德国的大规模的威慑部队。

如果不是"9·11"事件之后的战略结构不匹配，当前的形势看上去还不至于这么反常。"9·11"事件以前，"对军队事务进行改革"和"转型"

的目标集中在常规战上，并且是在最大限度提高军事素质的基础之上实现的。但是，如果帝国要实施监督，打非常规战，以及需要在多地区同时部署"地面部队"，就会要求有一定数量的兵力，而海军和空军中的高科技优势成本高昂，只能有极小幅的增长。如果打算维持一定水平的地面部队人数，在部署和作战时间漫长又没有征兵保障的重压下，就会把越来越多的钱用于奖励以及其他支出上，在大规模征兵的年代里，是不会有这类花销的。

尽管如此，与大国对峙时代的情况相比，在最近的和平时期，军事预算并不是那么紧张。在"冷战"初期，决定军事预算的实际标准往往与功能性要求无关。在杜鲁门（Truman）政府和艾森豪威尔（Eisenhower）政府执政时期，当预算出现严重的平衡问题时，就意味着军事开支要由"余数法"（remainder method）决定了，即从总收入中除去国内项目开支、债务利息支出以及对外援助开支后，剩余的数额才可用于国家安全开支。[19]

在肯尼迪政府时期，这一点有了变化，肯尼迪政府宣布，美国在原则上要无条件满足因战略目的而发生的经费需要。但是，在实际操作中，政府对军队采用了预算限额（budget ceiling）的做法，该原则带来了更多的摩擦。现在的文职管理层不能再撒手不管，简单地推说没有足够的资金，他们只能说，与职业军人的判断相比，管理层对军事需要的判断更加准确，以此为由，拒绝军队对所需项目提出的建议。这一转变削弱了文官控制分而治之的能力，因为政府不再像杜鲁门政府和艾森豪威尔政府那样武断地设置支出上限，不再要求军事专业人员在各个项目之间进行取舍，也不再利用各军种在预算上的相互竞争。相反，由于官方提出了军事开支由功能性要求决定的构想，各军种就可能形成统一战线，互相支持彼此的项目。[20]

试想一下，20 世纪 40 年代末 B-36 轰炸机与超级航母计划之间的激烈
【23】 交战，而 20 世纪 90 年代，对于应该首选哪种投射性火力手段（是 B-2 轰炸机还是航母战斗群），海军和空军之间却从来没有交锋过。如果与航母特遣部队的投资和运行成本相比，B-2 轰炸机看起来更便宜些，只要这样计算，就会有这个结果——B-2 轰炸机为战略性的空军力量提供了成本更低、效能更大的选择，但是在公开场合或国会，空军并没有试着论证过这一点。空军高度重视其他优先考虑的项目，他们也确信，只有在总统和国

会增加国防预算总额的情况下，空军才能得到更多的 B–2 轰炸机。早些年间，在参谋长联席会议中，当在一组预算总额内进行平衡时，经常采用互投赞成票的方式以通过决议，空军会努力争取从海军那里抢夺更大的预算份额。后来，这种情况发生了转变，将更多的项目权衡责任交给了文职管理层和政治家，这种做法可能最终结果是好的，但是却增加了文官控制成本：在试图将经济效率原则强加给军政关系时，破坏了军政之间的和气，过去的冲突范围仅限于军队内部，各军种要对如何划分既定预算进行讨价还价，而现在冲突的战场转移到了军事专家和政客之间，他们就预算额度的大小彼此展开意见角逐。[21]

民主党想极力甩掉自己越南战争后在国家安全上的软弱形象，共和党则逐渐放弃对预算平衡的绝对坚持，这一逐渐放弃的历程始于理查德·尼克松。尼克松于 1971 年发表了著名宣言，"现在，我们都是凯恩斯主义者"，后来，罗纳德·里根（Ronald Reagan）和乔治·布什都认为减税比削减开支更重要，此时国防预算变得相对宽松。政治任命官员用不那么严厉的手段对项目进行管理，缓解了军政关系，除了麦克纳马拉和拉姆斯菲尔德任职期间，其余的大部分时间里都是这种情况。通过略施客观控制来换取内部和平，限制了阿利森、波森以及艾略特·科恩等评论家所支持的侵入性文官监控（intrusive civilian monitoring）。

自亨廷顿著作出版以来有很多重大变化，其中一个变化是军事专业人员的党派公开。如果把它视为主观控制的理由，就极大地误解了这一变化的含义。在那些政治上认同文官政府的军人中间选拔军事领导人，使其指挥武装部队，只会将一个令人遗憾却可以解决的问题变成一个毁灭性问题。

在过去的 40 年里，美国两党立场都有所变化，几乎是互相持有对方的立场。民主党曾被共和党打上"战争党"（the war party）标签，认为它是美国卷入两次世界大战和朝鲜战争的根本原因；在"冷战"初期，民主党也往往比共和党更赞成增加国防开支。[22] 到了 20 世纪 70 年代，民主党【24】转变立场，开始反对军事开支，反对使用武力。他们不断受到选民的强烈攻击，20 世纪 80 年代后，民主党又有了使军队近乎完全拥有优先权的倾向性。在 1994 年至 1999 年，克林顿政府的国防开支很大，超出了之前布什政府对这一时期的国防开支预期。在 2000 年的大选中，甚至是在"9·11"

事件之前，即便俄罗斯已被削弱，正在走下坡路，艾尔·戈尔（Al Gore）依然承诺在未来的 10 年内，增加 800 亿美元的国防开支，而乔治·W. 布什承诺每年增加 200 亿美元。[23] 比尔·布拉德利（Bill Bradley）是当年唯一反对增加国防开支的主要候选人。2004 年，两党候选人均未提议削减国防开支，截止到 2008 年年中，主要的提名候选人也都没有提出这一点。

在约翰逊政府执政后的几十年里，共和党成功接手了民族主义这一任务，民主党战略上无能的形象开始在公众舆论中扎下了根。[24] 但是很多迹象表明，共和党在国家安全上的优势也可能到了头，例如，参议员詹姆斯·韦伯（James Webb）脱离共和党，重新加入了他年轻时参加的党派，民主党努力吸收其他前任军官做国会候选人，在攻击乔治·布什的对伊政策时，民主党还用了"亲军事"（pro-military）的措辞。但是职业军官的意识形态始终是保守主义的，符合亨廷顿理论中的军事思维模式。20 世纪 60 年代后，军官们公开表明自己是共和党人，因为该党在重新调整时，旗帜鲜明地坚持了保守主义立场。因此，军官的党派身份还是不可能改变太多。（不过在 20 世纪 60 年代以前，许多军官认为自己是民主党人，这主要是社会学上的原因，即南方人与民主党人素有旧交，而在社会出身为新政联合政府的其他军官中，参加过第二次世界大战的军官直到越南战争时期才退休。）

但是那又如何呢？当民主党执政时，军官的共和党身份并没有削弱文官控制。有报道称，军官对克林顿不敬，一些批评家对此感到担心，但是这些事件与其说是党派关系激起的，不如说是军官们觉察到克林顿的个人记录中有反军队情绪和行为，他们的不敬是因为他们对此感到愤怒。由于军队抵制，克林顿不得不在允许同性恋加入武装部队的计划上做出妥协（因文职政治领导层在这一问题上也有分歧，导致这项计划流产），除此之外，克林顿并没有遇到来自军队的任何阻力。他确实没有过多挑战军队的偏好，这是因为他对整个公共舆论在国家安全问题方面的意见很敏感，而不是因【25】为害怕军队不服从命令。

虽然军官一面倒地喜欢共和党，但是在他们的身份意识中，这并不占多大的比例，这也不是职业政治化中的最大问题。[25] 军官的政党身份问题并不突出，所以像克林顿这样的民主党人也能与他们的军队下属维持一种生意往来般的关系。但是矛盾的是，如果对军队实行了真正的主观控制，使之成为常态，这种情况就会发生改变。如果民主党政府重用民主党军官，晋升和任命就会变得政治化，军官在职业生涯中就要明确地选择支持哪一党派，为个人发展投下赌注。具有讽刺意味的是，如果军政关系中的功能化概念是某种客观控制的形式，那么军官的党性就不是什么大问题。

有一种变化将功能性要求（军事效能）和社会性要求（符合意识形态的价值取向）联系在了一起，这一变化就是战争的去民主化历程。在应对第二次世界大战挑战的时代里，以及后来为第三次世界大战备战的年代里，如果采纳美国的国防政策，就必须进行大规模的社会动员，但是那些时代在很久之前就结束了，尽管很多人仍然不愿意失去大规模军队带来的社会影响。在过去几十年的征兵（conscription）和 1940 年后的引导性征兵（draft-induced）中，军官们应征入伍，用武装部队的国家精神弥合了长久以来军队与社会之间的距离。为大战做准备已是常态，它使许多美国人相信，大规模的军队会使文官控制得以增强，能确保士兵来自全社会，而不只是来自军种自己招募的职业精英。[26]近年来，军队和社会之间再次出现"隔阂"，这已经引起一些批评家的担心。[27]之所以有这种担心，部分是因为害怕军队不具有代表性，这会带来危险；部分是因为怀念杰克逊时代的民兵和公民士兵（citizen-soldier）精神，希望能对军事机构进行自下而上的主观控制；还有部分原因是平等主义者对社会精英在国防事务方面不再承担责任而愤愤不平。[28]不管军队与社会之间的隔阂如何，只要军队规模小，自己招兵买马，就没有什么办法能缩小这一距离，但是也不必担心这种变化会损害政治控制体系。现代沟通方式如此发达，这种隔阂绝不会大到不可收拾。

人们对武装部队和整个社会之间的社会联结感兴趣，这一兴趣几乎不亚于对某些军种（尤其是陆军）的兴趣。从某种意义上讲，不管现在如何努力使临时兵役（temporary military service）具有吸引力，这种联结的希望都很渺茫。既要让一个社会中的兵役常态化，又要使这个社会的常备军【26】规模足够小，这在数学上根本不可能。此外，"冷战"时代特有的军队文职化（civilianization）已经反过来了，承包商接管了更多的支持性功能，将较大比例的军职人员留了下来，进行再军事化（remilitarized）。[29]从另一种意义上讲，使武装部队与社会保持联系却一点都不难，因为有了现代通信手段，军人每天都能与其他地方的人和机构保持联系，做到这一点真是易如反掌。（想想看，战场上的士兵也可以给家里打电话，或者通过邮件聊天，这真是天翻地覆的新鲜事。）

不管对军人具有社会代表性的意愿如何，证明这种代表性对文官控制十分重要的证据都少之又少。如果以长期兵役制的职业主义为代价来换取这种代表性，也会制约军事效能。有人认为，征兵和大规模的兵力能防止职业军人篡权或渎职，这一看法在情感上令人满意，在许多有着不良军政关系传统的国家（如法国）里，也越来越受到重视。但是这一制约机制实际上并不可信，除了有一点是可取的，即对应征入伍的士兵和低级军官所持有的预期：如果高级军官叛变，下达了不合法的命令，可以指望他们拒绝服从这些军官的命令。在法属阿尔及利亚、希腊、土耳其、阿根廷等地，征兵并不能防止政变或军队起义。如果认为非职业军人一般会对军事政治产生潜在影响，也没有道理，因为能参与决策的军人始终只是那些远高于公民士兵军衔的职业军官们。

并不构成危机的问题

军官与文官之间的关系高度和谐，或军官唯唯诺诺地无原则服从，这两种行为被用来衡量良好的军政关系都不合适。不仅军官影响过大有问题，文官影响不足即文官控制放任自流也有问题。大多数文官最关心前者的可能性。但是前者对良好政治秩序的威胁确实高过后者吗？1957 年以后的记录表明，两种情况兼而有之。

相比于政治领袖与其他专业人士以及政府内部官僚集团之间的关系，军政关系更值得关注，原因至少有三点。首先，人们假定军队有用武力强制实行其政治意志的能力；其次，如果军政双方对政策目标或军事行动的理解和沟通出现失误，也会在不经意间造成危机升级和灾难性困境；最后，【27】如果政策和军事行动无法整合，就会形成战略上的不一致，即便取得了胜利，也会在使用武力时浪费生命和财力。有些批评家万分忧虑，但是即便是他们也必须承认，第一条风险即政变风险，在美国根本不存在。第二条风险在"冷战"时期极其重要,可以假定,如果那时发生失误,就有可能触发第三次世界大战。而第三条风险是始终存在的。

在亨廷顿撰写《军人与国家》的时代,发生重大军政冲突的可能性似乎比现在大。卫戍国家的原型(protogarrison state)是在第二次世界大战期间诞生的,到 1957 年,这一状态刚好存在了 15 年,距《国家安全法案》颁布以及国防部成立的时间也只有 10 年。在第二次世界大战期间的决策程序上,军队让国务院黯然失色;在随后的几年中,国务院和国防部均由乔治·马歇尔(George Marshall)将军负责;德怀特·艾森豪威尔成为西方世界中最坚强有力的政治领导人。更为重要的是,杜鲁门–麦克阿瑟论战也才过去了 6 年而已,该论战涉及当时的最高指挥官麦克阿瑟(MacArthur),他旗帜鲜明地抗命犯上,在民意方面却比总统更有威望;与美西战争时期的军政关系相比,今天的军政冲突持续时间更长。今天,美国拥有大规模的军事机构,这已经有近 70 年的历史了。自 1957 年以来,军队还会不时地向文职领导层发起挑战,但是和麦克阿瑟发起的挑战相比,他们还是逊色得多。

20 世纪 60 年代初,军政关系的紧张程度几近顶峰。当时,接管军事机构的是一位年轻的总统,一位有专业背景的国防部长和一群盛气凌人、自信满满的国防知识分子,而在第二次世界大战期间,军队本是由那些身为将军的军官领导的。最糟糕的时刻出现在古巴导弹危机时期,当时美国海军作战部长乔治·安德森(George Anderson)与国防部长罗伯特·麦克纳马拉发生争执,安德森极为愤怒,其他的军官也在抱怨文职领导层的优柔寡断,迟疑不决。军事领导层当然很难驾驭,但是也不像传说中的那么桀骜不驯。例如,格雷厄姆·阿利森在撰写《决策的本质》(*Essence of Decision*)初稿时,参考了许多资料,这些资料证明海军没有执行总统的将封锁线拉近古巴的命令,而这一命令的目的是促使赫鲁晓夫下令停下苏联战舰。这些资料还显示,在拦截接近封锁线的第一条战舰时,安德森上将拒绝向麦克纳马拉解释海军将采取什么行动。还有消息称,文职领导层并不知道美国反潜战军事行动正在使用深水炸弹来逼迫苏联潜水艇浮出水面,这一行动无疑增加了战争的风险。[30]后续研究表明,这些故事都不真实。事实上,正如约瑟夫·布沙尔(Joseph Bouchard)所证明的,麦克纳马拉 【28】

下达的反潜战（antisubmarine warfare）程序令比和平时期的标准程序更具侵略性。相关程序与行动的发起是无法绕过文职领导人的审核和批准的，虽然文职领导人也很困扰，他们要么不可能完全理解所有这些技术手段背后的含义，要么经过了再三思考后才理解了它们的含义。[31]

肯尼迪政府是个转折点，它发生在亨廷顿著作出版后仅几年的时间里。当时，在干涉老挝、古巴和越南等事务的重大讨论中，文官和军官在限制还是压倒性使用兵力的问题上再度出现分歧。在朝鲜战争时，关于有限战争（limited war）就一直存在争议，当时的军事领导人之间也有分歧，如果有什么不同的话，那就是在当时，有更多的军官支持有限战争（因为害怕万一欧洲爆发战争，所需要的资源会分散）。从肯尼迪总统开始，文官就倡议打小规模战争，而这些倡议通常会激起联合部队提出使用压倒性兵力的建议。当以较少兵力而不是军官建议的压倒性兵力进行干预时，文官动用武力的兴致索然，军官也可能有挫败感。

20世纪60年代早期，军人和政治家之间很难相互理解、尊重和信任，他们的隔阂比几十年前或20世纪60年代以后都大得多。20世纪50年代，艾森豪威尔总统要求军人参与公众教育，这一倡议促成了军事机构和右翼组织之间的正式合作。[32]在后来的几十年里，再没有过这样的正式合作。20世纪60年代初期，新一届政府开始执政，第二次世界大战中的一代军事领导人原来是听从五星上将艾森豪威尔指挥的，一夜之间，他们就要转而接受中尉肯尼迪的命令了，对于他们来说，这真是沉重的一击。麦克纳马拉国防部办公室里的那些"神童"被看作篡位者，麦克纳马拉坚持认为，应该根据作战任务的相对优势，而不是根据军种对项目的需要进行项目评估，这一坚持打击了军事组织的传统精神。李梅（LeMay）和安德森等上将明显表现出轻蔑，他们几乎不听从命令，但是他们的反抗还是被成功地遏制了，在后来担任各军种长官或战地指挥官的军人中，再没有什么人给他们的文职雇主惹这样的麻烦了。政客是绝不会选拔那些可能给自己带来麻烦的人的，当这些人显然在不断壮大且有可能被增选时，或者当他们不把政客放在眼里时，政客们就不会任命他们了。例如，在卡特政府时期，陆军上将约翰·维西（John Vessey）接受了一次采访，在采访中，他表示不赞同美国从朝鲜撤出地面部队的政策，在采访之后，他就错失了当选陆军参谋长的机会（尽管后来被里根总统任命为参谋长联席会议主席）。最近的一个例子是，拉姆斯菲尔德任国防部长期间，海军陆战队司令詹姆【29】斯·琼斯（James Jones）拒绝考虑在他手下任参谋长联席会议主席。[33]

1962年古巴导弹危机后，对苏政策始终是整个"冷战"后期的重中之重，对于总统在对苏政策上的偏好，军队并没有设置明显的障碍。在战略军事控制谈判中，虽然参谋长联席会议就补偿项目进行讨价还价，但还是支持了谈判产生的协定。[34] 在武力使用方面，最重要的问题就是越南战争，军事领导人对此依然百依百顺，尽管他们对约翰逊政府施予的限制政策持强烈保留态度。军事领导人私下里表示出极度不满，据不可靠传言，1967年的参谋长联席会议曾终止过一项全体辞职计划。[35] 而事实上，各位参谋长既没有辞职，也没有公开表示抗议。正是他们的这种百依百顺让麦克马斯特等批评家感到非常愤怒。

约翰逊和他的继任者都没有再遇到过麦克莱伦（McClellan）或麦克阿瑟这样的事件了。自亨廷顿著作发表以来，再没有哪位将军像麦克阿瑟在1944年时那样，一方面是现役军人，另一方面又随意公然竞选总统；也再没有哪位将军像艾森豪威尔在1952年时那样，直接从军人摇身一变，转而成为一位与执政党对立的政治候选人。韦斯特摩兰（Westmoreland）的确冒险进入了政界，在离开越南并从陆军参谋长的位置上退休多年后，他参加了南卡罗来纳州州长的共和党初选，输给了一位右翼牙医，他并不反对国家的决策者，这一结果也使军事领袖看起来并没有什么威胁。少数几位勇敢参加高层政治选举的海军将军也都不太走运，他们的尝试与其说是一种警告，不如说是对军事领袖威胁论的嘲讽。例如，埃德温·沃克（Edwin Walker）少将被肯尼迪政府从司令部解除职务后，在得克萨斯州参与竞选，六次成为州长第一候选人，1962年是最后一次；1968年，乔治·华莱士（George Wallace）领导美国独立党参加大选失败，当时李梅将军任独立党副总统候选人；1976年，海军上将埃尔莫·祖姆沃尔特（Elmo Zumwalt）败选弗吉尼亚州参议院民主党候选人；1992年，海军中将詹姆斯·斯托克代尔（James Stockdale）给罗斯·佩罗（Ross Perot）做竞选伙伴，在大选辩论中出丑；2004年，韦斯利·克拉克（Wesley Clark）将军参加总统竞选，却在民主党初选中名落孙山。对于一名职业军官来说，约翰·麦凯恩（John

McCain）成为总统候选人可以称得上是重大成功。他还没获得将级军衔就退休了，从海军退休后，历经 25 年的政治生涯，终于功成名就。麦凯恩是唯一一位将军队威望转化为政治资本的人。

在第二次世界大战后的 60 年间，除克林顿总统以外，每位美国总统【30】都是退伍军人，不过几乎都是公民士兵。自尤利西斯·S. 格兰特（Ulysses S. Grant）以后，除了德怀特·艾森豪威尔，吉米·卡特是唯一一位成功就任总统的职业军官（即他是一位执行常规任务而非预备任务的军官），从海军退役时，他还是位年轻的中尉。但是在任何人的眼里，无论如何，卡特都难以成为军国主义的象征。科林·鲍威尔将军在 1996 年时曾有一次良机，可以罢免总统，但是他没有那样做。在亨廷顿著作发表之前有 34 任总统，其中军人英雄占三分之一，六位是职业军官。[36]（亨廷顿没有把华盛顿算作职业将军。如果把华盛顿算进去，1957 年之前就足足有五分之一的总统是职业化的将军。）在接下来的 50 年里，共有九位总统，其中只有肯尼迪和乔治·布什或许可以算作军人英雄，但是没有一位总统是将军。在现代，军官在 "11 月的某一天" 上任，所带来的威胁看起来都比不上虚构的作品《五月的七天》（*Seven Days in May*）。[37]

在越南战争之后的战争中，军事领导人不再像从前那样难以驾驭了。在波斯尼亚和科索沃地区，在第二次伊拉克战争开始筹备期间，幕后都有太多的不满和纷争，但是每一次，各位将军都能达成一致，他们的反对意见没有传到华盛顿特区以外，没有为总统带来任何重大政治问题。在里根和克林顿执政期间，军事领导人确实在压制那些热衷于干政的文官，例如，他们使国务卿玛德琳·奥布莱特（Madeleine Albright）极为恼怒，他质问参谋长联席会议主席科林·鲍威尔："你们一直在讨论无坚不摧的军队，如果我们无法让军队派上用场，你们的讨论又有什么意义？"[38] 尤其是克林顿的支持者受到了更多指责，因为军官们认为他们制定的战略非常业余，在那一代人的战争中，他们不服兵役却坐享特权。[39] 如果军事领导人通过内部辩论得出依据，再以这种依据去限制文官的决定，这就绝不是非法滥施影响力。但是当总统对其想动用的兵力进行最终决策时，军事领导人也并没有阻止总统这样做，正如 1995 年结束的波黑战争和四年后的科索沃战争。在克林顿执政时期，军政关系不好，却也不危险。等式的两端不平衡，这一不足主要是政府领导层自己造成的，他们的社会学修养需要提高。（政府有过一次合法的平权行动（affirmative-action），也是唯一一次，最终却惨遭失败。这次行动是为了向参加越南战争的退伍军人致敬，按照工作计划 C 的任命方案雇佣他们，但是如果按照这些退伍军人在美国人口中的比例进行任命，克林顿政府中的职员就会是现在的三倍之多。[40]）

是坚决果断地使用武力，还是完全不使用武力，军官和文官对这一问题进行过激烈讨论，相对于 20 世纪 60 年代中期参谋长联席会议对约翰逊采取的做法，鲍威尔为了限制克林顿就做得更多了。这是对文官控制的一【31】个打击呢，还是政府内部良性辩论带来的一件好事？鲍威尔在使用政治技巧推行自己的战略偏好时是毫无顾忌的。1992 年的《纽约时报》发表了他的专栏文章（《为什么将军们紧张了》），文章讨论了在巴尔干地区避免有限干预的原因，批评家对这篇文章非常重视，仿佛它颠覆了文职领导层。[41] 但是，这篇文章的发表是事先征得国防部长和国家安全委员会成员许可的。[42] 有些人认为这篇文章不合适，主要因为它发表在选举活动期间，在野党候选人正在暗示要进行干预。这或许损害了鲍威尔这篇文章的声誉，但是如果果真如此，一位职业性政府官员公开发表意见，表达对某一假定政策倡议如何引发军事行动问题的看法，而这又有可能引起人们对该政策的质疑，在任何情况下，都很难说这样做有道理。

在 2002 年为袭击伊拉克进行备战时，军官的行动更像惠勒和韦斯特摩兰，而不是鲍威尔，这究竟是逐渐回归正轨了，还是那种令麦克马斯特哀叹的悲剧性失败？当拉姆斯菲尔德一步步地削减 2003 年的入侵兵力时，没有人公开反对，留给那些了解陆军和海军陆战队所有偏好的观察员的，是死一般的沉寂。将军们不仅不反对，还被诱导着去亲自做出正式决定，这样一来，拉姆斯菲尔德就可以居心叵测地说，他手下的将军们并没有提出更多的要求，不过他确实也没说谎。[43]

如果说鲍威尔因公开反对在野民主党所支持的某一政策而饱受批评，那么能与之相提并论的主要争议就是 2007 年 9 月戴维·彼得雷乌斯（David Petraeus）将军向国会提交的报告了。当他为自己在伊拉克运用的战略辩护时，反战派指控他表现得像布什政府的托儿。彼得雷乌斯确实是站在总统的立场上，他反对民主党的批评家，这天经地义。一位军队司令官不为自己的战略辩护，他还能做什么呢？如果他不相信这个战略，他就应该请总统解雇他，任命其他可以问心无愧地执行这一计划的人。如果总统不顾他的反对，坚持要求他留任（虽然这只是一种假设，不太可能实现），这位司令官就可以合法拒绝，不去提供支持该战略的证词。但是显然，彼得雷乌斯和布什在这一问题上的观点是一致的，这种情况在战争期间并不意外，除非一些不良或有极大破坏性的情形出现，例如杜鲁门－麦克阿瑟之间的
【32】 争议。一些左翼人士大概很愿意看到彼得雷乌斯和总统意见相左却还被留任，这些人一定会说，麦克阿瑟也没超出他的权力范围，不过当然没有人相信这一点。战地司令还能做哪些更有利于军政关系的事情呢？（当然，我是作为一个民主党人、一个强烈批评伊拉克战争的人来讲这些话的。）

彼得雷乌斯的这个情况是复杂的，仍然会让人想起朝鲜战争，华盛顿的军事领导人并不完全赞同彼得雷乌斯的观点。据说，陆军参谋长乔治·凯西（George Casey）等人担心在伊拉克做出的巨大投入成为国家重负，对其他军事任务造成破坏，他们赞成规模更大、速度更快的撤离，程度甚至超过彼得雷乌斯。[44] 这样又提出了其他的问题，例如，国会在要求军事领导人公开表达与总司令不一致的意见时，应该走多远？但是这也不能为指控彼得雷乌斯的跨界政治行为提供依据，这种行为是理应被禁止的。

在过去的半个世纪里，除了几个例外，对文官至上进行公然挑战的，还仅限于仓促发起的军纪方面的小事情，这些事件的当事人都是一些非顶层的军官。例如，1961 年埃德温·沃克（Edwin Walker）少将试图向人们灌输自己对国内政治问题的不同看法；再如，当卡特政府计划从朝鲜撤军时，约翰·辛洛布（John Singlaub）少将公开表示不同意。更麻烦的是，在克林顿执政早期，有一些零星的对他不敬的言论，这些言论反映了士兵中普遍存在的反感和敌意。[45] 从克林顿的记录看，这些都是可以理解的。在第二次世界大战以来的 10 位总统中，克林顿是唯一一位从未参过军的总统，而且他还想方设法地逃避征兵，同反军事的活动家们志同道合。但是这些事件都被有效地压制下去了。就理想的和谐观念和良好的军政关系秩序而言，这些事件令人担忧，但是，如果现实地预期一下总统和永久性政府中的文官机构的互动，并从这一视角来思考这些事情，其实就无须担心。

在过去的半个世纪里，有三个公认的特例，它们本质上不属于这种无足轻重的违规行为。一个特例发生在20世纪70年代初期，交战原则规定，如果美国空军遭到袭击，就允许实施"保护反应式"（protective reaction）打击，约翰·拉韦尔（John Lavelle）上将以这条伪善的规定为借口，未经批准就对越南民主共和国实施炸弹袭击。之后拉韦尔被降低军衔并强制退役，但是他没有被起诉，也没有明确说他的行为是不服从命令。在一次国会调查中，免除了对他的指控，总统的得力助手约翰·埃利希曼（John Ehrlichman）事后声称，尼克松偷偷绕开国防部长莱德（Laird），指挥了【33】这次袭击（尽管参谋长联席会议主席托马斯·摩尔（Thomas Moorer）否认这一点）。[46] 第二个特例与里根政府时期派到国家安全委员会的两位军官——海军副司令约翰·波因德克斯特（John Poindexter）和陆军中校奥利弗·诺斯（Oliver North）有关，他们在一项密谋中扮演了某种角色，该密谋旨在将向伊朗出售武器的资金非法转移，用于支持尼加拉瓜的反政府武装。这些行为是几十年来军官中最明目张胆的违背宪法行为，但是波因德克斯特和诺斯犯罪时不在军中任职，因此不必坚守军队要求，不必以军官身份行事，于是也就没有违抗总统的权威。事实上，即便里根没有指挥这些非法行动，两位军官对其所供职的文官政府的政策目标也起了推波助澜的作用。第三个特例是军事领导层抵制克林顿总统允许同性恋在军中服役的方案。在这一问题上，各位将军不仅公开表示反对，而且得到了政府另一部门（国会）的大力支持，这才迫使总统妥协，亨廷顿称之为"国会的游说功能"（the lobbying functions of Congress），该事件是毫不留情实施这一功能的例子。[47] 这几个特例都绝非小事，但是也没有给文官的政治控制带来巨大挑战。顶层文职官员甚至觉得拉韦尔和辛洛布事件都无足轻重，在他们的回忆录中都没有提起过。

在过去的半个世纪里，人们通常不从这个角度去认识那些抑制文官政治控制的主要倡议，这些倡议却导致了出乎意料的后果。具有讽刺意味的是，在这些后果中，职业军人也在努力使自己符合社会性要求。例如，20世纪70年代，陆军在参谋长克赖顿·艾布拉姆斯（Creighton Abrams）的指挥下进行重组，在战争计划中将预备役和国民警卫队合并进现役部队，创立总体部队（Total Force）。[48] 据说，艾布拉姆斯的目的是防止重蹈越南战争的覆辙，在越南战争中，几乎不曾动员过任何预备役部队，而总体部队可以使政治领导人不必要求全民投入战争，因为动员预备役已经代表全民参战了。没有什么明显证据表明，陆军是为了破坏文官控制而蓄意进行重组的，事实上，这一倡议最初由国防部长莱尔德（Laird）发起，主要目的是从有限的资源中获得更多的兵力。这一变化带来的影响却限制了总司令的选择权。正如国防部长施莱辛格指出的："军队试图锁定诱因，以便文官能采取适当的行动。"[49] 当时，在陆军效力的上将约翰·维西经常听见艾布拉姆斯说："不动员预备役，他们就不会再叫我们去打仗了。"[50] 直

【34】到20多年后，这种限制才被证明是个问题，因为唯一有结果的战争就是1991年针对伊拉克的战争，这场战争历时短暂，却广为人知。

直到在巴尔干进行长期维和部署时，尤其是接下来的第二次伊拉克战争，以这种方式操纵这个系统的做法才引起麻烦。在伊拉克战争计划制订阶段，拉姆斯菲尔德始终威吓地面部队领导人要削减他们入侵伊拉克部队的规模，并且打乱了分时兵力部署列表（Time Phased Force Deployment List）。[51] 结果是，在常规战阶段结束时，伊拉克政府的职能没有一个能正常运行，在这个有着2500万人口的地区，只部署了15万人的美军部队。如果巴格达政府倒台后，不仅在入侵之时，而且在占领伊拉克的整个过程中，都有三倍于当时的美国兵力可供"震慑"（shock and awe）行动使用，历史虽然不一定会改写，但或许会规避无政府状态，避免为潜在的叛乱分子亮起绿灯。但是，拉姆斯菲尔德太渴望以压缩预备役动员规模来打这场战争了，他的心思在一定程度上为这种渴望所激发。就这样，拉姆斯菲尔德的微观管理与这个30年之久的体制背道而驰，这一事件迫使文职领导人直面战争的全部含义。

事实表明，2003年以后才有了长期开展反叛乱战役的需要，这对预备役和国民警卫队提出了前所未有的要求，他们要前往战区，长期反复地执行现役任务，但是为国出征并没有为社会注入活力。这表明任何军事谋划都有消极的一面，例如，在20世纪70年代，将民兵系统（weekend-warrior system）作为一种政治强迫机制使用。那些把艾布拉姆斯的重组视为这种机制的人不得要领，他们不明白，衡量国家承诺的更高标准是，是否想把应征入伍者派去参加那种只有依靠大规模现役部队才能打赢的战争。因此，

国内政界强烈反对约翰逊和尼克松在越南战争时征兵，布什政府却从来没有遇到过这种情形。事实证明，依靠预备役也不像"冷战"时期征兵那样，是如此强有力的一种强迫机制。事实也表明，预备役制对于加入预备役的文职人员来说确实不近人情，但是该体制能使其他美国家庭免受战争带来的任何重大风险。在民意调查中，战争变得如此不得人心，却没有引起大规模示威之类的反应，也没有激起反越战运动那样过度强烈的敌对情绪。布什政府的做法与 20 世纪 60 年代不同：当文职人员选择不以任何形式参军入伍时，布什政府并不要求他们做出牺牲，甚至都不需要交战争税。因此，如果真的存在任何艾布拉姆斯式阴谋，那么一定是事与愿违了。这种现役 - 预备役（active-reserve）一体化的组织的确限制了总统的选择权，不过是以这样一种方式实现的：允许总统打一场不受欢迎的战争，即使在没有压【35】倒性兵力的条件下，也不能阻止他发动这场战争。

平等的对话和不平等的权力

军政关系始终是个问题，但是可以设想一下麦克阿瑟阴影笼罩下的问题，与这一设想相比，军政关系的问题就没有那么多了，而且也不像政界和政府中的问题那么严重。最近，政治领导人和职业军人之间发生过一些摩擦，这些摩擦的严重性怎能与下述这些问题的严重性相提并论呢？这些问题包括：美国国家环境保护局专家对布什政府中的非专业政治任命官员表示抗议，因为他们把全球变暖的科学报告修改得面目全非；政府担心中央情报局的专业人员企图破坏布什的伊拉克政策；政府试图约束全国公共广播电台工作人员的自由主义偏见。那些更担心军政关系问题的人可能会说，将军政关系与公共广播等其他公共政策领域相比，这个标准定得太低了，军事事务的风险性更高。但是在全球变暖、警惕伊拉克情报等重要问题上，政客和专业人员之间发生冲突的实例驳回了这个论点。至于专业人士与政客在其他重要问题上的关系，连贯一致的文献并不多，数量上也无法与军政关系方面的分析性成果相提并论。

在民主党政府中，技术专家和政治全才之间有冲突是意料之中的事。专家们狭义地运用专业办法，造成了想象不到的负面影响，有削弱政策目标的风险。政客们则冒着打乱军事行动的风险，强行提出一些旨在捍卫更高目标的要求，在满足这些要求时，还会制造出只有专家才能意识到的危险。如果管理到位，两大阵营之间的冲突就具有建设性；如果任何一方都否认另一方的权限，这种冲突就具有毁灭性。客观控制的原则赋予军事职业以自主权，但是赋予的程度仍然小于大多数其他职业，例如小于律师、医生或教授。

文职领导人希望得到将军们的全力支持，但是他们得到的往往低于他们想要的。有时，军官的首选方案是错的，也是文职领导人难以把握的。有时，与军官相左的文官偏好是错的，却占了上风，因为当文官上司最后拍板时，他就是不可挑战的。总统总是能为所欲为，除非政府的另一文职【36】部门即国会支持军官的首选方案。每当此时，我们就是在见证美好而古老的制衡机制，目睹宪法对行政权力加以约束的基本精神以及某种形式的文官控制，我们唯独没有见证的是至高无上的行政权力。一些观察员发现，有时总统和五角大楼的文职管理人员也会屈从于官僚政治的抵抗，当与其他选民的偏好发生冲突时，他们同样能与之妥协，这些观察员们真是受惊不小，对此我们只能说：欢迎来到美国政府！

这就为我们评价亨廷顿的两种文官控制模式留下了两个相互重叠的主要问题：第一，是否应该在军事专业人员和政治领导人的合法权力范围之间划界，如果是的话，应该划在哪里？第二，在这个方程式中，无论是军事专业人员还是政治家，是否都有施加更多影响的倾向性？

人们有理由相信，为实现目标、战略和军事行动的完美一体，文官和军官应该同样熟悉各自及彼此的职权范围，应该在所有的阶段都平等参与。但是最终的结果是，几乎没有人否认，军官应该在某个高级政治层次上保持沉默，文官应该在某个战术专长或微观管理层次上袖手旁观。亨廷顿本可以说明应该在哪里明确划界的，但是他本人没有这样做。他在一个地方列举过希特勒，认为他在指挥链中直接指挥了营级行动，该干预行为明显是越界。[52]如果这是客观控制的标准，至少是战时标准，会有很多人反对吗？另一方面，人们同样能推测出，亨廷顿会赞同罗斯福反对陆军参谋长马歇尔的意见，因为这样才能在美国参战之前，将美国的武器运往英国。

即便是早先提出的极端的战术限制论，也可能会有例外。在临近战争时的危机管理中，为避免出现 1914 年时那样的矛盾升级，对标准的作战程序进行文官监管大概是有效的做法，正如 1962 年对古巴实施封锁时做的那样。这样操作是有风险的，因为文官干预可能会产生意想不到的负面影响，正如军官不假思索地运用操典（drill-book）程序会产生不利结果一样。例如，在古巴导弹危机时，文职监管者没有注意到在这一军事行动中，正是他们试图跟进一切相关细节的方式，最终阻塞了海军的沟通渠道，延误了重要信息在指挥链中的向下传递。（海军上将安德森以及大西洋司令部司令、海军上将罗伯特·L.丹尼森（Robert L. Dennison）都努力使文官与指挥和控制系统保持距离，从这一角度看，他们的做法是可以理解的，即使不太合乎情理。[53]）在核武器时代，避免发生战争至关重要，但是在《军人与国家》一书中，确实没有提到过这个话题，与其说这个问题支持了客观控制模式，不如说它为军事和政治判断更为融合的做法提供了依据。【37】

在战争期间，进行危机管理不必思虑太多，此时让政客屈从于压倒性兵力的军事规范就变得更加合理。在《战争论》（On War）一书的开篇，克劳斯威茨（Clausewitz）就提到："因善良而犯下的错误是最严重的错误。"[54]（不应该将这一规范与不分青红皂白、漠视"附带伤害"的武力使用混淆在一起。）克劳斯威茨也注意到了折中办法的危险性，他说："跳一小步当然比跳一大步更容易，但是在跨越一条很宽的沟渠时，不会有人在开始时就打算先跳到一半的地方去。"[55] 压倒性兵力的军事规范会造成浪费，因为事实证明，军方在进行需求评估时，可能会过度。但是这样的错误总比反过来好，举棋不定、优柔寡断、白白浪费金钱和生命的战斗，都不可取。如果 2003 年入侵伊拉克时，能像陆军参谋长埃里克·新关建议的那样，直接部署数十万的驻军，如果 1993 年，在"黑鹰坠落"（Blackhawk Down）事件还没发生时，国防部长莱斯·阿斯平（Les Aspin）就批准向索马里派出坦克，如果 1965 年越南战争时，实施了空军的"94 目标计划"（Air Force's 94 Target Plan）（军方称，这是唯一一个能发挥作用的轰炸计划），而不是后来逐年增加兵力，还会出现这么糟糕的结果吗？

在这些情形下，投入更多的压倒性兵力也可能不会成功。科恩正确地指出，对于越南战争，"如果有人能拿出证据来，证明约翰逊的职业军人顾问更清楚如何能打赢这场战争"，那么对文职领导层的批判就"必定更加猛烈"，他也承认，事实表明，空战的渐进原理是"大错特错"的，而参谋长联席会议也确实坚决反对了这一原理。[56] 就越南战争而言，两大阵营都没能提出如何取得成功的方案，参谋长联席会议犯的最严重的错误是，在僵局面前，文官制定了无可挽回的战略，而参谋长们不愿意正视撤军比接受该战略是更为可取的事实。如果当时尝试了压倒性兵力的空战备选方案，战败的事实和代价至少会更早地显现出来，决策者面临的选择也会更加清晰，以士兵慢慢送命为代价来换取胜利的诱惑就会减少。[57]

美国对伊拉克发动过两次战争，对比两次战争的结果就会发现，麦克马斯特的忧虑比科恩的担心更为突显。麦克马斯特夸张地描绘了约翰逊和麦克纳马拉推诿搪塞、涉嫌犯罪的形象，他对参谋长联席会议缺少同理之心，这可能是他在华盛顿地区缺少高层经验的反映。但是他的重要观点是，【38】因为参谋长们遵守了科恩坚持的在五角大楼和白宫范围之外保持缄默的原则，公众就不会了解职业军人反对约翰逊政府规划的对越战略。这反过来就减少了对约翰逊的限制，使他更容易采取回避策略，不在撤军和压倒性兵力这两极之间做出选择，导致美国滑入一场 10 年之后才结束的灾难，如果在 1965 年就选择了撤军或采取压倒性兵力中的任何一项，这场灾难所付出的代价就不会如此昂贵。

诚然，正如科恩所说，在战争爆发之时，尤其在情况不同于以往的情势下，职业军人不能自称在如何用兵才能实现政治目标的问题上更有专业优势。韦斯特摩兰、惠勒和他们的同行显然都不是战略智慧的源泉。约翰逊不得不避开战争升级的风险，被迫走中间路线，做出这一选择的理由非常充分。只是以沉重代价换来的"后见之明"还是表明，归根结底，文职政治领袖并不比军人更明智。

科恩对四位干涉军事计划和行动的文职战争领导人进行了描述，并得出很不同的结论。但是他并未说明，这四位政治家除了是一些他所认识和钦佩的人以外，还是一个反映了插手军务的政客们的代表性样本。（用学术术语来表述的话，这是"依据因变量选取样本的"。）文官对指挥系统进行深度干预的冲动会造成无可挽回的军事后果（例如，第二次世界大战中希特勒纸上谈兵的指挥），科恩也没有将这四位政治家案例中的教训与文官的这种冲动进行对比，至于这类干涉效果是否常常功大于过，科恩同样没有指出应该如何确定。（他同样没有表示过是否赞同激进主义的国防部长们的决策，例如麦克纳马拉和拉姆斯菲尔德对和平时期规划的管理，也没有表示过美国总统的战时表现是否就是他所认可的严苛管理风格的最高典范。）如果调查研究是系统的，就有可能表明，对于军事行动层面的问题，政治领导人通常比他们的军人下属更明智，也可能会证明，在对战略瑕疵的判断上，军事顾问可能比他们的文官雇主更有预见性。军事自主权经常带来严重后果，但是文官干预也是如此。既然学术上明确了客观控制和主观控制的理想类型，现实情况也总比理想类型混乱得多，那么人们就不会明确采纳其中任何一种解决方案，但是应该更偏向于亨廷顿原来提出的首选方案。

客观控制的批评者们首选主观控制，他们有时会回避为什么这么选的问题。他们可能会反对亨廷顿提出的两极化，可能会否认必须把主观控制【39】作为备选。如果不把主观控制用作备选，还有第三种选择，假设总统不承认军事领导人有任何自主权，也不试图确保军事领导人能赞同政府的观点，那么唯一合理的第三种选择就是职业军人没有任何影响力——军事领导人的建议无足轻重，文官根本不会在意这些建议是谁给出的。这种对话不会不平等，但是会多余。否则，只要反对客观控制，就必须意味着要在某种程度上支持亨廷顿的所谓融合（fusion），其中的军事领导人要在其雇主的模式中被政治化，以防军人利用政治来反对文官的优先选择。

莫里斯·贾诺威茨观察到，在战后的这段时期里，因为军队在适应现代性，所以主观控制的出现在所难免，在这一意义上，主观控制并不意味着军官文职化（civilianizing）。贾诺威茨把文职化描述为一种官僚化历程，是非战斗功能的同化，是以管理气质来超越英雄主义精神，是在减少军队与社会当中其他部分的客观隔绝。[58] 在亨廷顿提出的融合概念中，涉及的军官政治化更加直接。例如，20 世纪初，在战争部长伊莱休·鲁特（Elihu Root）推行的改革中，陆军参谋长取代了将级司令官（这件事距《军人与国家》的出版时间，与该书距今天（2009 年）的时间差不多），军事领导人的任期延长，与总统的任期相同。"在这一体制下，参谋长成了执政政府的一部分。他不只是军队永久利益的发言人，还是政治利益的代言人……事实上，他的职位相当于行政部门中的副部长职务。"[59] 如果这种体制维持下去，大概就能见证到野心勃勃的军官愈发明目张胆地从事党派活动了。到底哪一系列的问题更令人担忧呢，是军事精英和政治领导人之间的紧张局势，还是共和党和民主党军官之间为任命和晋升而展开的竞争？

至于亨廷顿提出的备选方案，客观控制的主要批评者却很少提及，他们也没有完全理解亨廷顿的意思。例如，科恩引用了亨廷顿的一句话，在第二次世界大战中，"就政策和战略上的重大决定而言，是军队在运行战争"，但是科恩误解了这句话，他接着说，"他似乎还要说一句话，这句话是，这也是件好事"。实际上，在《军人与国家》一书中，在科恩引用的这句话的那页上，我们可以看到，紧接着这句话，亨廷顿其实是在哀叹的，他认为军官通过融合取得了这种控制权，"却牺牲了他们的军事视野"，变得与自由主义社会融为一体了，这对战后和平具有不利影响。[60]

【40】 应该怎样进行对话才是平等的呢？ 克劳斯威茨的建议是，最高指挥官做内阁成员，以便能确保决策者理解军队所做选择的局限性，也能理解军队在每一环节上所做选择的后果。[61] 在实践中，美国并没有走得那么远；参谋长联席会议主席是国家安全委员会的法定顾问，但不是正式成员。不过只要他和其他参谋长能像普通成员那样自由地讨论他们的观点，就已足够好了。现实一点的预期只能是，总统可以关注一下被任命的顶层军事领导人的观点，看看其中是否至少有一星半点的内容是与他们自己的目标相符的。让李梅在肯尼迪和约翰逊的领导下当参谋长联席会议成员，是无法满足两位总统中任何一位的利益的。但是，这个结果并不意味着寻找克隆的解决方案是最好的。这可能意味着要严格控制四星将军的军事任命，有时还包括对三星将军的军事任命，但是不必对所有将级军官的晋升都进行审查，因为批评家们相信，拉姆斯菲尔德都已审查过了。

还有一种更好的方法可以平衡这个方程式，我们虽心向往之，却可能无法实现。科恩支持的原则是"不平等的对话"（unequal dialogue），这种说法从字面上看就不恰当。文官和军官之间在权力上的不平等理应如此，如果对行政部门的权力制衡存在问题，只能归咎于开国者们。但是适当的权力不平等使两大阵营之间的对话平等变得更加重要。主观控制通过任命一些好通融的高层军官，把艰难繁重的对话限制在国防部内部的官僚层面内，这种做法并不能满足功能性要求。战略磋商中的平等性并不折损文官最终拥有的至上性。总统终究是有权力犯错的，但是在此之前，将军们应该掌握一切防止错误发生的机会。

在《军人与国家》一书中，亨廷顿提出了两种截然不同的文官控制理想类型，他对其中的一种类型表示支持。《共同防御》一书涉及的问题更加广泛，在这本书中，亨廷顿提出了一系列更为复杂丰富的、用以理解军事政策的方法。该书明确指出，美国体制的英明之处不在于它始终坚持计划好的行动方针，而在于它有着渐进调适、富有活力的行事方式，这表明军政关系并不总能践行纯粹的客观控制模式，却可能达到令人满意的运行结果。在《共同防御》一书的结尾处，亨廷顿描写了 1795 年费希尔·艾姆斯（Fisher Ames）在众议院所做的演讲：

> 艾姆斯认为，专制君主制或独裁制像一艘装备齐全的帆船。它动作敏捷，移动高效，对船舵操控也反应灵敏，看上去很漂亮。但是当它在复杂水域中触礁时，船壳就会被刺穿，很快就沉入海底。共和国则像一只木筏，缓慢、笨拙、难以掌控，没有控制事件的空间，但是耐用、安全。它不会沉没，只是鞋难免会湿。[62]

【41】

在美国的军政关系中，水绝不会没过脖颈。在最糟糕的时期，水花也不过溅及双膝。我们的双脚难免会湿，但是水却很少漫过我们的脚踝。

第三章　谈不拢的对话

——拉姆斯菲尔德、新关与军政张力

马修·莫滕

【42】在"伊拉克自由行动"发生前的几周里，参议员卡尔·莱文（Carl Levin）对战争计划表示严重怀疑。莱文是参议院军事委员会中的民主党成员，也是民主党在国家安全问题上最受尊敬的专家之一。在 2003 年 2 月的委员会听证会上，也就是在入侵伊拉克前不到一个月的时候，莱文向陆军参谋长埃里克·新关询问，在顺利攻占伊拉克后，还需要多少部队才能确保伊拉克行动的安全。新关对这一计划持保留意见，在向布什总统汇报时，他和他的上司都已经将这一保留意见递交上去了。但是当莱文问及这个问题时，他却含糊其辞，他说，他宁愿将这种估算任务留给作战指挥官去处理。莱文是国会中最执着和最有效率的质问者之一，他接着追问道："那么能不能估算一下这个范围？"最后，新关根据他在巴尔干地区担任盟军指挥官的经验，以及他的参谋提供的历史情况分析，回答道，鉴于伊拉克地域辽阔，种族关系紧张，在敌对行为暂时终止后，"大概需要几十万的士兵"才能治理这个国家。[1]

第二天，尽管新关的估算与中央司令部自己的内部数据相吻合，但国防部副部长保罗·沃尔福威茨（Paul Wolfowitz）在众议院军事委员会作证
【43】时，还是称新关的预测"太离谱"。在一次记者招待会上，国防部长唐纳德·拉姆斯菲尔德同样告诉记者："有人说需要几十万的美国军队，我认为，这确实太离谱。"副总统迪克·切尼（Dick Cheney）在上《直面媒体》（*Meet the Press*）节目时，接受了美国国家广播公司（NBC）记者蒂姆·拉塞尔（Tim

Russert）的采访，他在采访中回应了这些评论，并预计美国军队"会被视为解救者并受到欢迎"。

对一位现役参谋长进行官方的和公开的否定，表明了美国文职和军事领导人之间、国防部长办公室（OSD）和陆军之间日渐不合，心存芥蒂。[2]在陆军参谋长新关和国防部长拉姆斯菲尔德的共同任期中，还发生了一些其他事情，它们都显示出最高级别的政治军事冲突，尤其是在面临挑战的时期。

本章全面考察了拉姆斯菲尔德和新关之间的重大冲突，探讨了各个冲突的其他处理方式。在广泛考察了参谋长的角色与职责后，本章还为军官在政治军事关系中的行为规范和能力要求提供了指导，并提出了能改善亨廷顿客观控制模式的备选模型。

军政之间的张力：文化与忠诚的交锋

军政之间存在张力并不奇怪，它也在一定程度上有助于制定明智的决策，具有建设性。但是自第二次世界大战以来，美国军政关系一直十分紧张，政策与战略都受到了影响。导致这种紧张的部分原因具有结构性，它们已被编入宪法或管理国防部的法律中。但是近几十年来，安全条件的变化已经成为美国军政关系紧张的主要原因。盟军在第二次世界大战中取得胜利后，美国在全球事务中起着举足轻重的作用。日益增强的核能力以及与苏联这一超级大国的竞争，共同将世界带入有限战争的时代。尽管如此，由于需要维持核武库（nuclear arsenal）和随时待命的地面部队，美国军事机构的力量和国防预算的规模仍然在迅速增长，这无疑占据了联邦开支的一部分。不断增长的预算刺激着官僚与政客去努力争取对所有这些开支的控制权。每一个进展都放大了国防和安全问题的重要性，当军事领导人在国家事务中承担更重要角色时，政治领导人就开始要求加强对国家安全控制权的掌控。除超级大国的竞争外，这些情况很可能会一直延续到将来，【44】军政之间张力加剧的情况也可能会持续下去。

在所有这些问题中，最应该优先考虑的是对这些张力的处理，但是军政双方都有点先天不足。大多数的文职决策者对军事和战争知之甚少，如果说他们有什么经验，通常也是一度有过，而且发生在早年，之后便长期在政界和政府中工作。他们可能政治上精明，军事上却很幼稚。高级军官在责任越来越重要的职位上工作，至少有 25 年的军事经验，但是在政治舞台上的经验通常是近年才有的，没有什么积累。他们在军事上是专家，政治上却常常很天真。军政双方的这些特点，就为这一最重要的关系打下了文化冲突的基石。

在《军人与国家》一书中，亨廷顿提出了一个处理这些张力的理想模型。在这部"冷战"前 10 年时发表的著作中，亨廷顿提出了一种军政关系形式，他称之为"客观文官控制"（objective civilian control）。正如亨廷顿所定义的，客观文官控制将军队从政治生活中分离出来，以换取军队在自己领域内的专业自主权，它能将军事职业主义最大化，也可以将国家安全最大化。客观控制"提供了一个单一、具体的文官控制标准，这个标准在政治上中立，所有的社会团体都要承认它"[3]。客观控制试图在总体政策（overarching policy）及其实施该政策的战略之间竖起一道壁垒，将军与政客都不应该违背它。

客观控制是一种理想的理论类型，有很多值得推荐的地方。在理想的世界里，在直接宣战之前，职业军人始终要绝对服从他们的政治雇主，反过来，政治雇主也要制定明确无误的政策目标。然后，军人可以在不受政治干预的情况下打仗，直到战争顺利结束。一旦和平到来，文官将恢复他们至高无上的权威。[4]

亨廷顿模式的问题在于它与人类现实和美国宪法不兼容。克劳塞维茨的基本理论见解是，"战争无非是政治通过其他手段的延续"。战争与政治可能有不同的表现，但是没有不同的逻辑。"召集军人，要求他们提供纯军事性的建议，就像许多政府在谋划战争时做的那样，这的确并非明智之举。"[5]在军政关系的现实世界中，军人有时会进入决策领域，而文职领导人可以而且确实在亲自参与各种职业军事活动，包括军事行动计划甚至是战地决策的制定。在实践中，并不存在将政治和军事问题分开的、亨廷顿式的客观控制壁垒。[6]

亨廷顿将他的理想模式与另一种模式进行过对比，这个另一种模式被他称为"主观文官控制"（subjective civilian control），该控制中的文官集

【45】

团会最大化他们对军队的权力。亨廷顿认为，历史上，在政府机构或社会阶层垄断了军队控制权的某些地方，以牺牲与之相竞争的文官集团利益为代价，一般来说，就能实现主观控制。他断定，主观控制会损害军事职业主义，实际上会降低国家的军事安全性。"主观文官控制通过军官文职化来实现其目的，使军队成为国家的镜像。"以亨廷顿的观点来看，自军事职业主义出现以来，主观控制无论采取何种方式，对于国家安全来说都可能是最坏的结果，也许根本不进行任何控制的模式除外。[7]

　　然而在美国，正如围绕新关2003年参议院证词的争议所表明的，宪法将军队的文官控制权划分给了行政部门和立法部门，在军队和它的两位文官雇主之间造成了旷日持久的张力。亨廷顿本人详细描述了权力分离和权力分配是如何颠覆客观文官控制的。[8]

　　国会控制钱袋，筹募和支持军队，制定军事法并批准立法，还包括宣战。总统是武装部队的总司令，在征得参议院的意见和准许后，可以任命武装部队的文官和军官。虽然总统和国防部长处于军事指挥链的顶层，军官也还是要效忠于立法机构。[9]在过去几年的批准任职听证会上，参议员便要求即将被任命为四星将军的军官们回答以下这些形式的问题："如果对您的任命被批准，当要求您回到本委员会和其他国会委员会时，您能否保证回来并且承诺，无论政府的政策如何，都将提供最专业的军事判断？"[10]如果候选人希望批准对他的任命，就必须以肯定的方式回答这一问题。

　　参谋长肩负多重责任，角色更加复杂。例如，陆军参谋长作为军种的首长，直接为陆军部长工作，作为参谋长联席会议成员，要对联席会议负责，作为参谋长联席会议主席的下属，要通过联席会议主席向国防部长和总统提建议。当参谋长不同意主席的建议，或不同意联席会议的一致建议时，他可以依法行使选择权，通过主席向总统提出不同意见。因此，仅仅是在【46】行政部门内部，一位参谋长就有多重角色，为几位雇主服务。依据法律和宪法可以对他行使"控制权"的人很多，在这些人当中，如果他与其中的一位或另一位发生冲突，也并非什么难得一见的事。

　　与亨廷顿相反，我们有理由询问，是否有可能在这样的条件下，去维系一个健康的军事行业？答案显然是肯定的。在过去两个世纪的大部分时间里，军事职业主义在美国得到繁荣和发展，虽然其中的某些时期发展得更加充分。

另一个颇为复杂的情况是，将军和文职领导人之间的关系始终掺杂着个人、政治和专业的成分。这些肩负重任的人之间关系紧张，争执激烈，其中固有的问题具有探索的必要性。当军事职业责任和政治责任之间相互对抗时，职业军人应该如何做才能游刃有余地与行政部门和立法部门打交道？当上级的决定似乎对军事机构或国家安全构成威胁时，将军们又应该如何做？为确保有效决策，以及制订成功的战略计划并执行，是否有可能构建起和谐的军政关系？

新关成为参谋长

20世纪90年代，陆军开始在多个方向上开展行动。"冷战"结束后，超级大国的对抗不再对全球稳定造成威胁，取而代之的是，一系列地区冲突开始兴起。美国能更自由地进行干涉，而且频频出击，将军队部署到巴拿马、波斯湾、海地、索马里、波斯尼亚、科索沃和许多较小的突发事件中。同时，现役部队由78.5万人减员到48万人，按实值计算，预算减少了三分之一以上。因此，尽管军队比"冷战"时期更忙，部署更多，而士兵和军费开支却比"冷战"时更少。自1989年以来的10年里，陆军的装备几乎没有进行过现代化升级。1999年，陆军多年来首次未能实现征兵目标。一系列丑闻涉及一些将军和中士，打击了部队的士气。中级军官辞职的节奏不断加快，列举的辞职原因常常是对他们的领导人不信任。[11]陆军的备战情况也有问题，亟须与时俱进。

新关将军于1999年担任陆军参谋长，他共服役三十年零六个月，其中包括两次参加越南战争，在这两次战斗中，新关均因身负重伤而离开战【47】地。在欧洲期间，新关历任了数个指挥官与参谋职位，他还有五次在五角大楼的任职经历。新关是一位资深军官，对陆军和国防部有着透彻的了解。他整齐优雅，矜持谦逊，也非常正直坚韧，这些品质令他在陆军中备受尊敬，虽然一些军外人士认为他可能过于传统，是个"恐龙"。[12]

尽管如此，他还是凭一纸调令走马上任，担当起使美国陆军摆脱"冷战"时期停滞状态、进入21世纪的使命。国防部长威廉·科恩（William

Cohen）选择了新关，要求他承担起实现陆军现代化的任务，以使陆军能做出快速反应，可以被部署到全球各地的动荡地区。新关认识到这项任务的艰巨性，刚走马上任，就制订了一项为期四年的行动计划，被称为"转型"计划（transformation）。[13]

新关的目的是进行重大体制改革，将陆军转型为21世纪的军队。他在任职前就召集了一个过渡小组，要求他们对陆军进行全面评估。在采访了数百名陆军内部和外部人员后，小组提炼出了一份优先事项简表，以引起新任参谋长的注意。新关进一步完善了这个简表，并撰写了一份简短的声明。在声明中，新关陈述了自己作为参谋长的主要打算，并将重点放在了三个主要领域：人员、备战和转型。陆军必须重新关注人员的招募、培训、挽留和福利；必须在预算紧张和作战节奏加快的情况下保持现有的作战能力；必须实现军事现代化。这些任务并不简单，也不容易。科恩给了新关改革陆军的尚方宝剑，但是国防部长没有为这项任务承诺更多的资源。陆军不得不在当前的预算范围内进行转型，或者选择说服国会启动额外资金来支持这一陆军转型计划。不过新关基本上选择了推倒重来，重新安排了一些内部优先事项，并将他的计划提交给国会委员会，他还与个别委员会面，游说和宣传这个计划。他的努力终于得到回报。在克林顿政府的最后一年即新关任职的第一年，国会同意支持该计划，即在总统国防预算请求上追加35亿美元，专门用于启动陆军转型。[14]

新一届政府和拉姆斯菲尔德执掌的国防部

2000年总统大选期间，布什州长和戈尔副总统都承诺增加国防开支，并且都用新关本人一直使用的词汇来描述陆军的现代化努力，呼吁军队结构更加精简，部署更加得力，更具响应性，也更加机动灵活。[15]看来，不管选举结果如何，新一届政府都会支持陆军正在进行的转型改革。当最终宣布乔治·布什获胜时，陆军期待着与他的国防团队建立起良好的合作关系。但是事实并非如此。布什政府执政后，围绕着一个本应很微不足道的问题，陆军卷入了一场公关败局。【48】

黑色贝雷帽

2000 年 10 月，新关将军宣布陆军很快会采用黑色贝雷帽，将它设计为军装的一部分。贝雷帽决策被视为整个陆军"转型"的一个标志，但是陆军内外的许多人士并不欢迎它，也没表示惊喜。在 20 多年的时间里，陆军游骑兵团戴黑色贝雷帽，很多人把黑色贝雷帽视为该兵团的象征，代表着他们对特种军事行动战的独特贡献。不久之后，各种游骑兵团体都在抗议这一决定。两个退役游骑兵还组织了一场从佐治亚州本宁堡到华盛顿特区的盛大游行，随后一场网络和媒体运动爆发了。众议院政府改革委员会和小企业委员会都对这个问题颇感兴趣。[16]

陆军内部的反应也没好到哪去。许多士兵写信给《陆军时报》的编辑，抗议这一改革。现役游骑兵团大体上保持缄默，但是游骑兵团指挥官是违心地向他的士兵发出禁言令的。在陆军高级领导人中，新关几乎是唯一一位为该决定做辩护的人，尽管也得到了军队中士少校杰克·蒂利（Jack Tilley）（陆军高级应征人员）和新陆军部长托马斯·怀特（Thomas White）的口头支持。《士兵》杂志刊登了一张汤姆·怀特（Tom White）在越南战争时期的照片，照片中的他是一位戴黑色贝雷帽的持枪荷弹的装甲兵中尉，这既表明了部长的支持，也从视觉上反驳了黑色贝雷帽是独特的古代游骑兵标志的论点。这场争论持续了大半年，预示着陆军转型的未来并不乐观。许多人想知道，如果陆军如此强烈地抵制微不足道的军装改革，怎么可能团结一致地进行重大的体制改革呢？

这一风波使布什政府初识陆军及其领导层。在 2001 年 5 月的国会听
【49】证会后，这场骚动渐渐平息下来，但是贝雷帽争议为陆军与新一届政府之间的关系以及新关与新任国防部长之间的对话提供了一个糟糕的开局。

2001 年的《四年防务评估报告》

2001 年，国防部长办公室的新任领导带领各军种参谋长通过了《四年防务评估报告》（QDR），在界定战略角色与任务以及决定未来长期资源分配方面，他们进行了广泛的实践。鉴于法律规定，《四年防务评估报告》

已经成为各军种一件极其重要的大事，也是每届政府掌控国防政策话语权的依据。拉姆斯菲尔德部长对未来战争有清晰的认识，也表示致力陆军"转型"，这个术语是新关提出来的，但是对于拉姆斯菲尔德来说，"转型"指的是以网络为中心的高科技战争进路，侧重于精准打击的武器、信息时代的情报和弹道导弹防御。在拉姆斯菲尔德看来，未来的陆军只能扮演一个有限的角色。[17] 拉姆斯菲尔德的意图很明显，他打算从部队结构中削减四个陆军师，而新关及其团队成员却坚持寻找机会来反驳这些论点，他们提供的证据表明，陆军需要一支更大而不是较小规模的军队。[18] 这场辩论远离公众视线，也没有削减任何一个师，陆军的观点在总统和国会的最终报告中占了上风，但是该胜利的最终代价不菲。[19] 拉姆斯菲尔德和国防部长办公室的其他人都认为，他们看到了陆军转型的重大机遇，结果却坐失良机，这令人愤怒。他们提出的意见是，陆军在抵制改革，这对于新关来说是一个苦涩的讽刺，新关当时正在军中努力奋斗，希望将陆军转型为一支更活跃、更灵活、更便于部署的部队，而不只是一支规模更小的部队。新关有他的关于如何完成转型的想法，但是这些思想与国防部长办公室的上司们的想法严重冲突。这一插曲极大地损害了新关与拉姆斯菲尔德之间的关系。[20]

国防部长拉姆斯菲尔德的目标

拉姆斯菲尔德和新关一样，上任时就被赋予了变革的使命。布什总统是在国防转型的平台上竞选的。拉姆斯菲尔德相信，要进行国防部转型，必须以维护五角大楼的权威为前提。拉姆斯菲尔德曾在杰拉尔德·福特（Gerald Ford）总统的领导下担任国防部长，他对五角大楼的官僚体制可谓见多识广，他知道在这样一个庞大机构中进行改革有多难。国防部长办 【50】公室的新团队还认为，对军队的文官控制已经被克林顿政府削弱了，[21] 新关在《四年防务评估报告》中表达不同意见就是在抵制必要的体制改革，是军队长期以来肆无忌惮的标志。拉姆斯菲尔德的目标就是要恢复秩序和纪律。[22]

从另一个层面看，人格方面的差异也会对个人的行事风格产生影响。

新关天性温文尔雅，颇具君子之风，令人尊敬。拉姆斯菲尔德则热情洋溢，强硬又迷人，喜欢对峙。新闻媒体在最初报道拉姆斯菲尔德时，经常用"傲慢"一词描述他的个人风格以及他对国防部和华盛顿的影响方式。拉姆斯菲尔德是一位政治内斗高手，并因此而远近闻名。他曾供职于国会，在尼克松政府中担任过多种职务，在福特总统任期内第一次任国防部长，此前还担任过白宫办公厅主任。众所周知，拉姆斯菲尔德毫无耐心，对官僚程序不屑一顾，上任不久，他就开始向整个五角大楼发送备忘录，要求他们迅速回答各种各样的问题。这些"雪片"般的质问扰乱了长久形成的既定程序。在新闻发布会和高级官员见面会上，他时常威风八面。2003 年 1 月，拉姆斯菲尔德在新闻发布会上充分展示了这种风格。当时有人提问，引述了一个经常听到的指责，即"对您手下的军事领导人，您是否常常盛气凌人，粗暴以待"，拉姆斯菲尔德回答道：

> 我偶尔会收到一些令我兴趣索然的工作报告，有些是文官写的，有些是军官写的……有时，我会把这些东西退回去六七次。为什么？好吧，因为这让我突然想到，把事情做好与把事情做对都非常重要……我会继续这样做下去。现在，有人四、五、六、七次地收到自己被退回来的报告，这有什么呢……如果这让人们感到不安，是他们的敏感让他们感到不安，我很抱歉。但是这就是生活，因为我们正在做的事情非常重要……宪法要求文官掌控这个部门。我就是一位文官……这个地方正在成就丰功伟业……你袖手旁观、充耳不闻，还希望每个人都认为你这样挺好，这样根本无法成就这番伟业。[23]

在一次会议上，拉姆斯菲尔德在几名下级军官面前责备了新关，他边挥着手边说："你明白了吗？你明白了吗？"新关本人不会做这种粗鲁无礼的事，在如何改善这种关系的事情上，他似乎真的是进退两难。[24]

"9·11"事件和阿富汗

在新关担任参谋长的四年中,"9·11"袭击事件和美国政府对该袭击的反应为其后两年的任期设定了议程。2001年9月,布什总统下令进攻阿富汗,目的是报复基地组织和塔利班政权。中央司令部(CENTCOM)指挥官汤米·弗兰克斯(Tommy Franks)将军提出了一个强大的联合部队一揽子计划,这项计划要花费数月的时间才能集结和部署兵力。拉姆斯菲尔德断然拒绝了这种传统思路,坚持使用更轻、更少、更快的军事力量。

弗兰克斯将军部署了较为轻型的部队,其中包括特种作战部队和空中力量,以支持阿富汗盟军士兵能迅速地击败敌人,扶持哈米德·卡尔扎伊(Hamid Karzai)执掌政权。拉姆斯菲尔德及其下属有一种沉冤昭雪的感觉,不仅在阿富汗问题上,而且在于他们对陆军转型的观点上:笨拙沉重的陆战部队已经过时,能实现精准打击的武器、特种作战部队和效果导向的军事行动,才是未来的大势所趋。新关被视为一个无望的传统主义者,因为他倡导军事行动计划中的作战力量要具有压倒性优势。[25]

2002年4月,新关的任期还剩下14个月,当时的《华盛顿邮报》报道称,拉姆斯菲尔德部长已决定提名陆军副参谋长约翰·基恩(John Keane)接替新关的职位。一位"国防部高级官员"泄露了继任者的名字,进一步削弱了新关的地位,这看上去确实是有意而为之的。事实上基恩并没有接替新关,因此这个传言可能有误,但是伤害已经铸成。新关开玩笑地说自己是一只跛脚鸭,但是他也提醒民众,在他余下的任职期间里还有很多工作要做。尽管新关一再坚忍,陆军与国防部长办公室的关系还是每况愈下,特别是与拉姆斯菲尔德的关系。[26]

"十字军"插曲

虽然陆军"十字军"火炮计划筹划了十多年,即将付诸实施,但是在布什州长参加总统竞选期间,却把该计划视为典型,大加批评,认为它是一个不符合自己军事改革计划要求的武器系统。至于新关将军,他在任期之初就对"十字军"计划提出过批评,要求它的设计者大幅减轻武器的重量,

【52】 使它更加易于部署，否则就会面临撤销整个计划的风险。不久之后，这个重达约 100 吨的巨兽瘦身为 40 吨，相对轻了一些。"十字军"火炮是一种精准快速的射击系统，反映了新技术的突飞猛进，它比越南战争时期的前一代武器系统功能卓越。[27] 新关认为，这个计划的方向是对的。

在 2002 年 2 月向国会提交的预算提案中，总统加入了"十字军"计划，但是有传言说，政府可能会取消该计划。4 月底，国防部副部长保罗·沃尔福威茨告诉陆军部长托马斯·怀特，要审查该计划并提出了建议。显然，国防部长办公室正在积极考虑取消该计划。但是怀特相信陆军总有机会争取到最好的结果，他告诉立法事务办公室召集"十字军"计划的国会支持者。[28] 在第二天的协调会之后，一名陆军军官起草了一份备忘录来指导这项工作，也为捍卫该计划提供了理由。"谈话要点"备忘录中充满了挑衅的语言，本意是仅供陆军内部使用。但是一位陆军高级文职人员却在国会大厦发布了这份备忘录。几个小时内，一份副本就传到了拉姆斯菲尔德的秘书处。[29]

虽然备忘录的撰写和发布都算得上重拳出击，但是并不违法。所有军种都长期设有立法事务办公室，由它负责与国会沟通。怀特部长只是指示他的立法办公室继续跟踪此事，以支持一项仍在总统预算请求内的计划。

然而拉姆斯菲尔德认为这是抗命犯上，十分恼怒，下令彻查"泄密"事件。国防部长办公室公共事务发言人维多利亚·克拉克（Victoria Clarke）警告说，"任何可能对不当行为负有责任的人都将被追究责任"，并拒绝确认拉姆斯菲尔德部长对怀特部长仍然保持信任。他的办公室发起了一个行动计划，该计划长达一个月之久，目的是对"十字军"计划的"谈话要点"进行辩论。拉姆斯菲尔德用国会特有的专门用语说，他"对这种行为至少有高度的重视"，其实指的就是谈话要点泄露一事。调查结束后，发布备忘录的官员辞职。至于负责陆军立法联络的少将和撰写备忘录的中校，拉姆斯菲尔德也下令调换了他们的岗位。拉姆斯菲尔德要求怀特部长出席新闻发布会，在会上，沃尔福威茨宣布政府决定取消"十字军"计划，怀特对该计划的官方审查也不再有实际意义。拉姆斯菲尔德正在果断采取行动，重申对军队的文官控制，更具体地讲，是重申了国防部对陆军的控制。[30]

许多国会议员对这件事情有不同看法。在之后为总统预算提案"写标注"的过程中，各军事委员会都将取消"十字军"计划的决定视为"程序【53】上犯规"（process foul）：国防部长办公室没有按游戏规则操作，它扼杀了一项在政府向国会提交的预算文件中已经明确表示支持的计划。当时担任参议院军事委员会主席的莱文参议员很快呼吁就"十字军"计划举行听证会。"十字军"计划让拉姆斯菲尔德和沃尔福威茨这一方与另一方的怀特和新关公开摊牌。[31]

新关将军被夹在行政和立法部门之间来争取政策问题的话语权。在他的演讲和国会证词中，新关反复公开表示，他坚信该计划对陆军转型的重要性。但是作为参谋长，他有义务支持政府的资助决定。就新关而言，在上级做出决定后，他的不同意见本应被搁置，参议院听证会的场面只会让他的不同观点变得格外显眼。但是莱文坚持举行听证会，在会上探讨国防部长办公室和国会之间的问题以及"十字军"系统本身的优点。

5月16日，参议院听证会当天，拉姆斯菲尔德主演了一场精心策划的媒体闪电战，以此巩固对他所做决定的支持。他在《华盛顿邮报》上发表了一篇评论文章，还出现在了拉什·林堡的广播谈话节目里。在听证会期间，部长的陈述一直持续到晚间电视新闻节目开播之前，以使新关的观点因播出得太晚而无法引起媒体的高度关注。[32]

新关找到了一种方法，既能真实地维持他原先的立场，又能维护服从文官至上的原则。他试图淡化国防部长办公室和陆军之间的不和谐，把这件事描述为"一场激战，根本无济于事"。他证明了陆军仍然需要全新的间接射击能力，而"十字军"计划有助于把这些能力带到战场上。不具备这些能力会增加部队军事行动的风险。不过，如果有可能以另一种方式获得这些能力，也许在未来全新的作战系统中，"十字军"计划就不再是至关重要的了。他的证词重申了陆军会服从指挥："军有军令，我们正在执行命令。"[33]

新关默许了这一决定，拉姆斯菲尔德在政策争论中大获全胜，明确地维护了文官至上的原则，但是两人之间的不良关系却演变成一个令人尴尬的公开场景。对"十字军"计划的辩论以及拉姆斯菲尔德和新关之间的冲突为媒体提供了一个多月的报道素材。6月的《武装部队杂志》封面上，刊登了拉姆斯菲尔德和"十字军"战士的照片，照片的标题是"他真的恨【54】

陆军吗？"[34] 陆军内部的许多人都感到被虎视眈眈的国防部包围着。退休军官团体比他们的现役同僚更加直言不讳，他们开始抱怨拉姆斯菲尔德的高压手段、他对待新关的方式以及他对职业军人的蔑视。国防部长与国会之间的关系已是颇有争议，这一事件使这一关系愈发雪上加霜。在新关和拉姆斯菲尔德之间所有的后续互动中，这些都是挥之不去的梦魇。

伊拉克战争计划

美国政府开始将注意力从阿富汗转移到与伊拉克的对抗上。到 2002 年夏天，入侵伊拉克的计划已在酝酿之中了。布什、拉姆斯菲尔德和弗兰克斯正在共同制订一项行动计划，尽管被问及时，他们对此事含糊其辞。[35] 正如阿富汗计划中的一连串过程一样，弗兰克斯赞成组建一支规模相对较大的进攻部队，拉姆斯菲尔德却一再迫使他减少士兵的数量，并以阿富汗战争的成功来支持自己的论点。这些磋商一直持续进行下去，但是除了国防部长办公室和中央司令部，几乎无人介入这一过程，弗兰克斯后来婉称这个过程为"迭代过程"。[36] 除了拉姆斯菲尔德和总统，弗兰克斯不受任何人影响，他似乎很满意这种情形。这三位首长之间的密切协作削弱了参谋长联席会议的法定作用。弗兰克斯将参谋长的角色理解为听他指挥的武力提供者，而不是总统和国防部长的军事顾问。他既不情愿也不经常向参谋长联席会议做简报，对他们的提问和建议也不屑一顾，甚至还会在会议结束后将所有的简报复印件收回来。[37] 有一次，弗兰克斯居然用了粗言秽语，向两位参谋长表达了对《美国法典》第 10 卷规定的法定职责的蔑视。[38]

参谋长对这个计划备感不安，但是几乎有心无力，这可以理解。弗兰克斯在制订计划时，做得既保密，又排他，使所有军种都无法以部队供给和维持方面的专业能力来协助该计划的制订。此外，拉姆斯菲尔德还坚持管控每一个细节，参谋长们就更加忧心忡忡了。拉姆斯菲尔德要求制订一个保底的军事行动计划，然后调整后勤细节，目的是进一步削减部队数量。各军种通常会利用一个复杂的数据库来协调海外部署，该数据库被称为分时兵力部署列表（TPFDL，发音为 tip-fiddle），在部署部队时，该列表能
【55】同步处理后勤的需求与地面指挥官的作战需求。军事参谋人员要提前数年

研究和调整这个表，以应对许多可能的突发情形，确保士兵及其装备在适当的时间到达口岸，避免发生瓶颈现象，确保在坦克必须开动之前，燃料车就在其左右，在战斗开始之前，弹药补给和医疗支援能够到位，等等。当拉姆斯菲尔德延迟签署部署令时，就从根本上破坏了分时兵力部署列表的分时选择功能，拉姆斯菲尔德还拒绝部署一些后勤部队，新关和陆军参谋对此都大为震惊。[39] 他们担心混乱的局面可能会接踵而至，部署的士兵将无依无靠，失去支持。

2003 年 1 月，布什总统在白宫内阁会议室与副总统迪克·切尼、拉姆斯菲尔德、沃尔福威茨、参谋长联席会议成员以及作战指挥官举行会晤，目的是审查战争计划，确定各军种和作战司令部能否支持该计划。总统开始向各位军官征求意见，从陆军参谋长开始问起。新关平静地对这项计划提出了七点担心，重点是入侵部队的军事力量，以及维持部队作战的后勤保障能力。新关的评论要点并不是陆军没有能力提供足够的驰援部队来支持该计划，他实际上提出的是，需要提供更多的兵力。现场的一位观察员说，新关发言结束后，总统似乎不确定该怎么做了，他没有问任何其他问题。针对新关将军的保留发言，其他高级文职和军职领导人都没有做出反应。最后，布什总统悄悄地感谢了新关将军的发言。问答继续进行，每一位高级军官都发了言，但是其他人都没有对战争计划表示更深的担忧。那一刻过去了。会议超时了。[40]

拉姆斯菲尔德部长和其他人一样，很迷恋于自己对"转型"的特殊看法，将重型地面部队视为工业时代的遗迹，打算以高科技精密武器和最少的地面力量来打赢战争，以此证明这种战争进路是行之有效的。新关对此仍然疑虑重重。他担心政府派他的士兵去打仗时，并不具备击败伊拉克军队的决胜能力，也没有随后控制战败国家的关键能力，即使陆军是有这种能力的，并且能随时提供这种能力。

参议员莱文同意新关的担心，他再度将新关公开置于行政部门和立法部门之间的危险位置上，卷入一场事关国家安全政策的冲突中。几周之后，也就是 2003 年 2 月 25 日，当新关在军事委员会作证时，莱文要求新关明确表达他的担心。新关作为一名陆军参谋长，在公开的委员会听证会上，【56】他有充分的权利和义务向国会分享他毫无瑕疵的专业判断，但是，他一再试图回避表达自己有异议的评估结果，以免让行政部门难堪。相反，他在数字上给出了一个模糊的答案，占领伊拉克需要"几十万的军队"。作为回应，拉姆斯菲尔德、沃尔福威茨和切尼本可以不加评论地让他的证词通过，或者本可以提供一个温和的"仁者见仁，智者见智"的回应，但是这三位政府领导人选择公开与新关对峙，就像他是一个政治对手而不是一个军人下属一样。他们分别在三个公开场合中质疑了新关的专业判断，每个人都或多或少使用了相同的说辞。新关本人拒绝就此事公开发表进一步的评论。

新关与政府的关系破裂了。拉姆斯菲尔德本想指望怀特将军，让他在公开场合与新关的证词保持距离。可怀特拒绝了，既出于对他的同僚的忠诚，也因为作为一名前陆军准将，他与参谋长有着相同的专业性建议。此后不久，拉姆斯菲尔德迫使怀特辞职。

2003 年 3 月，联军从科威特进入伊拉克，向北进军巴格达。一周之后，就遭遇到难缠的敌方抵抗和沙尘暴，出现了令新关担心的后勤短缺，这些困难使联军被迫停战了几天。[41] 不过，几周之内，联军打垮了伊拉克军队，占领了首都，然后继续向北推进。5 月 1 日，布什总统登上了"亚伯拉罕·林肯"号航空母舰，站在一面宣告"任务完成"的旗帜前面，宣布"伊拉克的主要作战行动已经结束。在伊拉克战争中，美国和我们的盟国取得了胜利"。[42] 五年之后，大约 157 000 名美军士兵、10 000 名盟军士兵和 163 000 名承包商留在不断发生叛乱和内战的伊拉克，共计 33 万人。[43]

新关的遗产

2003 年 6 月，新关从陆军退休，辞去陆军参谋长一职。这与后来的传说相反，他并没有轻松下来，他的任期也没有缩短，任期结束之时恰恰是他上任的四年以后，这是参谋长的标准任期。他的继任者也并没有提前走马上任。

迈尔堡的告别仪式是一场盛大的送行，陆军第三步兵团"老卫兵"正
【57】 式着装接受检阅，陆军首屈一指的乐队"潘兴军乐团"演奏了军乐。还有几位国会议员在场，包括参谋长联席会议成员、数十名陆军将领，以及包

括外国使馆军事人员在内的众多军官，他们都参加了这一隆重的仪式。但是陆军和国防部长办公室之间的关系过于恶化，以至于除了陆军代理部长里斯·布朗李（Les Brownlee）和他手下的工作人员之外，没有任何行政部门代表出席。与惯例相反，告别仪式并没有邀请国防部长办公室或白宫的高级官员。当时，拉姆斯菲尔德正在欧洲旅行。

在新关的告别演说中，他向陆军道别，并就指挥官和领导人之间的差异性做了简短演讲。他喜欢把陆军的历程描述为"成长中的领袖"，讨论了他的导师是如何把他培养成一名军官的，也探讨了越南战争后，他们是如何"努力工作，以重建美国陆军中最重要的美德——信任"的。他特别赞扬了他的老上司，前陆军部长汤姆·怀特将军：

> 我们，在陆军（The Army）中，一直有幸得到优秀的文职领导人的关照，其中最为杰出的当属汤姆·怀特部长……领导并非军队的专属职能。因此，当有些人说我们陆军不了解文官控制军队的重要性时，这真的是百害无一利，这不符合事实。陆军始终理解文官控制的至上性……当形势危在旦夕时，当问题事关生死存亡时，如果是非不分，就是在伤害所有尽职工作、领导卓越的军队内外领导人。[44]

新关认为，他与拉姆斯菲尔德之间不合有损于陆军的利益，新关的这一理解十分含蓄。正如他在"十字军"计划证词中所言，他声明陆军要服从文官权威，但是他也指出，这种服从不是被动的。作为一名参谋长，他有责任在任何他认为合适的时候，提供专业建议，而不只是提供曲意逢迎的说辞。他提醒陆军，他早在40年前就开始在越南服兵役，在某种意义上讲，他的职业生涯早在另一场战争当中画上句号了，他早已走过一遭了。新关认为，从这些经验和历史中吸取教训非常重要，他警告说：

> 有人可能会从最近的军事行动中得出错误的结论，我们必须谨防这一倾向……我们必须始终把重点放在战备上。我们必须确保陆军具备一定的能力，使其能与作战的战略环境相匹配，必须

确保这支军队规模适宜，能满足那些指导我们的文件中所提出的战略，即美国国家安全和美国军事战略的需求。要谨防对十个师的陆军采用十二个师的战略。[45]

在向他心爱的陆军告别后，埃里克·新关离开了这个舞台，结束了他38年的兵役生涯。

新关早已踏上完成其职责的旅程了，他明确表示过，要将重心放在陆军士兵及其备战上，以便于未来的陆军转型。经过艰苦的努力，陆军在一年内就扭转了士兵招募不足的局面。通过着力提升可部署部队的战斗力，使其火力全开，加强训练，陆军也早已解决了它的战备问题。新关推出了七个主要计划，它们集中在士兵及其家庭的福祉上。[46]当要求陆军参战时，陆军部队在阿富汗和伊拉克的战场上都表现得非常出色。新关的转型计划同样开始结出果实，尽管人们认为，新关的计划前途漫漫，还需要付出十多年的努力，但是在新关任期结束时，六个新型斯特瑞克（Stryker）旅被投入战场，其中的许多军人后来被部署到了伊拉克，在战斗中证明了他们的实力。新的未来作战系统（future combat system）正在研发中，该系统对取消的"十字军"火炮进行了改进，增加了全新的间接射击能力，虽然后来因两场战争同步发生，战时之需使它的研制进度有所减缓。在新关担任陆军参谋长的任期内，他所取得的成就有目共睹。

然而，棘手的军政关系问题仍然存在。新关可以做些什么来改善他与拉姆斯菲尔德以及政府之间的关系呢？他做了什么他本不应该做的吗？有什么事情是他本应该做的，他却没有做吗？拉姆斯菲尔德和新关的任期时间是重叠的，我们能从这件事情中学到些什么，以改善未来的军政关系，特别是政治与军事之间的关系呢？

回顾过去，很难找到新关将军还可以做些什么来改善他与拉姆斯菲尔德部长之间的关系。广义上讲，参谋长的职责是，作为其军种的首席专家实施领导，确保他的军种对任何可预见的突发情况都有准备，其中包括与行政部门和立法部门一起为争取资源而发起倡议，担任总统高级军事顾问团成员，担当参谋长联席会议成员。在2001年《四年防务评估报告》发布期间，新关在后面两个角色上与拉姆斯菲尔德起了冲突，因为他诚实地做出了不同的判断。新关在国防部内部表示，不应该减少陆军中的师数和人数。在"十字军"计划辩论期间，他同样试图对陆军几十年之久的间接射击能力进行现代化改革。当"十字军"计划与政府政策一致时，新关公开支持"十字军"计划；当政策改变时，他就放弃了对该计划的倡议。作【59】为参谋长联席会议的一员，在国防部的内部会议中，他努力使部署在伊拉克的军队更有活力，更有作战能力，也更能全面持续地提供后勤保障。当他在同僚中孤军奋战时，他寻找机会向总统反复重申他的观点。在没能说服总统时，他也没有公开与政府的政策唱反调。相反，他提出了一个表述模糊的反向评估，即需要更多的军队，并且只是在公开的国会听证会上，当有人敦促他说出来时他才这样做了。坦白地讲，拉姆斯菲尔德在每一个问题上都不同意新关的观点。

新关与拉姆斯菲尔德之间的关系日益恶化，在这种情况下，新关本可以选择不表达他的异议。他可以在任何时候都这样做，但是这样做是玩忽职守的表现。如果他觉得上级的判断会造成损害或者有误，他就有在专业上质疑他们的判断的责任。根据军事传统，士兵有义务直截了当地提出意见甚至是异议，直到他们的上级做出决定为止，上级一旦做出决定，他们的责任就变成了服从和支持这些决定。这些原则同样适用于军事领导人与文职上级的关系，包括忠诚地表达异议，以及随后的服从。当问题对陆军和国家安全都极为重要时，新关提供了他最好的专业判断。当他的上级做出了与其建议相反的决定后，他就赤胆忠心地支持政府的政策。[47]

值得注意的是那些新关没有做出的选择。例如，在向总统就战争计划提出严重担忧后，新关有权利直接、明确地向国会陈述他的保留意见。莱文参议员也给了他充分发言的机会。新关的需要"数十万士兵"的评论引起了文职上司的强烈反对，不过与他向布什总统表达过的担忧相比，这已经是一种相当柔和委婉的描述方法了。这与近四年前他在批准任职听证会上做的承诺是一致的，新关将他自己最好的专业判断归功于参议院军事委员会，即使这一判断与行政部门的观点不同。他本来可以更清楚、更有力地描述自己的观点：入侵兵力太少、缺乏足够的后勤支持、成功入侵之后可能无法确保伊拉克的安全。宪法中三权分立的规定赋予了新关这样的权利，可以明确表达自己的保留意见，国会议员也可能会说，这是一种责任。

新关的选择是不这样做。如果他这样做了，他的上级会对此做出什么样的反应，现在只能是推测了。

【60】　　另外，新关并没有大庭广众地或公开地表示反对，他有可能选择暗中改变国防部长办公室的上司们的决策。新关可能以一种历史悠久的华盛顿方式，在白宫、其他内阁部门和国会大厦中培植秘密的政治同盟。在上面提到的四个争议中，国务院与前顶层军界官员在某些争议上是天然盟友，尤其是在围绕伊拉克战争计划的争议上。[48]新关与一些有影响力的国会议员互动频繁，关系密切。但是没有证据表明，新关在试图利用这些人脉寻求帮助。看来，他是完全在既定的指挥链内履行自己的职责的。

　　新关还有一种选择，那就是早早退休。他可以悄悄做这件事，或者去抗议，或者公开表达他的异议。在抗议中辞职，或者在公开接受政策失败追责时辞职，这是议会政府中固有的一种政治姿态。在美国的治理体制中，这个传统却很少发挥作用；在美国军队中，也尚无在抗议中辞职的先例。[49]该传统并不存在，这是美国军政关系历史清白的标志。如果一位将军在对战略或政策表示抗议时辞职了，他的军事专家身份就会使辞职变成政治行为。如果新关考虑过这样的处理办法（没有证据表明他做过什么），他也不会选择开此先河。相反，新关多次公开表示，作为参谋长，他还有很多工作要做，这表明他相信尽管自己与上级意见不同，仍然可以有效地从事这项工作。

　　简而言之，新关将军为政治军事关系中的职业军人树立了一个教科书级的榜样。他领导了他的军种，为他的军种"来之能战"而努力，他是参谋长联席会议成员，并以这样的身份为政府提供了最好的判断。在与拉姆斯菲尔德的每一次重大争辩中，包括2001年的《四年防务评估报告》、"十字军"计划取消事件和伊拉克战争计划，他都始终力主增进或扩充陆军能力，以应对已知的作战风险。他忠于职守，阐明这些风险，尽可能消除或减轻这些风险。即使他不能做到这几点，也要确保他的上级清楚了解和接受这些风险，意识到要对其决定的可能后果负责任。不管他的上级认可也好，否定也罢，他都提出自己的建议，直到上级做出决定为止，在此以后，他就支持文职领导人的决定。即使面对文职上司的公开官方批评，经历令人难堪的媒体泄密事件，新关都一如既往地服从文官控制军队的原则。他从未回应过这样的轻视，也从未公开表达过对政府政策的不同意见，只是【61】国会证词要求他这样做时，他才表达了自己与国防部长办公室在评估意见上的差异。他为人直率坦诚，忠于国家，服从命令。在坚持文官控制原则以及向行政部门和立法部门提供最佳职业判断的责任方面，他本可以有所保留，却从未明哲保身。

拉姆斯菲尔德的军政关系遗产

在军政关系问题上，拉姆斯菲尔德为我们留下些什么呢？拉姆斯菲尔德与许多高级军官和文官都发生过冲突，不只是新关一人。他以其才智卓越而广为人知，也以急躁、专横和不愿承担责任而恶名远扬。拉姆斯菲尔德还是对战争计划和部队部署进行微观管理的一个例子。他削减入侵伊拉克的作战部队规模，推迟执行分时兵力部署列表，减少支援部队数量，但是他否认参与过这项计划。"在媒体上，我一直为此广受赞誉，事实上，我很乐意接受这方面的赞誉，但是我做不到。这不是我的计划，这是弗兰克斯将军的计划，这是一个需要持续一段时间才能发展起来的计划，我确信这是一个很好的计划。"拉姆斯菲尔德还不遗余力地反对那些来自其他方面的意见，他坚持说，弗兰克斯已经通过参谋长联席会议、作战指挥官和国家安全委员会来制订这一计划了。[50] 对于这些言论，最善意的解释是，它们表明拉姆斯菲尔德的记忆出了错。拉姆斯菲尔德在很大程度上将参谋长联席会议隔离在这项计划进程之外，现在他却表示，参谋长们对该计划有任何疑虑都不公平，因为他们是有充分的机会来策划这项战略的。如果参谋长们想还自己以清白，就不得不公开反驳部长，这绝非他们所愿。这种策略是拉姆斯菲尔德的惯用伎俩，在五角大楼内和整个国防机构中，这种策略助长了一种不信任的氛围。

新关和拉姆斯菲尔德不同，这种不同可归结为个性问题，他们的风格、价值观和世界观都相互冲突，但是像大多数人一样，即使是将军也不能选择他们的上司。此外，这两个人都在诚实地表达不同的意见，"十字军"计划的争论就是一个很好的例子。双方都有责任对该计划做出决定。新关认为"十字军"计划对军队的未来很重要；拉姆斯菲尔德的结论是，"十字军"计划是缺乏想象力的"冷战"思维的遗物。不管新关怎么做，取消这个项目完全是拉姆斯菲尔德说了算。拉姆斯菲尔德随后同意将"十字军"

【62】 计划中的先进能力转移到陆军有前瞻性的未来作战系统中，他的这一决定是个建设性的折中之举。也许拉姆斯菲尔德把陆军视为了一种建制，一种军事力量的构成形式，再加上他好斗的个人风格，不管新关怎么努力，他们的关系都不可能向好的方向发展。

在这段关系中，拉姆斯菲尔德有可能做些什么不同的事情呢？其中的一个处理方法是解除新关将军的陆军参谋长职务。如果拉姆斯菲尔德对新关的能力或对新关支持政府决策的意愿失去信心，那么这可能是一个不错的选择。不过今天的美国政府认为，解除一位高级将领的职务在政治上有风险：解雇将军就是在某种程度上默认失败，做出这一决定的文职领导人同样必须承担补救后续问题的政治责任。[51] 取而代之的办法是，拉姆斯菲尔德让新关数次遭受难堪，例如，在新关任期结束前一年多的时候，让一位国防部高级官员泄露了可能的继任者名字；公开批判新关在参议院做的证词，新关的证词表示，需要几十万名士兵进驻伊拉克。拉姆斯菲尔德显然对新关的这一判断持保留意见，他公开谈到过这一点。对付新关直截了当的做法本应该是要求新关提请辞职，但是，也许是拉姆斯菲尔德不愿意在战争前夕解雇一名参谋长，或者不愿意为国会批评这项战争计划提供政治机会，拉姆斯菲尔德并没有这样做，相反，他选择打击新关的判断，质疑新关的证词。具有讽刺意味的是，拉姆斯菲尔德的行为既损害了一名高级军官的声誉，又使得这种关系变得政治化，也进一步损害了他在国会中的地位以及他对军队的影响力。高级军官们现在注意到，他们不欢迎这种职业上的坦诚，也不需要这种诚实的辩论。国防部长办公室如此对待新关，确实为那些可能有暗中进行政治颠覆倾向的人注入了强大动力，而新关绝不会做这种事情。

自1947年国防部成立以来，部长们可圈可点的政绩并不多。有一项在2006年进行的研究，题为《国防部长：几乎不可能的任务》（*SECDEF: The Nearly Impossible Job of Secretary of Defense*）[52]，该研究明确描述了作者对该职位的看法。这一职位大概有无数的职责：管理庞大的官僚机构，在四大军种之间进行预算平衡，为总统提供咨询，与国会打交道，关注世界各地数十万的陆、海、空、海军陆战队士兵，对于一个人来说，这实在太不堪重负了。当打算对这样一个复杂的组织进行改革时，部长的任务就变得更加困难重重。拉姆斯菲尔德从一开始就采取一种敌视下属的管理风格，这种风格似乎使他步履维艰。他看上去几乎在有意培养下属对他的不信任。他的继任者罗伯特·盖茨（Robert Gates）与之完全不同。盖茨与拉【63】姆斯菲尔德一样能干，但是他有坦诚的磋商态度，能认真听取军事领导人的建议，这些都为他赢得了赞誉。盖茨并不总能接受军事领导人们的建议，但是在公开或私下场合中，他从来没有对他们予以诋毁。具有讽刺意味的是，事实证明，他远比拉姆斯菲尔德更愿意管教他的下属，他解雇了一个军种的部长，解除过将军的职务，还批准过一位作战指挥官退休，但是这些都丝毫无损于他在军人中的良好声誉，军人对那些保持鲜明立场、坚守始终如一标准的领导人是非常敬重的。

军政关系的教训：在暴风骤雨中穿行

拉姆斯菲尔德与新关的对话颇有争议，但是一种关系的沉浮不足以阐明未来的军政关系。行政部门和立法部门的政治要求具有竞争性，对于政治军事关系中的军事专业人士来说，在这种相互竞争的政治要求与他们的职业责任之间，他们应该如何处理才能游刃有余？当将军们断定其上级的决定有可能损害军事制度或国家安全时，他们又该何去何从？我们可以怎样建设性地解决这一关系中的各方问题？是否有可能构建一种既能确保政策有效又能使战略成果显赫的军政关系，特别是在军政双方打交道的领域里？

参谋长的职责

在参谋长的无数职责中，大体可以将它们归入三大类：作为该军种的首席专家（chief professional）对该军种实施领导；确保该军种能为任何可预见的突发情况做好准备，包括与行政部门和立法部门一起为争取资源而发起倡议；担任总统高级军事顾问团成员和参谋长联席会议成员。在这些职责中，许多职责都会被非常合理地授权给下级指挥官和参谋官，因此讨论政治军事关系中的参谋长角色，可能对其他高级军官也十分有益。

参谋长是领导军种的军事专家，他要协助所在军种的部长，协助依法指挥该军种的文官，他还要与部长一起为该军种指明愿景和方向。参谋长作为高级军事专家的角色独一无二。他代表着所在军种的公众形象：他是该军种的军事专家、职业公会负责人，也是该军种价值和遗产的守护者。[53] 他的一个身份是总教练，另一个身份是首席执行官，还有一个身份是"坎特【64】伯雷大主教"，要代表所在军种面向行政部门、国会、其他军种、作战司令部和大众。他定下了公共关系的基调。参谋长还要负责开发军事技能，规划下属的职业生涯，尤其要在将级军官集团中这样做。在所在军种未来高级领导人的选拔方面，参谋长也要发挥重要作用。他最终要对这一职业的专业知识与专业实践负责。在这个职位上，他的工作重点是高瞻远瞩，至少要前瞻到他任期之后的10年。

他的第二个角色是备战，这个角色也要立足长远。根据《美国法典》第10卷，各军种要向作战司令部提供兵力，例如，向阿富汗和伊拉克的联合军事行动提供兵力。参谋长不指挥这些部队，相反，他的责任是招募、培训和武装他的军种，以备突发之需，这些突发情况由国家指挥机关（文职领导层）来认定。这些职责包括决定部队的规模和结构、维持部队战备状态、保障部队后勤补给、监督军事训练和职业教育、确定人力政策、发展和采购未来的武器平台及其他装备。从参谋长的角度看，理想的情况是，在确定了需求后，他会要求文职上司提供必要的资源，而文职上司也能满足他的要求。现实的情况是，预算和人力都十分有限，还有许多其他部门也在索要这些资源，不只是其他所有军种。关于国家安全的需要，行政部门和国会的看法几乎从未完全一致过。因此，参谋长必须成为他的军种的辩护者，他必须在军种内部构建共识，然后说服参谋长联席会议中的同僚，说服国防部、管理和预算办公室的文职上司，有时还要说服白宫。在获得总统对预算的批准后，参谋长还必须向国会，特别是向众议院和参议院的军事及拨款委员会陈述他的理由。论据可能侧重于国家安全的潜在威胁，也可能集中在一系列广泛的、能应对多种威胁的能力上，或者二者兼而有之。无论如何做决定，他的论据必须清晰有力，陈词必须让人心悦诚服。

第三个角色是以参谋长的身份向文职上司提供专业的军事建议，各军种参谋长是顶着参谋长联席会议成员的"帽子"履行该角色的，而不是以其军种首长的名义。这一角色最受军政关系研究者关注，它需要参谋长就使用武力实现国家安全目标问题提出建议，对需要什么样的部队能力做出【65】判断，对战略和军事行动风险进行评估。参谋长作为联席会议成员，还被要求能够并且应该对联合参谋部或作战司令部制订的计划进行评估。在与其他参谋长商榷之后，需要向国防部长、国家安全委员会和总统提出建议。如果有必要，他还需要在国会委员会面前作证，向他们提供自己最专业的军事判断。作为一名军事顾问，他的着眼点通常落在中长期规划上。

政治文化方面的专业能力

在人们的心目中，长久服兵役的专业人士会具有各种专业能力和领导能力，但是要履行这些职责，除了这些能力，还要具有处理军政关系的能力。可以在广义上将这种知识、品质和技能称为政治文化上的专业能力（political-cultural expertise）。它本质上是一种展现该职业的能力，展现的对象是该军种内外的人和机构，包括本国其他政府机构、他国及其机构。[54]

首先，作为一名成功的参谋长必须受过高等教育，或者至少是一个自律尽责的终身学习者。许多具有超凡魅力的战略家可能会发现，作为将军，他们还需要深入学习，如果缺乏智识上的好奇心，就无法将视野扩展到战略和政治领域。对于历史上或当前的威胁，或者对于全球发展趋势，参谋长都应该有透彻的了解。参谋长还应该是一个批判的思考者，能够处理复杂性和模糊性。在参谋长的三个主要角色中，有两个需要放眼未来，而越极力远眺未来，方向就越可能看不清，理解了这一点，参谋长就应该既有远见卓识，也要足够脚踏实地。

除了做一个求知若渴的学习者，参谋长还必须具备与其他高级官员建立起信任和相互信赖关系的能力。他应该像大多数高级官员做的那样，拥有娴熟的人际沟通技巧，尤其是谈判、说服和建立共识的技巧。他还应该具备从其他角度看待问题的能力，在理解其他文化背景的人时，他也要具有同理心。这些品质赋予了他跨文化的领悟力，使其能够有效地与各种人士沟通，这些人士包括他们的文职上司、其他军种的领导人、外国同行、其他政府机构人员、国会议员及其工作人员。参谋长并不身处政治舞台，但是也必须了解政治的艺术。他不是一个政治家，也不应该是一个政治家，他应该小心谨慎，不受任何党派控制，但是他需要理解政治家的选择是如【66】何做出来的，例如，付出与所得之间的权衡、政治生活的节奏以及妥协的艺术。参谋长还必须具备良好的沟通能力，说写流利，辩才无碍。许多新任参谋长对他们必须在新岗位上发表这么多的公开演讲感到惊讶。虽然他们有演讲写作助理，但是一旦做了演讲，就表示他认可了这些内容，这些话都是他本人的意思。

由于军事职业对军官教育和培训进行管控，所以在政治军事关系上为各军种培养高级领导人就较为简单易行，只需要同心携手。当陆军制定职业发展方面的人事政策时，就必须设法从战术领导能力到作战与战略领导能力，全面对军官进行指导。陆军政策看上去主要受战术熟练程度影响，这种情况十分常见；而战术对于高级领导人来说只是必要条件，而不是充分条件。在高级领导人的职业发展中，需要他们在职业生涯中期接受严格教育，以扩大智识视野，培养政治文化方面的专业能力。在陆军中，有文职研究生计划这样充满活力的军官培养计划，军官毕业后的任务包括到西点军校担任教官等，但是也有非常多的反智（anti-intellectual）指挥官，他们不鼓励最优秀和最聪明的军官入学就读。他们认为，到海外执行任务和参加语言培训也能培养跨文化的专业能力，特别是当这些经历能使他们驾轻就熟地运用这些能力。陆军应该鼓励和奖励军官去执行这种发展性任务，将校级军官分配到五角大楼、作战司令部和跨部门的岗位上，使他们能接触到军界以外的职业文化，国会和白宫的奖学金也能带来巨大的回馈。陆军应该意识到，只是让优秀军官在漫长的职业生涯中不停地完成各种战术性任务，根本无法造就出战略型的领导者。

当参谋长具备了这些技能、品质和知识后，应该做些什么呢？首先，也许也是最为重要的一点，参谋长要对指导自己行动的价值观和原则有非常坚实的理解，无论是职业的，还是个人的。这需要有全面的自我意识：要对自己的优势、不足、习惯和偏好有清晰的了解。在任职初期，他就应该找一段安静的、不受打扰的时光来进行自我确认，什么是可磋商的，什么是不容置疑的，他不能跨过什么样的界限，不能违反什么样的标准；还要确认一下，他不能容许别人有怎样的越轨行为，尤其是他的下属。在建立完这些原则之后，他就应该始终如一地坚持它们，在原则面前人人平等，包括他自己。

他还需要有符合自己风格的信息收集和决策系统。五角大楼有这方面的处理机制，但是参谋长应该不为它们左右，相反，他应该有自认为合适【67】的原则，要根据这个原则量身打造这一系统。接下来，他还应该找到一些途径，以便能从各种各样的顾问那里获得建议，尤其是那些军种以外的专家，包括退休军官、政治家、值得信任的朋友、商人和学者。这些人应该是一些不欠参谋长人情（参谋长也不欠他们人情）的人，这样的话，他们才能开诚布公地表达自己的想法。他不必接受这些建议，但是对于参谋长来说，从组织外部获得谏言是非常有益的。在该军种内部，参谋长应该设法促成对专业性议题的辩论和批判性思考。参谋长本人的关注和认可有助于此类学术会议的举办及召开，例如，军种协会的年会，或者是军事学院与战争学院举行的会议。参谋长还应该与媒体建立起健康良好的关系，亲自接受采访以树立榜样，并要求下属也这样做。如果在媒体当中建立起诚信、坦率的声誉，就会在危机来临之际得到巨大回报。事实也确实如此。

参谋长还应该千方百计地与他的上司即该军种的部长，以及他的直接下属即副参谋长建立起稳固关系。前者指挥军种，后者保证军种的日常运行。这三个人再加上该军种的副部长，这四个人之间的信任和相互依赖关系非常重要。遗憾的是这种情况很少见。参谋长还应该与参谋长联席会议、国防部长以及国防部长办公室与秘书处的高级官员建立起稳固关系。有时建立信任尚有可能，有时正如拉姆斯菲尔德和他的秘书处的情况那样，根本没有一点儿余地，但是参谋长应该率先迈出第一步，努力去建立关系，将他的军种及其所具有的能力传授给他的委托人上司。在参谋长的三种角色中，这些关系是至关重要的。

同样重要的是，参谋长必须与国会议员建立关系，并且坚持让他的副参谋长、常务副参谋长和下级指挥官也这么做。参谋长每年还要在各军事委员会和两院国防拨款小组委员会中多次作证。这些小组成员能在很大程度上左右军种的未来，因此在听证会之前多了解他们绝对百利而无一害。

私下与他们会面，了解他们的忧虑，解释所在军种的需求，尊重他们在提供共同防御时的宪法角色，这些对该军种来说都大有裨益。不这样做的话，就会麻烦不断。在这些关系中，始终真实地表现出一视同仁的无党派性是至关重要的。

【68】 参谋长职业生涯中最为复杂的情况就是上司的多样性。政府成员常常将国会议员视为政治竞争对手，参谋长却要同时效忠于政府的这两个部门。参谋长必须尽早确定如何向双方提供最专业的军事建议。他向参议院军事委员会主席提建议时，是否与他向国防部长提建议时一样积极合作？他在公开的委员会听证会上表达保留意见时，该意见是否与他向总统、参谋长联席会议和作战指挥官提出的建议一致？正如前文所言，回答这些问题不只是一个学术实践问题。对于参谋长来说重要的是，在任期之初的静心反思时刻，就要为自己立下做决定的指导原则。在危机到来之前，还应该向国防部的上司充分解释这些原则。

当参谋长不同意上级的判断时，他应该据理力争，直到决定已经做出为止。然后，他要尽其所能，执行上级的命令。这看起来很简单。但是在极端情况下，当参谋长认为这些决定正在损害军队或国家安全时，又该怎么办呢？在任何情况下，他都应该就该风险提出自己的观点，包括任务失败的风险和部队及其士兵的军事行动风险。他应该坚持说服上级，坚持让上级意识到，如果忽略他的建议，他们就应该对自己的决定负责任。参谋长要以书面形式表达自己的种种担忧，这是担负起此类责任的有效途径。[55]

如果建议不被理会，参谋长仍然应该执行命令，把国家安全或军事机构的受损问题留给文官去处理。只有在极端情况下，参谋长断定这些要求他执行的命令是非法的或失德的，才应该考虑另一种行动，例如辞职，这种情况极为罕见。[56]

当参谋长在国家海外派兵问题上的观点被推翻时，他必须决定如何与国会议员一起处理这个问题。这里要再次重申，一定要在危机发生之前未雨绸缪，确定好原则，这些都非常宝贵。当然，参谋长应该拒绝谎言或模棱两可的态度。对于在闭门会议中表示过反对的决议，参谋长有权力拒绝公开支持，他可以明确保留这个权力，也可以争取避免国会听证会这类的情形，在那里，与这类决议有关的问题可能会被质询。在极端情况下，参谋长可能会请求文职上司批准他与国会成员私下会面，利用此类会面来解释他的观点，避免将参谋长及其军种卷入公开政治交火的对峙情形。对于 **【69】** 此类情形中应该何去何从的一般问题难以给出答案，这也是为什么制定原则如此重要的原因。

新关将军拥有的最为宝贵的财富是他诚实正直的声望。尽管他根本无法与拉姆斯菲尔德部长及其副手建立起信任关系，新关还是向他们提供了最好的建议和非常坦诚的专业判断。他对国会议员及其委员会也是如此正直坦言。2003 年 2 月，他对莱文参议员进行了回应，这个回应没有他对布什总统说得那么直白，关于他对政府评估持保留意见的细节就披露得更少。但是，他对两个权力中心都说了实话。

构建军政关系：信任

如何构建一种既能确保政策有效又能使战略成果显赫的军政关系？亨廷顿的模式能否驾驭军政双方打交道时的关系，还是确实有其他模式？

亨廷顿的客观文官控制概念是一种理想类型，它与人类社会现实相矛盾。这一概念中隐含着一种观点，即在战略和政策之间有一道壁垒——它存在于军人与政治家的角色和职责之间。但是考虑到战争的性质、政策与战略的无缝对接、战争权在宪法上的分立性以及克劳塞维茨的观点（即战争是凭借其他手段的政治延续），那么即使各方希望壁垒存在，壁垒也不可能永存。亨廷顿的壁垒概念是从理论上提出的，它的根本缺陷在于使政策性责任与战略性责任分裂开来。责任如此一分为二，会导致对军事专业人员及其文职上司不再有什么要求。但是正如克劳塞维茨所言，"在顶层，战争的艺术变成了政策"[57]。军政之间的边界无孔不入，要制定明智合理的政策、战略及其开展联合行动，军人和文官都可以而且应该共同承担责任。这是美国宪法的要求，也是日常现实生活的要求。军官宣誓捍卫宪法，文官也必须这样做，宪法要求他们在公共防御方面对选民负责。文官和军官都有责任这样做。对共担此类责任的认可并不是对军事职业主义的暴力，这与亨廷顿的壁垒主张大相径庭。

亨廷顿模式也忽略了行政部门和立法部门对军队进行双重控制的复杂

【70】性。在军事政治关系领域，将军要与五角大楼的文职上司对话，军政关系却从未像这种对话那么简单。两党、国会两院和白宫的政客们相互竞争，各为其主，各有利益，各有选区，导致军政关系始终错综复杂，换句话说，这种民主机制导致了军政关系错综复杂。如果不具备政治文化方面的专业能力，任何军官都别指望能经受住这种暴风骤雨。

为弥补亨廷顿模式的缺陷，艾略特·科恩提出了一种更加细致入微的军政关系观点，他称之为"不平等的对话"。这种对话指的是军职和文职领导人之间的持续对话。在对话中，文官必须坚持充满活力、保持坦诚和懂得让步的原则，始终表现得出类拔萃。[58]今天的军事专业人员肯定同意对军队进行文官控制的原则，正如新关将军所表明的。艾略特·科恩模式还要求军官接受一个令人不安的观点，即在共同治理的领域里，文职和军职领导人要拥有同样的管辖权限和范围。正如文官制定的政策能对战略和作战问题产生影响，军事领导人也能制定有政治影响力的军事行动决定。不过，如果认为文官权力必须至上，甚至在作战细节方面也是如此（假如文官对此做了决策），一些军官就会难以接受这样的观点，良好的军政关系需要高水平的职业成熟度，包括对自我的克制、对模棱两可的容忍，以及愿意在重要却相互竞争的价值观之间采取折中立场。而这正是文官控制的本质。

艾略特·科恩的"不平等对话"有其自身缺陷。认真参与不平等对话的文职和军职领导人都未必能做出正确的政策性决定。即使是最好的情况，人类也不可能有完整的信息，或识别出最重要的信息。他们可能误读了历史上的前车之鉴，没有建立起公众支持，或者低估了他们的敌人。在政策制定范围内，稳操胜券地获得成功是绝对不可能的。[59]

此外，没有任何模式能为成功的军政关系提供必要条件，该必要条件指的是军官与政治家之间的相互信任。当然，信任也是任何良好人际关系的道德基础，是任何组织效能的基本保障。信任绝不是人与人之间的一种施舍，即便是的话，也是双方有意做出的相互让步。当一方或另一方不情愿时，信任就不可能存在，正如拉姆斯菲尔德和新关的情况那样。

归根结底，没有任何一个模式能完整地描绘军政关系。作为一个政治实体，我们可以对高级军官进行培训和教育，可以使我们的领导人对他们的决定负责。在对军队实施文官控制时，我们也可以将控制权指派给行政部门和立法部门，并维护这一过程中固有的审查和制衡机制。克劳塞维茨【71】阐述了战略和政策之间的相互配合，我们可以努力推进对克劳塞维茨这一观点的理解。我们还可以高度重视军政领导人的个人品质，包括正直诚实、自我意识和谦逊，这些品质有助于培植信任。但是对于这样一种以政治为核心的过程，并不需要规定并确保它遵循军政关系的理想类型，根本不存在这样的模式，因为这样的规定脱离美国治理模式，不必用它来限制我们的职业判断和政治行动，如果这样做了，一定不符合人性。

后记

退休之后，新关将军非常平静。虽然伊拉克战争仍然是美国国家安全面临的重大挑战，但是他很少接受采访和发表演讲去谈论此事，也没有在电视上对正在展开的军事行动评头论足，而他的许多退休的同僚正在乐此不疲地做着这些事情。值得注意的是，他也没有加入退休将军小组，这个小组在呼吁拉姆斯菲尔德部长于 2006 年春季辞职。[60]

但是新关将军于 2003 年 2 月的证词和告别演说成了批评布什政府战争行为的论据。在许多的意见和分析中，都引用了他的警告。新关将军在入侵伊拉克之初就请求派遣更强大的军队，参议员、将军和总统候选人都会引用他的这些先见之明。2006 年 11 月 15 日，中央司令部司令约翰·阿比扎伊德（John Abizaid）在国会作证时确认说，事实证明，新关将军对占领伊拉克所需兵力水平的预测是正确的。2007 年 1 月，美国政府改变了方针，要求增援更多的部队保卫巴格达，后称"增兵"（Surge）战略，有些人认为，这种转变来得太晚了，或者根本就是杯水车薪。五年后，在布什总统宣布战争胜利之时，伊拉克战争的结果仍然备受质疑。毫无疑问，如果拉姆斯菲尔德部长和新关将军之间能更加相互信任地展开对话，美国的政策和战略就会从这样的对话中受益。[61]

第四章　亨廷顿前后

——走向成熟的军政关系研究方法论

彼得·D.费弗，埃里卡·西勒

【72】　　几十年来，亨廷顿《军人与国家》一书中的基本观点一直备受批评，虽然这一著作仍然是所有军政关系研究中一个颇具影响力的里程碑式作品。我们认为，形成这种持久影响的部分原因是，该著作总体上使安全研究的方法论取得重大进展，尤其是军政关系研究的方法论。过去，这一研究地带以描述性历史和传记类概述为主；现在，亨廷顿的方法论使之日益成为一个以标准的社会科学推理为指导的领域。

　　认识论和方法论可以影响所有的社会科学，战后对认识论和方法论的辩论尤其影响了军政关系研究，这是通过亨廷顿的著作实现的。亨廷顿的进路有三个显著特点：一是方法越严谨（rigor），越能丰富我们对军政关系的理解；二是需要方法论上的折中主义（eclecticism）；三是方法要为我所用，而非为其所役。时至今日，这些见解对于学术研究来说仍然适合，并且具有意义。《军人与国家》一书改变了我们研究军政关系的思维方式，无论我们是否同意亨廷顿的所有理论命题或经验细节，我们自己的分析都无法不受到它们的影响和促进。亨廷顿提出过许多主题，包括军事职业主义、保守的功能性要求或自由的社会性要求、外部威胁性质的转换以及主观或客

【73】观文官控制，这些话题仍然在发挥它们的影响力。并不是因为后来的学者接受了亨廷顿的全部观点（大多数的学者并没有全盘照搬），而是因为如果不阅读亨廷顿的著作，就几乎不可能思考或撰写军政关系方面的论文。

　　科学的重要属性之一是基于系统的方法建立起有组织的知识体系和现实模型，并以此为目的。方法之于科学进步至关重要，我们在任何研究领

域中的思想、预测和建议都是由方法论的视角塑造的，我们是通过方法论的视角进行研究的，如果这个视角改变了，我们的思维方式也会改变。因此，我们的侧重点是从方法论的视角来审视《军人与国家》。

我们首先简要描述一下第二次世界大战以后整个社会科学的变化，军政关系这一分支学科是最近才成熟起来的，我们也会简要介绍军政关系的研究进展。然后，我们会指出《军人与国家》的创新之处，特别关注了亨廷顿是用什么方式来强调方法论的严谨性的，正是这种方式促进了后来美国军政关系研究的发展。最后，我们会简要介绍该领域的最新理论进展，在结论中，会指出亨廷顿进路对未来军政关系研究发展的价值。

社会科学的发展

从 19 世纪社会科学诞生到第二次世界大战，在建立学科认同和发展方法论方面都进展得非常缓慢。政治科学研究中的"芝加哥学派"（包括哈罗德·拉斯韦尔（Harold D. Lasswell）等）蜚声学界，因为它在早期就强调了经验主义、量化以及对政治的心理学和社会学解释，但是它的研究进路并不标准。[1] 在第二次世界大战以前，对于用什么样的科学标准来评定一项研究是卓越的，除现代历史方法以外，学界并没有达成共识。现代历史方法后来逐渐演变为强调外部和内部批评，侧重科学方法和解决问题的能力，而不只是讲述事件。[2] 在学术研究中，有时也会纳入新出现的定性研究方法和定量研究技术，虽然它们仍然处于发展的雏形期，在应用这些技术和方法时，很少关注理论的建构或知识的积累。在这段时期，各个学科领域也开始进行学科划界，但是许多社会科学家还大都与传统的、叙述重要事件的历史学家没有分别，与分析公共管理中特殊问题（例如，是否需要强化海军各部门）的律师也别无二致。

第二次世界大战期间与战后，社会科学深入发展，创新速度不断加快，【74】在美国和西方发达国家中尤其如此。战争的需要加强了研究的制度和财政基础，军事和民事部门为社会科学家创造了大量需求，特别是在美国。[3] 第二次世界大战期间，社会科学家受到调查研究和实验法的训练，第二次世界大战之后，他们就把这两类方法上的训练结合起来，实施学科转型。

两次世界大战都是毁灭性的，社会科学家们决心用科学的手段和模式来解决两次大战中暴露出来的世界性问题，这些问题包括独裁统治、工业时代的战争、核武器、"冷战"以及新兴工业化和民主化国家所面临的困境，在许多国家和众多学科中，社会科学家都开展了大量的问题导向的学术活动。[4] 随着专业化以及精英招聘部门、专业学会、专家协会、工作小组、研讨会和学术期刊的发展壮大，这些活动也获得了极大发展。[5]

随着制度基础日渐夯实，专家们对研究方法和方法论（指对方法的研究）的兴趣也日益浓厚，方法与方法论成了大多数学科中公认的分支领域。第二次世界大战后的许多此类研究都借鉴了现代主义、经验主义、形式主义、理性主义、实证主义以及一组统称为行为主义革命（behavioral revolution）的方法，这组方法的侧重点是准确描述社会行为的实际发生（而不是描述社会行为的期望发生），解释各种行为之间的因果关系。这些进路都信奉科学，以证据和推断原则为指导，使知识积累成为可能。[6] 除了某些例外，研究者在实证主义和现代主义上取得了共识，这种共识在整个战后时期占据主导地位，许多研究者都在追求科学，将其视为"一种系统的研究，以建立一系列更为分化的关于经验世界的有序命题"[7]。

在这一广泛流行的认识论中，隐含着对研究设计的强调，这是许多新出版物专心追求的唯一主题。[8] 我们大概可以将理论与证据称为研究设计的"孪生支柱"（the twin pillars），这些新出版物就是围绕着这两个支柱写的。战后的社会科学家强调理论建构和假设检验，通过这两个过程来对社会做描述性和因果性推论。有些学者的目标是创立宏大理论，在托马斯·S.库恩（Thomas S. Kuhn）的传统中建构范式，但是大多数学者旨在提出微观假设和中观理论。[9] 他们的目标是提出可证伪的理论论断，并以此来解释【75】特定现象之间的关系（操作化为 X 与 Y，或自变量与因变量）。[10]

在第二次世界大战后的研究中，以这种方式进行的理论化过程逐渐成为严谨性的同义词。在把理论建构作为研究设计的一部分时，社会科学家应该意识到，这一理论化进路包括归纳和演绎过程：任何理论的内容都不同于用来检验它的方法；科学的与通则式（nomothetically）的推理过程是研究方法的组成部分，与研究方法密不可分。该推理过程的目的是提出一组概括性的原则或模式，不同于侧重于研究案例细节的个案式

（idiographically）过程。

研究设计的第二个支柱即证据，它与第一个支柱直接相关，因为需要系统收集数据才能检验理论。实证方法的创新和广为利用能弥补理论化的不足。学者们完善了一系列的定性和定量方法：统计学方法、案例研究、实验和准实验法、调查研究、面对面访谈、焦点小组、参与观察、文献分析、输入－输出（input-output）研究、计算仿真模型、系统分析等。用这些方法时的合理程序是什么？围绕这一问题的辩论不绝于耳，涉及的议题包括概念化和操作化、指数与量表建构、抽样方法、问卷格式等。定量研究获得了发展，开始使用表格展示、图形显示、变异性、比例和比率的测量、相关分析、因子分析、二项式或多项式分析、线性或非线性回归分析、时间序列与截面分析、联立方程模型与贝叶斯统计。学者们对实证主义的信心大增，效度、信度、可复制性、效率、简约性和避免偏误的标准也都被用在了定量和定性分析中。

人们对于宏观方法论进路或宏大理论创建也越来越感兴趣（它不同于微观方法论，或者说没有将方法论视为特定的量化与质性应用研究技术工具）。宏观方法论对研究或探索某些现象的系统方法感兴趣，在知识探索中寻求一般模式，倾向于创立宏大理论和构建范式。主要的例子包括：行为主义（或心理学中的行为主义）、结构主义及其亚型（例如系统分析、功能主义、制度主义和组织分析）、理性选择方法、社会文化与观念方法。人们常常把它们归类为理论活动，但是它们也是方法精致化的组成部分，【76】会影响研究设计的构思。

简言之，第二次世界大战后是社会科学创新不断、蓬勃发展的时代。社会科学在世界范围内取得了进步，学科得以巩固，专业化和多样化程度日渐提高，方法论也得到了发展。第二次世界大战以前，社会科学研究缺乏连贯一致的视野和有力的定性、定量工具，社会科学方法极其类似于传统的历史或法律（应用公共行政法）方法。第二次世界大战后，在微观方法论层面上，定性研究和定量研究工具层出不穷，日趋复杂。在宏观方法论方面，社会科学家的进路变得越来越严谨，越来越理论化。社会科学研究不再致力于纯粹的描述，解释和预测也变得至关重要。

亨廷顿之前的军政研究和方法论

军政关系的研究趋势是更为广泛的社会科学发展趋势的反映。其中的一种趋势看上去是制度性的。重要的军政关系著作都写于第二次世界大战以前，但是直到第二次世界大战之后，军政关系才成为一个被普遍公认的研究领域。[11] 在 20 世纪以前，美国曾有一段相当狭隘的、孤立主义的历史，坐拥有利的地理位置和相对稳定的国内环境，忽视了对全球战争和全球领导地位的研究。第二次世界大战迫使美国重新对安全尤其是军政关系进行全面反思。[12] 学者和政策制定者都看到了这一挑战，即如何在全新的环境下保持文官控制？如何既不消解军队要保护的、宪法准许的极其自由主义的价值观，又能确保军队具有抵御重大、长期外部威胁的军事能力？这些质问明确了军政关系研究中的一类特殊问题，在强调传统"军政问题群"的问题域里，这些问题都被视为自由民主主义（liberal-demorcratic）问题，即如何拥有一支足够强大的军队以保护政体免受外部威胁，如何恪守操行以确保该政体及其自由主义的德性、资源和生活方式免遭破坏。[13]

【77】 这不是唯一可能的军政关系规范观念，但是这个问题主宰了第二次世界大战后早期的军政事务思维。[14] 学界也极为关注各种社会学问题，在第二次世界大战中，大多数的战士都经历过战争总动员，这一动员提出了许多问题，例如，如何有效招募、训练和激励平民，使其成为来之能战的士兵。这些问题都被莫里斯·贾诺威茨提上了研究议程，贾诺威茨是一位伟大的社会学家，与亨廷顿齐名，也是亨廷顿的同代人。他考察了公民士兵的理想，这一研究后来被称为军政关系研究的公民共和主义（civic-republican）进路。[15] 在大多数后续的军政关系研究中，其学术渊源都可追溯到亨廷顿与贾诺威茨，要么是他们当中的一位，要么是他们两位。

在第二次世界大战后的这段时期，引起军政关系研究者注意的其他问题还包括：

· 被广泛用作军事控制手段的国会拨款程序。[16]
· 菲律宾战役和第一次世界大战中的军政冲突历史案例研究。[17]

·外交政策制定中的军事影响以及外交策略与军事战略之间的关系（因此也包括外交官与军官之间的关系）。[18]

·国家军事机构中的军事管理和组织结构。[19]

·对美国军事史和正在消失的美国反军国主义传统的全面历史叙述。[20]

·20世纪中叶美国权力精英的性质及其相互作用，包括军事精英。[21]

这类学术活动急剧增长，以至于军政关系专家发展出一个全新的分支学科，催生出许多论文和论著、专题讨论会、学术资助、跨学科研究项目、知名大学的新计划，以及一些参考阅读书目。[22]

至于方法论方面的进展，新兴的军政关系分支学科也大体上响应了社会科学中出现的明显趋势。在《军人与国家》出版之前，方法论就已经在某种程度上开始成熟了，只是变化是渐次发生的，没有什么规律。传统的法律、历史和哲学进路与不断推进的实证方法和检验方法并存。描述性叙述仍然十分普遍，但是概括性的规范（generalizing norm）开始慢慢扩展。拉斯韦尔和阿尔弗雷德·瓦格斯（Alfred Vagts）的里程碑式研究是第二次世界大战之前此类研究中的例外。[23] 大多数的军政关系研究都肇始于第二次世界大战之后，当时的整个社会科学领域都出现了混合过渡的方法论发展模式，军政关系研究也遵从了这样的模式。

军政关系研究也反思那些启发了亨廷顿和贾诺威茨的理论问题。其中 【78】 的一些研究触及了军人家庭、种族与军队、军队的社会结构、军人的个性特征等问题，这些研究启发贾诺威茨去关注这类问题。[24] 此类研究表现出不同程度的复杂性，利用了广泛的实证技术，从描述性与历史性的个体反思性叙述，到问卷调查和政府编制数据的系统定量分析。其中最为严谨的当属塞缪尔·A. 斯托弗（Samuel A. Stouffer）编辑的《美国士兵》（*The American Soldiers*），这本著作是现代行为研究、实证研究以及大规模定量研究的典范。[25] 它关注科学测量、控制、复证与时间效应，表明人们越来越希望得到基于实证数据的研究结果。同时，技术实证主义开始与理论相融合，这种融合明显呈现上升趋势，如果说有什么侧重的话，那就是对如何明确表述设想、变量和假设的关心。

　　大多数战后早期的论著都有自由民主主义倾向，注重保护民主主义价值观免受外部威胁和内部滥用，尤其强调需要一支能抵御外部威胁、又不会对政体构成内部威胁的强大军事力量。这些著作触发亨廷顿去关注以下问题，即如何以最好的方式将权力委托给军队，不仅确保军队有军事效能，也能使文官继续保留对军队的最高权威。[26] 在这些研究中，展现出了一系列微观研究方法，却很少使用高度复杂的定量技术，更不用说非常先进的定性方法了。由于该领域仍处萌芽期，尚未提出关于检验的任何指导性理论。

　　最为重要的是，这些第二次世界大战之后早期的研究是一种标志，表明学术研究正在从具体事实的探索转换为一般模式与原则的研究，也就是说，从偶然的、具体的知识探索（个案式）转换为利用一般化、理论化（通则式）方法进行研究。一些学者还触及了"军政问题群"中的核心问题，但是没有具体说明它们运作的条件，或者没有提出解决它们的命题。例如，路易斯·史密斯（Louis Smith）进行了一项美国文官控制管理的开创性研究，这项研究让我们对美国军政关系的性质与体制有了更多的了解，但是对于如何以变量、假设和预测方法去分析问题，作者却没有提供完整的进路。[27] 埃基希（Ekirch）清楚地叙述了美国军国主义的兴衰，却从未充分讨论过它的意义与反响。[28] 这些著作采用的进路在理论上趋于成熟，意识到了现实中紧迫的政策问题，却没有基于更一般的演绎方法进行分析。演绎进路是根据可实证检验的假设来构造用演绎推出的问题，在亨廷顿之前，除极少数研究外，没有人用过这种方法。

【79】　　在亨廷顿之前的研究中，有一项是拉斯韦尔的卫戍国家（garrison state）研究。[29] 还有其他的一些"融合主义"（fusionist）（这里用了亨廷顿的术语）学者，例如，汉塞尔（Hensel）和霍普斯（Hoopes），他们都认为没有必要在军政双方的角色和专业能力之间进行功能上的专门化和差异化处理，都希望以这种否认来解决军政关系问题。[30] 虽然上述每个具体理论都在处理军政关系问题，却没有一种理论完全尽如人意。拉斯韦尔用的范式过于绝对，得出的告诫（即高度威胁必然导致公民丧失自由）对于政策来说，并没有太大的指导意义。而且，正如亨廷顿指出的，拉斯韦尔

对很多观念有误解，这些观念包括军事价值观、在自由社会中进行军事化的可能性、军事关系模式与国家形式之间的关系。[31] 亨廷顿同样批评了融合主义进路，他认为，融合主义会导致主观文官控制和难以接受的军政关系模式。[32] 亨廷顿还认为，军政双方功能交叠，但是不能把这种交叠混同于两个领域合并。在分析和实践的意义上，军政两个领域确实截然不同，即使是融合主义者，也不得不一再让步。[33]

　　总之，在亨廷顿撰写《军人与国家》之前，社会科学在建制和方法论上都取得了更为广泛的发展，新建立的现代军政关系研究领域反映了这一发展趋势。这一分支学科无疑被两种军政关系视角所主导，一种是自由民主主义视角，另一种是公民共和主义视角。这两类视角的早期著作没有相互对话，它们参加的辩论大都相互独立：自由民主主义的讨论重点是，保护民主主义价值观免受外部威胁和内部滥用，而公民共和主义的辩论重点是，通过公民在军事机构内部积极参与，维持和推动民主主义价值观。在第二次世界大战结束后不久的"冷战"安全环境中，自由主义占据主导地位。这两种战后早期的、最为系统的军事控制理论都有其内在的不足之处，需要将技术方法与分析上的严谨性合为一体，与有着更强概括性的进路相结合。随着亨廷顿的《军人与国家》的出版，这种情况得以改善。

《军人与国家》：方法论进展

　　在第二次世界大战之后的早期军政关系研究中，《军人与国家》是一部最自觉、最严谨的通则式研究著作。亨廷顿的研究标志着军政关系研究在方法论上向前迈出重要一步，它是对思维方式的革命，为如何进行军政关系研究提供了典型范例。换句话说，《军人与国家》已然成为一部经典之作。【80】当时，成就政治学经典的时机已经成熟，今天的学者仍在阅读加布里埃尔·阿尔蒙德（Gabriel Almond）、罗伯特·A.达尔（Robert A. Dahl）、戴维·伊斯顿（David Easton）、莫顿·卡普兰（Morton Kaplan）、查尔斯·E.林德布洛姆（Charles E. Lindblom）、西摩·马丁·利普塞特（Seymour Martin Lipset）、V. O.小凯伊（V. O. Key Jr）、理查德·N.罗斯克兰斯（Richard N. Rosecrance）、托马斯·谢林（Thomas Schelling）、肯尼斯·华尔兹（Kenneth

Waltz）等人的著作。但是鲜有论著能像亨廷顿的《军人与国家》那样，彻底主导了一个分支学科的后续发展。我们认为，其关键优势在于它的方法进路。

在亨廷顿的研究中，最重要的方法论进展是他对宏观方法的研究，他确定了研究的重要目标，这个目标既不"对整个军政关系、也不对军政关系的某一特定方面进行历史描述"。相反，他试图"提出一种观察和思考军政关系的方法，简而言之，提出一种理论框架"。[34]亨廷顿意识到，在早期的军政关系著作中，都缺少一种关键特征，即没有提出一般理论。

亨廷顿试图建立美国军政关系问题的一般理论，从中得出"新冷战"环境中解决该问题的良方。他本人并没有使用这些术语，但是他的理论却可以用简单的命题来表达，这些命题以"X–Y"的格式表示，即外生变量和内生变量，或者是自变量和因变量。他的模型也类似于路径分析或结构方程模型，使研究者能够检验某个给定因变量的多种直接原因和间接原因（尽管亨廷顿并未使用这些标签）。

在亨廷顿的理论中，有两个自变量、一个中间变量和一个因变量。第一个自变量为 X_1，亨廷顿打的标签是"功能性要求"，功能性要求来自社会安全的威胁。[35]第二个自变量为 X_2，由社会性要求组成，社会性要求来自社会内部占主导地位的社会力量、意识形态和制度，例如意识形态（自由主义的反军事、保守主义的亲军事、法西斯主义的亲军事和马克思主义的反军事思想）和结构（宪法等法律－制度框架）。[36]

中间变量 Y_1 包含文官控制模式。亨廷顿认为，这些模式可能是客观的，可能是主观的。客观文官控制模式寻求军事职业主义和军事效能的最大化，意味着军队要具有以下特性：自主性（军队是独立的军事行动机构，文官不得进行干涉和干预）、政治上的中立性和从属性（这在政治上而不是在军事上削弱了军队的自主性）。[37]在主观文官控制模式中，文官精英中的每位成员都确信，对军队进行文官控制等同于或同义于自己对军队进行控制。在美国，这可能表现为国会将文官控制等同于国会控制，总统将文官控制等同于总统控制，国防部长将文官控制等同于部长控制，以此类推。在共产主义制度中，还会涉及党对军队的控制。主观控制能将文官机构对军队的权力最大化，但是也会导致亨廷顿所谓的"转换"（transmutation），

【81】

即文职权威会按照自由主义的路线来重新设计军事制度，军队因此失去了明显的军事特征。[38] 因变量 Y_2 指的是军事安全或经典意义上的军备和国家安全，即军队攘外安内的能力。

亨廷顿基本上将他的变量视为二分变量。[39] 他认为 X_2 有两个社会性要求，即意识形态上的要求和结构上的要求，这两个要求贯穿于美国的历史，永恒不变。[40] 因此，根据他的逻辑，一定是功能性要求（X_1）变化了，即威胁变化了，才能解释文官控制模式和军事装备水平的变化。在亨廷顿的模式中，当外部威胁较低时，自由主义意识形态会导致军事力量近乎名存实亡；当外部威胁较高时，自由主义意识形态会导致军事制度沿着自由主义而非专业的军事路线转变。这两种结果都使美国没有能力应对来自苏联的持续威胁。亨廷顿得出的结论是，美国必须改变其传统的反军事自由主义意识形态，采纳亲军事的保守主义立场，为了维护民主，为了打造令人满意的军事力量，美国需要保守的现实主义。（其他两种意识形态也不能解决这个问题，因为它们并不维护民主主义的价值观。）亲军事的保守主义意识形态会引入客观文官控制模式和军事职业主义（利用专业能力、责任和内部团结就能测量军事职业主义），客观控制模式与军事职业主义反过来也会最大限度地提高军事安全，能在"冷战"中建立起稳定、可行的平衡局面。[41] 矛盾的是，只有拒绝自由主义，才能成功地维护对军队进行文官控制的自由民主主义价值观。

亨廷顿提供了一个教科书般的、清晰简洁又具体的理论化范例。他详细阐明了一些关键变量及其有关的关系命题，在考虑直接和间接因果效应【82】时，能够描绘出一条通向不同因变量的因果路径。在检验这种因果路径为什么如此安排时，也能够将唯一的平衡方案从所期望的结果中分离出来，即便没有言明，他也含蓄地将统计学的逻辑和形式化的理论统一在一个体系里。

亨廷顿的理论本身并没有使他的论著成为经典。多年以来，许多批评家对亨廷顿的理论内容进行过严厉批评。一个众所周知的例子是，职业主义在其理论中扮演的角色有同义反复问题。例如，军事职业主义最大化能确保文官控制，因为根据定义，职业军人要服从文官；亨廷顿认为，自愿服从的原因是军事职业主义，但是正如他所定义的，自愿服从也是职业主义的内在属性。[42] 实证问题使这种定义上的逻辑谬误变得更加复杂，亨廷顿之后的学者声称，在用其他文化中的军政关系进行检验时，并没有证实他的理论。[43] 另一个问题是难以操作化和检验亨廷顿文官控制模式中的关键变量。"冷战"期间，文官干预程度和对外部冲突的认知均有变异性，但是亨廷顿对概念和测量的构想方法却无法捕捉到这种动态性。即便用亨廷顿自己的标准对专业能力、责任和内部团结进行测量，他的范畴也无法解释一些模式，例如，文官在军事行动问题上侵犯了军队的自主权，却没有破坏军队的职业主义。[44] 这表明，关于军政分歧尖锐的假定是有问题的，这一假定在分析上有用，在经验上不管用。亨廷顿的理论要求美国的价值观向保守的现实主义切换，但是这并没有发生，也没有因此而产生其理论预期的负面结果。[45] 亨廷顿的理论主要立足于民族国家这一军政互动场域，这样的假设在 20 世纪中叶是合理的，但是随着世界政治性质和安全问题的变化，军政关系中的跨国行动者和国际行动者变得日益重要，这时，亨廷顿的理论就变得不那么符合现实了。亨廷顿的理论还忽略了不同的规范性需要，它只解决了军政关系中的自由民主主义问题（我们称之为"军政问题群"），却没有研究其他可能的民主主义问题，也没有研究公民共和主义等其他问题，例如，军队在多大程度上符合美国社会的重要社会价值观。[46]

我们概述了对亨廷顿所述内容的这些批评，这并不意味着这些研究内容不重要。亨廷顿理论的内容十分丰富，最有价值的（也是最持久的）是他在实证研究领域中首开框架构建（framing）之先河。他创立的范畴和概念对文官控制问题研究具有长远意义，因为其他学者可以重新研究和定位它们，并且从中得出更深入的见解。我们的观点是，亨廷顿审慎地制定了理论化（通则式）进路，该进路与他的理论的具体内容一样，都对军政关系的发展做出了重大贡献。正如马太·多甘（Mattei Dogan）所说，我们用方法研究理论，方法却常常比理论的生命更加常青。[47] 军政关系研究领域需要理论化，亨廷顿提供给我们的正是这种理论化。

亨廷顿研究中最为重要的方法论贡献是为我们树立了理论严谨性的榜样，而他的第二个贡献是其研究方法论上的折中主义。亨廷顿运用了各种各样的工具，而不是将自己局限于少数方法中。尤其是在认识论和宏观方

【83】

法论的层面上，亨廷顿利用了一系列尚未广泛采用的学科方法。他敏锐地意识到国内和国际事态带来的危险，但是他赞同以适度的实证主义或现代主义立场，从科学的角度来理解这些危险的可能性（否则，他的努力就毫无意义了）。可以将亨廷顿定位在"新保守主义"和学术现实主义之间，就像雷茵霍尔德·尼布尔（Reinhold Niebuhr）和路易斯·哈茨一样，亨廷顿在其著作的最后一章讨论了他们的观点。[48] 这些思想家意识到，如果要保护生命、自由和财产等方面的自由主义，就需要意识到那些难以回避的人类局限和世俗限制。亨廷顿对保守主义十分敏感，对天真的"解决主义"（solutionism）表示厌恶，这预示了在 20 世纪 70 年代的社会科学中，会出现一些后现代和后实证主义的规范性批评。

亨廷顿避免在宏观方法论层次上认同任何特定的思想意识阵营。他的政策良方最终是文化观念意义上的，因为他要求改变价值观，但是其整个研究是结构主义、系统主义、制度主义和文化主义的。他的进路是在反复出现的社会、经济、政治和文化模式内去构架军政关系模式，这样的进路是结构主义的。他还是系统主义的，既体现在对国际体系的国内政治影响（反之亦然）的认识上，[49] 也体现在他通过多重相互依赖关系来叙述他的假定结构上，这些关系都可以证明平衡与失衡的模式。亨廷顿也是一位制度主义者，他认识到法律制度框架对塑造行动者角色和行为的重要性。文化和观念问题则指引他去描述军事职业主义和社会意识形态的背景。亨廷顿并没有利用理性选择理论的假定和技术，但是他逻辑严谨，符合居于理性选择理论核心的系统价值观。亨廷顿还接纳了广泛的实证科学目标，与 10 年后才出现的后行为主义整合思路异曲同工，虽然他并没有认可最严格 【84】的行为主义者所坚持的定量化和行动者分析。

可见，亨廷顿的宏观方法论进路具有明显的折中主义倾向。但是它是有序的折中主义，并没有使用复合的进路，亨廷顿只是复制了现实世界的所有变化与细节。他利用了不同的进路，并且不断参考理论。他的研究结果不只是一种描述性叙述，也不是一种完全无法证伪的、毫无价值的理论（这样的理论试图解释一切，其实什么都没有解释），相反，亨廷顿的研究结果精致简约，浑然一体，这归功于社会世界的复杂性。

亨廷顿的著作还体现了实用主义，在《军人与国家》一书中，方法是为我所用，而非为其所役。这对该书中的微观方法和宏观方法都适用。[50]
在选择和应用方法时，需要考虑它们的理论功效与实际价值，而不能只出
于方法论上的便利，采用事后归因的理论化程序。在早期的社会科学家中，
亨廷顿是"方法论上的机会主义者"（methodological opportunist）的典范，
只要是最好的解决现实世界问题的方法，他都采用了。亨廷顿的理论采用
了形式化理论和统计学逻辑的设计方案，尽管不那么明显。这种方法可以
澄清问题，但是在理论发展阶段，它对于系统思维来说就并非必不可少了。

"无论有没有想象力，任何人都可以使用一种方法"，在行为主义革
命阶段，这种方法论上的共识尚未盛行，但是亨廷顿的研究预见到了这一
点。[51]实证主义本身有价值，但是还不够，当一项研究依赖于多种具体的
方法论设置时，才具有更大的弹性。如果研究者精通许多微观方法论和宏
观方法论传统，并且能根据场合需要去使用每种方法，就会从中获益。

亨廷顿的方法并非无可非议。按照现代标准，《军人与国家》一书中
的理论并没有得以清晰表达，研究设计也是隐而不现。"客观控制"和"主
观控制"等关键变量如前文所述，都难以操作，如何对它们进行操作，亨
廷顿也没有提供足够的指导。在涉及历史的章节中，很少注明文献来源，
在对德国和日本进行比较的章节中，与其说具有权威性，不如说只有令人
印象深刻而已。

在整个社会科学研究井喷的时代里，军政关系研究这一分支学科也获
得了发展，《军人与国家》的出版，是该分支学科取得重大进展的标志。
亨廷顿利用严谨性原则对研究设计进行思考，表明了几种宏观方法论进路
【85】的影响力，也免于将各阵营中最忠诚的追随者分割开来，造成永久性的决
裂和二元对立般的斗争，相反，亨廷顿采纳了实用主义和折中主义的立场，
这一选择使他能够超越方法论上的针锋相对，真正在理论和实践上都深化
了理解。亨廷顿将自己定位在自由民主主义的规范上，该定位意味着他只
对军政问题中的一个有限领域进行处理，这个领域就是文官控制，但是他
在这一领域中的洞见却产生了更为深远的影响。

亨廷顿之后的军政关系研究

继《军人与国家》出版以后，军政关系研究继续反映更为宏观的社会科学发展趋势，变得更加制度化，也更具跨学科性质。微观方法也取得相当大的进展。这一分支学科的跨学科性质反映在莫里斯·贾诺威茨于1960年发起的"高等院校武装部队与社会问题研讨会"上，许多政治学家、社会学家、心理学家、经济学家、历史学家和人类学家应邀参会。实际上，与会者还包括社会科学和人文科学中的许多其他学科代表。会议之后的1974年，该学会的杂志《武装部队与社会》创刊。[52]军政关系研究基本上是沿着两条主要轨迹发展的：一条是公民共和主义传统中的军事研究，它是社会学导向的；另一条是后殖民社会和欠发达社会中的军政关系研究，它是制度导向的。[53]

在社会学导向的研究中，莫里斯·贾诺威茨于1960年出版了著作《职业军人》（*The Professional Soldier*），该书堪称里程碑式研究，考察了20世纪上半叶美国军队中职业生命、组织环境和领导能力的演化。贾诺威茨的学科范式与亨廷顿的范式截然不同，在战后相当长的一段时期，贾诺威茨的范式都是重要选择。亨廷顿开的处方是劳动分工，该分工既尊重军事职业主义，又尊重客观文官控制，贾诺威茨则以公民共和主义视角思考问题，他关注的是军政价值观之间如何能拟合得更加紧密，并以此为基础拒绝客观控制的观点。尽管贾诺威茨汲取了亨廷顿的一些见解，但他给出的答案还是大相径庭。两位学者之间的分歧在于基本民主愿景上的差异，不进行规范性辩论就无法解决。[54]尽管《职业军人》有它的局限性，却是理论与方法的经典，催生了公民共和主义传统中的数百项研究，这些研究的主题包括军人人格与文化、军事教育、军人家庭生活、药物滥用、种族、性别、军中少数民族，以及对军人的招募、培训和挽留等人力政策问题。[55]

【86】

第二个系列的研究更具制度取向，它们关注除西方发达国家以外的军政关系情况。这条线与亨廷顿的关系更为密切，亨廷顿对它们做出过开创性的重要贡献。[56]这些研究的主题包括后殖民适应、政变、军队在现代化和社会治理中的角色等，反映了社会科学综合运用复杂多样微观方法的一般趋势。在那些最引人注目的著作中，还运用了多种多样的宏观方法。例如，亨廷顿的著作《变化社会中的政治秩序》（*Political Order in Changing Societies*），该书考察了宏大的结构性力量、直接的政治制度背景以及社会与机构因素，用这些内容来理解政治秩序和军事干预。尽管对这一领域做出了丰富的实证和理论研究，但是该书对成熟的西方民主国家是否有现实意义，目前还是未知数。亨廷顿在结论中对此强调说，在欠发达国家，"军事解释并不能解释军事干预"。[57] 军事政变尤其不能以军事制度中固有的元素来解释。在欠发达国家中，军政关系是在不同的社会和制度环境中运行的，即使是民主政体，国与国之间也不尽相同。亨廷顿的理论对非西方国家的军政关系研究有一定影响，对美国军政关系的研究却没有同样重大的影响力。[58]

除了上述两类研究，还有一些值得注意的实证研究，它们也在探讨亨廷顿引入的这些主题，其中的一些论著是他以前的学生写的，他们并不认为这些研究是亨廷顿的竞争理论。这些研究包括理查德·K.贝茨于 1977 年出版的《军人、政治家和冷战危机》（*Soldiers, Statesmen, and Cold War Crises*）；布鲁斯·鲁塞特（Bruce Russett）和阿尔弗雷德·斯泰潘（Alfred Stepan）于 1973 年编辑出版的《军事力量与美国社会》（*Military Force and American Society*）；布鲁斯·鲁塞特于 1990 年出版的《御剑》（*Controlling the Sword*）；艾略特·A.科恩（Eliot A. Cohen）于 1985 年出版的《公民和士兵》（*Citizens and Soldiers*）；亚当·亚莫林斯基（Adam Yarmolinsky）于 1971 年编辑出版的《军事机构》（*Military Establishment*）。[59] "这些著作对方法论和实证研究的贡献各不相同，有的兼具描述性和探索性，有的在方法论上十分成熟。"[60] 有些著作实证内容丰富，对中层理论建构有着重要的理论意义。例如，贝茨研究了文官和军官在使用武力上的偏好，该研究的结论与直觉相反，却启发了大量的关于文官和军官态度的后续研究。[61] 每位研究者都在智识上感恩了亨廷顿（即便仅仅以最诚恳的学术方式，即批评他），却没有什么人能重构一种全面的理论来取代《军人与国家》。

【87】 在"后冷战"时代，军政关系研究经历过一次复兴。当时，围绕军中同性恋问题的政策辩论迫在眉睫，"冷战"期间的部队开始精简，新人道主义使命开始出现，克林顿总统和高级军官之间发生摩擦，军队和美国社

会之间的所谓隔阂正在扩大，所有这些问题都使军政关系备受媒体关注，也成为公众意识的重心。[62] 在学术界，这种活力与新一轮再度兴起的学术辩论遥相呼应，该辩论起因于调查方法的扩展和对通则式标准的系统关注，辩论的主题超越了传统的士气和福利问题，目的在于超越中层理论建构，重新探讨该分支领域中的重要规范问题，特别是亨廷顿军政关系问题群中的要点问题。

在测量和考察所谓军政隔阂的系列研究中，最显而易见的是利用调查方法来探索居于军政关系核心的政治问题。[63] 后来的调查研究则更加系统地研究了军人对"后冷战"时期任务的态度，确认了军人有可能接受非传统任务的条件。[64]

在理论家努力解释"后冷战"时期军政关系摩擦的过程中，最明显的大概莫过于军政关系研究中宏大理论建构的再度兴起。他们提出了全新的理论来挑战亨廷顿的模式，试图在不失简约的条件下，提出比亨廷顿模式更具解释力的理论。迈克尔·戴思齐使亨廷顿理论中的国际体系结构思想重新焕发活力，他认为，"外部威胁"是驱动军政关系的关键因素。[65] 德博拉·阿旺（Deborah Avant）和彼得·费弗各自研究了不同的新制度主义理论形式，他们都借鉴了经济学中的委托－代理理论，费弗还提出了一个博弈论模型，目的是将亨廷顿的论点归并到一个更大的理论中去。[66]

其他有理有据的论点也开始被提出来。里莎·布鲁克斯利用系统理论和委托－代理理论明确探讨了亨廷顿问题群中的其他部分，即决定军事效能水平的因素是什么。[67] 科里·道伯（Cori Dauber）参照传播学的研究成果，将军政关系解读为一种以论据标准主导政策制定的竞争。[68] 道格拉斯·布兰德（Douglas Bland）使军政关系研究的融合主义路线再度复活，对于融合主义，亨廷顿表示过质疑，他认为，虽然控制的责任必须由文职和军职精英共同承担，但是共担的方式受到每个国家特有的军政体制的制约，而 【88】体制的演化又进一步取决于价值观、问题、利益、人格、威胁评估以及其他因素。[69] 唐·施耐德和其他学者则认为，军官是一种职业的观点是典型的亨廷顿式说法，应该在新职业理论的基础上对它进行重新构思。[70]

所有这些新亨廷顿的（和新的反亨廷顿的）理论都有一个共同之处，那就是它们都遵从严谨性、实用主义和折中主义的原则。利用演绎法去探索和概述行动者偏好、策略和环境的重要假定，具体说明获得各种平衡的条件是什么。在这些论著出版之前，军政关系研究中的解释变量激增，但是在对它们进行比较时，或者希望说明在什么条件下一组因素比另一组因素更有解释力时，却几乎没有做过任何系统的尝试。相比之下，形式化理论进路可以对变量的影响和有限的变量做出比较陈述和条件陈述。这些进路还是实用主义的：形式化理论能阐明概念的域，能使理论描述具有经验上的准确性。这一调整使军政关系研究与决策者或实践者更加休戚相关，能弥补亨廷顿进路的不足之处：忽略行为和决策，或者说，忽略日常政治中的一般性战略互动。形式化理论进路也考虑到了精致化以及与其他方法混合使用的益处。例如，在费弗最初的研究中，其 2– 人模型因为模型动力过于简化而遭到批评，而在最近的研究中，他将这一进路扩展到了多行动者（multiple-actor）环境中。[71] 同样，当博弈变得更复杂（包括更多的行动者、假设和阶段）、不确定性（多重平衡）变得更难解决时，学者们就可以利用文化、社会和观念方面的信息来帮助解释和预测平衡问题。实用主义还以寻求普遍性为特征，关注这些进路中的绝大部分，即便正在研究的主要案例就是美国自己而已。这些进路同样是折中主义的，借鉴了经济学、社会学和传播学的研究成果。一些学者明确地意识到了折中主义规范。例如，戴思齐意识到，一些威胁环境中的不确定性是结构性的，从而使文化等其他变量变得更重要。这些宏观方法论和微观方法论进路不尽相同，表明了折中主义是如何为社会世界提供多种不同的解释的，这些解释既可以检验，也可以比较。

贾诺威茨式的研究传统也经历了重要的理论更新。例如，查尔斯·莫斯科斯（Charles Moskos）、戴维·西格尔、约翰·艾伦·威廉姆斯（John Allen Williams）以及其他学者认为，军事职业主义的演化已经进入了一个新时代，即"后现代军事"时代。[72] 詹姆斯·伯克的著作将社会历史洞察

【89】 与军事社会变迁理论相结合，研究了现代军政关系的松散结构及其对军政关系的影响。同样，丽贝卡·希夫（Rebecca Schiff）提出了"一致性理论"（concordance theory），该理论认为，当政治领导层、军队和公民在以下四个问题上达成一致时，就会阻止来自国内的军务干预，这四个问题是军官集团的社会构成、政治决策过程、招募方式和军事风格。[73]

在现实世界变化、新方法论发展的刺激下，以及在亨廷顿方法论发展所带来的或隐或显的激励下，"后冷战"时期的军政关系研究经历了一段迅猛发展的时期。最为重要的新研究工具是自觉、严谨的理论化过程，折中主义和实用主义当然也十分重要。

结　论

现代军政关系研究的故事丰富多彩。在这一分支学科的方法论进展上，亨廷顿的里程碑式著作《军人与国家》为后来的大多数军政关系研究树立了某种模式和标准，我们重点考察了亨廷顿是用什么样的方法来确立这一模式和标准的。从方法论上看，亨廷顿在他的著作中坚持了严谨性、折中主义和实用主义的准则，在后来最具影响的研究中，这些准则都得到了体现。当研究者着手解决迫在眉睫的新政策问题时，整个军政关系研究都取得了进展；其中最历久弥新的研究都遵从了亨廷顿的模式：有着表述严谨的理论框架，对多种宏观和微观方法论进路的贡献和见解能兼收并蓄。

亨廷顿的方法论进路也会为未来提供指导。21 世纪初的军政关系日趋复杂：在庞大辽阔、变动不居的军政关系实证领域里，充满了复杂的讨价还价、政治操纵和官僚政治，军政精英之间在立法上也会争论不休；还遍布着普通人、一般机构和军队之间的关系；军政行动者之间也会在沟通时互不相让，在互动时时合时分，玩着原始的权力游戏；在这里，还会见证统治政权的兴衰浮沉。所有这些都是适合于军政关系研究的主题。不去关注多元、互动、不稳定的背景，就不可能研究任何一个主题，这些背景是跨国的、国际的、国内的、区域的、发展的、历史的、文化的和观念的，等等。重要的行动者、结构和变量始终在不断变化，正如军事职业内部的变化一样，国内局势在变化，战争的性质也在变化。

许多问题会浮出水面。军政关系的范围是什么？其模式有着怎样的普【90】遍性？新的行动者、问题和关系有着怎样的影响？旧观念如何能更好地适应新环境？该分支学科的合理规范基础是什么？军政关系能否拥有统一的民主理论？[74] 其内部的权衡机制是什么？有些规范性问题是关于民主的意义和目的以及文官控制的性质的，我们将如何探讨和确定这类问题？在理论辩论中，我们又将如何坚守现实的政策关怀？

亨廷顿认为，方法论需要严谨性，（大概出乎意料的是）这一洞见比他的原创性理论更有生命力。无论是自由民主主义者、公民共和主义者和联邦主义者，还是秉持其他民主思维模式的人，都始终需要有严谨性。无论是研究国防政策的制定、国会拨款、人力资源保障，还是研究民主转型，严谨性都有助于提供对策。

折中主义同样在任何时候都必不可少，无论是对于个人的研究，还是对于集体的努力，都是如此。每种方法都有优点和缺点。一些方法可以与其他方法整合在一起，彼此扬长避短。在未来的军政关系研究中，最理想的情况是采用多种微观和宏观方法论进路，以一种有序的方式来进行综合研究。军政关系的理论家不应该只是以能动与结构、利益与制度或思想与兴趣来驱动他们的思考，解释需要将所有这些内容都审慎而明智地整合在一起。这并不是要比较范围广泛的跨国研究和单个个案研究，也不是要比较细致的历史研究和精心设计的统计研究。[75] 而是要以折中主义的原则获取新见解，并从这些新见解中获益。

实用主义同样重要。方法必须为我所用，而不能为其所役。例如，实证主义总是价值不凡，但是过多采用实证主义而没有平衡的视野，也不能积累知识和产生智慧。数据收集和理论制定应该双管齐下，理论有助于避免收集无关事实，事实可以防止构建错误理论。在学术界中，应该用方法解决现实世界中的问题，而不只是将它当作象牙塔中的辩论工具。

与大多数短命的学术著作不同，亨廷顿的《军人与国家》已经保持学术生命 50 年了。我们认为，它的魅力在未来也会历久弥新，这归功于它的方法论进路，即它的严谨性、折中性和实用性。

第五章　哈茨、亨廷顿和美国自由主义传统

——与军事现实主义的冲突

迈克尔·C.戴思齐

在乔治·W.布什执政期间，军政领导层之间关系明显恶化，这是一个【91】最出乎意料的变化。事实上，在克林顿执政期间，军政关系就很紧张，许多人都期待 2000 年布什参加总统大选，以开创军政和睦、合作的新时代。比尔·克林顿可谓腹背受敌，自乔治·麦戈文（George McGovern）以来，他代表的民主党一直被视为反军事的。[1] 此外，克林顿的某些个人历史也影响了他与军人下属之间的关系。在一次茶余饭后的闲谈中，一位欧洲某国的空军将军简约地给克林顿画了个像，他嘲笑克林顿是"吸食大麻、躲避兵役、贪恋美色的总司令"。[2]

在克林顿的八年执政期里，一些军官感到自己没被他放在眼里，布什在 2000 年参加总统竞选时，为了获得军队支持，就向他们承诺说，"救援就要来了"。[3] 2000 年 8 月，在接受布什的政党提名时，共和党人满怀希望地告诫说："我们的军队供给不足，工资不高，士气低迷。如果今天总司令召唤他们，整整两个师的军队都会不得不报告说……还没有为此做好准备。就看本届政府的表现了。他们的机会来了。上届政府做不到的，这【92】回我们自己来。"[4] 与克林顿不同，布什至少在越南战争时期服过役，对军事传统和文化似乎更加了解。本届政府成员包括两位前国防部长，副总统迪克·切尼和国防部长唐纳德·拉姆斯菲尔德，还包括曾担任过参谋长

联席会议主席的科林·鲍威尔将军，由他出任国务卿，布什政府应该能与高级军事领导层保持很好的关系。然而，布什政府时期的军政关系可能比克林顿时期更加恶化。

唐纳德·拉姆斯菲尔德是布什总统任命的国防部长，他走马上任后，就推行了一项革命性的军事改革，在此期间，他工作作风草率而轻蔑，几乎立刻拉开了他与高级军官们的距离。[5] 在战备到伊拉克战争期间，在需要派遣多少部队才能推翻萨达姆·侯赛因（Saddam Hussein）政权的问题上，拉姆斯菲尔德及其副手保罗·沃尔福威茨都在试图减少部队数量，加快部署时间表，他们的这些做法使军政冲突加剧。[6] 到了 2006 年春天，文官干涉伊拉克战争计划的灾难性后果已经显现，一些刚刚退休的将军开始发声，要求拉姆斯菲尔德辞职，批评布什政府的战争行为。[7] 布什总统与将军们之间的裂痕变得越来越大，跨党派的伊拉克研究小组明确建议道，"新任国防部长应该尽一切努力来构建良好的军政关系，他需要创设一种环境，在这种环境中，高级军官能自由地向五角大楼的文职领导层、总统和国家安全委员会提供独立建议"[8]。除了这些坊间数据外，还有更加系统的数据表明，第二届布什政府中的军政关系是严重冲突的。2006 年，《军事时报》的一项民意调查结果表明，近 60% 的现役军人认为，五角大楼的文官们并没有把军人的"最高利益放在心上"。[9]

这种紧张的军政关系发展确实让人颇为不解。已故哈佛大学政府问题教授路易斯·哈茨描述了美国的"自由主义传统"，为了便于理解，我建议把克林顿和布什都视为该传统中的成员。[10] 塞缪尔·亨廷顿是哈茨早年的同事，在《军人与国家》中，他基于哈茨的思想提出了一个著名的论断，即美国军政关系问题的核心在于，美国自由主义的文官社会和美国军官集团保守的现实主义之间的长期紧张关系。亨廷顿认为，如果打算处理这种持续存在的张力，希望平衡军事效能和文官至上的关系，关键是采纳对军【93】队进行文官控制的正确框架设定。[11] 在我看来，亨廷顿的哈茨式论点为布什政府的军政关系困境提供了重要启示，尽管我也认为，实际上这种文化冲突问题早在"冷战"结束之时就已经形成了。在"冷战"结束后，文官的自由主义和军队的现实主义之间的冲突卷土重来，再度进入人们的视野。我赞同亨廷顿的主张，即他所说的"客观控制"体制能将军事效能与文官监督更好地协调起来，而布什和他的新保守主义顾问则明确地拒绝了这一立场。[12]

　　布什政府与高级军事领导层之间关系恶化得令人费解，可以认为"亨廷顿的哈茨"（Huntington's Hartz）有助于理解这一关系，我会首先概述自由主义的传统观点。接下来，我会说明布什政府及其政府内外的新保守主义知识分子是如何完全成为该传统中的成员的。然后，我会确认自由主义传统与美国最近的军政关系问题之间的关系。我的结论是，在"后冷战"时期，美国的自由主义文化与军事职业保守的现实主义精神之间关系紧张，亨廷顿的客观控制框架仍然是解决这一紧张关系的最佳进路。

美国的自由主义传统

　　"自由主义"（liberalism）一词在美国的政治话语中随处可见，因此有必要澄清我是在什么意义上使用这个词的。[13] 在"自由"或"自由主义"一词中，含有一个"i"，这个字母通常指那些在美国的政治立场中"偏左"的人，例如，美国民主运动（Americans for Democratic Action）成员或美国公民自由联盟（American Civil Liberties Union）成员，前马萨诸塞州州长、民主党总统候选人迈克·杜卡基斯（Mike Dukakis）或马萨诸塞州民主党参议员泰德·肯尼迪（Ted Kennedy）等政治人物。但是在本文中，我用"自由主义"指那些带有"L"的自由主义者，或者指哈茨以英国哲学家约翰·洛克（John Locke）之名提出的"洛克主义"（Lockeanism）。[14] 这是哈茨对某种政治制度或政治价值观的简写，该制度或价值观建立在个人自由、机会平等、自由市场和政治代表性的基础之上。[15] 历史学家阿瑟·施莱辛格（Arthur Schlesinger）对此有一个著名的说法，他称自由主义为美国政治中的"重中之重"。[16]

　　在这个世界上，还有其他形式的自由主义政体，例如 19 世纪以来的英国，但是哈茨认为，美国之所以与众不同，是因为它没有封建制度史。美国不同于其他大多数的自由主义政体，它生来具有民主性，从来没有必要调和自由主义与其他政治意识形态，或定义它的自由主义以反对其他意识形态。这离不开美国在地理位置上的优势——它远离欧洲诸强国。[17] 美　【94】

国的自由主义有许多独特的前提：政治和经济发展绝非难事；"好事总聚首"（all good things go together）；激进主义和革命绝非好事；政治民主比政治秩序更重要。[18] 当然，这些信念本身看起来仁慈善意，但是放在一起的话，就可能成为"反自由主义"的根源。

哈茨认为，美国自由主义传统的问题在于，其核心中包含着一种"深刻的、不成文的暴政冲动"，这种冲动"认定异己者（即非自由主义者）不可理解，阻碍了在国外的创造性行为，这些不可理解的事情又制造出焦虑，激起国内的歇斯底里"。[19] 哈茨将其称为洛克式的专制主义（Lockean absolutism），诚如学者埃里克·麦基特里克（Eric McKittrick）所说："（自由主义）以专制的方式进行思考，根本不需什么力量来推动它进行这种思考。穿过小径的阴影一晃而过，却被自由主义视为长久存在的恶魔；每一位敌人都被它以邪恶的术语描述，而当这位敌人更加强大或与众不同时，它却不知道如何采取行动了。"[20] 罗伯特·帕克纳姆（Robert Packenham）解释说："前两个自由主义前提使美国极度乐观或乌托邦；第三个自由主义前提常常使我们反对革命或反动分子；第四个前提使我们具有一种特别自命不凡或傲慢自大的倾向。"[21] 如今，人们普遍意识到，自由主义会产生如此的反自由主义结果。例如，艾拉·卡茨尼尔森（Ira Katznelson）观察到，"自由主义的正常功能可以……推动各种非自由主义和反自由主义，并与之结盟"[22]。

美国自由主义的专制主义（Liberal Absolutism）在对外和对内方面都贻害无穷。在外部，这种专制主义助长了美国人到处传播自由主义的愿望。催生这一愿望的方式之一是，认为在自由帝国主义（Liberal imperiialism）内部，德行和利己之间的关系是可以调和的。[23] 自由帝国主义德行的一面可以从"良性霸权"（benign hegemony）的思想中找到，该思想认为，良性霸权可以为世界上的落后地区带来进步与实惠。[24] 自由帝国主义利己的一面则反映在以下前提中，即自由主义无法在非自由主义的世界中存活下去。美国自由主义现在已经完全内化了这一观念，例如，在1974年的一次演讲中，参议员丹尼尔·帕特里克·莫伊尼汉（Daniel Patrick Moynihan）指出，"一个国家之所以不够民主，只是因为民主无法维系下去"。或者，正如内森·格雷泽（Nathan Glazer）所说，"对于我们而言，正是因为有了这样的（民主）社会，这个世界才会变得更加平安祥和，没有民主社会，世界就会变得更加危险，更加令人沮丧"[25]。

哈茨在 20 世纪 50 年代，主要关注了自由主义传统的国内影响，他担【95】心的是，美国自由主义肯定会试图将非自由主义思潮从美国社会中驱逐出去。第一次世界大战之后的"红色恐慌"和"冷战"初期的麦卡锡主义就是这种冲动的最明显表现。对于哈茨来说，美国自由主义的悖论在于其面对非自由主义思想和制度时，党同伐异，歇斯底里。[26]在哈茨看来，这种自由主义的专制主义根源在于它的假定，即"它的规范具有自明性"。[27]鉴于这一前提，就没有任何合法的理由不接纳自由主义，如果有人不赞同自由主义，只能证明他们自己道德败坏或用心险恶。如果换一种略有不同的语境，援引 H.L. 门肯（H. L. Mencken）的话来看待自由主义，那么这个自由主义者的"标志性特征就是，他总在攻击对手，不仅动手，还嗤之以鼻，破口大骂，他总是在道德上充满愤怒，不具备去想象对手身上有什么值得尊重之处的能力"[28]。

自由主义传统在美国政治文化中可谓根深蒂固，现在的两党都信奉它。像西奥多·罗斯福（Theodore Roosevelt）、伍德罗·威尔逊、富兰克林·罗斯福、约翰·肯尼迪和罗纳德·里根这些形形色色的政治人物，都适合放在自由主义的保护伞之下。[29]事实上，理查德·尼克松和亨利·基辛格（Henry Kissinger）这样的非自由主义政治家和思想家在美国只是例外，并非惯常。正如新保守主义专家罗伯特·卡根（Robert Kagan）正确指出的那样，"美国人从不接受欧洲旧秩序的原则，从不信奉马基雅维利的观点。美国是一个彻头彻尾的自由、进步的社会，如果美国人信奉实力，就会相信权力必为一种手段，能对自由文明和自由世界秩序的原则予以推进"[30]。

布什、新保守主义和自由主义传统

乔治·W.布什政府及其新保守主义者都信奉美国自由主义传统中的主要部分，在形成其外交政策时也都非常有影响力。[31]许多人都看到了布什总统与伍德罗·威尔逊（Woodrow Wilson）等早期自由主义政治人物之间的连续性。劳伦斯·卡普兰（Lawrence Kaplan）写道："布什正在成为威尔逊总统以来最具威尔逊风格的总统。"这一观点得到了一些历史学家的支持。[32] 即使布什的宗教信仰看上去与自由主义的某些方面不符，它也与哈茨所说的美国"希伯来思想"（即"我们是被神选中的子民"的观念）相容，这是美国自由主义传统的另一个显著特征。[33] 事实上，美国的自由主义有着"十字军"般的冲动，这种冲动也为美国福音派的救世主式热情所进一步强化。[34]

【96】　　欧文·克里斯托（Irving Kristol）有一句讽刺的话很有名，即他和他的同事只不过是"被劫持的自由主义者而已"！至于自由主义与当代美国新保守主义运动之间的关系渊源，却远比该讽刺中所意识到的要深刻得多。正如罗纳德·斯蒂尔（Ronald Steele）所总结的，"自由主义者和新保守主义者都认为自己是威尔逊主义者，这或许没有错。事实上，就意识形态上的抱负和道德上的正当性而言，他们都远比自己承认的更相似……在实践中，秉持干涉主义（interventionist）的自由主义者和坚持干涉主义的新保守主义者之间是有区别的，这一区别与其说是原则上的问题，不如说是程度上的问题"[35]。当我们仔细考察新保守主义的内涵时就会发现，它与自由主义有许多相同的地方。[36]

　　正如表 5.1 所示，新保守主义者与自由主义者并不相同，但是在与美国外交政策有关的各种问题的态度上，他们本质上却相同。尤其是在该表所列的八个问题中，新保守主义者和自由主义者在六个问题上立场相似（只是在"个体还是群体"和"国际组织角色"的问题上，立场不同），在大力推进美国全球活动家角色的过程中，这种相似性使他们结为盟友。双方最为重要的区别体现在国际组织角色的认知上，自由主义者认为，美国应该在国际组织的支持下，在多边框架中实施外交政策，新保守主义者比自由主义者更倾向于单边主义。[37] 撇开这一战术上的根本差异不谈，在新保守主义者和自由主义者之间，还是有足够的共性可以证明，将新保守主义直接纳入美国自由主义传统的做法是合理的。[38]

表 5.1　基于八个问题对保守主义、自由主义和新保守主义的比较

问题	保守主义	自由主义	新保守主义
个体还是群体	群体	个体	群体
人的自然状态	冲突	合作	合作
人类理性	很少	很多	混合
人类本性	不变的，恶的	多变的	多变的
社会的可进步性	无	有，自下而上	有，自上至下
规范还是权力	权力	规范	规范与权力并用
国际组织角色	可忽略的	中心的	可忽略的
军队角色	保护国家安全	促进理想，保护人权	促进理想，保护人权

第二届布什政府是当下美国自由主义传统中的一部分，对此最令人信【97】服的证据是，该届政府完全信奉自由主义传统的四个重要前提：政治和经济发展绝非难事，美国可以同时倡导自身利益与国家原则，必须制止激进主义，民主比政治秩序更重要。

首先要考虑的一个自由主义传统信念是，发展是一个相对顺畅的过程。对于 20 世纪 50 年代末和 60 年代初的那些秉承自由主义发展观的经济学家来说，经济发展应为天下公器的观点是他们最为倡导的。[39] 布什政府对经济发展的前景持乐观态度，他们首选依靠市场和全球经济来刺激经济，而不是通过国家指导和外援来加以培育。2002 年的《国家安全战略报告》就这一点做了充满自信的注释："在自由贸易和自由市场支持下的经济增长，创造了新的就业机会，提供了更高的收入。它使人们从贫困的生活中解脱出来，能刺激经济和法律改革，打击腐败，强化自由的惯习……历史的教训清楚地告诉我们，市场经济，而不是以政府之手加以严格控制的指令性经济，才是促进繁荣和减少贫困的最佳途径。"[40]

与前任总统一样，布什也确信，政治发展，特别是民主的传播和巩固，几乎在任何地方都可以发生。他建议"不要和自由打赌"[41]，布什这样说了，也把国家的钱这样用了，他不认为这种做法前途未卜，机会渺茫。2003 年 2 月，布什指出："有一段时间，许多人说，日本和德国的文化无法维系民

主价值观。但是，他们错了。有人说，今天的伊拉克也是这样。他们也错了。伊拉克这个国家有着引以为豪的传统、丰富的资源和技能以及受过教育的人民，它完全有能力走向民主，过上自由的生活。"[42]

副总统在2005年自吹自擂道：

> 事实上，这个小镇（华盛顿特区）里有很多人，他们要么是纸上谈兵的四分卫，要么是喜欢指手画脚的长舌妇。当我们对恐怖主义发起战争时，当我们解放了5000万伊拉克和阿富汗人民时，对于那些自"9·11"以来就预言我们的努力会失败的人来说，不知道他们还要说些什么了。今天，我向你们提出，我们将在伊拉克大获全胜，就像我们在阿富汗时做的那样。我们将根据伊拉克宪法草案支持新政府；我们将平息叛乱。事实上，这会是个了不起的建功立业的故事，不仅在伊拉克，而且在整个地区都将产生巨大影响。[43]

【98】

在"好事总聚首"的自由主义前提方面，布什政府似乎再度与美国自由主义的传统对号入座了。在20世纪50年代末和60年代末，自由主义者乐观地认为，随着一些国家经济的发展，它们在政治上也会变得更加稳定。[44]最近，布什政府认为，"现在，美国的切身利益已经与我们内心中最深层的信仰合二为一了"[45]。布什总统告诉鲍勃·伍德沃德（Bob Woodward）："我相信美国是世界自由的灯塔。我认为，我们有责任推进自由，这与保护美国人民的责任一样神圣，这两个方面并行不悖。"[46]布什指出，他的政府在致力于伊拉克的民主化，这是两件好事（即伊拉克民主和美国安全）能同时来临的一个最佳范例，"一个自由、民主、和平的伊拉克不会用非法武器来威胁美国或我们的友邦。一个自由的伊拉克不会成为恐怖分子的训练基地，不会成为向恐怖分子输送金钱的管道，有些恐怖分子希望利用这些武器来攻击我们的国家或盟国，伊拉克不会再为这些恐怖分子提供武器。一个自由的伊拉克也不会动摇中东的稳定。一个自由的伊拉克还可以为整个地区树立一个充满希望的榜样，引导其他国家选择自由。当对自由的追求取代了中东地区的仇恨、怨恨和恐怖，美国人民就会更加安全"[47]。保罗·沃尔福威茨同样指出，"民主是一个普适性观念"。但是，他还补充了一句话，即民主可以"让人民掌管他们自己，这恰好是符合美国人和美国利益的事"[48]。

自由主义传统的另一个重要前提是，美国必须积极反对激进主义与革命。能阐明这一点的主要案例是，伍德罗·威尔逊于1913年3月在墨西哥革命期间发表了一次演讲，在演讲中，他解释了不与弗朗西斯科·I. 马德罗（Francisco I. Madero）革命政府进行合作的决定："正义政府建立在法律的基础之上，不是建立在随意的或不正规的军队的基础之上，在每个转折时刻，只有得到正义政府的有序程序的支持时，合作才有可能。我们认为……如果没有一个基于法律、基于公众良知和认可的秩序，就不可能有任何自由。"[49]

布什政府认为，"激进主义与技术革命相结合，构成了一个危险的十字路口，对自由的最大威胁就在于此"[50]。正如布什在2002年《国家安全战略报告》中宣称的："对于恐怖分子这一敌人来说，如果他们公开秉持的战术是恶意破坏和瞄准无辜者，他们所谓的战士是在死亡中寻求殉道，他们最有力的防御手段是不隶属于任何国家，那么，威慑的传统观念就不可能再发挥作用。"[51]

【99】

自由主义传统的最后一个前提是，促进民主比维持稳定更重要。正是这种信念促使吉米·卡特总统向独裁的美国盟友施压，要求他们更加尊重人权和在"冷战"期间举行选举，即使这会削弱他们继续掌权的可能性。[53]同样的思维显然也出现在布什政府处理"后萨达姆时代"的伊拉克事务中。2003年4月，美军攻陷了巴格达，之后是随处可见的趁火打劫和混乱无序，拉姆斯菲尔德对此态度轻率，不予理会，没有什么比拉姆斯菲尔德的这一做法更能体现民主比秩序更重要的信念了："自由就是杂乱无章。自由的人民可以自由地犯错、犯罪和作恶，也可以自由地生活与行善。"[54]后来，在外交关系委员会的一次演讲中，拉姆斯菲尔德将巴格达的无政府状态与美国革命后的混乱状态做了比较。[55]在联军临时政府做出的最不明智的重要决定中，有两个是解散伊拉克军队和对伊拉克文官政府进行大规模清洗，这些决定同样为民主比秩序更重要的信念所驱使。[56]事实上，如果布什政府只关心在伊拉克建一个亲美地区，那么与其大费周章地以局势动荡为代价来推出民选政府，不如安插一个亲美的独裁者取代萨达姆·侯赛因，这也会得到满意的结果。但是沃尔福威茨在战前就明确表示过，"我们对于以一个独裁者取代另一个独裁者不感兴趣"[57]。

布什总统还把同样的逻辑用于世界上的其他地区。例如，他在 2002 年就主张，在被占领的巴勒斯坦领土上，民主比稳定更重要。[58] 他的国务卿康多莉扎·赖斯（Condoleezza Rice）认为，这一标准也应该适用于整个中东地区：

> 长期以来，西方，甚至是美国，都认为他们可以对阿拉伯知识分子所说的中东自由赤字视而不见，不认为自由赤字有什么关系。我们已经这样做了 60 年了。我们这样做是出于稳定的考虑，当然，我们既没有带来稳定，也没有带来民主方面的变革……我们相信，我们反而培养出了一种恶意，正是在这种恶意之下，产生了基地组织和极端主义哲学，而与这些极端主义意识形态做斗争的唯一办法，就是传播自由。[59]

【100】

布什和赖斯太忠诚于民主比稳定更重要的观念了，以至于他们不愿意呼吁取消巴勒斯坦政府 2006 年春天的选举，即便明显的结果是哈马斯很可能赢得选举，之后会对占领区域内外的稳定性构成严重威胁。[60] 2006 年夏末，赖斯将"民主"的以色列和"民主"的黎巴嫩之间的边境战争仅仅视为"新中东的诞生之痛"，并不予以理睬。[61] 在该区域主要人物的更替问题上，第一届布什政府采取小心谨慎的现实主义态度，第二届布什政府采取了激进主义立场，对于两届政府之间的这一鲜明对照，《华盛顿邮报》战地记者汤姆·里克斯（Tom Ricks）描述道："稳定不是他们的目标，而是他们的攻击目标。他们认为稳定是停滞的同义词，他们希望中东地区发生翻天覆地的变化。他们下定了决心，要把沼泽排干，也就是说，改变该区域的政治气候，使栖息在那里的恐怖分子再也无处安身。"在里克斯看来，第二届布什政府"愿意冒险，有点像杰里·鲁宾（Jerry Rubin）（20 世纪 60 年代的激进派），抓住机会，然后继续在留下来的废墟上开路挖渠。"[62]

总而言之，布什政府及其新保守主义盟友显然是自由主义传统中的成员，和美国的许多自由主义者一样，他们全心全意地信奉着自由主义传统中的四个核心前提。

自由主义传统与美国当前军政冲突之间的关系

亨廷顿借鉴哈茨的观点，在两种截然不同的思维定式冲突中，发现了军政关系紧张的主要原因，这就是军队的现实主义和文官的自由主义：

> 任何社会的军事机构都是由两种相互竞争的力量塑造的：一种是功能性要求，由对国家安全的威胁引起；另一种是社会性要求，由社会力量、意识形态和社会中居支配地位的制度引起。如果军事机构仅反映社会的价值观，就可能无法有效履行它的军事职能。另一方面，在社会内部，也不可能存在完全由功能性要求塑造的军事机构。这两种力量相互作用，构成了军政关系问题的核心。[63]

亨廷顿把军事现实主义归因于"功能性要求"，是国际政治的无政府【101】属性的自然结果，它信奉一些独特的信条：相信暴力是国际关系的永久特征；认为国家在国际关系中具有至上性；为了侧重于物质力量等有形因素，对意图和意识形态等无形因素予以贬低；不情愿动用武力及发动战争，除非迫不得已，而且只有在所用手段都不受限制的情况下，才会有这种意愿。[64]

在对美国特殊的社会性要求进行讨论时，哈茨对亨廷顿的学术影响最大。亨廷顿含蓄地借鉴了《美国的自由主义传统》（*The Liberal Tradition in America*），他认为，美国的文官政治文化完全是自由主义的，它的五个独特元素与军事现实主义相冲突。首先，它对国际事务基本上漠不关心；第二，当美国自由主义偶尔放眼国外时，它会努力传播国内制度，以此来解决国际问题；第三，美国自由主义表现出专制主义的立场，它要么寻求从非自由主义世界中撤出，要么试图改变非自由主义世界，永远不与它妥协；第四，美国自由主义对战争的看法充满矛盾，要么对它一概回避，要么打很多场战争来终止一切战争；第五，美国自由主义对职业军事制度持有戒备和不信任的态度。[65]

亨廷顿运用哈茨对自由主义传统的分析，解释了反复出现的美国军政关系紧张问题，他认为，这种情况是文职领导人试图将美国军官集团保守的现实主义加以自由主义化的结果。[66]在哈茨的阐述中，这种社会性要求在整个美国历史上都非常连贯一致。但是正如亨廷顿所承认的，分析性问题之所以产生，是因为美国军政关系事实上已经变化了。有时，它们相对和谐，有时争吵不断。我们不能用一个常量（自由主义）来解释一个变量（军政关系），所以需要找到一个变量，用它来解释自由主义何时重要，何时不重要。我出版过一本著作《对军队的文官控制》（*Civilian Control of the Military*），在这本书中，我在亨廷顿功能性要求论点的基础之上指出，美国和其他国家的军政关系模式不同，对这种不同予以解释的关键变量是该国所面临的威胁环境。我认为，如果环境中的外部威胁严重，文职领导人就更有可能对军队采取客观控制模式，以减少军政冲突。这也解释了为什【102】么在"冷战"期间，美国军政关系在大多数情况下是和谐的。相反，不太有挑战的国际威胁环境更易导致军政冲突，例如，"后冷战"时代甚至是全球反恐战争阶段（与以前任何一场美国战争中被杀害的美国人相比，全球反恐战争中被杀害的美国人要少得多），[67]之所以如此，部分是因为在这种环境下，文官重新开始自作主张，试图把自由主义强加于军事机构之上。在我看来，美国的自由主义传统解释了克林顿、布什与美国军方之间的不良关系。

这两届政府之间有连贯性，表现为克林顿总统和布什总统都信奉自由主义传统中的很多核心前提。首先，自由主义传统主要关注国内政治，克林顿和布什都是这样做的。例如，在1992年的竞选活动中，克林顿团队成员的选举金句是"这是经济问题，笨蛋"，[68]他们用这一口号来提醒自己，关注国内问题很重要。总统候选人乔治·W.布什对国际政治关系同样漠不关心，1997年，在接见沙特阿拉伯大使班达尔（Bandar）王子时，布什说道："我对国际、外交方面的政策没有什么看法，真是一窍不通。"[69]布什的外交政策顾问有科林·鲍威尔、康多莉扎·赖斯、迪克·切尼、保罗·沃尔福威茨和理查德·阿米蒂奇（Richard Armitage），他们都在布什制定外交议程时发挥了巨大作用，该团队成员通过各抒己见和相互争辩来左右布什总统的想法，布什政府外交政策中的大部分故事都是以这种口舌之辩讲述的。[70]

自由主义传统也试图将美国的国内政治制度外部化，以解决美国的海外问题。关于这一点的证据是，克林顿政府和布什政府都信奉"民主式和平"（democratic peace）的自由主义理论，将该理论作为坚信扩展民主会巩固美国安全的理据。克林顿在1996年的《国家安全战略》中明确指出，"民主、政治和经济自由化在全世界越生根开花……我们的国家就越可能安全，我们的人民就越可能富庶"[71]。布什总统在2004年的《国情咨文》中同样宣称，"我们的目标是民主和平"[72]。国家安全顾问赖斯随后声称："布什总统的对外政策是一个大胆的新愿景，它从完美指导过美国外交政策的思想中汲取了灵感：民主必定从不缺少直面和击败自由之敌的意志和手段，必须用美国的权力与意愿来捍卫自由，民主的扩展会带来永久的和平。"[73]

克林顿和布什也都是坚定的理想主义者，他们认为现实主义对世界政治冷嘲热讽，横加限制，他们都拒绝这样做。克林顿总统认为，在"后冷战"时期，"自由，而不是暴政，正在前行，只在权力政治的算计中愤世嫉俗，【103】根本算不出任何结果"[74]。作为候选人的布什试图将他的理想主义重新塑造为现实主义：

> 我们的现实主义必须为人类精神创造出一个空间……有些人试图在美国理想和美国利益之间做出选择，即在我们是谁和我们如何行动之间做出选择。但是一选就错。美国，正在以它的决策和使命来推动政治自由，并且在民主取得进步时获得最大利益。美国相信自由市场和自由贸易，当市场开放时，它会获得最大利益。美国是一个讲究和平的大国，它会从民主稳定中获得最大利益。正因为我们没有领土目标，所以我们的收益不会以他国的损失来估计，我们的收益以避免冲突、共享繁荣和延续和平来衡量。[75]

作为总统的布什则放弃了任何将理想主义和现实主义融合起来的借口，他和他手下的高级官员们都成了现实主义的直言不讳的批评者。[76]可以肯定的是，克林顿和布什采取了截然不同的进路来实现他们的理想主义目标，克林顿更倾向于多边主义，布什则试图单方改造世界。这些只是方式和手段上的不同，而不是目的上的差异。

自由主义传统厌恶战争成为国际政治常态化特征的事实。自由主义者要么完全避免使用军事力量，要么矛盾地大量使用军事力量来再造国际体系。例如，比尔·克林顿不太喜欢军人，但是最终还是经常将军队用于"非战争军事行动"中，如在索马里、海地、波斯尼亚和科索沃等地。[77] 在与副总统候选人阿尔·戈尔（Al Gore）参加总统竞选辩论时，克林顿政府频繁使用军队一词，乔治·布什对此进行过批评，他指出，"美国军队的问题之一就是，我们在世界各地的很多地方都安营驻军"[78]。但是到了2002年，他却说："正如我们所想的那样，我们可以选择打击伊拉克，也可以选择不打击。我不确定。但是即使有所行动，也是为了世界和平。"[79] 没有什么比这段话能更好地反映自由主义传统的思维方式了。两个政府中的军政关系冲突都是文官造成的，他们受自由主义传统的动机所驱使，敦促军队去执行他们并不全心全意支持的军事行动。[80]

正如亨廷顿指出的，美国自由主义对军事制度有着深刻的矛盾心绪，克林顿和布什都表现出这种谨慎。克林顿承认自己年轻时曾"厌恶"军队，这件事备受关注。据报道，他的过渡办公室的一位工作人员显然也有类似观点，她告诉巴里·麦卡弗里（Barry McCaffrey）将军说，她"不和军方打交道"。[81] 在担任总司令的整个任期中，克林顿始终对军职人员感到不适。[82]

【104】

在2000年的竞选中，布什有过公开支持军队的言辞，但是很快就明显看出，布什政府中的高级官员并不尊重军官的专业能力。就任国防部长后不久，唐纳德·拉姆斯菲尔德就明确表示，他认为军事领导人迟钝、缺乏远见，经常以轻蔑和鄙视的态度对待他们。[83] 2003年1月，在对五角大楼记者团发表的讲话中，有记者对他的粗鲁方式表达了忧虑，拉姆斯菲尔德对此不屑一顾，他声称道："如果这让人们感到不安，是他们的敏感性让他们感到不安，我很抱歉。但是这就是生活，因为我们正在做的事情很重要。我们会把它做好。我们会把事情做对。宪法要求文官掌控这个部门。我就是一名文官。相信我，这个地方正在成就丰功伟业。过去两年中我们做了很多事情。你袖手旁观、充耳不闻，还希望每个人都认为你这样挺好，根本无法成就这番伟业。"[84]

　　并非每位文职决策者都像拉姆斯菲尔德那样傲慢地对待军人，但是布什政府内的主流风气显然不尊重军人，一些战术和作战问题通常需要职业军人的专业能力和专业技能才能解决，即便是这样的问题，这些文职人员的态度也是如此。

　　亨廷顿认为，自由主义者试图将自由主义的价值观强加于军事制度之上，以"根除"军队中的现实主义。这一进路也体现在比尔·克林顿身上，克林顿试图终止排斥同性恋参军和妇女参战的政策，从而将美国文官的道德观植入军队。[85]人们本来以为布什政府更支持军队，但是他的政府也在一直努力向军队灌输文官的价值观，只不过这是一些企业界中的价值观念。在拉姆斯菲尔德的职业生涯中，有相当长的一段时间是在私营部门中度过的，他坚信商业管理模式的优越性。[86]他宣称，"在营利机构中"，一个人必须创新："除此之外，你别无选择……如果你不这样做，就会受到惩罚，你会死掉，会戛然而止，会被淘汰出局。你一定要全力以赴才行。这里（五角大楼）缺少这种精神。没有任何东西比创新更能让人集中精力。创新是一份永无止境的工作。"[87]

　　总之，克林顿政府和布什政府对美国军事制度的看法都符合自由主义传统的重要方面。我认为，这解释了为什么两个政府都经历了严重紧张的军政关系。此外，正如我之前所解释的，新保守主义是布什政府全球反恐战争战略背后的指导思想，它也在很大程度上利用了美国的自由主义传统。【105】正是这种自由主义哲学，导致美国在伊拉克以及其他地区都犯下了许多重大失误。正如汤姆·里克斯指出的：

　　　　在这个问题上，即如何制定战争计划的问题上，理想主义者的观点是关键，它为你提供了战略假设。如果你认为你会被当作解放者倍受欢迎，你就不需要那么强大的军事力量去占领了。如果你认为你真的能够很快地摆脱这一切，你就不会打算计划长期的军事行动了，你也不必再盘算着，"天啊，如果我们必须在伊拉克进行两轮或三轮或四轮的部队轮换，我们该怎么办呢？"……他们认为，他们可以通过推翻政权来赢得胜利，然后，他们基本上要为这个政权换一位新头目，仅此而已。结果是，他们把鸡头割了下来，鸡的身子开始四处乱跑，他们就从来没有真正地抓住过它。[88]

显然，美国军队中的现实主义者很早就开始质疑"9·11"事件后打击伊拉克的明智性了。据说，美国国务卿科林·鲍威尔在国防部长办公室和白宫听到新保守主义者不断打来的电话后，就责怪他的继任者、参谋长联席会议主席休·谢尔顿（Hugh Shelton）将军说："难道你不能让这些家伙守点规矩吗？"[89]布什在 2003 年春天宣布了"胜利"，结果却演变成身陷泥淖，刚退休的将军与布什政府的文职领导人之间相互指责、针锋相对，暴露出美国军政关系中始终存在的裂痕。前联合参谋部格雷格·纽博尔德（Greg Newbold）中将尖锐地写下了他"真诚的观点……美国军队致力的这场战斗是以一种随意草率和狂妄自大的态度完成的，只有从未执行过这些任务的人，或者从不计后果的人才会这样做"[90]。纽博尔德后来加入到其他五位刚退休将军的反对行列，包括前中央司令部总司令安东尼·齐尼上将（Anthony Zinni）、前伊拉克训练团团长保罗·伊顿（Paul Eaton）将军、陆军转型任务部队长官约翰·里格斯（John Riggs）少将、前伊拉克战争师指挥官查尔斯·斯旺纳克少将（Charles Swannack）和约翰·巴蒂斯特（John Batiste）少将，他们公开呼吁拉姆斯菲尔德辞职。[91]2006 年，在《军事时报》的民意调查中，唯一一支最大的部队（占比 42%）表示，他们不赞成布什总统对伊拉克战争的处理方式。[92]

拉姆斯菲尔德对军队进行微观管理，因为他对高级军事领导层持怀疑态度，对文官战略智慧充满信心。前陆军部长托马斯·怀特后来描述了拉姆斯菲尔德的风格：

嗯，国防部长天生喜欢深入了解事情的细节。他始终认为我们在人力方面太草率，我们部署了太多的人，我们应该在真正需要他们之前才有所部署，等等……对于部署增量一揽子计划中的每一点，他都决定亲自进行微观管理，这把每个人都逼到了崩溃的边缘。他认为他正在试图拯救我们。而我们认为，"只要你别挡着路，我们自会集结部队，完成这项军事行动"。但是，这给每个人都带来了巨大痛苦……在某些具体情况下，秩序被搞得一团糟，必须采取特别措施来处理。[93]

　　布什政府情愿忽视职业军人对伊拉克战争计划的建议，其根源在于它相信文官才能更好地理解高技术的潜力，才能理解使战争发生革命性变化的新组织模式。[94] 在1999年9月的一次关于军队转型的演讲中，总统候选人布什承诺说，他打算在军队中"强制推行新思维，迫使军队做出艰难选择"，以确保军队不会错过这个"机会……这个机会是战争技术方面的革命带来的"。[95] 拉姆斯菲尔德和其他文官预期，这将是一场"军事革命"（RMA），但是在新政府的头几个月里，拉姆斯菲尔德转型美国军队的努力却引起他与各军种（及其国会山同盟）之间的摩擦，各军种对新任国防部长的风格及其做法都持很大保留意见。可以肯定的是，一些有远见卓识的军官，包括威廉·欧文斯（William Owens）上将和阿瑟·塞布朗斯基（Arthur Cebrowski）上将，都赶上了这次军事革命大潮。[96] 但是拉姆斯菲尔德不相信各军种会自己实施转型，他相信的是，只有在文官的密切推动和指导下才会发生转型。结果是，到了2001年秋季，拉姆斯菲尔德与军方高层和国会领导层的关系都跌入谷底。事实上，许多人预测他将是第一个离开布什内阁的人。[97] 在"9·11"袭击后，拉姆斯菲尔德的公众形象暂时由"替罪羊"拔高为了"英雄"，对阿富汗塔利班的胜利明显是速战速决，这似乎证实了新保守主义者观点的正确性，即技术和新组织模式现在可以取代战争中对部队数量的要求了。[98]

　　但是最后的分析结果是，在布什、切尼、拉姆斯菲尔德、沃尔福威茨、国防部长办公室的文官及其政府内外的其他新保守主义同盟者那里，亨廷顿确认的自由主义传统的宗旨都导向了一种幼稚的乐观主义，这解释了军政关系糟糕透顶的现状，也解释了伊拉克战争的灾难。先假定战争是必要 【107】 的，再假定容易打赢，这类假设确实可以直接归因于自由主义传统的世界观。自由主义传统强化了新保守主义者的主张，即中东政权更迭是推动美国在该地区利益的关键，推翻萨达姆政权可能是该地区转型的第一步。自由主义传统也使布什政府的文职人员相信，在伊拉克开展的战争将"易如反掌"，就像肯尼斯·阿德尔曼（Kenneth Adelman）所预测的，美国军队将被视为解放者受到欢迎，民主的伊拉克政府很快会在战后掌权，伊拉克丰富的石油财富很快会为重建买单，民主在伊拉克会阻止民族冲突的出现。[99]但是事实证明，所有这些自由主义的假设都错了。

　　拉姆斯菲尔德、沃尔福威茨和国防部长办公室的其他文职官员都犯下了战略性错误，也许最为严重的错误是低估了伊拉克战争第四阶段（即战后稳定与重建阶段）所需要的兵力。正是"相信了伊拉克战争很快会大获全胜，（布什）政府才决定孤注一掷的"[100]。实际上，拉姆斯菲尔德和沃尔福威茨认为，美国陆军高估了这些军事行动所需的兵力。"拉姆斯菲尔德一直是这样认为的"，前陆军部长怀特回忆说，"他认为军队的人力需求过大，认为军方要求的人数比他们真正需要的人数多三或四倍，认为军队之所以这样做，是为了给他们自己以更大程度的保证而已……因此，他在生活中的角色就是说服军官们，让他们相信自己可以用更少的投入来做更多的事情，以拯救军队，并且对这一过程进行约束。"[101]拉姆斯菲尔德认为美国中央司令部对战争计划的拟定过于保守，他对此大为光火，指责他的将军们在"拖后腿"，在这一点上，拉姆斯菲尔德的感受与林肯在内战期间对乔治·麦克莱伦（George McClellan）将军的失望差不多。[102]至少在六种不同的场合里，拉姆斯菲尔德坚持削减了已经为某项军事行动计划好了的兵力。[103]他还让自己全身心地投入到战争计划的战术方面。不仅想限制整个部署部队的数量，还想重新制定分时兵力部署列表（TPFDL），这个表是规划部队何时以及如何进入战区的战争计划附表。[104]拉姆斯菲尔德干预措施的最终结果是，在第四阶段的军事行动中，美国投放的兵力过少，难以完全有效调动战场上的部队，因为这些部队是临时部署的，而不是按照精心设计的时间表安排的。当然，已经无法清楚地知道，假定及时部署了更多的军队，是否就可以防控战后立即爆发的混乱，以及随后发生的叛乱。但是可以肯定的是，文官干预使这些问题不可避免地发生了。

【108】

对自由主义与现实主义之间旷日持久的张力进行处理

　　鉴于美国军队有现实主义的功能性要求，文官的自由主义具有政治上的恒久性，亨廷顿认为，如何管理军政关系将成为一场持续的挑战。《军人与国家》具有旷日持久的影响力，这表明他的这一诊断仍能引起学者和决策者的广泛共鸣。

对于反复出现军政冲突的原因，亨廷顿提供了令人信服的解释，除此以外，他还提供了两种可能的处理方法。他考虑的一个解决方案是，文官与军事机构的意识形态之间存在趋同（convergence）的可能性。这种趋同可能会围绕着现实主义发生，因为在发生严重威胁的时期，文官很可能倾向于军人的世界观。[105] 这在美国历史上确实发生过几次，但是亨廷顿担心，这只是一种临时性的权宜之计，因为美国文职领导人更倾向于"根除"军队中的现实主义，推动军队趋同于自由主义。[106] 以亨廷顿的估计，后一种趋同形式的问题是，它可能会破坏军事效能，从而危及国家安全。

这些意识形态上的趋同问题使亨廷顿集中思考了第二种处理这种持久性张力的进路：文官控制方法。在《军人与国家》一书中，亨廷顿确定了两种截然不同的进路。"主观控制"旨在向军队灌输平民社会主流群体的特定价值观，使军队看上去更像该群体。"客观控制"认可的是"自主的军事职业主义"（autonomous military professionalism）和独立的军事专业能力。[107] 亨廷顿支持客观控制，将它视为平衡军事专业能力和整个文官政治至上性的最佳方法。为维系这种平衡，文职领导人要将大量战术与军事行动方面的自主权让予军事专业人员，以换取军队对文官政治控制的完全服从，并全心全意。这种文官控制体制并非总能在实践中体现，却在50年的时间里，塑造了文官应该如何对军队实施监控的美国思维，也大体上有助于建立良好的军政关系。

布什政府及其新保守主义盟友拒绝的文官控制形式正是客观控制。布 【109】什文职国家安全小组中的关键人物相信，克林顿政府太放纵"军队信马由缰"了。[108] 拉姆斯菲尔德、沃尔福威茨以及布什政府的其他国家安全高级官员在走马上任时就相信，为了克服军种的狭隘主义和官僚主义惰性，为了使美国军队转型，他们必须采取一种更具侵入性的文官控制形式。在拉姆斯菲尔德的著名规则的第一条里，就明显地把对军队实施文官控制确定为国防部长的首要职责。另一条是"保留介入任何问题并对其进行处理的权利"。[109] "9·11"事件后，一些文官主张通过开战来实现伊拉克政权更迭，他们的目标是，以最少的兵力快速发动这样一场战争，但是，这些文官很快就意识到了一个关键障碍，即美国陆军高级领导层。考虑到军事现实主义的保守主义信条，布什政府中的文官得出的结论是：军方对巴格达政权更迭的必要性持怀疑态度，他们不得不与军方的这种态度进行艰苦的斗争，以克服军队中蔓延的怀疑情绪；在思考完成该项使命需要的部队规模和兵力组合时，各军种也会受到官僚主义惰性的影响，他们还必须与这种惰性做斗争。

布什政府的文官决心重新加强文官控制，他们情愿让自己沉浸在军事行动问题中，包括战争计划、部队规模甚至是部署计划的细节等。拉姆斯菲尔德决心"向体制内的每一个人表明，他在负总责，他也许要比以前的国防部长更细致地管理事情，他还要亲自参与到军事行动的细节中"。[110]这种侵入性的文官监督形式注定引起军政摩擦，因为传统上，正如伊顿（Eaton）少将指出的，"战术是地面士兵的地盘"[111]。

布什政府试图强制实施一种绝无先例的文官控制形式。政府官员们担心，如果文官不主动出击，毫不留情地过问各级军事政策和决策，他们就无法实现对军队进行彻底转型的目标，也无法利用转型，以一种绝对是前所未有的方式打赢全球反恐战争。艾略特·科恩是布什政府的国防政策委员会成员，他为这种更具侵入性的文官控制管理体制提供了理论依据。[112]布什高级国家安全小组成员都在阅读他的著作《最高指挥》（*Supreme Command*），据报道，这本著作甚至成了总统在德克萨斯州克劳福德住所的枕边书。[113]科恩的论点是，文官干预对军事胜利至关重要，这不仅体现在战略层面上，而且体现在战术和军事行动层面上。他的理由包括两个方面。根据克劳塞维茨的名言"战争是政治的延续"，科恩有理由充分质疑以下观点，即在战争期间"政治家（应该）靠边站"，他认为，这一看法"在经验上不真实，在理论上也不受欢迎"[114]。更具争议的方面是，科恩诋毁军官在战争问题上具有专业优势的主张，他的理由是，在发动战争方面，大多数的军官实际上并不比他们的文职同僚更有经验。法国总理克里蒙梭（Clemenceau）有一句名言："战争太重要了，以至于不能留给将军们去做。"[115]科恩认为，完全有必要重新诠释这句名言。他声称："没有任何证据表明，作为一个阶级，将军能成为比文官更明智的国家安全决策者。"[116]科恩认为，为了克服军官的抵制或无能，文职领导人必须有深入"探究"

【110】

军队事务的愿望。他称之为"不平等的对话"，这需要"政治家与其手下的高级军事领导人进行非常认真激烈的互动，有时这种互动令人不快"。科恩说："正是在这种不平等的对话中，你得到的战略才会远好于任何其他方法做出的战略。"[117] 科恩赞美拉姆斯菲尔德是"一位非常有作为的国防部长，只是没有沿着维持良好军政对话的路线走而已"，在 2006 年 4 月之前，科恩一直公开为拉姆斯菲尔德的进路做辩护。[118]

　　似乎从科恩那里受到了暗示，即便是"伊拉克自由行动"所需部队数量和部署阶段划分这样的问题，拉姆斯菲尔德和沃尔福威茨都进行了干涉，并且没有表现出悔意。[119] 沃尔福威茨甚至以"太离谱"为名，傲慢地否决了陆军参谋长埃里克·新关上将的战前估计。新关将军认为，美国需要超过"几十万人的部队"来实施战后稳定行动，没有什么比沃尔福威茨的这一做法更能明显地证明，文官想要在战术和军事行动问题上挑战职业军人。在国会作证期间，沃尔福威茨公开谴责新关，令其他的陆军军官也十分寒心。[120] 在对战争所需部队规模的辩论上，沃尔福威茨占了上风，而不是新关将军，这一事实证明，布什政府成功地把其偏爱的文官治军框架强加给了军队。

　　陆军前部长怀特总结了布什和拉姆斯菲尔德留给后人的遗产，他指出："我们最后一位铁血悍将的国防部长，大概是乔治·马歇尔。从职位性质上看，他们（指国防部长）都是文官。在这些部长中，一些人可能年轻时有过从军经历。但是除此以外，他们的工作就是接受军方提供给他们的明智建议，仔细考虑这些建议，给予一些信任，然后做出决定。问题是，我们失去这个平衡了，我觉得他们走得太远了。"[121] 伊拉克的危险局势是文【111】官故意无视军官的建议造成的，假如在 2002 年的暑假期间，布什总统阅读的书是亨廷顿的《军人与国家》，而不是科恩的《最高指挥》，可能会更有利于我们的国家。如果布什总统阅读了《军人与国家》，我猜测，他就会不愿意让他的部下在关键战术问题上去否决军方的建议了，例如，对伊拉克战争第四阶段军事行动所需部队数量的建议。克林顿时代后，布什政府高级国家安全官员重建了对军队的文官控制，人们对此心存疑虑，如果布什政府留下来的遗产反而是对整个文官控制观念的怀疑，那真是颇具讽刺意味。

第六章 不只赢得战斗 还要赢得战争

——将稳定行动纳入军事职业范畴

纳迪娅·沙德罗，小理查德·A.莱克门德

【112】　　亨廷顿在《军人与国家》中认为，军事职业的重心是"对暴力进行管理"，并以此将军事职业与其他职业区分开来。亨廷顿也对军人的专业能力进行了定义，这一定义侧重在"对人类组织的指引、运作和控制上，这个组织的首要功能是运用暴力"，他写道，这"是军官的独特技能。"[1] 这样的定义清楚明确，却过于狭隘，没有扩展它的外延，将必要的军事任务以及与恢复政治和经济秩序有关的稳定行动纳入进来。

　　稳定行动（stability operations）包括"各种军事使命、任务以及在美国境外完成的活动，这些活动要与国家权力的其他手段协调配合，目的是维持或重建安全稳定的环境，（并）提供必要的政府服务、应急基础设施重建和人道主义救济"[2]。稳定行动还包括为恢复政治秩序与稳定、为"赢得和平"而必须完成的政治经济任务。

　　亨廷顿对军事职业的解读过于狭隘，稳定行动对这一解释发起挑战，本章通过考察"冷战"结束以来美国在稳定行动方面做出的努力，评估该挑战的主要方面。亨廷顿的论断[3] "影响了整整一代人的军事自我认知"，[4]
【113】所以重新评估十分重要。我们认为，战争的本质要求对军事职业进行更宽泛、更涵容的定义，将稳定行动直接纳入必须具备的军事专业能力范畴。

　　美国的军事行动由联合部队执行和联合司令部指挥，联合司令部中有所有美国各军种的军官。美国军事行动的效能取决于各军种的专业判断力和领导力。但是稳定行动的重担和责任主要由地面部队负担。陆军，特别是海军陆战队，现在和将来都要负责提供地面军事力量，以便为长期持久的和平创建条件，而且只要有实现政策目标之需，他们还要继续维持这些条件。[5]陆军以及海军陆战队有着丰富的经验，这些经验能提供积极、有效的基础，从而使他们最适合带头推动军队的稳定行动战备改进。我们认为，整个美国军队都可以采纳这些改进措施。

军事职业及其专业能力

亨廷顿将军事职业描述为一种专业能力范围相对狭窄的职业，可以用两个主要假定来阐明。首先，他认为军队是专门从事暴力管理的组织，这一观点反映了第一次世界大战后美国军队（特别是陆军）对自己的认知。第一次世界大战之前，陆军在戍边上花费了大量的时间和精力，做了很多地方政府该做的事，第一次世界大战结束后，陆军不再强调其作为警察部队的过去了。[6]相反，它强调的是第一次世界大战中显而易见的教训，即现代军队需要利用超大规模的火力，才能与强敌作战。[7]这种观点强调了战争的动能性（kinetic nature），打败敌人被视为美国军队的首要使命。甚至在第二次世界大战之后，也仍在强调这一点：美国军队相对顺利地占领了德国、日本和意大利，巩固了在这些国家取得的胜利果实，但是在将现役部队纳入稳定行动的备战方面，美国军队却很少做出改变。

第二，亨廷顿之所以对军事职业的独特性进行描述，是为了解决美国长期以来存在的一种担忧，即民主自由国家需要维持一支庞大的常备军队。为维护文官对军队的监管，他提出了一种军政关系理论，试图为军 【114】官与文官的判断指定各自不同的领域。"使军队军事化"（militarizing the military）的重点取决于广泛的军事职业自主权，而不是明确的职业实践管辖权。[8]这就是亨廷顿称之为的"客观控制"。

亨廷顿最大的担忧是如何既能保持民主的文官控制，又能维系庞大高效的军事机构，他对军事职业的描述就是来自这种担心。这种张力影响了他对军事职业的描述，使他忽略了武装部队在战争时期代表美国安全利益承担的许多实际任务。

亨廷顿开出的处方适合于进行战斗的部队，而不是着眼于打一场战争的军队。在战争中，政治、战略和军事行动问题错综复杂，这时，概念上清晰的客观控制在现实中就会碰壁。对于战争的战略和行动维度，只有客观控制这一概念是不够的，还要求将军官和文官的判断整合在一起。亨廷顿基于客观控制的抽象概念，将政治判断从军事职业主义的领域中剥离出来，将军事领导人的关注点过度地缩小到了军事行动和战术方面。他的这一构建使军官不再关注战略与胜利这样的概念，而这些概念恰恰能把军事行动与整个国家的政策目标联结在一起。

没有什么比稳定行动更能证明这种进路的缺陷了。有效的稳定行动需要在各个活动领域中做出专业判断，这些领域不太容易分割成文官区或军官区。这种领域交叠的例子包括：恢复城镇政治秩序的需要，这种需要通常与正在进行的军事行动同时产生；制定政治策略的需要，以恢复那些留任的政治行动者的合法性；对基础设施（如电力系统和供水系统）进行打击的决定，这种决定既影响敌方军事行动，也影响当地居民需求；对军事管制的性质和持续的时间做出的决定；以及对当地重要资源（食物、燃料、住所和基础设施）进行的分配，该分配对于为政治行动者赋权具有深远影响。

亨廷顿调查研究了美国后内战时期的军事史，他在调查研究中指出，陆军参与了内战后的南方重建、印度战争时期的西部边境戍边、20 世纪初对古巴和菲律宾的占领行动，以及战后对德国和日本的治理，在这些过程中，

【115】 陆军很难只是专心执行纯军事性任务。亨廷顿担心这些职责会损害职业军人的立场。他指出，在执行这些任务时，陆军表现得像"忠顺于政府的勤杂工，在执行分配过来的工作时，没有疑问，也毫不犹豫"。[9]亨廷顿认为，陆军就像一架"机器"似的执行了这些命令，也试着使自己摆脱所有的政治责任和争议，"尽管要求陆军执行的任务常常具有政治性"。[10]

亨廷顿不认为战后的军事占领是美国巩固第二次世界大战胜利的中心任务，他将军队在这些治理行动中的角色解释为一种不受欢迎的军事扩张行为。亨廷顿观察到，在战后占领期间，军队"越来越公开地处理政治问题"，他对此表示反对。[11]正如他所看到的，美国和英国对待战争行为的进路是不同的，美国军事领导人被迫"采取宽泛的政治观点"，而他们的英国同僚则可能"坚持一种职业化的军事观"。[12]

《军人与国家》认为，与政治和经济秩序恢复有关的任务是稳定行动

的基本要素，这些任务与战争本身无关。因此，这本著作对战争的看法视
野狭窄，没有将稳定行动包含在"对暴力进行管理"的范畴之内。亨廷顿
在书中指出，可以把战争（war）（他其实指的是战斗，正如我们曾讨论过的）
与占领、重建等政治任务区分开。在亨廷顿的框架内，稳定行动被排除在
了军事职业范畴之外。

多年以来，尽管军队参与稳定行动的历史相当悠久，军方却始终具有
将稳定行动排除在战争版本和军事安全概念之外的倾向，亨廷顿对军事职
业的看法为军方的这种倾向提供了一个冠冕堂皇的理由。很多活动都是战
争不可或缺的组成部分，亨廷顿偏狭的观点支持了军队在这些活动上的知
识"盲点"。正如威廉森·默里在本书第七章中所解释的，在美国的战略
文化中，一方面是和平理念，另一方面是战争理念，两者之间泾渭分明，
军事职业在很大程度上是围绕着这种二分思维发展的。[13]亨廷顿的战争观
反映了这种文化和历史上的分裂。[14]亨廷顿的著作在发表之后广为流传，
极大地加固和强化了这一分裂。[15]

尤其是自越南战争结束以来，美国军事领导人在强调那些反映亨廷顿
思想的军队职责时，十分重视更为狭隘的军事行动特征。他们特别关注常
规战（conventional warfare）。这表明军队高度重视苏联这一常规威胁，【116】
也有着摆脱其一言难尽的越南战争经历的愿望。一个重要的表现是 20 世
纪 70 年代提出的陆空一体作战理念，它加强了军队重视重型作战（heavy
combat）的思想。[16]在该理念指导下的战斗专门针对构型类似的他国武装
部队，强调"硬碰硬"（force-against-force）的常规军事行动，这种行动
能通过整个战场上的深度作战来破坏苏联的地面攻击能力。一直延续到现
在的联合作战条令就是以这一战争理念为智识基础的。后来，这种战争理
念又为 20 世纪 80 年代的"温伯格训令"所强化。[17]温伯格训令很支持那
些军人喜爱的思想，试图以这种方式对美国武装力量的合理使用问题展开军
政对话。[18]但是温伯格训令不能指导专业化的军事建议，[19]尤其不适合于
处理稳定行动。

亨廷顿在提出他的军政关系理论时，头脑中思考着一个真实而直接的
挑战。"冷战"主导了国家的安全背景，所以他明确关注如何应对苏联威
胁的军事要求问题。"冷战"刚刚爆发时，他就对第二次世界大战持批评

态度，他批评军政双方领导人对广泛存在的国家安全威胁缺乏适当关注，这会损害与苏联有关的美国国家安全。亨廷顿指出，人们过于关注美国对德国和日本的军事胜利，对战后世界军事安全的可能格局却关心不够。[20]

亨廷顿的观点强化了传统的军事战争观，强调以战斗为中心，而不是达成广泛的战略性成果。这种进路本质上是侧重于"从战术上击败敌人"，而不是以一种"整体主义的冲突观，一种从战前准备到最终实现国家战略目标的过程性视角"来研究战争。[21]自第一次世界大战以来，美国的战争方式就主要集中在歼灭和消耗战略上。[22]在对战斗和稳定行动进行整合以实现战略性胜利的过程中，军队要担当促进者角色，而这种狭隘的进路是不可能非常关注军队的这个角色的。亨廷顿并不理会军队参与政治规划的过程，也不考虑军队的那些与巩固"和平"有关的任务，他只是将它们作为军队过度参与非军事事务的例子而已。

对武装部队的要求是，以国家的名义进行有组织、有纪律的暴力征服，
【117】这个要求仍然是武装部队的核心，有效的武装作战能力对于威慑和在必要时刻击败其他武装敌人都非常重要。[23]但是我们认为，稳定行动也完全是一种军事职业的专业能力，这主要有两个原因。第一，要想达成战争的预期目标，实现战斗与稳定行动之间的有效整合就至关重要，军事力量是实现这一整合的关键手段。战争为政治目的而战，稳定行动是实现战争政治目标的基本必备工具，战斗与稳定行动始终是战争的一般特征。战略上的成功不仅需要关注敌方武装力量，面临与之战斗的挑战，还要关注那些来自和平状态的挑战，对于这种挑战，军事行动的作用只是工具性的。正如里德尔·哈特（Liddell Hart）所言，"战争的目标是获得更大程度的和平，即便只是从你自己的角度这样看。从事战争活动时，必须时刻关注你所渴望的和平，这至关重要。这就是克劳塞维茨战争定义背后的真相，克劳塞维茨认为'战争无非是政治通过其他手段的继续'，必须始终铭记这一点，即通过战争延续政治，直至和平来临"[24]。

要想在战略上取得成功，就需要领导人和组织采取必要的行动步骤，重建基本的安全环境，以有利于美国利益的方式对政治环境进行塑造。稳定行动是战争图景中的内在特征，它可以影响交战规则等战斗决策，也在影响当地居民的各类工作中发挥作用，例如，对于持枪荷弹的敌人，当地

的帮派或团体会有各种反应，他们要么礼让，要么敌对，要么保持中立，稳定行动能影响他们的这些行为。稳定行动能否成功，会影响美国在一个国家或地区中持续驻扎下去的时间，如果无法恢复政治稳定，就可能使美国军队在政治上更加难以脱身。这种紧张局势在今天的伊拉克和阿富汗都表现得十分明显，这两个国家都无法恢复政治稳定，导致各界对美国撤军产生的影响争论不休，一片哗然。将一个更为风雨飘摇的国家弃于再度发生的暴力之下，使人们开始质疑美军介入行动的初衷究竟为何。

第二，稳定行动是战争谱系中的一部分，因为在相当长的一段时间内，军队都必须保持对暴力工具的控制，以便能恢复秩序和建立符合政策目标的环境，并且可以从其部署的国家或区域中部分或完全撤军。因此，即使严格遵守亨廷顿的偏狭的职业观，也会将稳定行动置于军事领域内。此外，国际法也要求武装部队担当起保护与维护自控区内当地居民福祉的责任，【118】这是战斗的一部分。[25] 区域安全指的是，在一个区域内构建行动自由，使区域内的部队和居民都能安全活动，这是稳定行动的基本要素。它的安全等级要足以确保敌军无法攻击美国军队，也能保障当地居民安全离家，从事基本的日常活动。正如一名陆军特种部队军官在伊拉克观察到的，"我认为安全是第一要务，在我眼里，安全和治理这两个功能是不可分的。"[26] 缺乏区域安全比行动成功更值得关注，没有区域安全，敌人就会找到据点，利用暴力手段开始一连串的活动，破坏稳定，正如伊拉克和阿富汗的事态发展所表明的那样。[27]

20世纪初，人们认为，区域安全是军事任务的重要组成部分，是一种只有军队才足以完成的任务。20世纪90年代初，美国陆军部的军官们认为，陆军部是唯一能够在"骚乱"事件中恢复地面秩序的机构，过去，由于"不可预见的突发事件"，陆军部会"突然被召集到被占领地区或受困地区去执行民事控制任务"，[28] 这样的场合真是数不清。例如，随着美国的扩张，在北美边境开展活动；南北战争后，在美国南部开展占领和重建行动；在起义、暴乱和罢工期间，为美国政府提供本土支持；在美西战争期间及其之后，在古巴、波多黎各和菲律宾开展军事行动。

安全与重建、战斗与战争的政治终结状态之间都是彼此联系的，因此稳定行动是军事专业能力的核心，是其必不可少的领域。稳定行动的这个方面为此类行动中的军事领导人提供了理据。我们同意战争和稳定行动的总体政治方向应该由文官来指导，但是在重大战斗结束后的一段时间里，这些必要的军事行动一定要由军队来负责。

"后冷战"和"后9·11"时期的军事行动

20世纪90年代初，美国军队在苏联解体之后开始转向，从准备应对苏联威胁到准备应对两大战区战争或区域性突发事件。在对重大国家安全威胁的看法上，传统的以国家为中心的观念仍居主导地位。美国军队曾为其自认为恰当的使命系统地准备过，但是随着"后冷战"时期世界格局的日渐清晰，它们实际上必须承担的使命却与之前大相径庭。[29]美国面临着新出现的国家安全挑战，军队对常规作战任务的准备和偏好不足以应对该挑战，索马里、海地、波斯尼亚和科索沃等地的突发事件暴露了这一点。[30]

【119】

总是一而再地面对同样的稳定与重建挑战，美国军队不得不经常采取临时措施来进行回应，以便能适应完成新任务的需要，例如，恢复基本秩序和区域安全，重建基本的基础设施，重建当地安全武装力量，重塑新的政治和管理体系。[31]尽管这些挑战具有反复出现的性质，实际上，至少自19世纪中期以来，美国军队就始终一再面对这种要求，但是军队几乎没有进行过任何持久的组织变革，也没有为稳定行动带来的挑战进行过系统准备。最终，一定程度上受到索马里和后来的波斯尼亚危机的触动，国防政策界才开始更多地关注武装部队本身所承担的多种"非标准任务"。20世纪90年代，人们才开始在和平行动、人道主义援助、小规模突发事件、除战争以外的军事行动（维和、稳定与支援行动）等标签下讨论这些任务。

这些讨论的突出特征是，这样的行动和准备都被认为是"次要的内含式任务"（lesser included missions），即只要是训练有素、军纪严明的常规部队就能有效完成的任务。这些术语并没有区分开两类军事行动，一类是战争和其他暴力冲突中的军事行动，另一类是更为平和的安全环境中（例如自然灾害或暂时的停火状态）的军事行动。即便是有了这样的新关注点，一些人还是担心军队在被要求执行非战斗任务时会削弱他们的作战能力。[32]

这些担忧表明，亨廷顿的军事职业观还在产生影响。

20世纪90年代，除战争与和平行动外，与军事行动有关的理论获得了更新和发展，但是它们并不足以改善军队在稳定行动中的表现。稳定行动在理论和组织方面都准备不够，导致美国军队在阿富汗和伊拉克陷入困境。美国军队面临着很多挑战，例如，重建当地防御部队、构建区域安全以及在关键城镇重建政治秩序，但是情况多变和决策迟疑阻碍了美军对这些挑战的回应。很快就可以看出，伊拉克和阿富汗战争是激烈的政治斗争，【120】每个国家中的进展都取决于是否帮助当地居民做出了政治安排，同时又驾驭了当下的暴力局面。这两场战争都揭示出了我们的敌人可能会使用的技巧，他们有了这样的技巧，就能不对称地利用动能和非动能优势，以谋略来制胜美国军队。

在美国驻军阿富汗和伊拉克之前，军政两界几乎都无心迫使军队进行真正的组织变革，以确保能更连续地关注稳定行动。20世纪90年代，理论变革力度不够大，不能树立稳定行动是战争中心的思想。"后冷战"时期，发生了阿富汗和伊拉克战争，两场战争使政界极为关注国家安全挑战方面的根本变化，也对他们首选的军事行动重点即常规战产生怀疑。这些战争表明，基地组织等非国家行动者有军事行动能力，也有获得失意人口支持的能力，非国家行动者的威胁在一定程度上来自于他们的这种能力。在占领战败国家时，军队越来越需要在稳定行动领域内开展有效军事行动。美国武装部队并不是唯一参与其中的美国政府机构，但是正如大多数情况所表明的，只要有地方发生了意外事件，暴力威胁迫在眉睫，美国军队就得在相当长的一段时间里继续充当重要工具。

伊拉克和阿富汗的军事行动使许多人开始看到，稳定行动是所有军事行动中不可或缺的组成部分，也是各冲突阶段中作战行动的必要补充，需要具体规划和准备。各种政策文件，例如，国防科学委员会等半官方机构的文件，特别是陆军和海军中的文件，都在承认稳定行动是军事任务的核心部分。

例如，2004年夏季发布了国防科学委员会的报告《战事过渡何去何从》（*Transition to and from Hostilities*），该报告敦促各军种对稳定行动实施"管制"，也要求那些进入作战行动准备和计划阶段的工作与规划必须延伸至稳定行动。该报告对应急计划和战略通信等关键领域都做了描述，这些领域都是整个军队和美国政府（特别是国务院）应该推进的地方。[33] 一年后，该委员会又完成了第二次审查，核查了有效实施稳定行动的制度要求，例如，要求高层组织领导人明确予以认可和提供资源供给，要求制定衡量和【121】 报告战备情况的指标。报告认为，美国负担不起"维持两支独立部队的花销，一支投身于重大战斗，另一支致力于稳定行动"。[34] 为回应这些研究，国防部在进行了大幅人员调配后，于 2005 年 11 月发布国防部 3000.05 号令。该命令相对于以往有极大的观念性突破，国防部宣布："稳定行动是美国的一项核心军事任务，国防部准备引导和支持稳定行动。应该优先考虑稳定行动，而不是其他作战行动，在国防部的所有活动中，都要明确处理和整合稳定行动，这些活动包括条令、组织、培训、教育、演习、物资、领导、人员、设施和规划。" [35]

最近也在对联合部队、陆军以及海军陆战队的训令进行修订，这些训令对稳定行动观念进行了更大幅度的整合。2006 年 9 月出版了一本重要的训令手册，即联合部队出版物《联合作战》（JP3-0）（*Joint Operations*），书中的修订部分反映了将稳定行动融入军事行动各阶段的联合计划理念。[36] 在新训令声明中，一个最为重大的变化是从"分离"转换为"一体化"。以前，稳定行动被视为独立行动，与战斗分离，只在极小范围内开展，是作战行动的后续行动。现在，稳定行动被视为作战行动中一组不可或缺的任务，必须在和平、危机或战争等所有作战阶段中予以考虑，并且对它进行资源补给。[37]

陆军和海军陆战队的训练也发生了一些变化。针对那些计划派往伊拉克和阿富汗的轮换部队，陆军和海军陆战队都开展了平叛（COIN）与稳定行动训练，在改进和聚焦这些训练的工作中，有一项是对陆军第一作战训练中心（即国家训练中心）的重新定位，现在的训练范围更加广泛，加强了城市战和游击战能力的训练，还要学习如何与采取小规模、难预测的军事行动的敌人进行作战。[38] 位于路易斯安那州波尔克堡的陆军联合战备训练中心，以及位于加利福尼亚州二十九棕榈镇的海军陆战队空地作战中心的陆军联合战备训练中心，也都进行了改进，它们在"硬碰硬"的常规作战训练上投入较少，将重心更多地放在涉及战士和非作战人员的角色扮演及模糊场景训练上。

改善稳定行动及其平叛技巧的努力姗姗来迟，但是都有了积极的进展，这些变化可能在战略上不重要，反映的是战术层面的精细化。但是我们仍然需要更加广泛的变革，例如，使部队能够驻扎更长的时间。在士兵驻扎的城镇里，如果士兵已经建立起了关系和信任，就会带来很多便利，而频繁轮换会使这些好处反反复复地得而复失。[39]战术的改进和胜任的能力并【122】不能弥补更为宏大的战略缺失。

美国军队在伊拉克的经验表明，有两种计划之间是脱节的：一种是常规作战计划，它针对的是与美军有着类似构型、由国家控制的武装部队；另一种计划是对付非常规或非正规对手的（包括非国家的和跨国的团伙）。这表明，需要找到一种更全面的进路，将作战和稳定行动结合起来，而不是将它们视为彼此独立的特殊活动。在伊拉克，这两组活动不可分割，需要同时全面执行。美国军队未能从过去的稳定行动中吸取历史教训，导致自己面临如下挑战：关键地区缺乏区域安全；战地指挥安排混乱，这既涉及中央司令部等军事指挥部，也涉及重建和人道主义援助办公室、联军临时管理局等文官组织；决定解散伊拉克军队；新伊拉克军队的训练和装备存在问题；在重大作战行动期间及其之后，不能立即完成稳定行动，给灵活机动的敌人留下可利用的机会。美国军队还过于关注如何击败和毁灭国家武装力量，忽略伊拉克的派系紧张关系，事实证明，这甚至是更大的挑战。当地民众的不满为叛乱活动和军事据点的建立提供了温床。美国军队虽然在摩苏尔和阿鲁特巴等地取得了最初的胜利，却未能在早期胜利的基础上继续拓展，对"动能"（kinetic）军事行动的过度依赖也极大地阻碍了后续行动的进展，把美国的战略目标置于风险之下。[40]

2007年年初，布什政府采纳了新的伊拉克战略。该战略认为，在推进战争的努力中，要确保将安全、稳定和治理、重建联系在一起。总统宣布了美国在伊拉克战略上的"重大改变"，将首要任务改为帮助伊拉克领导人"保护他们的人民"，使伊拉克人民能够享受基本的安全保障。[41]白宫承认，直到完成了这项任务，才算是取得了政治和经济方面的进展。向伊拉克大批增兵的一个重要理由是实施"为伊拉克人民提供安全与机会"的新战略，使安全和稳定能够得以向外扩展，"这是个油迹向周围渗透的意象"[42]。无论增兵最终成功与否，美国军政双方领导人能采纳这一战略，就标志着他们认可了稳定、安全和最终取得战争胜利之间的联系。

【123】 后续的挑战和机遇

稳定行动是军事职业的组成部分，要全面接受这一思想，还存在着一些阻碍，包括阿富汗和伊拉克的燃眉之急、最近训令方面的重大调整、训练与教育方面的一些变化以及其他的一些障碍（其中许多是智识性的）。要显著提高军队的稳定行动能力，需要在三个主要方面进行变革：一是克服稳定行动上的观念障碍，它是美国军事文化中遗留下来的；二是改进训练和职业教育；三是实施组织变革。所有这三个方面的建议都是相互关联和相互强化的。

克服观念上的障碍

美国武装部队特别是军官与领导必须接管稳定行动。这是将稳定行动有效纳入军事职业核心的先决条件。[43] 一般来说，稳定行动是军事行动尤其是战争不可或缺的组成部分，在最近提出的高层政策以及训令声明中，都反映了这一目标走向，但是在军队的许多地方，仍然有坚决反对稳定行动上述重要特征的倾向。在陆军野战手册（FM）3–0《军事行动》中，已经出现了新训令，它对各种军事行动的讨论都非常深入。"指挥官需要同时采取进攻、防御、稳定或民事支援行动，将它们作为相互依赖的联合部队的一部分，这样才能掌控、保持并利用这些行动，以审慎的风险来创造机会，取得决定性胜利。"[44] 尽管如此，还是有人倾向于把稳定行动排除在军队的主要"作战功能"之外。[45] 只有把稳定行动视为同情报、指挥与控制一样，不可或缺且反复出现，才能接受稳定行动是军事职业的核心的思想。

稳定行动体现了战争中的政治因素，这些因素并非反叛乱行动所独有，但是有将战争的政治方面引入反叛乱行动领域的倾向。在过去的两年里，人们十分关注反叛乱军事行动训令的修订，特别是在陆军和海军陆战队中。[46]

在平叛手册 FM 3-24 中，阐述了平叛战争的综合性，以及军队需要准备面对的具体挑战，其中的许多任务都具有稳定行动特征，从安全问题到对当地人口的基本管控。难以想象未来会出现这种情形：号召陆军开展一场大规模常规战却没有卷入政治问题。这些是所有战争的固有属性，不只是反 【124】叛乱行动和非正规战争的独有特征。

如果将稳定行动视为全面作战行动领域之外的活动，这种倾向就会鼓励人们相信为稳定行动而备战是浪费资源或分散注意力。事实上，应该将稳定行动视为一种兵力增倍器。军队对稳定行动的态度很矛盾，这导致他们在训练和组织变革方面缺乏共识，而要巩固稳定行动这一军人的核心专业能力，就需要扫清观念上的障碍。

培训与教育

稳定行动并非一门科学，很难预测它的日程表与过渡期，在冲突爆发之时尤其如此。但是，可以通过确认专业能力的关键领域来塑造组织能力的发展。专业能力来自士兵的经历，也源于向士兵提供的培训，在他们应对即将面临的各种挑战时，这些培训能提高他们的能力。在对伊拉克经历的描述中，反复出现的一个问题是，对于战争带来的安全挑战和政治环境的打造，军队都缺乏准备。[47] 正如一名陆军少校描述的：

> （在伊拉克）普通公民既不关心联合政府提出的发展该国的战略，也不在意流经巴吉输油管道中的石油有多少。他们更关心的是，是否有用来烹饪晚餐或为风扇供电的丙烷。我们很快就意识到，如果我们要说服当地人，让他们知道我们在伊拉克是为了帮助他们，我们就必须解决他们关心的问题。他们需要看到的是行动，而不是听到华而不实的说辞。[48]

稳定行动的主要挑战包括建立和维护安全及公共秩序、提供必要的公共基础设施、提供治理和重建的基本经济能力。[49] 被委以此任的军官集团必须对这些专业领域有深入了解，正如要确保军官集团在战斗能力的诸要素上都很专业。

至于在这些领域中，"专家"这样的特殊个体必须具备怎样的专业能力，当然存在争议。正如每个士兵都学会了用步枪射击，但人们并没有期望所有士兵都成为专业的狙击手。各军种都承认，士兵个体不可能"在每一项【125】可能的训练任务上都达到并保持熟练程度"，他们让指挥官去"确定如果要完成该组织在战时的军事行动使命，哪些任务是至关重要的"。[50] 因此，让全军对稳定行动至关重要的专业领域达成共识具有挑战性。

好在军事组织内部的许多技能和专长都很容易被用来满足稳定行动的需要。例如，稳定行动与反叛乱行动的要求之间就存在密切关系。但是稳定行动对平衡点或侧重点的要求可能会有所差异。有许多历史案例是关于稳定行动中的军事效能的，在这些案例中，军事领导人和他们的组织都做出了必要的调整和适应。例如，第二次世界大战后，美国对德国和日本的军事占领取得了成功，它是在军事领导人的指挥下完成的，司令部为指导稳定行动进行了大量调适，包括将部队进行改编以履行警察的职责。[51] 越南战争期间的民事行动与革命发展支援组织（Civil Operations and Revolutionary Development Support，CORDS）计划也是军事领导层及其组织进行调适的产物，他们对集中实施稳定行动进行了高度有效的调适。[52] 在阿富汗和伊拉克，省级重建小组（Provincial Reconstruction Teams）的发展历程也表明了类似的适应性。目前面临的挑战是如何将这种调适过程制度化，以符合当代国家安全的需要。

稳定行动首要和最基本的任务是安全保障。利用有组织的武装力量来遏制暴力，或者在暴力发生之时实现管控，在暴力升级之时主宰局势，所有这些都是最为重要的实现稳定的特征。安全功能早已是军事职业的核心。将这种专业能力加以扩展，延伸到为当地居民提供区域安全，而不仅仅是传统意义上的部队防护，都离不开成熟的、显然也是十分强大的美国军事能力。在不稳定地区控制大片领土和大量人口时，需要十分过硬的能力，尤其是当武装组织与军队相互争夺控制权时更是如此。军队拥有实现这种控制的军事技能，关键是要确定适用范围，还要界定如何在特定的环境中予以应用。

军队需要面对利用所有可利用网络的挑战，包括政治、经济、社会和军事方面的，要利用这些网络来击败敌方的武装力量，说服政治领导人和全体居民按照美国的战略目标行动。军队身处如此复杂的环境中，可能无法掌握制胜所需的全部专业能力，但是有一些重要的、经常出现的维稳行动任务，在这些任务中，军队必须具备一套基本能力。例如，安全重建任【126】务就需要以下能力：重建本土防御设施和警察部队的能力、适应各种交战规则的能力、采用全新方法进行情报搜集与整合的能力、利用战略通信和信息行动的能力、重建基本政治功能的能力。在构建安全环境的初始阶段，这些步骤都必不可少。在此期间，国务院、援助机构和非政府组织等其他美国政府机构也可以协助重建工作。

训练和教育的重中之重是对美国武装部队中的领导人即军官集团进行培训。军官必须接受教育和培训，以便能在军政双方的专业知识对话中表现卓越。这是军官面临的典型的军政关系挑战，需要持续关注这类教育，它贯穿于各军种所有军官的整个职业生涯，从预委任阶段开始，直到成为战略层的领导人。

军官－领导人即军事专业人员必须在国家政策的指导下，将军事组织能力用于国家政策目标，并对此做出判断。军官要代表国家使用暴力工具，以服务于不同要求，但是暴力不是最终目的。暴力或潜在的暴力可能服务于国家目标，也可能损害国家目标，军官必须对暴力的性质做出判定。在实现国家目标时，执行稳定行动的能力同样代表一种必定能用得上的互补能力。鉴于军官代表国家承担的责任极其广泛，仅仅把注意力集中在战斗手段上是不够的。既然采取军事行动和实现国家政策目标之间有这种关系，就要求领导人接受军事教育和训练，以便能在智识上通晓将战斗和稳定行动整合起来的复杂性。

训练的第二个重要方面应该侧重于如何将稳定行动整合到基本任务的清单中，以及所有联合司令部的相关训练活动中。这些司令部的职责是将作战行动和稳定行动整合为军事行动，以支持美国政策目标的实现。仅仅强调战斗是非常不利于美国的。没有什么比管理美国海外军事行动的指挥与控制机制更能证明这种不利。一个十分严重并具有象征意义的例子是，在"伊拉克自由行动"的大规模战斗刚刚结束之后，弗兰克斯将军领导的中央司令部（及其下属的军事司令部）与杰伊·加纳（Jay Garner）领导的重建和人道主义援助办公室之间没有什么日常来往，工作关系也极为糟糕。
【127】在中央司令部与保罗·布雷默（Paul Bremer）大使领导的继任组织（即联军临时权力机构）的关系上，也始终存在这个问题。

与稳定行动有关的许多任务，特别是与治理和经济有关的任务，并不是军方独有的专业能力能完成的。人们更可能在文职人员中发现建设和运行关键系统（下水道、电力和法院等）的专业能力，文职人员才是这些能力的最合适来源。但是，军队也要在这些领域中发展出某些专业能力，这样做的重要性体现在两个实际的方面。[53] 首先，武装部队在军事行动中要与外国老百姓打交道，他们有了解平民要求的迫切需要。其次，这一点其实很简单，即文职人员的规模极其有限，尽管他们可能是首选。可部署的文职人员的规模会影响到所有战区内的居民，但是在任何一个地方，这一规模都几乎无法与武装部队的规模和影响相匹配。近几年来，很多论文都谈到过这个问题，这些文章认为，有必要培养更多的美国政府文职官员，使他们能够被部署到海外的暴力或不稳定环境中去。[54] 2008 年初，国务院宣布了"文官维稳倡议"（Civilian Stabilization Initiative），该倡议的设想是建立三类可部署的文职部队：一支由文职公务人员组成的约 250 人的小型现役反应部队（Active Response Corps）；一支由更多的雇员组成的后备响应部队（Standby Response Corps）；以及一支由政府以外的专家组成的文职预备役部队（Civilian Reserve Corps）。[55]

但是，在兵力布置不足的不安全环境中，这样的文职队伍要如何开展行动，还是不太确定。[56] 在大多数的稳定行动中，特别是在不安全的环境里，武装部队会对文职人员提供支持，使他们能够在治理、经济和其他社会职能领域中提供专业知识和指导。军队向文职官员提供的军事支持不仅包括安保部队和活动，使文职人员能够在不稳定的、饱受战争蹂躏的环境中采取行动，而且包括更加广泛的使能（enabling）能力，例如，运输、通信，甚至只是一些纪律严明、组织有序的劳动力。但是更有可能的是，武装部队必须准备好自行提供这种文职专业能力，至少要将其作为一种权宜之计，直到做好了更合适的长期安排为止。[57]

稳定行动也能为其他方面的作战行动提供信息。例如，制定战争计划的人必须考虑核心作战功能的影响，如情报对更为广泛的政治目标的影响。

正如反叛乱行动中的稳定行动，所有的士兵都会变成"耳"和"目"。除此以外，"老百姓也有可能提供有价值的信息，这意味着认知（即公众对【128】安全部队及其活动的印象）会影响军事行动"[58]。了解当地居民，知晓他们的忠诚和需要，他们对安全部队的看法等，并把这些理解为市、镇或地区中广义情报网络中的一部分，对取得任务成功至关重要。

组织变革

美国武装部队参与了许多任务，他们已具备完成这些任务的基本能力，这一事实表明，有效进行稳定行动训练的要求还是得到了一些满足。例如，为了在最具破坏性的严峻环境中执行作战任务，武装部队已经有能力满足自己的实际需要了，如食物、水处理和通信，这种能力也可能惠及战区中的当地居民。尤为宝贵的是，有组织、有纪律的作战部队还同时拥有了在某一特定区域内保护人身安全免遭暴力伤害的能力。军事警察、工程师、民事、医疗服务和后勤部队的能力也都很容易惠及当地居民。在对一支纪律严明的大型人力机构进行有效指挥、控制和支持时，内生出了这些能力，它们都是宝贵的资源，可以被用来满足当地居民的需要。[59]对复杂军事组织进行领导的能力也为武装部队与当地居民和民间组织的互动奠定了基础，这些组织包括邻里协会、部落委员会、地方政府、商业协会、教育行政部门和各种利益集团等。具体的任务和形式结构可能会大不相同，但是在稳定行动中，这种深思熟虑的领导能力是可以以各种方式被充分利用的。

在支持驻伊拉克和阿富汗部队的过程中，付出了新的努力，体现在培训军事人员的顾问职责上，目前还不清楚这些变化发展是永久性变革，还是只是对即时性需求的临时响应。陆军和海军陆战队目前的做法是，除了对战斗取向为主导的其他常规性任务进行训练以外，还训练现役部队去执行稳定行动，而不是为这种稳定行动创建一支专门或优化的部队。这种进路在某种程度上证明了人们越来越认可稳定行动的重要性，但是对于稳定行动中那些要求更高的方面，这些培训措施就解决不了了。当战争需求复杂多变、反复出现时，就需要发展优化的稳定行动军队。

美国特种作战部队意识到自己需要双管齐下，一方面需要他们成为极【129】

其熟练的战斗编队，另一方面需要他们成为有文化意识的队伍，注重海外军事训练、民事和对当地居民的支持。这一意识应该更加广泛地拓展到美国武装部队，创建或重新定位一个部队池（pool），利用它来执行重要的、专门的稳定行动。在重组司令部及其人员时，应该更多地将影响整体军事行动的稳定行动专业能力包括在内。我们提倡所有编队都要具有更多的专业能力，但是这还不够。还应该创建完全一体化的、针对稳定行动的团队，在每个区域作战司令部中，至少设立一个远征司令部，用于关注特定区域内的具体条件和需求，在每个区域司令部中，需要加入多个旅级联合行动队，包括安全部队、咨询小组、境外区域专家、工程兵和军警，以及基本治理能力、公共通信、外联和其他民政事务方面的专家。[60]如果需要应对特定作战区域中的威胁，各个组织可以围绕任务来安排工作，这样就可以将常规作战部队（如步兵、装甲兵、炮兵和航空部队）包含在内。远征司令部和旅级分队应该被打造为联合部队，在与其他机构或其他国家的合作伙伴进行整合时，这种部队的配置与准备状态会提供便利。[61]在该配置中，司令部内应该包含美国及其盟国政府的跨机构合作伙伴，还要建立军政行动中心[62]或其他机制，以促进与文职机构、多国组织代表、其他政府机构、非政府组织以及战区中本地居民代表的合作；该配置中还应该包括训练有素、组织有序的部队，利用它们为文职人员开展适当活动提供安全保障。在伊拉克和阿富汗，省级重建小组(PRTs)取得了进展，重建小组的做法为军政活动一体化指明了前景，[63]虽然与越南战争中的民事行动与革命发展支援组织（CORDS）计划相比，省级重建小组的范围没有那么广泛或全面，但是在利用军事手段和文职专业能力支持关键的稳定行动任务方面，省级重建小组还是很有用的机制。

要想成功地发展和细化稳定行动能力，还需要奖励具有这种专业能力的人。只有应该重视什么任务的组织信念发生了变化，军队才能做到这一点。如果一项任务表现得与组织机构中的其他任务相匹配，这类任务就会被视为有意义。如果稳定行动中的个体与拥有军队主流作战能力的个体被同等对待，同样得到组织机构给予的培养、晋升和奖励，军队就能不断创造出强大的专业能力并保持这种能力。[64]自第一次世界大战以来，美国军队承担的所有重大创新尤其是陆军创新，都要求在组织、人事、培训和教

【130】

育方面进行改革。现在，伊拉克和阿富汗的经历正在塑造一代军人，为了开发其稳定行动的技能和专业能力，应该将奖励这些军人的组织变革制度化，否则，这些得来不易的技能就会消失。

整合性要求

这些建议相辅相成。这让我们更加清楚地认识到，要满足美国国家安全要求并赢得战争，稳定行动的作用必不可少，在扩展军事职业的基础时，认识到这个问题很有必要。培训和教育是向武装部队灌输这种观念的首要途径，对于捍卫军事职业精髓的军官集团来说更是如此。只有进行组织变革，才能提高军队的执行力，培养对稳定行动必要性的意识，提高对稳定行动命令的熟知度。还有一些稳定行动对技能的要求非常高，只有进行组织变革，才能提升武装部队对这类稳定行动的准备程度和能力水平。组织进化应该为个人发展、晋升和其他奖励提供通道，使组织能够长期创新，并且能适应国家安全对稳定行动的需要。

结 论

今天的军队具有将稳定行动成功纳入军事职业范畴的绝好时机。如果军事领导人愿意利用这个时机，就会有许多好机会。有关组织如何适应与创新的文献表明，内部驱动因素以及民间主导的外部变革是促进创新的核心。[65]大卫·法萨本德（David Fastabend）将军指出，"文化变革始于行动以及支持这一行动的领导人"[66]。伊拉克与阿富汗问题以及深受这些问题影响的一代军事领导人，都有可能提供这个前所未有的机会。在伊拉克，稳定行动发挥了至关重要的作用，数千名军人亲历了这一历程。第二次世界大战后，相对成功的日本和德国军事政府并没有造就出支持变革的选民，但是，最近发生的战争提出了这个要求，军人也广泛参与到各种稳定行动的专业活动中，这些情况都表明，从来没有像今天这样，能拥有真正的创【131】新机会。

在军界外，人们也越来越意识到军队变革的必要性。文官集团是由政府人员、承包商或非政府组织人员组成的，文职领导人必须对该集团的行动做出决策（包括资助决策）。军队可以而且应该通过积极打造其在稳定行动中的预期角色范围，对文职领导人的这些决策施加影响。许多军事领导人仍然表达了军队"不进行国家建设"的思想。与其拒斥这类任务，或者担心军队变得太熟练于这些任务，以至于执行这些任务成了家常便饭，不如意识到，列入"国家建设"标签下的一部分任务实际上也常常是战争行为的固有组成部分，军队应该接受这些任务，将它们作为军事职业实践中不可或缺的要素。

稳定行动实际上是各种冲突和战争中的一部分，广泛的人道主义援助和非战争条件下的国家建设任务与这些稳定行动不同，今天的军队有机会对它们加以区分，利用这一区分来界定国家建设行动的外延。稳定行动始终涉及不稳定和不安全因素，在政治和经济重建还没有开始得以控制之前必须先恢复稳定，这种情况下的稳定行动尤其不安全。通过对稳定行动的决定要素和要求加以界定，军队就会立场坚定地反对致力于国家建设任务，也就是说，军队会反对介入那些没有表现出明显国家安全挑战的局势。[67]正如国务院正在考虑的，这种人道主义行为和国家建设行动可以由文官集团来解决，也应该由他们来解决。但是，许多军方人士希望美国政府的其他部门能站出来解决稳定行动问题。这不只不现实，也在专业上失当，还没有责任心，稳定行动服务于国家长期而持久的安全利益，军队必须在稳定行动中继续扮演重要角色。稳定行动是赢得战争的关键组成部分，对于这种对赢得战争如此重要的任务，军队不应该只想着依靠他人来执行。

在半个世纪以前，亨廷顿为军事职业制定了一个过于狭义的定义，并给出了相关的对策，如果继续遵照亨廷顿的这些思想，就会阻碍美国军队为应付当下挑战而做出的全面转型的努力。《军人与国家》提出的军政关系理论很有用，其"冷战"背景也十分明显。现在，它不足以应对美国武装部队所面临的挑战了，特别是对稳定行动的挑战。战争是一种极端的政治行为，无论是常规战还是非常规战都是如此。军队的稳定行动是战争属性不可或缺的组成部分，军队是实现战争整个政治目标的全套工具，它必须为此而时刻准备着。

第七章　职业主义与 21 世纪的军事职业教育

威廉森·默里

在 20 世纪，当对战争进行反思和为战争进行知识储备时，都需要回答两个主要问题，一是《威斯特伐利亚和约》（*Treaty of Westphalia*）以来，战争与和平关系中的历史连续与断裂，二是 21 世纪美国军官军事职业教育（PME）体制的潜在变化的含义。在《军人与国家》中，萨缪尔·亨廷顿提出了理解军事职业的范式，在该范式的基础上，[1] 我回顾了与和平和战争概念有关的历史格局，思考了军事职业发展及其从业者发挥其才华的历史背景，考察了它们对 21 世纪军官的可能影响。

军事职业是一种职业，这一看法与亨廷顿提出的关键性问题有关，也与那些涉及军政关系的争议性问题有关。事实证明，在接下来几十年的美国安全问题上，人们对将军言行问题有争执，当将军发现自己对政策或战略问题有完全不同的见解时，是否应该公开发表意见，是否应该辞职，人们对此争论不休，但是讨论军事职业问题远比争论这类问题更重要。高级军官应该就什么样的问题向他们的文职领导人提建议，也就是说，他们谏言的方式有效还是不当，对军政关系有深远影响。如果军官只知道常规部队中的战术和作战框架，他们提供的建议就可能有错误，事实证明，当要求他们进行战斗时，他们也无法适应实际的冲突情况。

军事职业这一概念（特别是在英美战略文化中）始于 17 世纪的政治和战略框架，几经重大变迁发展至今。在英美世界里，军事职业受到社会期望的强烈影响，也受到 19 世纪中叶以来逐渐形成的战争与和平观念的深刻影响，该观念以泾渭分明的二分法将战争与和平概念一分为二：一边是和平，另一边是战争。[2] 而与此同时，中东和阿富汗地区却完全拒绝西方的和平与战争观念，美国与盟军士兵以及海军陆战队士兵都在当地的文化和社会态度面前碰了壁。因此，在本章中，我的主要任务之一就是考察我们美国，扩大一点范围的话，也包括发达国家，应该如何重新思考军官和军事职业的基本要求。

自《军人与国家》出版以来，世界已然发生重大变化。但是该书仍是一本令人印象深刻的军事职业研究力作，也是美国军政关系研究的起点。[3] 在过去 50 年的军事史中，有许多的发展和新发现，它们表明，亨廷顿的军事职业主义图景可能已经改变了，特别是如果亨廷顿知道了我们现在对德国军队的了解，他的这幅图景定会更为不同。[4] 但是这与历史细节有关，并不与该书的实质性内容有关。亨廷顿对较为宏大的图景进行了描绘，在这幅图景中，军事职业主义与严肃的教育和庄严的思维之间存在着内在关联，这一描绘时至今日仍然有效，正如伊拉克当前的大崩溃局势所表明的那样。[5]

正如迈克尔·霍华德（Michael Howard）爵士所言，在所有的职业中，军事职业不仅对身体要求最为严苛，对智识要求也最为严格。[6] 高级军官不仅必须了解战争残酷无情的环境，而且必须了解并理解政治与战争的关系、手段与目的的关系、冲突的本质，以及他们必须置身于其中开展军事行动的宏大格局。对于战略层面的军事效能来说，这个更为宏大的格局是至关重要的。在最后一本专著《论战争》（*On War*）中，克劳塞维茨指出："没有人会发动战争，或者更确切地说，如果一个人的头脑中不清楚他打算通过战争实现什么，也不清楚他打算如何开战，就没有人会在理性上认为，他应该发动战争。"[7] 克劳塞维茨的这一资格论真是一语中的：在历史上，很少有政治家和军事指挥官非常关注战争应该实现什么目标，更不用说如何以确保长期和平的方式来结束战争。[8] 在大部分的历史中，他们根本不在乎这些。这就是过去三个半世纪中令人沮丧的西方战争史。历史表明，在此之前，甚至还有更黑暗的时刻，在那个时候，和平根本不存在，至少我们是这样认为的。不幸的是，过去 10 年中发生的事件表明，我们可能正在回到那种更加黑暗的过去。

对于西方国家的人来说，包括很多军界中的人，他们对和平与战争的

【135】

理解很大程度上取决于 19 世纪的特殊性以及英国与美国的知识传统。[9] 这一理解还建立在以下事实的基础之上：英国和美国只有在它们的边缘地带上，才能感受到外国的军事入侵或军事行动。这一结果从根本上打破了战争影响人类生存状况的思想以及霍布斯式的人类生活画面，霍布斯认为，"每个人都是每个人的敌人……（带着）持续的恐惧和暴力死亡的危险；并且人类的生命是孤独、贫穷、污秽、野蛮而又短暂的"。[10] 这一结果还导致人们忽视了这样一个事实，即战争及其所带来的破坏力始终是人类生存状况的首要驱动因素之一。

迈克尔·霍华德透彻地提出了"和平"的基本要求，正如我们现在所理解的：

> 正如我们所看到的那样，和平对于人类来说不是一种天然的秩序：它是人为的，本身错综复杂，十分多变。各种先决条件都必不可少，尤其是某种程度上的文化同质性（最好用一种共同的语言来表达），该同质性使政治凝聚力成为可能，而该凝聚力必定成为人人自愿接受的法律架构的基础。还至少要有最低的教育程度，文化只有通过教育才能传播。此外，随着国家的发展，对高素质精英也有需求，精英不仅能运转复杂的法律、商业和行政体制，还能对社会中的其他群体实施相当大的道德权威。如果这些条件都不存在，或者它们已经坍塌腐朽，那么就可能在创造性、持续发展能力、国际的或者实际上是国内的和平秩序上，找不到任何利益上的共同体。[11]

即使是 20 世纪的发达国家也会发现，复制这样的条件极其困难。两次世界大战以及随之而来的"冷战"，几乎使文明行为全面崩坏，正如我们所了解的，军事职业造成了这些毁坏后，却无力以持久的和平来结束战争。21 世纪的军事职业困境在于，他们必须发展出一种关于世界的历史和文化意识，该意识相信存在一个国际和国内和平均为常态的世界，他们必须捍卫这个世界，而另一方面，他们也必须在几十年来形成的霍布斯式世界中展开军事行动和斗争，这个世界反映了大多数人在过去是如何生活的，【136】

以及在可预见的未来又将如何活下去。为了缩小这两种世界观之间的差距，需要一种非凡的职业主义，它不仅强调敏锐的智识，而且看重作战能力与专业能力。这反过来要求军事职业教育计划要具有远见卓识，也要求各级军事领导人能利用军事职业教育，最大限度地发挥军事职业教育的优势。

历史与战争的格局

对于生活在 21 世纪的人来说，即使意识到了我们这个时代的恐怖情形，也很难理解《威斯特伐利亚和约》之前人类发动战争时的残暴景象。宗教、野心和欧洲骑士社会交杂混合，使西方战争史变成了不堪想象的恐怖场景。新教徒与天主教徒在"三十年战争"（The Thirty Years' War）中自相残杀，摧毁了"中欧"的大部分地区，而从 7 世纪就开始打起来的对抗异教徒威胁的战争，自开战以来几乎就没有停息过。[12]

【137】　　《威斯特伐利亚和约》就是从"三十年战争"的灾难中诞生的，它实现了两个重大目标：将宗教排除在欧洲战争的框架之外，[13] 将冲突的本质限定于国家之争的范围内。换言之，《威斯特伐利亚和约》将战争定义为国家之间的冲突，这一粗糙构建起来的定义，为自那时起到 20 世纪末的大多数冲突行为提供了国际框架。[14] 为保证欧洲国家体系发挥作用，《威斯特伐利亚和约》也创建了更大的限制性框架，西点军校 "高层会议"上的历史学家对此指出：

（尽管）法国认定征服比合法性更重要，西班牙条约悬而未决……国际和平会议的构想却得以流传下来。此后，国际冲突通常通过国际谈判解决：尼梅根、里贾斯维耶克和乌得勒支（在某种程度上）都是威斯特伐利亚会议的结果。到了 18 世纪 60 年代，在无可救药的浪漫主义者让－雅克－卢梭（Jean-Jacques Rousseau）看来，他那个时代的整个国家体系都建立在一种"（坚实的）基础之上，这一基础就是德意志帝国，它位于欧洲的心脏位置，可以控制所有大国，因此，它对其他国家安全的维护甚至有可能多于本国……尽管有其不完善之处，但是只要这部帝国宪法持续生效，就会维系欧洲的平衡，王子不必再担心有人会推翻他的王权"[15]。

1648 年以后，欧洲人之间的战争表现出一种向罗马人的军事组织回归的倾向，但是目的和结果却极其有限：军队由受过训练的士兵组成，遵守民事规定和军事纪律。[16]正如克劳塞维茨所写，"在 18 世纪……战争仍是政府自己的事，人民的角色只是某种工具"[17]。也正如亨廷顿指出的，这时并没有真正的军事职业。相反，军队充其量是由贵族领导的。即便他们是领导现代军事组织的先驱者，他们的文化和参照框架仍然受中世纪社会和启蒙运动的影响。军官的军事效能是一种复合物，其中包括运气、经验以及由基因引起的无法解释的结果。拿破仑就是最典型的例子。

在对 1789 年法国大革命的响应中，人民参与了斗争，有限战（limited war）的情况发生了巨大变化。克劳塞维茨写道："与之前的政府和军队不同，整个国家都被投入到这一制衡中。可供使用的资源和精力都超过了所有的【138】常规界限，现在，没有任何东西可以阻碍发起斗争的蓬勃生机，法国的反对者面临着最大的危险。"[18]

德国汲取了法国大革命和拿破仑的经验教训，对普鲁士人于 1806 年10 月在耶拿战役中的两场战败深表惋惜，立足于这些反省，德国推动创建了真正的军业职业基础即普鲁士战争学院，它是由沙恩霍斯特（Scharnhorst）和格尼塞诺（Gneisenau）创立的。亨廷顿认为，在创建真正军事职业的过程中，成立普鲁士战争学院属于开创性事件，他的这一概括非常准确。[19]实际上，普鲁士军事改革者是将军事效能制度化了。他们知道，他们的将军不可能具备拿破仑那样的才干。但是他们也确实明白，虽然没有那样的军事才能，但是组织和教育，再加上对普鲁士人民和其他国家人民的动员，就会提供击败法国及其统帅的可能性。[20]

具有讽刺意味的是，法国及其对手的战斗方式发生了变化，但是《威斯特伐利亚和约》仍在产生影响。虽然它不能约束法国革命和拿破仑，却能约束维也纳会议的胜利者们。[21]维也纳会议试图把民族主义的精灵重新放回黑暗的瓶子里，重启发动战争的限制机制，并且取得了一些成功，但是随后却遭到了自由派历史学家们的痛斥。在维也纳会议之前有 25 年的战争史，这段历史使大多数的欧洲人相信，建立秩序符合他们的利益。在接下来的 55 年里，这一秩序依然存在——即使被打破，也没有完全瓦解。

1870 年，随着普法战争爆发，民族主义再次成为战争的主要特征。普鲁士的"铁腕首相"奥托·冯·俾斯麦（Otto von Bismarck）为了国内的政治目的，故意释放出德国民族主义的鹰犬。[22] 在普鲁士早期的两次针对丹麦和奥地利的战争中，他并没有煽动民族主义，但是对法国就不同了。在普法战争期间，普鲁士仍然停留在较大的保守的欧洲政治框架里。例如，俾斯麦没有让普鲁士军队接近比利时领土或海峡沿岸，因为害怕激怒英国人。但是在煽动了普鲁士－德国的民族主义情绪后，俾斯麦却发现，他既不能减轻法国的复仇愿望，也不能缓和法国重夺"丢失的"阿尔萨斯和洛林省的愿望，他不可能给第三共和国以这种安宁。

随着第一次世界大战的爆发，《威斯特伐利亚和约》设立的、维也纳会议重申过的战争行为限制条款开始瓦解。在以往的世纪里，发生过两次伟大的军事和社会革命，它们是工业革命和法国革命，两次革命均因政客与将军失利而使形势恶化，最后酿成一场灾难。[23] 第一次世界大战催生出可怕的意识形态，包括法西斯主义和纳粹主义，它们实际上是身着现代外衣的宗教而已。[24] 从 1941 年起，直至 1945 年战争结束，东线战场的战斗极其惨烈，这一景象是将现代宗教重新引入战争的缩影。

【139】

第二次世界大战后，"冷战"接踵而至，甚至可能会发生更大的世界战争，但是核武器的强大威力抑制了战争的现代宗教竞争。单单是这些武器放在那里，就至少可以使战争的主要竞争者相信，核战争不是一种切实可行的、实现其目标的方式。20 世纪的大部分历史表明，一些大国受意识形态鼓动，希望彻底实现公民和政治社会的重新洗牌，为控制这些大国的大举侵略，人们付出了巨大的努力。只是由于苏联解体，这种意识形态上的斗争才宣告结束。但是现在，在中东等地区，宗教与狂热似乎再度兴起，随之而来的，是被它搅起来的斗争。在《威斯特伐利亚和约》前的那段时期里，国际关系中的冲突凶残横暴，冷酷无情，现在的冲突看起来正在向这段时期回归。甚至可能预示着充满冲突的时代再次来临，虽然偶有停战，但是既没有收敛，也远非宣告结束。

美国军事职业主义的兴衰

1870 年至 1871 年期间，普鲁士军队在德国统一战争（The Wars of German Unification）中取得了绝对性胜利，真正的军事职业主义开始进入欧洲人的视野。普鲁士在战场上拥有一支训练有素的军队，这一优势是显而易见的。1870 年的普鲁士 – 德国军队能充分利用现代技术，既可战之能来，也能来之能战，与奥地利和法国的军队完全不同。[25] 尽管欧洲人试图模仿普鲁士人，却在很大程度上忽略了格尼塞诺和沙恩霍斯特体系的基本理念，即遴选军官担任参谋一职时必须十分谨慎，要依据申请者的专业知识来进行，对于所有那些确实进入了战争学院的人员，还要进行智识上的严格评定。[26]

在第一次世界大战的最后两年里，德国在各兵种联合作战方面大获成功，这大都归功于它的参谋人员，他们具有根据前线实际情况进行分析并调整作战方案的能力。[27] 第一次世界大战刚刚结束时，德国是唯一愿意反省前一次战争教训的国家，以了解军事组织如何能打赢下一场战争。研究【140】这些教训的委员会不止 57 个，在他们这些努力的基础上，1923 年，陆军总司令汉斯·冯·西克特（Hans von Seeckt）将军发布了一本基础训令手册，"领导力和各兵种联合作战"成了德国联合作战的基础，整个第二次世界大战中的战争状态也被机械化了。[28]

尽管德国人吸取了以往战斗中的战术教训，但是在第二次世界大战中，德国在军事职业主义的许多关键领域中都表现得非常糟糕，包括战略、后勤和情报，除了对地面力量的战术运用之外，德国对其他军事力量的广泛使用也十分不尽人意。而在两次世界大战之间，美国军队的表现却看上去更加令人印象深刻。在亨廷顿对美国军事职业主义的讨论中，最有用的部分可能是他对美国军事职业主义根源的考察，在这一考察中，他赞扬了厄普顿（Upton）、谢尔曼（Sherman）、卢斯（Luce）、马汉（Mahan）、布利斯（Bliss）和西姆斯（Sims），这是他们应得的赞誉。[29] 这些有远见的学者们认为，在军官的职业生涯中，他们的智识储备必不可少，这样才能避免犯那些外行性的错误，美国南北战争期间的许多行为都犯了这样的错误。

19 世纪末到 20 世纪初，美国先后创立了参谋学院、战争学院和后来的陆军工业学院。学院的创立凸现了美国的职业主义进路，该进路不只强调战术性的战地研究和军事战役研究，还强调战略、后勤和情报研究。[30] 20 世纪 50 年代，历史学家打算开始研究整个 20 世纪 20 年代和 30 年代的美国各军种，研究它们是如何进行创新和适应的，但是却找不到任何形式的相关材料。就在此时，亨廷顿出版了《军人与国家》。虽然有人可能会得出结论说，看看两次世界大战之间的位于利文沃思的美军陆军指挥与参谋学院，看看它的指挥与参谋课程设置，你就会知道美国陆军的战争进路是多么学究气和狭隘，但是这样的结论是管中窥豹，实际上，认真严肃的专业学习推动了航母作战、两栖作战和精确战略轰炸等重大观念的发展。[31]

20 世纪 20 年代初期，军队创建了工业学院，研究与美国经济动员有关的问题。20 世纪 40 年代早期，美国极其迅速地调动起了它的巨大潜能，工业学院可能是促成这种成功动员的主要因素之一。[32] 1930 年 1 月，德国陆军上校沃尔特·沃利蒙特（Walter Warlimont）对美国陆军工业学院的学生说："对于你们……世界上唯一有幸能对采办问题进行正规研究的军官们，大可不必强调说，你们不能、也不想将德国战后的经济史视为典范。"[33] 沃利蒙特后来成为德国武装部队最高司令部（Oberkommando der Wehrmacht）的高级将领，当时的他不可能意识到，在第二次世界大战后，他的这些话听起来有多么的令人啼笑皆非，德国再次突显出它不能连贯一致地规划其战争经济问题的特点，尤其是在与美国的做法进行对比时，这一点就更加明显了。[34]

【141】

历史学家敏锐地发现，乔治·C. 马歇尔在本宁堡陆军步兵学校担任副司令官期间，也恰恰是该学校的学员和教官在知识体系上的孕育生长期。这段任期让马歇尔发掘出许多第二次世界大战时期的陆军领导人。1940 年至 1941 年期间，正值大规模召集人员之初，陆军战争学院的六名教官参战，其中包括劳顿·柯林斯（Lawton Collins）少校，他成为第二次世界大战中最具才干的指挥官之一，后来成了陆军参谋长；还有 W. H. 辛普森（W. H. Simpson）上校，后来成为陆军中将以及第九军指挥官。[35] 这一事实表明，马歇尔是多么看重军事职业教育的重要性。第二次世界大战之后，马歇尔还发表评论说，他在战争期间犯的最大错误就是关闭了利文沃思的陆军战争学院。

其他一些指标也表明了美国军队是在何种程度上将严谨的智识准备与职业主义联系起来的，这些指标将大量的军官定义为战备工作人员。[36] 历史学家和政治学家们强调指出，美国海军在两次大战之间成功地进行了航母创新。[37] 率先推动纽波特战争演习的，是海军战争学院院长威廉·西姆斯（William Sims）将军，在海军尚未拥有一艘完整的航母时，美国海军军官就提出了与航母战（carrier war）有关的重要理念。[38] 两次世界大战之间，在纽波特开展的工作远不止发展航母，它几乎确定了太平洋抗日战争的所有重要方面。战后，海军上将尼米兹（Nimitz）理直气壮地声称，纽波特的工作几乎预见了未来冲突的所有主要因素，虽然"神风"号可能是个例外。[39] 加利波利（Gallipoli）战役揭示出的军事道理是，两栖战（amphibious warfare）在当代看似绝无取胜可言，面对这一推测，美国海军陆战队也对两栖战的概念基础予以了拓展。[40]

使所有这些贡献变得具有讽刺意味的是，第二次世界大战到 20 世纪 80 年代的这段时期，军事职业教育只被当作职业晋升工具，走了下坡路，仅有少数是例外。战前，军事职业教育已经成为军官职业生涯中的重要组 【142】 成部分；而到了 20 世纪 80 年代，与在美国军事职业教育机构中认真学习军事职业知识相比，参加课余体育活动，与家人共度时光，这些变得更加重要。[41]

出现这种情况的部分原因是，苏联与核威胁在"冷战"期间几乎没有什么变化。但是真正的原因更可能是，20 世纪 30 年代，许多初级军官尚未上过职业学校，却以上校甚至准将的身份荣归故里，他们认为，自己不必接受军事职业教育也能在军事生涯中表现出色。[42] 虽然第二次世界大战领导人战后归来时，赞扬了军事职业教育在战役决胜中的作用，但是，他们的下属还是很快把整个军事职业教育体系搅成一潭死水，教官不再为星章或将军军衔而相互竞争，他们可能会花些时间找个文职工作，学员们可能会在忙碌的职业生涯中休息一会儿，打打高尔夫球和网球。[43]

在这些军官中，威廉·韦斯特摩兰将军很典型。战争刚刚结束时，他收到了被安排到陆军战争学院读书的通知，将军回复说，自己无意以学生的身份入学了，但是可能会考虑到该学院担任讲师。[44] 在韦斯特摩兰将军的回忆录中，有一条评述表明了他对职业主义理解的狭隘性，至少在智识方面是这样："（在越南）在我的床边，我始终留着……几本书：一本圣经，一本法语语法书，一本毛泽东的游击战理论小红书，一本描写法国与越南战争的小说《百夫长》（The Centurions），还有几本伯纳德·福尔（Bernard Fall）博士的著作。福尔把法国在印度的经验写得很有权威性，对敌思想和方法很有见解。深夜时，我通常很累，只是偶尔地，才会翻看几页。"[45]

1988 年，国会议员艾克·斯凯尔顿（Ike Skelton）领导的军事职业教育小组委员会提供了一份报告，该报告强调，到 20 世纪 70 年代和 80 年代，军事职业教育已经陷入一种可悲的境地。[46] 不过也有几个例外：1972 年，斯坦斯菲尔德·特纳（Stansfield Turner）上将在海军战争学院进行了大刀阔斧的改革，他引入研究生课程，特别是战略研究方面的课程，还在许多领域中聘请了一些世界一流的学者。[47] 令人遗憾的是，特纳的改革对海军几乎没有产生长远影响。在过去的 30 年里，海军拒绝将许多最优秀的军官送到战争学院学习。海军战争学院的改革也几乎没有燃起其他战争学院的兴趣。即使是今天，这些学院仍然没给人们留下什么深刻印象。[48] 陆军确实创建了一所学院——高级军事研究学院，[49] 这所学院推动了其他两所类似学院的创建，它们分别位于海军陆战队的基地奎次科（高级作战学院）和麦斯威尔空军基地（高级空军研究学院）。

【143】

但是，这些改进即使是实质性的，也在很大程度上处于边缘地带。[50] 自 20 世纪 90 年代末以来，各军种对军事职业教育的兴趣和关注程度不断下降。[51] 军事职业教育多半只是各军种还算容得下的一个领域；它既不为学生带来挑战，也不从军队内外聘用一流的知识分子。在高级军官为迎接 21 世纪的挑战做准备时，参谋学院和战争学院的军事职业教育至多提供了一个不完整的体系。军事职业教育只是一个更大框架中的一部分，在这个更大的框架中，还必须包括：军官自身的努力；文职高等教育机构提供的研究生教育，教育内容涉及与战争和国际关系有关的学科领域；研究生奖学金项目以及与其他国家的军事组织一起执行任务。

《威斯特伐利亚和约》的终结?

目前,世界正面临着许多"令人头疼的"问题,这些问题都没有简单的或明确的答案。[52] 发达国家面临的局势从整个中东地区一直延伸到印度尼西亚和菲律宾,造成该局势的原因是现代性对某种文化的惊人挑战,这种文化仍然可追溯到其中世纪的过去。其次是核武器扩散问题,核武器带来的不稳定局势从中东经南亚一直延伸至朝鲜,"冷战"期间,那里的核武器拥有者似乎在限制核武器使用上并没有什么禁忌。第三,正在崛起的国家将成为重要的经济、政治大国,最终会成为军事大国,这为美国及其军队在21世纪可能面临的各种威胁带来了新的完全不同的挑战。

世界似乎正呈现出分化,在运行良好的国家和衰落或正在衰落的国家之间,分野日趋明显。[53] 那些运行良好的国家可能是新兴的、力量对等的竞争对手国家,对于这些国家,《威斯特伐利亚和约》的效力基本保持不变。欠发达世界中的战争只是源于双方的严重无能和误判。发达世界内的未来 **【144】** 竞争恰恰相反,这类竞争最有可能是经济和政治方面的,正如苏联解体导致"冷战"结束以来的情况一样。在一个紧密关联的世界里,在每一个相互交流的层面上,特别是在政治和军事领域中,衰落和正在衰落国家的问题会带来巨大难题。比动用军事力量更为根本的问题始终是如何、为何,以及以什么样的代价。

最近,一份海军陆战队职业教育报告指出了发达国家在处理圣战组织问题时会面临多大的困难,并对这个产生圣战组织的世界进行了描述:

> 这个世界的问题源于过去九个世纪的历史,它见证了"西方崛起",也目睹了西方价值观在国家治理和人类关系中的固化。实际上,这个世界还面临着适应西方创造的全球一体化世界的需要。该世界中的国家常常由专制的领导人领导,拒绝公民参与政治,受制于商品经济,鲜能为广大中产阶级的发展提供支持性前景;此外,它们时常备受西方媒体奚落,不仅远远地落后于西方,而且落后于南亚和东亚国家。它们的愤怒导致贪腐领导人谎话连篇、自己的媒体弄虚作假以及对发达国家的繁荣生出想象。如果

说这个世界过去和现在之间的张力还不够，那么中东已经因部落、宗教和政治分歧而四分五裂了，它制造出的爆炸混合物使局势持续不稳，冲突几乎是在所难免的。[54]

不幸的是，由于中东地区还拥有世界上大部分的石油储备，因此，在未来的世纪里，即使不是整个世纪，也是在大部分的时间里，中东仍然是【145】美国军事政策的主要焦点。

在过去的 20 年里，美国对该地区的干预（从非洲之角到里海）从未取得过成功。1993 年在索马里，美国的军事干预很大程度上结束了那里的大规模饥荒，但是当美国军队介入索马里政治时，却迎来了"黑鹰坠落"的灾难性结果，19 名美国士兵死亡，导致美国从索马里迅速撤军。[55] 撤军带来的真空状态为此后的基地组织提供了颇具吸引力的庇护所，促使美国于 2007 年初再次进行干预，这次干预是通过傀儡政权和空军力量完成的。美国 1993 年的灾难是对文化和宗教背景严重无知造成的，这种无知使构建政治解决途径的做法没有引起重视，结果损失惨重。

伊拉克事件模式与之相似。但是从长远来看可能更为严重。最初，2003 年的联合常规军事行动在不到三周的时间里，就以一场压倒一切的战役推翻了萨达姆·侯赛因的邪恶政权。[56] 这证明了美国军队是常规大部队作战的王者，[57] 世界上没有任何其他军队能与美国军队相抗衡，30 年来，美国在军事行动、战术和技术上做的准备，在训练上付出的努力，都造就了这一能力。[58] 但是后来发生的事情却证明，它是一场灾难，不仅威胁到美国在中东的地位，还威胁到该地区的稳定。[59]

美国在后冲突阶段实施稳定的做法从一开始就忽视了伊拉克及其人民在文化、政治和宗教上的敏感性。[60] 败局不只是美国军方的错，白宫和国防部对行动的横加干涉也几乎全都有错。[61] 实际上，对中东历史、政治和文化愚昧无知的美国军政领导人真是太多了，所有这些错误均因他们而起，反映了美国对中东地区普遍缺乏了解的现实。[62]

在伊拉克发生的事件似乎表明，无论从越南战争时期还是从巴拿马"正义事业行动"（Operation Just Cause）中，美国军队并没有学到什么东西。[63] 造成这种可悲状况的原因是，自冲突结束后的 30 年里，即使在军事职业教育学院，越南战争研究也只是被偶尔一瞥。至于美国在巴拿马的经历，似乎即使对美国人的思维有影响，也是微乎其微。

过去的半个世纪里，美国军队的反叛乱战争记录一直令人沮丧。[64] 反叛乱的性质表明，只要军事组织介入的社会与军队之间有深层的文化鸿沟，并且因这一鸿沟而相互分立，就会发生系统性问题。这种干预往往伴随着政治灾难和军事挫败，从长远来看，也无法保护美国的国家利益。【146】

伊拉克的警示清晰明确。2003 年 5 月，后冲突军事行动开始时，许多伊拉克人对美国推翻萨达姆·侯赛因的战绩抱有极大善意。[65] 但是美国军队没有处理好后冲突占领问题，反而为叛乱分子点燃大规模抵抗运动提供了弹药军火。尽管战场上仍有英雄壮举，形势却是失控的。伊拉克战争中的美国领导人不得不重新寻找最基本的反叛乱教训，而在越南战争期间，这些教训已经付出过血的代价了。

新兴的战略世界与军事职业教育

如果在一个世界中，美国的主要敌人之一（即圣战组织）已经在全球开枝散叶了，那么，在这个世界中，美国很快就会不再是世界上唯一的超级大国，而只是众多大国中的一个，在使用军事力量时，就需要有文化、历史、语言、政治知识以及战术和作战方面的能力。战争的基本性质不会改变，但是对美国军队的挑战更加广泛，这些挑战从威慑、大国竞争，到非常规作战和对恐怖主义的系统跟踪。亨廷顿相信，严肃的教育和知识储备必定是军事职业的核心，与亨廷顿 20 世纪 50 年代写书时相比，现在，这一点更是迫切之需。

到 1875 年为止，欧洲的所有国家都具备了军事职业主义的基本元素。但是只有普鲁士一个国家，才将这些要素发展成为全面完整的体系。普通和特殊教育的入学要求、考试、高等军事教育机构、基于功绩与成就的晋升通道、详尽有效的参谋制度、团结一致的意识和责任感、对职业能力局限性的认知，普鲁士拥有的这些要素已经达到了无可挑剔的地步。[66]

美国军队的传统角色是摧毁常规部队，现在，在一个宗教和暴力主导全球格局的世界里，可能会有一些与美国军队的传统角色没有关系的问题，美国军队该如何解决这些问题，会对美国塑造一个更为和平世纪的能力产生极大影响，或者至少会对美国减缓战争破坏的能力产生影响，包括常规战、内战和叛乱。

军官要为应对这些挑战做好准备，军事职业教育的质量和深度对军官【147】的这些准备至关重要：

> 成功的军事职业教育计划有两个要素。第一，使学生具有军事行动、采办或资源分配上的批判与创造思维能力。第二，使学生具有从一系列相关学科中广泛、深入汲取知识的能力，这些学科包括历史、人类学、经济学、地缘政治学、文化研究、"硬科学"（hard sciences）、法学和战略传播学。在过去的半个世纪里，参谋学院和战争学院都面临一个重大难题，即他们什么都想教给学生，例如，"佩科斯河入口"有一英里①宽，一英寸②深。即使这种知识错失了对其他文化的重要研究。[67]

如果对教育工作持有这种远大抱负，就需要重新彻底思考军事职业教育体系及其在晋升中的地位，还要重新思考各军种的全部人事体制。在未来一个世纪的大部分时间里，美国军队会发现自己是在与凶残而顽强的宗教敌人进行一场思想斗争，因此，美国军队必须在这个高标准、严要求的职业的精神方面有所作为。如果它现在不这样做，就必然在未来的战场上通过打点收尸袋来学到这一点。[68]

底线

在摧毁萨达姆政权后，伊拉克出现了非常规战，太多的军政高级领导

---

① 1英里=1.609千米。

② 1英寸=0.026米。

人不适应这种实际情况，导致美国及其军队付出了惨重代价，陆军和海军陆战队尤其如此。[69] 在巴拿马"正义事业行动"和越南战争中，或者在英国 1920—1921 年的伊拉克经历中，都发生过这种情况，但是他们在伊拉克的做法就如同在这些战争中从来没有发生过这些事情似的。在旅级及以上的高级领导人中，有太多的人缺乏历史知识，甚至缺乏检讨过去的能力。[70] 2003 年夏天，在伊拉克的美国地面部队目睹了正在发生的事情，只是他们的这些经验很少为参谋人员或更高级别的指挥官所知所用。如果不了解历史，高级领导人就会缺乏相应的知识框架来理解他们正在面对的现实。[71] 这种理解上的欠缺可以归咎于军事职业教育的失败。

21 世纪的世界看起来更像是《威斯特伐利亚和约》前的世界，因此美国军队需要受过良好教育的高级领导人。[72] 美国高级军事领导人必须具备理解和处理"他者"（other）的能力，无论这些"他者"出现在什么样的 【148】文化和历史形式中。在战争与和平的问题上，美国大多数精英的思想和世界上其他大部分国家的观点之间都存在巨大的智识和观念差距。高级军官只有围绕着武力使用问题来接受深入的教育，才可能弥合这一差距。

军事领导人必须通过深入研究来了解历史。目前的美国政治领导人缺乏军事经验，美国精英机构对历史的研究也一塌糊涂，因此在与军事顾问对话时，文职的政策制定者可能对历史和军事都一无所知，这难免会形成张力。决策者对作为敌手的"他者"可能就知之更少了，因此他们必须从军事顾问那里得到细致入微的、有洞察力的建议。是否接受这些建议则是另一回事，如果政治领导人和其军事顾问之间开展的对话是智识性的，是基于对历史的深刻了解的，这对于未来几十年的和谐军政关系构建具有重大意义。

最具意义的是，需要对军队的人事制度进行根本改革。在军官的晋升前景中，只有当接受军事职业教育与担任将军助理或营级军官同等重要时，才能改进当下"时好时坏"的体制，顶层的文化和适应能力也才会有希望。对于营级军官来说，重要的是接受对军官开展的战术教育，而要使将军理解他们面前的霍布斯世界的敌人，并且准备好迎接这一理解所带来的智识性挑战，只有正规的军事职业教育才能做到这一点。

第八章 军事专业人员负责任的服从

——对不当行为的自由裁量权

詹姆斯·伯克

【149】　　自由民主国家遵守的基本原则包括：不能从合法的所有者手中剥夺其财产，人们拥有宗教信仰自由和言论自由，公民有权将票投给他们的政治领袖，军事专业人员必须服从文职政治领导人的法定命令（lawful command）。所有这些被奉为自由民主国家的独有特征，尽管这些原则不会被永远绝对地遵守。如果所有者得到赔偿，政府就可以征用财产。当行使宗教和言论自由的权利可能会严重伤及公众时，就要限制信仰与言论自由。如果公民被判有罪，他们就有可能丧失投票权（至少在一段时间内是这样）。

　　军事专业人员有服从文职政治精英法定命令的责任，但是这种责任能否有例外？我指的不是历史上那些实际上已经违反了文官控制原则的例外，例如，道格拉斯·麦克阿瑟（Douglas MacArthur）将军的标志性事件，他在如何发动朝鲜战争的问题上违抗了哈里·杜鲁门总统的命令。我指的是原则性例外（principled exceptions），放宽一点说，我们可以认为，在某些情况下，当军事专业人员做着我们通常认为是不当的事情时，或者做

【150】了一些未明确授权给他们的事情时，他们可能拥有自由裁量权。这似乎与军政关系理论的公认原则相违，不过我认为，存在这样的例外，即军事职业具有处理某类不当行为的自由裁量权，这构成了军事职业对其行为负有道德责任的基础。

　　亨廷顿对军官服从（obedience）或不服从国家命令的正当理由进行过论证，为了解释这一立场，我考察了亨廷顿的这些论点。亨廷顿提出过服

从是最高军事德性的主张，我认为这一主张并不支持合理的军事职业主义观念，也不能说明军官要服从国家的原因。考虑到"盲目服从"的问题，我进一步研究了服从是一种纯粹的德性的主张，我认为，亨廷顿就军事专业人员应该如何与国家建立关系构建了一种模式，但是该模式考虑到的关系比他认可的关系更具有争议性（和道德性）。这就提出了一个问题，即应该在哪里划定服从的边界。在这里，亨廷顿的专业知识概念比较狭隘，根据他的这一概念，军事行动领域显然与其他领域相互独立，[1] 这一看法使他忽略了军事专业人员的道德责任。我认为，军事专业人员的道德责任是由能否行使道德自由裁量权决定的，该自由裁量权具有准许某类（但不是所有）军事不当行为（wrongdoing）的可能性，该观点将军事专业人员视为行使道德自由裁量权的道德行动者，如果我们认真看待这一点，就要简要思考一下从中能得出怎样的实际意义。

　　我的论断基于两个基本观点。首先，亨廷顿承认军事专业人员有服从的必要性，但是没有充分说明如何或何时有可能对军官的服从行为进行限定和不限定。其次，亨廷顿相信，军事专业能力只取决于对专业技术知识的掌握，但是在决定如何以及如何更好地应用专业知识方面，亨廷顿却忽略了选择权的作用，尤其是道德选择权的作用。为弥补这些缺陷，我们需要告诉人们，为什么一位有道德责任感的军官需要行使自由裁量权，而该自由裁量权所属的概念空间往往居于明显服从和明显不服从文官控制之间。

服从和军事德性

　　亨廷顿认为，服从国家是职业军事伦理的最高德性。需要解决两个问题才可能说明为什么是这样：一是为什么服从对于军事职业而言如此重要，为什么服从是军事职业的最高德性？二是为什么军事专业人员应该服从国家？

　　亨廷顿和其他学者在结果论（consequentialist）的基础之上回答了第一个问题：军事职业必须顺利完成任务，必须对暴力手段进行管理以保卫国 【151】家军事安全，所以服从是一种至高无上的德性。在亨廷顿看来，军队本质上是一种需要服从的层级结构："为了使军事职业发挥其功能，其内部的每个层级都必须有能力对下级进行指挥，下级也能立刻忠诚地表示服从。"[2]阿尔弗雷德·塞耶·马汉（Alfred Thayer Mahan）是一位早就表达过类似观点的学者。他认为，服从能使军队成为一支统一的力量；服从也是确保士兵有效配合的必要条件，能使士兵为避免战败而万众一心。[3]马克斯·韦伯（Max Weber）也指出了军队纪律的重要性，他认为服从是建立强大军事力量的决定因素。[4]当然，服从不是唯一的军事德性，但是却是最高的军事德性，是所有其他人都依赖的德性。

我认为这种立场言过其实。这种严格的服从标准表明，职业军人应该停止一切思考，对下达给他们的任何命令都无须深思熟虑，只需要立刻执行。正如亨廷顿所说："当军官从一位合法授权的上级那里收到一份合法的命令，他就不能犹豫，不能用自己的观点去替代它，他只能立刻服从。"[5]当然，这听上去不错，军事交战没有任何可供辩论的空间。不过，我们不应该从字面上去接受这种说法。如果承认军事是一种职业，军事能力与军事成功就取决于对专业知识的掌握和运用，这些专业知识能告诉我们如何对武力使用进行管理以实现特定的政策目标。如果运用专业知识是军事能力的组成部分，那么即使是在军事交战中，可供思考的空间不大，也必须有思考的余地：有些不确定的问题，它们要求对如何打下去进行选择，起码要思考这样的问题。如果是这样的话，作为观察员或职业军官，就至少要考虑一下，所做的选择是否与最好的专业知识相一致，是否符合或服从了所下达的命令。服从行为不是一个简单的"是"或"否"的问题。

1864年1月16日，在美国南北战争期间，尤利西斯·格兰特将军向乔治·托马斯（George Thomas）少将发出命令，指示托马斯"全力以赴地为福斯特（Foster）提供全部供给。单是供给问题，"格兰特继续说，"就可能决定东田纳（西州）的命运了。"这个命令听上去很简单，但是格兰特预计到托马斯可能想知道这样做的必要性。他并没有奢望托马斯会毫不犹豫地服从命令，于是为该命令提供了一个理由。即使没有给出这一理由，托马斯也不可能立刻或不经思考地简单服从命令：托马斯要确定，从他自己的供给中或者从文职非作战人员的储备中，能筹集到什么样的物资以及能筹集到多少物资，在做出这一决定并且将物资运给福斯特之前，托马斯既需要专业知识，也需要道德判断。从形式上看，这个命令明确清晰，但 【152】是它很像电工的设计图，只是提供了一个需要做什么的草图而已。[6]托马斯对如何开展这项工作的选择是否称得上服从，可能不会那么轻而易举地马上揭晓。这个例子表明，在专业知识使用上的自由裁量不可能建立在不假思索的服从的基础之上。这并不是否认军事服从的重要作用，只是表明，除了盲目的或不加批判的服从以外，还需要有其他类型的服从。尽管亨廷顿知道这一点，但是他并不总能把这一点审慎地纳入自己的论断。

既然要求军事专业人员服从军队，为什么还要求他们服从国家呢？亨廷顿从功能主义出发回答了这个问题。他的一般理论是，职业是工具性的，它在专业知识的基础之上提供服务，以获得一些重要的社会物品（social good），例如，健康、公正、宗教指引和教育，对于职业军人来说，还包括军事安全。在理想情况下，专业人士制造某种社会物品的责任高于其他考虑，例如，经济报酬或其他的利己目标。他们对委托人的福祉承担公正无私的责任，这是将职业与商业区别开来的一个原因。[7]专业人士还要履行道德的或受托的功能，他们首要关心的事情是确保委托人拥有某些特定方面的福祉。军队的委托人是国家，所以军队有责任在道义上以它的专业能力服务于国家，也必须按国家要求的军事安全级别来不遗余力地提供保障。但是为什么国家是军队的委托人？为什么军队不应该利用它的权力来统治国家，创建军人政权或卫戍国家？[8]

亨廷顿认为，以军治国是一种扭曲。军事职业对国家具有从属关系，这种关系建立在他所说的"劳动自然分工"（natural division of labor）的基础之上。[9]亨廷顿并没有界定这个短语，但是我认为，他指的是每种功能都固有着某些活动领域和能力，当行动者偏离各自领域时，就会事倍功半。[10]国家的自然领域是政界，在这一领域内，国家设定了国家政策的目标。政治家拥有决定国家政策目标的合法权利，他们会在其能力范围内全面考虑各种利益，也会考虑影响其决定或受其决定影响的人民。军队的自然领域包括两个要素：一个要素是不变的，涉及战略，它由不变的、也不可变的 【153】战争原则来定义，该定义取决于人性的永久特征，在亨廷顿看来，该特征就是霍布斯式的本性，这一定义也取决于某个特殊的客观环境所施加的限制；另一个要素是变化的，涉及战术和后勤，这一要素由创造性和灵活性来定义，它们体现在以军事资源执行那些与战略要求相一致的国家政策的时候。在理想情况下，军政双方各司其职，有极其明确的劳动分工，这种分工意味着政治家在国家政策目标方面会向军事专业人员提供政治指导，却不预设军事专业人员应该以什么样的战略和战术去实现这些目标。[11] 这也意味着军事专业人员在政治上要保持中立，认为国家决策是他们权限之外的事情。这种自然分工的结果是，军政人员分别在各自的权限范围内保持忠诚，开展行动，其中，军事专业人员负责执行国家安全政策。正是出于对这种权限划分的尊重，军队才会中规中矩地服从国家。

这个早期观点所论及的服从标准太严格了，它有一个问题：亨廷顿认为，军政两个领域之间的权限划分泾渭分明，我们是否可以合理地接受他的这一主张？请注意，亨廷顿的主张具有历史偶然性，劳动分工始终存在的看法并非放之四海而皆准。亨廷顿认为，直到 19 世纪军事科学专业化以后，才有了这种分工。在此之前，一个人很可能同时既有资格成为政治家，也有资格成为战士，自军事科学专业化后，这种情况才消失的。在历史上大概确实是这样。在过去的两个世纪里，劳动分工水平无疑大大提高，让许多自诩为多面手的人深受挫伤。我不确定这些挫败感是否在军政领域中也同样存在，亨廷顿对此也不确定。

就在我们引用的《军人与国家》的那一节中，亨廷顿指出，在"战略和政策混在一起的世界里"，最高军事领导人"难免采取行动"，他们必须警惕"其军事态度所产生的政治影响"。这种行动不意味着军事精英不再服从国家，军事精英仍然必须"自愿认可政治家的最终决定"。[12] 它所带来的质疑是，应该在多大程度上视军政两界为相互独立的（或完全可分离的）领域，就好像在进行决策时，目的（军事安全）是一回事，手段（军事行动）是另一回事那样。在《军人与国家》的后半部分，亨廷顿也承认，"在【154】战后的世界中，军事政策和政治政策比以往任何时候都更加紧密地相互联系在一起"[13]。在我看来，与亨廷顿的劳动自然分工理论相比，他的这一经验观察更令人信服。什么样的目标有可能被提到议事日程上来，很大程度上由追求这些目标的手段来决定，在一个受大规模杀伤性武器威胁的时代里，明显会见证到这种令人痛苦的现实。在思考如何以动用武力来实现有限的政治目标时，也同样能见识到这种军政关系，无论是动用武力（正如北大西洋公约组织（简称"北约"）对科索沃的做法），还是不动用武力（正如联合国对卢旺达的决定），都是如此。这是一个实际的问题，意味着亨廷顿所依托的军政领域相互区分的观点至少是严重偏离实际的，亨廷顿认为，政治领域确定目标，军事领域通过对手段进行部署来实现目标。[14] 他的这一主张会引起很多误解，特别是在如何以及何时使用武力的问题上，使军事专业人员看上去应该承担的决策责任少于实际上应该承担的。

但是，如果不在政策目的和军事手段之间进行这种泾渭分明的划分，就会不清楚军事专业人员为什么要服从国家，如何服从国家。当为服从的严格标准提供辩护理由时，问题不在于这种理论几乎没有为行使自由裁量权留有余地，而是恰恰相反。因为一旦拒绝军政领域之间明确区分的理论，就似乎赋予军方太多的行使自由裁量权的空间。对于什么样的行为才称得上是服从国家，如果不更为明确地对它予以理解，我们就没有好的标准来判断军事专业人员的行为何时为偏离正轨。显然，要改变我们的想法，并且去接受一个不太确定的理论，只靠一味回避而不去面对拒绝亨廷顿命题的结果，就不可能有出路。我们需要以一种不同的方式来思考行使自由裁量权的问题，思考军事专业人员有可能在职责范围之外采取行动的全部风险。在着手开始这一研究之前，我们需要再多考虑一下，为什么过于严格的军事服从观念站不住脚。之所以应该这样做，只是为了说服我们自己：我们确实希望拥有一支能行使专业自主权（professional autonomy）的军队。

盲目服从与负责任的服从

"盲目"（blind）服从这一短语是贬义的，它指一类应该避免的服从。我以前把它与"不加思考的服从"（thoughtless obedience）联系在一起。我的假设是，这是一种严重偏离正轨的服从，是一种不适当的奉迎，甚至还有点丢脸之义，但是它还不只如此。这个问题是个人问题，也是政治问题。最严重的是，当公务人员对何者为善（good）进行判断时，如果不具有批判性，还沦为非正义目的的奴仆，就会产生盲目服从。[15] 【155】

为了说明这一点，我们可以考察一下汉娜·阿伦特（Hannah Arendt）描述的阿道夫·艾希曼（Adolf Eichmann）。如果说有人是一个听话的奴仆，艾希曼就是这样的人：作为一名纳粹党卫军军官，"只有接到行动命令却没有执行时"，他的良心才会被刺痛。而他接到的命令是运行这个种族灭绝机器的一部分，将数以百万计的男女老少送上死亡之路，对于这样的结果，他却无动于衷。[16] 在这里我们不审查案例细节，但是需要注意两个具体问题。一个问题是，艾希曼相信他的这些行为是正当的，因为这些行为得到了希特勒及其政党的批准，也得到了"良善年长的公务精英们的认同，在这些'血腥'事件中，（他们）为了获得争当先锋的荣誉而抢得你死我活"[17]。一些社会力量鼓励我们盲目服从，对不服从者予以惩罚。[18] 此外，艾希曼的所作所为不只是因为他屈从于社会压力，而是他无法思考，"换句话说，他没有能力换位思考"[19]。他脑子里的唯一想法是别人的陈词滥调。这是一种严重的道德缺陷。阿伦特得出的结论是，正是因为艾希曼"完全没有思想，才使他更易成为那个时代最臭名昭著的罪犯之一，丧失思考能力是一种与愚蠢截然不同的东西"[20]。

有人认为，军队有义务服从国家，捍卫这一观点的人并不鼓励这类盲目服从，也不主张摒弃批判性思考。当做出的决策会引起（或可能引起）战争或导致其他任何政策目标时，我们赞成的做法是，重要的判断由那些民选政治领导人来做，由他们根据法律规则进行决策。一旦他们做出了决策，军事专业人员有义务予以执行。马丁·库克（Martin Cook）有力地阐述了这一规则："毫无疑问，军人有义务遵从上级的法定命令，并且以文职领导人认为合适的方式来为美国社会服务。"军队不能随意地决定自己的使命。相反，如果有需要，军事专业人员还要献出自己的生命去完成所有的"法定指派任务"。这种为社会无私服务的承诺是军事职业主义的本质，是"该职业何以高尚的根本，也是美国社会何以信任和尊重军事职业的源泉"[21]。如果库克的这一观点并不是在建议盲目服从，他实际上也不建议盲目服从，那么他建议的是什么？

【156】我们注意到，当库克在界定服从的义务和坚持命令的合法性时，他是十分小心谨慎的。如果有一项命令是发动战争，习惯法（customary law）早就把承担这一命令的责任指派给了做决定的政治领导人。军队在服从该命令时无须对该决定负责。军队的责任，尤其是军中普通士兵的责任，仅限于依据战时法（jus in bello）的标准来决定作战方式。在莎士比亚的《亨

利五世》（*Henry* V）中，有一句台词在士兵中广为流传，而且经常被引用，该台词道出的正是这个问题：即使国王的"理由是错的，我们对国王的服从也会洗清我们的罪名"[22]。这种服从有点像对国家宣战的盲目服从，却又有点不尽相同，这就是库克认可与期待的服从。政治领导人不希望士兵在服从战斗命令前去思索一场战争是否是正义的，甚至去思索它是否合法。但是士兵们可能会这样做，可能会拒绝服从那些他们认为是错误的命令，但是这种拒绝不受欢迎。陆军中尉埃恩·和多田（Ehren Watada）认为伊拉克战争不合法，对遣往伊拉克的命令公开表示拒绝服从，他受到军事法庭的审判，因为他没有执行部署任务并违反军官操行。他的指挥官再度坚守了士兵"不能对我们要打哪场战争挑挑拣拣"的传统观点。[23]这类问题应该由政治领导人决定。16世纪的法学理论家弗朗西斯科·维托利亚（Francisco Vitoria）说，任何其他途径都会使这个国家处于"严重的危险之中"。[24]

危险在哪里呢？在使用武力的政策见识上，政治领导人和军事专业人员之间存在分歧，孰是孰非并不那么重要。问题常常集中在是否有太多的不确定因素，以至于没有人能确定哪种判断应该被优先考虑。但是最后必须有人来做决定，一般来说，既定规则会告诉我们这个人是谁。在美国，这些规则最终被写入宪法，它赋予国会以养兵护军、为军事操行制定规则、决定是否开战的权力。国会视总统为三军统帅，将他置于军事等级系统中的顶层。在这一背景下，如果军事专业人员自己独揽开战还是部署人道主义任务的决策权，就会削弱宪法规定，带来宪法危机。国家也不再有把握地认为，它所依据的基本契约仍然被坚定不移地执行。

宪政需要我们认可这样一种思想：宪法的某些原则并不在民主议程中。[25]这些原则没有商讨的余地，遵守这些原则是建立和维持自由民主社会的先决条件，具体包括：尊重人民的基本言论与信仰自由，尊重人民的个人财产权与隐私权；允许所有希望并且能够参与日常法律审议的人都参与到这一审议中；拒绝将人仅视为手段，而是将他们视为值得尊重的；在决定应该由谁领导和应该推行什么样的公共政策时，要依靠理性与说服，而不是通过强迫与暴力。为保障这些基本承诺落到实处，宪法也规定了特殊的制度安排。文官控制军队就是这样的制度安排。例如，当文官控制要求军事

【157】

专业人员（即暴力管理方面的专家）的意志服从民选官员（即说服方面的专家）的意志时，就有助于确保公共政策的制定过程以理服人，而非强加于人。

因此，当文职领导人下达给军队的行动命令有误时，最终是出于合理的次级理由（second-order reasons）才会要求军队服从文职上级，以维护民主主义的价值观。服从并非"不假思考"的产物，也俨然不是毫无边界的盲目服从。它是对宪法原则的负责任的服从（responsible obedience）。[26] 此外，服从原则不排除对军事安全政策本质的辩论与反省，相反，还要为这种辩论构建框架，顶层军事专业人士要参与这一辩论。亨廷顿总结军事专业人员对国家的三项责任时提到了这一点，这三项责任是：代表国家军事安全水平；对于采取各种政策的可能后果提出建议；对国家选定的政策予以执行。[27] 这些都是静态的分析特征，使问题听起来比实际情况更有条理。现实中的政治进程往往模棱两可，因时而变。在冲突过程中，不论是军官还是文官，谁有权力做什么，实际上常常需要来回磋商，不断修订。所有这些都隐含在亨廷顿的讨论中，值得予以明确说明。

亨廷顿设想的模式是一个三阶段组成的世界：尚未做出使用武力决策的阶段、进行决策的阶段、决策后必须执行政策的阶段。宪法原则规定，军队必须服从政治精英的决定，该原则的要义是，军队无权做出决策，但是只应该在第二个阶段中保持沉默。正如马丁·库克指出的，如果只把重点放在需要服从文职权威这一点上，"就不能清楚地说明军人作为一种职业的重要性……（并且）实际上也排除了使职业主义实践能够（并且确实）得以发生的那个空间"[28]。在亨廷顿模式的第一和第三阶段，即做出决策之前和执行决策期间，军事专业人员是有机会或空间来审视他们的专业知识的，他们可以考虑如何将这些知识用于特定的政策问题上，还可以与其他人协商军队的权限或行动的范围。[29] 军官在参与这些过程时往往备受争议，常常使军政领导人之间的信任关系变得紧张，任何一方对另一方的观点或行动都不感兴趣。[30] 而这正是关键问题之所在。只要军事职业保持它的自主性，培育它的专业知识，并且将这些知识引入政策审议，服从文官控制的原则就未必会创造出一个盲目服从的世界。

但是在一些关键时刻，对宪法的负责任的服从可能会被盲目服从之类

【158】

的东西所取代，历史上曾经出现过这种情况。例如，1965年，参谋长联席会议出于对总统的服从需要，"故意"向国会议员"歪曲了自己对越南局势的评估"。在与众议院军事委员会成员讨论时，对于需要多少部队、花多长时间才能打赢这场战争，各军种参谋长都在他们的专业评估中大大低估了需求数额。[31]1965年7月27日，在国家安全委员会的一次会议上，约翰逊总统概述了他认为什么样的行动才真正符合越南的局势。总统这一计划的目的看上去是想通过外交手段来化解冲突，实际的目的主要是防止战争动员撼动他的"伟大社会计划"（Great Society Program）。总统问在座的各位委员是否有人反对这一行动，他们都保持沉默，其中包括参谋长联席会议主席厄尔·惠勒将军，他很清楚参谋长联席会议的意见是什么，参谋长们不认为这个行动方针是明智的。10分钟以后，在与众议院和参议院领导人的一次会议上，威斯特摩兰将军就年底前向越南战场提供资金（以十亿计）和派出部队（以一半计）的规模提出请求，约翰逊总统和国防部长罗伯特·麦克纳马拉再次歪曲了这一请求。约翰逊总统再度寄厚望于惠勒将军，希望他默不作声，使得这些歪曲的事实看起来像是真的，也使他看起来像是在支持某个限制向越南增加部署的政策。[32]

　　历史学家对这件事的来龙去脉毫不含糊其辞。"总统的欺骗计划离不开参谋长联席会议的默许。各军种的参谋长们也没有让总统失望。"[33]因为他们保持沉默，总统才能公开歪曲参谋长联席会议的观点，错误地表达美国军队在越南的使命，并且向国会谎报越南军事行动的代价。不管总统和国会决定向越南提供什么样的资源，负责任的服从都要求参谋长联席会议服从越南作战的命令，这是确定无疑的。但是在总统做出决策之前，他【159】们并没有与总统共同谋划、实施欺骗的宪法责任，在这个例子中，表现为在战争如何升级问题上的共谋。相反，"因为宪法规定，军队由国会和行政部门中的文官控制，所以各军种参谋长就没有在越南问题上欺骗人民代表的正当理由。"[34]

　　如果说这不是一个盲目服从的例子，也至少是一个从负责任的服从大幅退行到盲目服从的例子。军事职业判断建立于专业知识的基础之上，因专业知识而具有合法性，这一服从至少是对这种军事职业判断实践的扭曲。最糟糕的情况是，这种社会力量还在鼓励军官对命令做出"脑瘫式的"

（a collapse of thought）回应，允许军官在压力之下做出失德之举。

亨廷顿论服从的限度

如果盲目服从有问题，那么军事专业人员可以在什么样的基础之上来确定服从的限度，同时又不违反他们对负责任的服从的承诺呢？在服从过度与服从不足之间，他们又可以进行怎样的划界呢？亨廷顿早期的主张是，立刻不假思索地做出服从是至高无上的德性，后来，他开始尝试着对服从的限度加以界定，但是这一努力很难与他早期的主张保持一致。[35] 为此，他又回到了问题重重的领域分离理论，再次将政治或其他类型的目的与军事手段区分开来。首先，亨廷顿研究了服从论与军事手段职业能力论之间的冲突。其次，亨廷顿转而思考了服从论和非军事论或政治价值论之间的冲突。[36] 重要的是，我们要解决的冲突是关于军事手段如何适当地利用技术，还是关于非军事目的、良善或价值观的优先权问题，军界无法根据亨廷顿的论述来对此做出判断。

亨廷顿认为，在军事指挥系统中，当军官下属坚信有必要挑战某位上司的指挥时，就会产生第一类冲突，即军事服从与职业能力之间的冲突。这些挑战的基础可能是军事行动上的，也可能是训令上的。当下属认为服从命令会导致军事灾难时，就会产生军事行动问题。军官要么没有时间向上级汇报这件事，要么向上级汇报了却没有改变上级的想法。在这些情况下，军官通常应该服从命令，因为不服从命令会破坏指挥链的权威性，而且不服从的代价会大过服从带来的好处。因为我们假定上级能力更强，阅历更多，因此能决定该做什么。服从是一种手段，而不是目的本身，它"是为了进一步实现上级的目标"[37]。不服从时做的事情通常被认为是失当的，只有在下属完全熟悉上级的目标，并且深知这个目标只有通过不服从才能实现时，不服从才被认为是正当的，但是这种情况真是寥寥无几。这是一种战术上的不服从，对于更高的战略目标来说，这种行为仍属于服从。而当下属坚信，"僵化死板的服从可能会扼杀新的思想，还会使执行者变成一个墨守成规的奴隶时"[38]，就会产生对训令的不服从。在指挥链中，当上级没有跟上新的战术和技术知识，而下属的职业能力比上级的职业能力

【160】

更强，至少在某些方面是这样时，就会出现这种情况。在这里，亨廷顿认为，"命令的科层性……（曾经）被滥用在了非专业目的上"，也就是说，它是被用于一些目的，却没有被用于职业能力的培育。在这种情况下，下级军官就可能会有一定程度的不服从，并且会引入新技术，但是前提是，提高军事效能的收益大于破坏指挥链的成本。在这两种情况下，真正的职业能力论可能会胜过服从论，但是做出这种僭越的决策绝非易事。两种情况都是在不服从发生之后，才能计算出不服从的成本与收益的。

　　第二类冲突将服从论与非军事目的论对立起来，因而更具挑战性。[39]问题的关键是，军事专业人员对文职政治领导权威的服从是否有个限度。如果政策诉诸的目的在政治上愚蠢，或者在军事上荒唐，应该怎么办？如果发布的命令看起来不合法，应该怎么办？如果命令要求军事专业人员做违反普遍接受的道德标准的事，应该怎么办？这些都让人很头疼。亨廷顿在处理这些问题时，一般会询问命令所诉诸的目标是否严格属于军事行动范畴，且没有任何政治含义（这通常十分少见）。如果命令具有这种属性，对是否需要服从进行判断时就应该只基于军事职业能力，而不是基于对政治家的顺从。如果这类命令干扰了职业能力的运用，军官可以不服从。让我们打个比方，患者有是否接受手术的最终决定权，但是患者不能告诉医生应该如何做这个手术。而如果诉诸的目的不在技术性的军事能力范畴内，可能的情况就是军事专业人员应该服从命令。即使军事专业人员坚信服从命令会导致政治上的愚蠢行为，他们也必须尊重政治家的政治智慧，必须服从命令。军事专业人员还必须尊重司法制度（或者，在最坏的情况下，【161】尊重他们自己对法律的理解），以判定一项命令在法律上是否具有正当性。在任何情况下，都必须假定政治家的意见是有效的，政治家的命令是合法的。

　　与普遍接受的道德标准相冲突的情况又是怎样一番光景呢？亨廷顿举了一个令人不安的例子："如果政客命令这位军官执行种族灭绝行动，消灭被占领领土上的所有居民，他会怎么做呢？"[40]我不知道什么样的经验事实让亨廷顿想到了这种特殊的冲突。这个例子细思极恐。但是亨廷顿提醒了我们，让我们去思考一个人人皆知的事实，即政客们往往觉得自己有理由拒绝良心之举，他们这样做时，反而觉得自己是在光明正大地为所谓的国家利益行动。他们可能会对此感到遗憾，但是无论如何都觉得必须这么做，他们做的全部选择都绝非良善（如果用阿诺德·沃尔弗斯（Arnold Wolfers）的短语来表达，这些选择是在"毁坏价值观"），但是他们不行良善之举是出于迫不得已，他们也在尽力减少伤害。[41]他们的手上"劣迹斑斑"，军事专业人员是否一定要与其同流合污？选择很明显。亨廷顿写道："作为一个士兵，他应该服从；作为一个人，他应该不服从。"那么到底应该何去何从？

亨廷顿给出的答案十分模糊晦涩："合理的情况是，他应该遵守职业道德并服从，除了最极端的情况外。只是在极为罕见的情况下，军人才有正当理由去遵从个人良心的指令，反对军事服从和国家利益上的双重要求。"[42]

只是说军事专业人员"除了最极端的情况外"都应该服从，这不会有什么帮助。我们正在讨论的例子与下令实施种族灭绝的行动有关。如果种族灭绝不是"极端情况"，人们就会疑惑什么才算是极端情况。在任何道德范式下决定实施种族灭绝都不可能具有正当性，因此它不可能成为一项合法的命令。即使该命令被（错误地）认为具有正式的合法性，实施种族灭绝也违反了发动正义战争的标准。对于这个命令，职业军人选择不服从绝对属于正当之举。[43]

简言之，亨廷顿承认军事专业人员的服从确有限度，但是在他看来，这种限定并不多。只有命令影响了军事行动领域，不带任何政治含义，明显违反了职业军事能力的技术标准，他们才有理由不服从。即便如此，职业能力的理据也必须有足够的分量，大过扰乱指挥系统所付出的代价，这可以通过目标的达成、任务效能的提高或避免了军事上的愚蠢行为来衡量。

【162】否则，只有继续保持服从的德性。

在亨廷顿的论点中至少有两个缺陷，使得他的论点在阐明这类问题时不可信。第一个缺陷是，只是简单地从二分法角度讨论服从的限度。亨廷顿认为，我们面临的选择在服从与不服从之间，要么服从，要么不服从。这种对问题的看法是一种单维思维，过于狭隘，太有限了。我们已经看到，至少需要在两类服从之间进行区分：一种是负责任的服从或宪法服从，另一种是盲目的、不假思考的服从。我认为，还有其他更为细致微妙的区别，使我们能够识别出某类不仅仅是抗命的背离服从行为。在亨廷顿的解释中，并没有将这样细微的差别包括进来。第二个缺陷是，亨廷顿过于草率地摒弃了道德思考（moral reasoning），使得在军事专业人员的角色中无法找到道德责任的位置。亨廷顿认为道德考虑不在军事专业人员的思考范围内，这一未加言明的假设毫无根据。即便再简单的命令也可能有道德含义。想一下格兰特将军为福斯特运送供给的简单命令。如果假定存在物资稀缺的情况（命令就是这样暗示的），那么如何把供给分配给所有需要的人以及由谁来承担费用，就不是一个道德冷漠的问题。当我们回忆起参谋长联席会议在越南战争升级中扮演的角色时，就会发现，其中涉及的道德风险更大；而在假定的实施种族灭绝的命令中，道德风险同样极高。在思考军事专业人员的道德责任问题上，亨廷顿的讨论绝对没有为我们提供任何出路，也没有给出任何理由。亨廷顿认为，军事专业人员的自主权仅限于将他们的战争技术知识用作手段，以实现那些不容置疑的国家军事政策目的。亨廷顿对这些问题的考虑不够充分，他太固执地坚守军政领域分离的理论了，无法让自己对它们放手。

军事专业人员的道德自由裁量权

军事专业人员需要自主权（autonomy），包括道德上的自主权，这样才能成为有能力对自己行为负责的行动者。说到自主权，它指的是以某种程度的自由来管理或控制自己行为的能力。[44]自主行为是负责任服从的先决条件，是盲目服从的对立面。在军事专业人员的自主范围内，可以行使自由裁量权，可以就如何应对自身所处环境进行选择，也可以就如何遵守一般法定命令进行选择。正如我们看到的，命令和规则能决定的也就那么多，至于它们的含义，或者是它们如何在特定的情况下被应用，都有待后续的决策。决策可能是纯技术性的，是关于如何管理那些出于某种目的而【163】实施的暴力的。决策也经常与道德有关，例如，对军队和非作战人员进行保护，对审讯被拘留者履行公正程序，或者为驱散愤怒的人群而确定所需要的兵力。这种道德因素是我们现在必须面对的问题。在这里，我的目的是绘制一个概念空间，军事专业人员可以在这个空间内行使道德自由裁量权。这张图包括了对负责任的服从和抗命（disobedience）的定义，也包含另两类行动，它们不符合各类服从的经典定义。这两类行动都展现出了一种缺陷，即自由裁量权可以被用来做道德失当的事，也可以被用来做未经明确授权的事。它们不只是不服从的形式，它们还是"受保护的"（protected）的行为，因为实施这些行为的自由裁量权是在维护自主权，军事职业的道德责任就取决于这种自主权。

为了绘制这个空间，我们可以做两种简单的区分。首先，在军事专业人员的明确授权行为与未经明确授权行为之间进行区分。[45] 例如，根据《地方保安队法案》（*Posse Comitatus Act*）条款，美国军队（存在某些例外）在美国境内从事执法活动就是未经授权的。[46] 但是，如果派美国军队前往海地执行维和任务，就可能要授权它在美国境外从事执法活动了。更一般地讲，授权指的是通过指挥链收到的明确的行动指令。第二个区分与以下情况有关，即根据一项客观标准来判断某个特定行为在道德上是正当的还是失当的。换句话说，我们需要指出，该行为（某种道德事实）是否达到了该标准（某种道德原则）所期望的行为，或者该行为是否就是该标准所期望的一个具体行为。但是在做这类判断时，要遵循什么样的道德标准，或者应该如何运用这些标准，即便毫无争议，也是说起来容易做起来难。不过困难并非不可逾越。例如，禁止把人只当作实现我们目的的手段，这一道德原则就能够使我们将酷刑视为不当行为。至于某些特定的行为是否是酷刑，人们对此意见不一致，这并不表明我们对酷刑是否失当的问题是非不明，也不表明我们对酷刑的一般定义模糊不清。[47]

可以认为，上述两种区分互不相关。威廉·埃德蒙森（William Edmundson）告诉我们，"在有权做某件事（被明确授权的事）和行正当之事（道德的事）之间，是有差异的"[48]。综上所述，这两种区分能使我们描述出四种概念上相互独立的行动类型，如表8.1所示。在理想的情况下，军事专业人员的服从是负责任的。他们做着经过明确授权的事，他们和我们都断定这件事具有道德上的正当性，也就是说，这件事符合道德原则。【164】但是，如果他们选择做了那些未经明确授权的事，他们和我们都断定这件事在道德上失当，违反了某个道德原则，他们就是在抗命。这些是传统意义上的服从行为类型，这里不值一提。道德自由裁量权理论还必须处理两种受到保护却又存在不足的行为：良知干预（conscientious intervention）和授权的不当行为（authorized misconduct）。

表 8.1　四种道德行为类型

行为类型	明确授权	未明确授权
道德正当	负责任的服从	良知干预
道德失当	授权的不当行为	抗命

良知干预指的是，即使所采取的行动没有被明确授权，也在坚持做正当的事情，这应该区别于其他类型的良知行为。这种行为并不像中尉和多田的行为，听从良心的召唤而拒绝参战，和多田认为参战在道德上失当，所以才拒绝参加伊拉克战争。和多田的拒绝确实没有被授权，他也确实认为这种拒绝在道义上是正当的。问题是，宪法承诺以文官控制军队的方式来确保某些道德原则，和多田的道德判断违背了这个原则，忽略了我们之前所述的服从文官权威的"合理的次级理由"。鉴于此，和多田的行为必须被定性为抗命。良知干预也不意味着要像良知反对（conscientious objection）那样，呼吁大多数人改变他们对公正或道德正确行为的判断。良知干预要确保其行为符合宪法或法律中已包含的某种道德原则。因此，尽管没有被明确授权，也没收到直接命令，他们还是可以运用道德自由裁量权来采取行动，以确保他们的行动能保护岌岌可危的原则，或者成为该原则的一个实例。[49]

以准尉休·汤普森（Hugh Thompson）为例，他于 1968 年 3 月 16 日在越南驾驶一架小型侦察直升机飞过美莱村。[50] 从空中，汤普森目睹了那个正在杀戮的场面，一些美国士兵开枪打死受伤的平民，还追捕儿童和老人。汤普森没有干涉这件事的明确权利，因为这些做着失德之事的士兵不归他指挥。降落后，汤普森与排长威廉姆·L.凯利（William L. Calley）少尉匆匆地见了下面，汤普森对这些行动表示反对。凯利是汤普森的上司，他告诉汤普森不要多管闲事。开始时，汤普森离开了，但是随后他决定干预此事。这是他一个人的决定，上级并没有直接命令他干预此事。他把直【165】升机降落在了美军和那些正在被美军追击的越南人中间。他与这些美军士兵进行对质，要求他们停止追捕，并命令他的手下说，如果这些士兵仍然坚持追击，就向他们开火。他安排幸存的越南人安全疏散。汤普森做了正当的事，保护了无辜的非作战人员的生命。他做的事情没有经过明确授权，但是他还是选择不对这一排士兵的犯罪行为熟视无睹，该做法就是在行使一种恰当的道德裁量权。他没有被明确授权采取行动，却捍卫了更普遍的价值观，该价值观来自军事法和战争法，这种价值观就是反对屠杀。[51]

凯利后来被军事法庭审判，以谋杀罪被起诉。凯利的指挥官欧内斯特·梅迪纳（Ernest Medina）上尉因缺乏证据被判无罪。30 年后，汤普森和他的手下才得到正式表彰，被授予士兵勋章。这是一个等待了 30 年才姗姗来迟的正式认可，它提醒我们，军事领导人可能会谨慎地观望良知干预，其中的缘由大概是，与其说军事领导人信奉捍卫正当之事的原则，不如说他们对未经授权的行动不信任。这表明了良知干预应该被视为受保护行为的一个重要原因：尽管在制度上存在疑问，也要鼓励军事专业人员行使做正当之事的道德自由裁量权。

更难为之辩护的是第二类有缺陷的行为，即授权的不当行为，或者是做了道德失当的事，即便这件事是被明确授权的。这里的缺陷指的是选择去做不当的事。对于这类错误选择问题，有一种很吸引领导者的应对方式，即剥夺军事专业人员做任何选择的权力，坚持认为军事专业人员应该只做命令他们去做的事，就好像他们是机器人或自动装置一样。我们已经看到，不允许军事专业人员行使道德自由裁量权是完全不可能的。即使有可能，也不应该期望如此。否则，后果将是以不加思考的服从取代责任，为更大的恐怖打开大门。

以哈尔·奈特（Hal Knight）少校为例，在越南战争期间，他为指引 B–52 轰炸机打击目标提供地面控制。[52] 1969 年 3 月 17 日，他接到指挥官要求他小心遵照指令的命令。这些命令要求他给轰炸机提供突袭柬埔寨的坐标，而根据当时的交战规则，并没有授权美国军队去突袭这片领土。这些坐标会取代那天晚上已经从华盛顿照例发过来的轰炸行动坐标。当任务完成后，

【166】奈特还要销毁其这番操作的一切证据。他也收到命令，要求他恢复那些最初收到的坐标，并将这些坐标输入战略空中指挥计算机系统，就好像他们已经确认了任务目标一样，通过这些操作来掩盖追踪轨迹。奈特按字面执

行这些命令，并且继续这样完成了十几次的其他突袭。在执行这些任务的过程中，奈特按照命令赋予他的权利行事。根据亨廷顿的分析，奈特可以也应该假定来自指挥链的命令具有合法性。奈特基于这一假定采取行动，选择做了我们判断为不当的事，通过欺诈手段协助发动了众所周知的柬埔寨"秘密战争"。

　　问题不是因为奈特对这件事情缺乏专业知识造成的。问题之所以出现（不仅是奈特少校如此），是因为在进行选择时，高层领导人有违反规则的行为，还通过欺诈行为加以掩盖，他们试图欺骗国会的行径违反了文官控制原则。五角大楼的策划者雷·西顿（Ray Sitton）上校向奈特少校发出了命令，他最初的行动受到亚历山大·黑格（Alexander Haig）上校的施压，而黑格上校是按照他的上司（国家安全顾问亨利·基辛格）的指示行事。起初，西顿是拒绝执行常规职责系统之外的行动的，他觉得这样做才恰如其分。但是基辛格和黑格进一步施压，让西顿相信这一要求是尼克松总统提出的。西顿后来错误地选择了服从。

　　为什么应该保护这些不当的行为？一些人认为，不当行为的后果有军事效能，有鉴于此，更不应该保护。奈特坚信对轰炸柬埔寨进行阻挠是错误的，这对美国军队有害无益，所以他很容易认定篡改坐标是正当行为，因为这会减少伤害。这太容易认定了，但是这还是错了。1973年，奈特在国会作证时说，除了非法轰炸不对之外，掩盖真相更是错上加错，因为这一做法把"宣誓支持军队"凌驾于"宣誓支持和捍卫宪法"之上了。他认为这是搞错了优先权，这一看法十分恰当。而在当时，奈特的信念并没有建立在宪法的学理基础之上。宪法认为，人们具有裁定自己行为的能力，宪法的安排旨在保护这种能力，即便在战争年代也是如此，但是奈特的所为看上去是基于一种直觉，他的行动背叛了对这种能力的道德信任。

　　第二个关于授权不当行为的例子发生在2003年，在伊拉克战争中，炮兵指挥官艾伦·韦斯特（Allen West）中校使用严厉手段审问被拘留者，因此受到处罚，他被罚款5000美元，从陆军中退役。这一审讯旨在获取谋划伏击韦斯特护卫队的情报，而韦斯特本人就是此次谋划的主要袭击目标。鉴于韦斯特在指挥链中的位置，他进行这类审讯是被明确授权的。当其他人审讯被拘留者无果时，韦斯特就介入了，他威胁道，如果被拘留者 【167】

拒绝配合，他就会在被蒙着眼睛的被拘留者的脑袋旁边开上一枪，杀死他。这些严酷手段是否导致被拘留者提供了情报，并且使韦斯特阻止了这次伏击，相关报道众说纷纭。[53] 韦斯特假定所选择的手段是有效的，但是这不是重点。无论是第一个例子中在柬埔寨轰炸目标，还是这个例子中在伊拉克虐待被拘留者，道德不当行为都有军事效能，但是这种军事效能不可以作为不当行为的理由，更不能为保护不当行为做担保。军官被授权去实施不当行为，或者看上去被授权去实施不当行为，都会受到部分保护。韦斯特相信，对于一名可能掌握着影响其部队安全情报的被拘留者，他是有权审讯的，这没有什么不合理。但是他选择了错误的获取信息手段。如果他在没有明确授权的情况下做了同样的事，他在这一审讯中犯下的罪责会更大，不过他仍然难辞其咎。[54] 这里的一个要点是，韦斯特是可以对他的行为负责的，因为他对如何进行审讯有自由裁量权，即自主选择的权利。

这听起来很奇怪，但是即使这种权利有时会使授权的不当行为遭到应得惩罚，也要为行使自由裁量权提供制度保护，这是十分必要的。当然，通常很难行使自由裁量权。军事专业人员必须从整个备选方案中进行选择，从明显合适的到明显不合适的，在这些备选方案中，许多方案的适宜性还可能不那么明显。行动者还必须平衡相互竞争的道德价值观，这通常是在不确定的条件下进行的，面临时间紧迫的选择压力，几乎没有思考的时间。他们可能会做出错误的选择，因此会受到批评或处罚。这就是风险。好处是，通过保护这种自由裁量的能力，能维护军事职业的道德责任。军事专业人员按命令行事，但是他们仍然要对他们自己的行为负责。

更进一步地讲，这一论点并不是说要保护任何以及所有的不当行为。军队有时可能会滥用权力，服务于它自己的利益，而不是那些有民主担当的政治精英们的目的，这真是一个非常棘手的问题。理论本身无法制止这一点，但是理论能说清楚问题是如何被界定的。就本章引入的框架而言，当军事专业人员做的事情未经授权又道德不当时，就没有任何为他们做辩护的理由了。在这种情况下，军官没有行动的权限；这种行为是在抗命，或者是在进行某类职业滥用。最明显的例子就是政变。权力滥用发生在政变成功的时候，就像1973年奥古斯托·皮诺切特（Augusto Pinochet）将军推翻智利民选总统萨尔瓦多·阿叶德（Salvador Allende）时一样。但是

【168】

即使政变失败了，也会发生权力滥用情况，正如1961年的行动那样，当时，四名将军不同意法国就阿尔及利亚独立举行谈判，他们实施了颠覆法国政府的行动。

还有更难处理的情况，过程更加微妙，军方可能就是通过这些过程对公共政策的形成施加影响的。例如，2006年，针对伊朗可能拥有并使用核装置的传闻，美国制定了轰炸行动计划，据报道，高级军官反对这一计划，一些人的反对态度还非常强硬。一位记者称这一反对是军方压制白宫的"重大胜利"[55]。这是一种糟糕的修辞，好像是在报道一场体育赛事，关注的问题是谁赢谁输。真正的问题是，军官们是否在做着明确授权给他们的事，是否在做着道德上正当的事？对他们的行动进行评估时，要依据对这些问题的回答才行。

实际的影响

正如我所读到的，亨廷顿关于军事服从是至高无上的德性的观点，以及服从的限度的观点，都应该被摒弃。无论是对服从的思考，还是对服从限度的反省，亨廷顿都没有为军事专业人员以自身行为去承担道德责任留有任何余地。无论我们狭义地考虑战争是如何进行的，还是更为广泛地思考高级军事领导人是如何对参战决定施加影响的，情况也都别无二致。亨廷顿似乎没有被这种疏忽所困扰。他显然认为，如果说有人要承担道德责任，那么非政治家莫属。他在理论上把军队从政治领域中断然地分离出来了（尽管实际上他无法将二者分离）。正如他所认为的，军队的角色不是道德性的，而是纯工具性的，军队服务于国家的目的，无论这些目的是什么，只要不干涉军事领域就行。军事职业需要负责的是，始终持有对战争手段和使用方法的专业知识。[56]这对军事职业的要求实在太少了，军事职业中的行为从来不缺少道德判断。

我的观点与亨廷顿不同，我认为，在运用专业知识时，难免会要求军事专业人员对做什么和如何做行使自由裁量权。只要他们能行使自由裁量权，能选择他们要遵循的行动方针，他们就是道德行为的主体，就要对自己的行为负责，这意味着他们可以并且应该对自身的行为做出说明。他们

可以随意行使自由裁量权，并不意味着他们可以完全自由选择自己想要采

【169】 取的任何行动，正如法官有司法审查权，但是该权力不允许他宣称说，法律之于他，就意味着他可以随心所欲。[57]自由裁量权的行使是现实的，行使时必须公正，还要考虑到一些道德价值观和惯例，它们与自由民主主义的宪法安排有关，与作为宪法安排组成部分的战争习惯法也有关。这些价值观和惯例界定了我们期望军事专业人员能达到的道德标准。汤普森在米莱的行为最终得到了广泛赞誉，因为他利用自由裁量权捍卫了禁止屠杀非作战人员的标准。韦斯特也使用了自由裁量权，但是他却受到了惩罚，因为他的审讯手段未能捍卫对囚犯予以人道主义待遇的标准。

强调军事专业人员的道德责任会产生什么样的实际影响？首先，在可预见的未来，我们可能会面临新的战争类型，它们也会带来有难度又新鲜的道德问题。这些问题的解决会影响冲突的进程。在处理这些问题时，会为军事专业人员的道德思考能力增加负担，特别是当他们卷入各种文化冲撞导致的道德冲突的时候。在教科书上几乎找不到关于这些问题的答案。尽管如此，人们还是期望军事专业人员能利用自由裁量权采取行动，对他们的行为承担起道义上的责任。为了帮助军事专业人员达成这一期望，应该制定广泛的道德教育计划，军事专业人员都要参加。[58]对于军官来说，这项计划应该从大学本科时就开始启动，先于对他们的任命，在他们的整个职业生涯中，还会继续定期开展这一计划，将其作为军事教育中必不可少的组成部分。一些人可能会怀疑，如果想在一个大型官僚机构中推动道德思考，该机构是否有可能构建出这样的计划，但是有证据表明，可以在军队的学术机构中讲授道德理性。[59]目前还没有建立起范围更广的计划，可以将预备役军官的初级培训包括在内，或者将该计划正式纳入高级军官的高等军事教育中。能完成多少还很难说。在整个军事教育体系中，对军官进行持续的道德教育会遭到官僚机构施加的压力，它们会压制将该计划常规化的努力，不愿意接纳严肃的道德教育的不确定性，它们会转而支持一种不太有用的（却更易衡量和控制）灌输式的教育实践。只有在说服了军事领导人的情况下，让他们意识到军官的道德思考水平对于职业和制度方面的成功都至关重要时，才会顶住这些压力，尽管仍然存在不当行为的风险。

第二，必须打造出重视道德思考的制度氛围，加强道德教育。行使自由裁量权的道德标准是被忽视了，还是被满足了，如果军方能对此加以评定，并且时刻予以监督，这种氛围就会养成。对于许多机构来说，这样【170】做是个挑战，正如最近的商业和宗教组织丑闻所表明的。在军队内部难有这种情况，部分原因是军队身居政治舞台，在这里揭露"丑闻"几乎没有什么好处。军官和国防部中的文职领导人都会受到一种诱惑，那就是避免公开那些可能使军队处于不利状况的行动。我们应该抵制这种诱惑。[60] 如实地监督并披露事实，尽快纠正道德败坏行为，这些都有助于培养军队作为道德机构的信念和信心。如果监督松懈下来，就会滋生愤世嫉俗和不信任。在伊拉克战争中，这样的例子太多了，其中包括：帕特·蒂尔曼（Pat Tillman）死于友军炮火的报道被推迟与歪曲；即便是关于不当行为的可靠报道刊出了，高级领导人也未能注意到并纠正阿布格莱布的虐囚情况；海军陆战队试图掩盖哈迪塞大屠杀；对患有创伤后应激障碍的退伍军人的治疗不力和尊重不足。[61] 这些失败均影响广泛。如果军官对军事机构是否需要坚持高标准的道德责任有所怀疑，他们就不会认真地对待道德教育计划。

我赞成的服从限度比亨廷顿提出的更为广义，我允许有一些针对不当行为的自由裁量权，从我的这些观点中会得出一些启示，针对它们，可能会形成两种反对意见。一种反对意见认为，在这一观点中，没有什么新鲜的内容。毕竟，军事专业人员早就被教导过了，他们要对自己的行为负有道德责任。这里有一个例子，至少要回到1956年，即《军人和国家》首次出版的前一年，当时有一种说法，在为违反战争法或犯战争罪的过失寻找借口时，服从上级命令绝对不是挡箭牌，这已经成为美国陆军训令中的一部分。[62] 从这一角度看，本章的讨论对如何阅读和评估经典文本的学术辩论有意义，对军事职业没有价值。另一种反对意见（亨廷顿可能会提出）认为，我论点中的期待过于理想，太完美主义，也就不那么有干系：它不能把人视为如其所是，不能把制度视为如其所是，所以它不能实现，也不会实现。正如亨廷顿所说，真相是，我们生活在一个充满冲突的世界里，一个霍布斯式的世界里，一个难免处于战争状态的世界里，因为各国都在追逐自己的利益，并为这个利益所驱动，以便能"无限地获得财富，以至于超越了底线"[63]。在这样的一个世界里，道德思考被认为毫无价值。

【171】　这两种反对意见都不可能成立。一种观点认为，军事专业人员是道德主体，对他们的行为负有道德责任，这种思想早已有之。另一种观点认为，在充满霍布斯式冲突的现实世界中，最为重要的就是残暴的军事力量，在这样的世界中，我的观点不会成立，也不应该成立。

两种观点都是错的。我已经指出，亨廷顿信奉霍布斯的观点，将军事专业人员视为服从国家、道德中立的暴力工具，他的这种理解是错误的。我也不同意另一种反对意见，简言之，当建立一种行为准则或标准时，并没有完成一个道德推理过程，至多是开启了这个过程。这一过程是开放的，不是由规则决定的。任务是不断发展变化的，它需要利用推理来选择一条行动路线，该路线既要有军事效能，又能为自由民主社会所持有的价值观和惯例所辩护为合理。这并非一劳永逸的事。在每次遭遇新的暴力之时，即使冒着做不当之事的风险，也必须与时俱进。

第九章 军事思维

——对美国军事职业主义思想根源的再评估

达雷尔·W. 德赖弗

长期以来，军事思维(military mind)一直是高度保守、不容置疑的简写，【172】绝非美国式意识形态的代名词，那些与社会隔离的职业军人群体对此有些担心。具有讽刺意味的是，正是出于这一原因，塞缪尔·亨廷顿才发现这种意识形态对于维护美国民主制度的重要性。在他看来，美国主流的自由主义传统是从抵制暴政的渴望中生长出来的，军事职业主义不同于这种自由主义传统，军事职业的古典保守主义形式提供了必不可少的意识形态资源，这一资源可防止军队篡夺民主政权。传统的美国自由主义可以实现前者的要求，却不适合完成后者的任务。军事组织依仗的是严格服从命令，在所有艰难困苦中不屈不挠，还要对集体做出绝对承诺，自由主义意识形态根本无法支持军事组织的这些功能性需要。按照亨廷顿所言，美国需要军事领导人备一份更适合于这种任务的意识形态清单，这是一种不太自由主义的意识形态。亨廷顿认为，军事效能、军事职业主义以及最终健康的军政关系，都与一系列公共生活中的古典保守主义信念关系密切，并且为【173】这些信念所决定。

在评价军事职业主义是否如亨廷顿所认为的那样时，不可避免地会与一种独特、一致且功能强固的意识形态框架发生关系，我的看法是，我们对公共生活持有根深蒂固的看法，对于这一看法的本质，我们有自己的理解，亨廷顿的模式并不符合我们的这一理解。关于这些信念，最新出现的研究显示，个体对公共生活的观点与职业功能之间并没有任何单一或线性的关系。恰恰相反，通过叙事，人类能够将各种各样的行为选择与折中的信仰联系起来，例如职业选择，甚至是投票选举，这的确很令人惊叹。[1] 本章提供的实验数据证实了功能和意识形态之间的关系具有可塑性（pliability），这表明，军队并不是以古典保守主义信念为中心达成了一致性，而是出乎意料地呈现出意识形态上的异质性。

亨廷顿认为，将职业军官置于主流自由主义政治之外的，是一种能确保文官控制的、独特的和疏离的军事意识形态，如果独特的保守主义意识形态与军事职业主义脱开关系，就会削弱亨廷顿的这一观点。在日益多元的美国社会里，军队正在拼命适应征兵要求，就这一点而言，两者之间脱开关系是幸运的，因为单一的意识形态看上去既不会成为兵役制的先决条件，也不会是兵役制的自然结果。相反，本章提供的军官实验样本表明，军官只有两个基本的、几乎是普遍共同持有的思想意识特征：第一，对公共服务的广泛承诺；第二，具有将各种各样的公众信仰与兵役制的要求调和起来的能力。

军事思维与军事职业主义的关系

在《军人与国家》一书中，塞缪尔·亨廷顿处理了民主治理中一个长期存在的主要困境，即国家如何得以发展出必要的军事力量以抵御外部威胁，同时又确保打造出来的军队不会强大到威胁内部的政治控制。[2] 亨廷顿的答案是，将军事职业主义最大化就可以既保证军队有效能，也可以持续实施政治控制。根据亨廷顿的定义，职业主义包括以下内容：掌握特定【174】领域中的专业知识，认同并忠诚于本职业其他成员的内部团结意识，承担满足国家委托人需要的社会责任。在后来的标准中，亨廷顿偷偷改述了他对职业主义的定义，将这一定义改为国家的军事领导人和政治领导人之间的基本交易。他认为，如果军事领导人希望在践行专业知识方面拥有自主权，培养自己的军事认同，他们就必须接受无条件服从国家的要求。有了这一定义，亨廷顿就可以有效地将对军队的文官控制建立在如下约定之上：军队对国家保持忠诚；作为交换，军队可以在独立而明确的军事职业权限范围内拥有自主权。对于既维持一支强大军队又维系文官控制的双重要求，只有唯一的答案，即在军队中培养高度的职业主义精神。

　　亨廷顿的理论一直饱受批评，因为他将确保文官控制的全部责任都放在对军事职业主义的严格定义上。首先，有人认为，军事专业人员忠诚于国家，未必意味着他们忠诚于当下的政府。塞缪尔·费纳（Samuel Finer）指出，在历史上，军人经常利用社会责任和国家忠诚，将它们用作对现有政治安排进行干预的借口，而远非防止军人干预政务的保证。[3] 此外，如果政府猜忌多疑，却只以职业内部的自我监管来试图回应文官控制问题，这类担保大概也不足以使政府满意。亨廷顿将文官控制全权奠定在了职业主义的定义之上，也就是说，如果文官控制和军事职业主义是同义词，"职业化的"军队就不可能去挑战这种控制。因为根据定义，挑战文官政治控制的职业化军队就会变成非职业化的军队；要确保文官控制，只需要将职业主义最大化，同时尊重文官控制。根据定义，这是对的，所以也就不可能对亨廷顿的理论予以否认。为了避免以尚未解决的问题作为论据，除职业内部的自我监管外，亨廷顿模式还要求某些部分也要承担部分责任，以确保军队既独立于政治权威，又服从于政治权威。[4] 这便是亨廷顿模式中的意识形态所承担的角色了。

　　独特的军事意识形态源于兵役制独一无二的功能性要求，它的存在强化了军事专业人员和文官政治领导人之间的分离，也佐证了亨廷顿的观点。文官政治生活中的世界与军官极其不同，这种天然的观念差别使军事专业人员不太可能顺利地在文官政治世界中争得影响力。

　　正如《军人与国家》第四章中所述，意识形态是亨廷顿模式中的一个【175】重要干预变量。首先，亨廷顿认为，存在两种基本的意识形态：支持军队功能性任务（functional tasks）的亲军事（pro-military）意识形态，不支持军队功能性任务的反军事（antimilitary）意识形态。法西斯主义不属于亲军事意识形态范畴，因为它相信，对人类事件加以理性化和予以控制的能力是无法与不确定的、常常是高度非理性的战争领域相调和的。而有些意识形态对人性的看法过于积极，无法与军事专业人员从战争中学到的人性卑劣信念相调和。如果一支军队中充满任何一种这样的、明显是非军事性的意识形态，这支军队就不能在战场上有效作战。按照亨廷顿的说法，自由主义也是反军事的，它对个体的关注削弱了军事单位中的凝聚力，也减损了对集体的必要忠诚。美国军队必须始终捍卫它在战场上的战斗力，以抵抗反等级制的、极端个人主义的、不相信权威的美国自由主义的影响。在亨廷顿看来，古典自由主义是美国的灵魂，但是它永远不会成为美国军队的灵魂。[5]

亨廷顿认为，唯一符合兵役制要求的意识形态只有古典保守主义。他准确地描述道："在其关于人、社会和历史的理论中，在其对权力在人际关系中的作用的认识上，在其对现有制度的接受上，在其对目标的限定上，在其对宏大设计的不信任中，保守主义与军事伦理思想都完全一致。"[6] 欧洲贵族公共哲学长期处于衰落状态，亨廷顿却在这种哲学中发现了一种信仰体系，它似乎与兵役制和军事功能方面的指令相匹配。[7] 保守主义提供了满足战争需要的意识形态资源，美国的自由主义共识却无法做到这一点。如果偏离了这种保守主义哲学，就会面临丧失军事效能的危险。

这个拼图中的意识形态碎片因而得以确定。军事领导人需要保守主义来培育军事效能。而如果他们希望自己的立场能威胁到文官政治控制，能公开拥有这样的合法性，就必须举起美国自由主义的旗帜。在政治和军事这两个世界里，各自必备的公共哲学有着明显的区别，这意味着军官和政治领导人都不可能在彼此的领域中大有作为。因为任何一方希望在另一方的世界中有所作为，他们就必须抛弃已经使他们取得成功的思想和信念。对于军人而言，这意味着军官集团要摒弃领导力、等级制度和纪律方面的【176】原则，以支持自我实现和个人自由最大化的原则。为了获得仕途成功，军官不得不交易掉军事职业主义，抛弃对国家的从属关系，放弃与有效军事领导相关的专业能力。亨廷顿认为，这样的话，军事思维中必不可少的保守主义思想就会嵌入主流的自由主义政治文化，这会助长文官角色和军官角色之间的倾轧。[8]

本章余下的部分会对以下关系进行考察：意识形态是否与军事经验和军事功能紧密相关？军事职业主义能否借助某种独特的意识形态而存在，以确保它免受自由主义国家政治的去职业化影响？是否可以在经验上证明这种区分是存在的，或者是否存在许多不赞同保守主义意识形态的军官？如果是的话，这些军官是否削弱了军事职业主义，他们能否将健康的军政关系置于危险的境地？亨廷顿依托意识形态，通过将军政分离开来来加强他的文官控制理论，他在这一学术探索中引入了许多问题，上述问题只是其中的一部分而已。

功能和意识形态：公共信仰和个人行为之间的关系

在《军人与国家》问世后的 10 年里，美国政治学的其他领域也开始进一步理解信仰和意识形态的本质。在大规模调查的基础上，一些研究人员最初得出的结论是，在调查对象的意见中发现了明显的不一致，这种不一致性清楚地表明，普通美国公民所持有的思想意识并不具有内在的一致性。[9] 例如，菲利普·康弗斯（Philip Converse）在寻找一种信仰体系，即"一种想法和态度的组合，其中的要素可以通过某种形式的约束性或功能上的互依性（functional interdependence）紧紧地联系在一起"[10]。而调查数据显示，在这种体系中，普通公民的信仰并不关联一致，而是出现了相反的结论，康弗斯对此得出的结论是，拥有连贯一致的思想意识与其说是常态，不如说是例外。如果思想之间没有"内部的约束性或功能上的互依性"，人们对世界的态度就是随机和混乱的集合体，而不是连贯一致的思想意识。其他研究者在回应这些调查结果时，则开始拼命地在思想、态度和行为之间寻找相互依赖的功能性关系，结果却发现，与最初民意调查数据表明的不一致相比，思想意识或信仰体系实际上更具有离散性。他们的研究结果改变了对公共信仰角色和本质的看法，对于我们如何理解意识形态与军事职业主义之间的关系也具有重要启示。

【177】

罗伯特·莱恩（Robert Lane）认为，问卷调查研究人员是在寻找一致性，只不过这种一致性是关于信仰"应该"如何联系在一起的社会偏见和预期，莱恩是第一批提出这种观点的学者之一。[11] 当调查对象对调查问题的回答十分离散、与常识预测到的回答方式没有什么关系时，研究者就推测说，这只是因为调查对象的信仰不具有一致性。但是正如莱恩所说，如果认真细致地观察个体是如何协调其想法的，就会发现，在各种思想之间的关系中，在个体的思想与行为的关系中，都存在着太多的一致性。个体并不仅仅持有离散的、不相关的或不一致的信仰，相反，他们能将各种信仰相互联系起来，还能将信仰与日常的经验和行为联系起来，这些将信仰联系起来的方式远比主流调查工具发现的那些方式更加别具一格。当利用更具深度的定性研究进路去理解思想意识时，就会越来越清楚地发现，人们有能力将各种表面上不一致的信念加以调和，使之成为自己连贯一致的世界观。[12] 重要的问题不在于个体的信仰在多大程度上容易与普遍认可的意识形态相一致，而在于将信仰相互联系起来以满足个人心理需求的独特方式。事实证明，在这一任务中，个体叙事是重要手段，它可以将信仰调和成一个功能上相互依存的整体。由于这种对思想意识进行实证探索的定性研究已经成熟，人们就变得越来越接受以下的观点了，即个体自身的"故事"或"道德故事"会提供一种手段，利用该手段就可以灵活地对信仰加以组织，并且将这些信仰与行为联系在一起。[13] 这些联系往往不符合外部预期。

这些结论非常重要，它们往往使意识形态源自功能的观点失去效力，亨廷顿和其他学者的军事思维主张中都含有这样的观点。个人以叙事的方式获得信仰，再将信仰与观察事实联系在一起，信仰和叙事方式的这种可塑性表明，如果试图从兵役制的功能性要求中推导出某种意识形态，是不会得出十分确定的结果的。例如，人们不能做出如下推断：因为兵役制要求等级纪律，服兵役的人就一定信奉等级制的政治信仰。相反，这种更为灵活的意识形态观点表明，在服兵役期间，个体必须将他们的信仰与军队维护等级纪律的需求调和在一起，而不只是将军事需求完完全全、原封不动地转换为他们自己的全部思想承诺。他们还可能利用叙事手段去尝试无数种调和的可能性，这是符合个体的心理需要的。亨廷顿试图在保守主义的意识形态和兵役制之间建立关系，而认识到个体的思想意识和生活经验【178】之间有独特的和不确切的联系，就会与亨廷顿的上述观点脱开干系。事实上，如果个体能将一系列广泛的个人公共信仰与兵役制的要求调和起来，文官社会和军事专业人员之间的意识形态分歧就是可以避免的。这也削弱了这样一种观点，即由于意识形态明显不同，军事专业人员和文职领导人就得分别滞留在各自不同的军政领域里。

有人可能反对这一批评，仍然认为兵役制度的性质就是截然不同，还可能独一无二，能以其他专业经验所没有的方式来改变个体对公共生活信仰的方方面面。即便是对人类信仰和意识形态的成熟理解在警示我们不要明确划界，军事经验还是可能具有亨廷顿及其军事思维的支持者们所预期的效应。

人们可以检验这个论断，在这一检验中，我们可以考虑一下对立双方的主张。首先，如亨廷顿所断言，军事职业主义与保守主义的意识形态紧密联系在一起，这种保守主义的意识形态有助于军事专业人员摆脱完全自由主义的美国政治。而反方认为，军事职业主义和意识形态之间的关系没有这么紧密，军事专业人员可能有许多不同的信仰和思想意识，如果是这样的话，要防止军人干政，意识形态就不能提供可靠壁垒。那么问题来了：军事专业人员与独特的、一致的意识形态之间是否存在可证得的关系？如果存在这种关系，这种意识形态是否符合亨廷顿坚持的那种与美国政治生活绝不相容的保守主义特征？

功能和意识形态：对军事思维的检验

为了检验服兵役和政治信仰之间的关系，常见的解决方案是求助于民意测验和问卷调查工具。但是由于各种原因，这种进路无助于探索军事思维中的保守主义意识形态与军事职业主义之间的假定关系。首先，民意调查大多关注当前的政治形式：左翼还是右翼，民主党还是共和党。但是，亨廷顿用过自由主义和保守主义这两个词，早期的关于意识形态与兵役制的观察员们也用过，如果利用民意测验的这些问题，可能会曲解亨廷顿及其观察员们在用这些词时的含义。[14] 亨廷顿不认为美国军队会倒戈美国政【179】党谱系中的某一派别，而是认为，军事专业人员都拥有一种完全脱离美国政治圈的、连贯一致的保守主义思想意识。与美国主流的公共生活信仰不同，军事意识形态并不建立在广泛的古典自由主义原则之上，其哲学基础可以回溯到埃德蒙·伯克，而不是约翰·洛克。[15] 如果说军事思维要在军事行动和政治行动领域之间设置一道屏障，那么这类独特、隔离的品质正符合军事思维的需要。要确认军事专业人员是否具有这种独特的思想意识，有效的检验是一种手段。

传统调查和民意测验于事无补的第二个原因是，军事思维不只认为军事专业人员的个别信仰相对于普通美国公民的个别回答来说独一无二，军事思维还认为，在全面认识世界的观念中（或者用马克斯·韦伯的术语来表达，在世界观（weltanschauung）中），当个别信仰结合在一起时，整体上会表现出独特性。菲利普·康弗斯在谈及信仰体系中的思想的功能互依性时，谈到的正是信仰体系或意识形态的这种整体品格。在研究思想意识时，不要只收集离散的思想和信仰，将它们作为数据点聚合在一起，还要研究这些信仰相互关联、依赖和支持的方式。由于要研究的主张与某种意识形态有关，检验必须能够解释各种思想在整体上的功能互依性。[16]

这些思想中的优先项以及这些思想之间的关系，都与信仰本身一样重要，如果考虑到这些，有效的检验就必须使被试者能自己识别出这些关系，还要使被试者在自认为关系适配的时候，能构建和解释自己的世界观，而不是强迫被试者从研究者选好的有限选项菜单中选取。鉴于本章关注的主题，这一点显得尤为重要。军事专业人员选择保守主义标签时，是因为他感知到人们期望他这样做，还是该特征就是以系统的方式存在的？必须确保受访者能够独立地构建他们自己的思想意识，几乎没有什么限制，研究者也必须能够系统地将这些建构与军事思维论题中的主张加以比较。

这也是我的一项研究的目标，它是在 2004 年至 2006 年之间做的，与军官和平民的公共生活信仰有关。该项公共信仰研究利用了两种工具：一种是公共信仰分类练习，另一种是练习之后进行的半结构式访谈。分类练习包括一个集合，由 50 份陈述构成，这些陈述出自早期的政治态度和军政关系研究，也来自较为广泛的政治意识形态文献（在本章末尾的附录中，【180】可以找到这些陈述）。在挑选这些陈述时，我依据的是它们与军事思维已有描述的相符或相悖程度，这些描述均对古典自由主义含有敌意，具有传统的、反个人主义的、独裁的和民族主义的特征，并且易于信奉有形力量，将其视为通往安全的路径。[17]分类练习本身亦称为 Q 方法（Q-method），要求受访者（根据正态分布原则）对一组陈述进行排列，依次从他们最同意的陈述开始，一直排到他们最不同意的陈述。[18]我可以根据各反应之间的相互关联模式来识别思想意识类别，并根据个别受访者的反应将他们归类。

分类练习之后是访谈，目的是理清所述的优先项，并理解这些优先项之间的关系。如果真的存在像军事思维意识形态原型（ideological archetype）这样的事物，就应该用访谈这类进路来加以证明。如果亨廷顿的理论是正确的，在一项包括军事专业人员和文职领袖的设计合理的大样本里，就应该看到，在军事专业人员的价值优先项和给出的解释上，会有一目了然、相对一致的共识。这种共识符合文献资料关于保守主义军事思维的经典描述，还会把军队置于美国政治生活的自由主义主流范围外。

其中一组样本共计 45 名军官，分别来自位于美国宾夕法尼亚州卡莱尔巴洛克斯的美国陆军战争学院和位于华盛顿特区的国家战争学院，他们是这两个学院的高级陆军军官，样本还包含了暂时分配到纽约州西点军校的中级陆军军官。[19] 平民对照组包括 45 名从中层到高层的文职领袖，分别从美国的几座城市中选取，包括大都市纽约、芝加哥和弗吉尼亚的首府里士满。商业导向的自由主义和军队支持的保守主义之间（这是亨廷顿采用的术语）是有区别的，为了使这种区别能在实验中显现，要加大检验样本的分量，我主要从大公司和小企业的商业领袖中抽取平民样本。[20] 平民和军官样本的民族、种族和性别构成大致与其各自的总体情况相一致。[21] 在这些限定下，随机选择受访者进行练习。研究的目标不在于制定一个足够大的样本，使结论在整个美国人口或现役部队中推广，而是要提供一项合理的实证检验，以确定是否存在某种思想意识，它与揭示出来的平民思想意识并不相同，而更像是一种独特、一致的古典保守主义军事意识形态。如果军事职业主义需要完全不同的意识形态资源，这种方法应该能识别出这一资源的性质。在平民对照组中，可能到处充满着各种各样的自由主义，甚至【181】是迥然各异的信仰，如果意识形态和功能之间的关系正如军事思维思想所提出的那样，那么这 45 名高级军官的反应就应该表现出强烈的共识倾向。不过事实上，他们并没有这样反应。

无论是分为两类广义的意识形态类别，还是分为四类更为狭义的意识形态类别，样本都没有揭示出军官受访者为任何一种独特的保守主义式的世界观所主导。相反，这个由 90 个人构成的样本所展现出的，是各种各样的公共视角，这些公共视角大体上符合早期理论和经验研究对当代美国人思想意识版图的刻画。这些视角范围广泛，从更多地以社会为中心到自由主义，从更加将社会的政治和社会秩序等级化到完全的去中心化，[22] 在这种态度多元化方面，样本中的美国陆军军官没有呈现出显著不同。事实证明，服兵役不能预测个人在思想意识谱系上的最终位置。没有任何一种意识形态原型能抓取到这些陆军军官公共信仰和价值观上的异质性，包括保守主义的意识形态和其他意识形态。

根据受访者在练习中的表现，可以将这个90人的样本分为两类广义的意识形态类别：一类是常见的老套的左倾倾向，另一类是右倾倾向。左倾者重视的价值观包括：外交政策中的国际合作，为共同的社会目标同心协力，解决公共问题时的集体讨论和辩论，公共领域的宗教中立，相信大多数人本性纯良以及强调正义，公平等价值观的重要意义。右倾者强调以下内容：传统价值观、勤奋工作和道德品格是公共问题的关键；对犯罪采取惩罚性措施；充满活力的消费社会是有益的；在外交政策中要先发制人，动用武力；只要美国在军事和经济上占据主导地位，就可以在国际合作中获得好处。[23] 在练习中，本来应该开始看到军事思维命题所预测的军事意识形态会分离出来，但是什么都没有发生。在第一类"左倾"的意识形态中，包括18名陆军军官和22名平民，在第二类"右倾"的意识形态中，包括21名陆军军官和20名平民。[24] 尽管这个结果暗示军人略有右倾倾向，但是如果声称存在一种系统的、孤立的军事保守主义，这个证据还远远不够。90名受访者在四类意识形态中的分布见表9.1。

【182】

表 9.1　90 名受访者在四类意识形态中的分布　（单位：人）

	自由主义	社群主义	传统的保守主义	积极亲政的保守主义	无法归入四种类型
陆军，中级军官	3	6	6	7	6
陆军，高层领导	2	5	5	1	4
军官总计	5	11	11	8	10
大公司领导	1	8	3	5	8
小企业领导	1	10	1	6	2
平民总计	2	18	4	11	10
合计	7	29	15	19	20

来源：史蒂芬·R.布朗，《政治上的主体性》（康涅狄格州，纽黑文：耶鲁大学出版社，1980），p.223。

注释：这些标签来自对四类参与者所持立场的解读以及在后续访谈中收集到的解释。显著性的判据如下：根据表达式 $1/\sqrt{N}$ 获得标准误差，其中 N 代表陈述的条数。因此，$SE = 1/\sqrt{50} = 0.14$。因子负荷大于 0.36，在 0.001 水平上显著。这是根据表达式 $2.58(SE)=0.36$ 得到的，其中 $SE = 0.14$。

即使对意识形态的类别做了进一步更细微的区分，仍然不可能将样本 【183】中军人受访者的政治态度从平民的政治态度中分离出来。可以将这 90 名参与者的反应分为四种意识形态类别，其观点倾向分别属于：社群主义（communitarianism）、自由主义、传统的保守主义或一种更加积极亲政的保守主义（progovernmental conservatism）。在做了四类区分后，可能会再度发现它们与军事思维命题的异同之处。但是研究结果显示，对于最基本的主张，即存在某种独特、一致的军事意识形态，却几乎没有任何支持它的证据。

简言之，陆军军官和平民领导者构成了一个对比性样本，当要求该样本成员从头到尾地重构他们的思想意识时，服兵役并不能显著预测每位受访者最终的思想意识结构。这个研究发现与前述意识形态实证研究的文献结果相一致，这表明，信仰并没有相互紧密联结，也不受制于经验，对于那些依据普遍接受甚至是公认的行动方案而采取的行动，信仰也是独立的。个体能找到无数种方式将自己信奉的思想和信仰与各种公共或私人行为联系在一起。这种承诺、行动与思想之间的特殊关系（反之亦然）在政治领域中尤为普遍。正如罗伯特·格拉夫斯坦（Robert Grafstein）所警告的，在这个领域里，基本概念本身"并非由事实性内容单独支撑，也就是说，它不与一个独立的世界有客观联系"。[25] 用沃尔特·加利（Walter Gallie）的术语讲，像自由、正义这样的概念"从根本上就是有争议性的"。[26] 它们可能在表面上得到了广泛认同，但是在概念的含义上，依然是人们口中无休无止的辩题。[27]

例如，假设要简单审查一下这场辩论中的两个核心术语：自由主义和保守主义。美国政治思想的观察家们（包括塞缪尔·亨廷顿）长久以来一直认为，美国的政治传统牢牢扎根在强烈的自由主义共识之中。[28] 但是，捍卫美国自由主义共识性思想的人却不得不解释许多矛盾。如果美国真的有如此强烈的自由主义共识，为什么美国人还会对公共政策中那些有着深刻分歧的问题争论不休？如果美国真的如此自由，那么为什么会存在奴隶制，为什么美国的公民法有时是如此的种族化？[29] J. 大卫·格林斯通（J. David Greenstone）给出的答案是，自由主义是美国的语言传统，所以会向美国政治生活提供自由主义的措辞，根据自由主义的核心承诺来描述所希望的公共行动或政策，并根据这一描述的充分程度来有效限定什么可以接受，什么不可以接受。[30] 根据格林斯通的说法，美国自由主义共识的本质是，尝试以广泛认可的自由主义语言来描述个人的思想和承诺，这是一种语言或名义上的共识，在这种共识中，仍然要对意义进行深刻而重要的辩论。如果我们将自由主义理解为公共语言上的共识，问题就变成了军事专业人员是否与其他美国人一样，都有名义上的自由主义共识？答案绝对是肯定的。

【184】

在上述的公共信仰研究中，受访者给出的优选项和解释并没有否认格林斯通的结论。虽然分类练习有很大程度的多样性，但是在要求受访者解释他们的排序理由时，所有的受访者都用了相同的古典自由主义字眼，不论是军人还是平民。让我们来看一下几个后续访谈中的例子。有一位陆军上尉，他用美国自由主义的措辞来准确表达自己的信念："对于他们自己想要的事情，每个人都最了解如何去经营，每个人都最了解如何让自己开心，每个人都最了解如何过他们自己想要的生活。"还有一些类似的语言和概念，例如法律规定的自由、平等以及个人权利，它们也是所有受访者集中使用的语言，甚至共同利益这样的概念也是通过尊重个体的语言讨论的。在描述自身利益如何成就共同利益时，这位陆军上尉说："就这一推动力来说，我的理解是……当个人在为他们自身的利益工作时，共同利益才会最大化。"另一位陆军上尉的回答则完全属于更加保守的意识形态类别，他不认为自利可能有什么好处，却谨慎地强调了个人选择在所有问题上的中心地位：个人选择涉及"共同利益，关注那些正在促进社会进步的事情，不只是关注对我个人有利的事情……这不错……（但是）我看到了更多的个人主义思想。是的，这就是我看待这一问题的方式。个体本身应该致力于共同利益。但是我认为这不应该是强制性的"。两位军官的态度是多元化的，却都使用了同一套自由主义措辞，用这些措辞来描述他们的信仰，并将其合法化，在这一样本中，陆军军官的态度并没有表现出军事思维观点支持的整体性差异。

保守主义一词存在同样的问题。克林顿·罗西特（Clinton Rossiter）称之为"政治思想和演讲中最令人困惑的词语之一"，该术语很接近有根本争议的领域。[31] 亨廷顿用它来描述英国议员埃德蒙·伯克（Edmund

Burke）的哲学，伯克的哲学反映了旧世界（Old World）贵族对传统秩序的诉求，从自由主义思想为资本主义扩张提供辩护的时代起，这种诉求就开始了。但是在当代美国，"保守主义"和"自由主义"都蕴含着截然不同的意义，保守主义通常指这样一套信念：在社会或道德问题上，它支持【185】监管制度；在经济问题上，它信奉自由放任的国家。自由主义喜欢经济调控胜过社会管制，保守主义的做法不一样。"保守主义"一词的多种含义使人们很困惑。在军事意识形态领域近来的文献中，大都关注军事专业人员是否有慢慢流向美国政党谱系一端的趋向。这可能造成一种有趣的、也大概有点麻烦的现象，但是仍然无法解释一个更有野心的主张，即军官就职业而言具有隔离性，因为他们赞同更为深层的保守主义哲学，而该哲学根本不在美国所有政治辩论的范围之内。近几十年来，政治保守的美国右翼表现突出，有鉴于此，单是军官对这种当代的保守主义联盟保持认同，军事思维观点所预期的隔离角色就似乎已经是不可能的了。但是这还是在很大程度上没有切中要害。

这项公共信仰研究表明，陆军专业人员的信仰和态度具有更加深刻的异质性，即使对保守主义一词进行最广泛的当代解读，也不能成为军事信仰的恰当简称。在最近刚公布的民意测验中，军官确实压倒性地认同共和党的政治主张，认同保守主义的标签。在我的公共信仰研究里，在对陆军军官进行的有限抽样中，37 名军人受访者提供了政治方面的自我描述，其中有 23 人（占比 62%）选择了"保守主义"或"共和党"的某些变体，与民意测验数据中发现的比例相似。[32] 但是，在这 23 位认同保守主义或共和党的军官中，7 位军官信奉的意识形态优先项却把他们归入两类解决方案中更为左倾的那个意识形态类别中了。当把所有反应分为四类时，这 23 位受访者的意识形态归属分布如下：2 位自由主义者，6 位社群主义者，6 位传统保守主义者和 5 位更为积极的、亲政府的保守主义者。因此，军人受访者是使用保守主义一词来描述一系列广泛的公共信仰的。相反，平民样本中，保守主义标签的含义是在更为精确的意义上被使用的。在本项研究中，在 17 位认同保守主义或共和党的平民中，只有 1 人不在右倾类别中。总而言之，打着对保守主义有自我认同的标签，就会享受到更多的军事支持，但是在用这一标签时，保守主义的含义已经大相径庭了，常常掩盖而不是澄清了什么是保守主义。

【186】　　前述讨论表明，为了解释像自由主义和保守主义这样的术语在军事思维观点中的应用，就要保持相当程度的模糊性，这样的做法再次证实了本章提出的基本观点。首先，经验和行动与意识形态之间的关系并不像军事思维逻辑认为的那么简单。个体在解读意义、建立联系并保有信念时（并且，个体可能会添枝加叶，用类似的自由主义措辞来描述不同的信仰），所采用的方式通常比军事思维模式表明的更复杂，也更独特。其次，公共信仰研究中的 Q 方法部分也证实了这一点，即服兵役不能充分预测个体的思想意识属于意识形态谱系中的哪个部分。再次，这项练习中的所有受访者都在使用一种广泛的古典自由主义用语。军事专业人员不是某种独特的或某类与自由主义背景对立的人，军官们的描述性措辞没有不同于古典自由主义，不能将他们确认为这样的人。最后，军官受访者有一种保守主义的政治自我认同倾向，这确实表明军事专业人员在打标签时具有某种程度的共识，但是这是一种弱共识，在这种共识的背后，存在着诸多不同的态度。这就将我们带回到亨廷顿命题中意识形态所扮演的角色上，更为重要的是，将我们带回到一个现实的问题中，即当代军官应该如何思考他们的职业及其与最深刻的公共信仰之间的关系。

意识形态和军事职业

亨廷顿认为兵役制塑造了古典保守主义，这会使人们确信，军事专业人员与美国等完全自由国度中的政治是互不兼容的。或者，正如亨廷顿所说的那样，就像"巴比伦的斯巴达"一般，军事行动和政治行动领域之间的健康分离取决于意识形态上的差异性。在一个领域中取得成功需要的信仰和承诺确实不能用在另一个领域。在一个自由民主的国度里，健康的军政关系需要我们接受甚至是培养这种差异性。[33]

但是基于本章所述的研究，意识形态并不是确保文官控制军队的策略，也不能履行亨廷顿赋予它的职能。没有任何一种独立、具体的意识形态能如此连贯一致和独特，足以保护军事专业人员无法侵蚀政治领域。信仰与军事功能之间的关系太不确定，因为军人之间的态度和价值取向并不相同，也不和谐统一，其差异的程度与其他公民别无二致。与军事思维观点声称【187】的情况相比，军事职业似乎更有能力适应意识形态和公共信仰上的多样性。

这难免会引人发问：如果军队没有表现出任何受功能驱动的意识形态原型，那么军队留给我们的是什么呢？公共生活信仰能否有助于促进更有效的军政关系？对这些问题的回答促使我们再次思索，在美国这个多元的民主国家里，军事职业主义与规范信仰（normative belief）范畴之间究竟有怎样的关系。

我们希望为当代军队设计一种职业军事伦理，或是一种共同的价值观基础，这一愿望促使我们更加审慎地看待一种可以为有效兵役制提供真正基础的规范信仰。在所有的军事任务中，哪种信仰能支撑起完成任务的内聚力？哪种信仰能为一支多元的职业化军队提供共同的规范基础？当代民主理论本身也要在极具差异和多元的现代自由主义国家中找到共识性基础，或者找到一个能为集体行动奠定基础的共同点，在这一过程中，民主理论同样面临这种挑战。现代国家极其多元化，许多自由主义政治理论家对能否在实质性问题上达成广泛共识不再抱任何希望。[34] 但是，正如罗伯特·达尔所说，现代自由主义国家并不要求公民对公共生活怀有共同的规范信仰，它只要求公民能认可民主的规范和进程，尤其是那些具有公共决策资格的公民。[35] 在评估民主主义的军政关系时，玛丽贝茨·彼得森·乌尔里奇（Marybeth Peterson Ulrich）得出过类似结论："军官的忠诚……不仅针对国家，也针对国家的民主性。"她认为，职业化军事发展应该包括这样一项计划，它的目的是"将民主主义价值观纳入军官的整个内在价值体系"，并且灌输"一种职业性义务，这种义务能将民主国家的特殊服务要求与军官的整个职业主义联系在一起"[36]。这一思想改变了关于公共信仰和价值观的研究，过去的重点是确认一个全面的、可能是排他的意识形态，例如军事思维，现在的关注范围更加广泛，更重视谆谆教诲士兵对民主进程进行承诺，要大力弘扬这一进程，使军队能以民主的名义实施职业化的兵役制度。

在我的研究中，这种进路已经得到了那些心怀疑虑的军事专业人员的广泛支持。虽然不存在任何"共识性陈述"（consensus statements），也就是说，在整个90人的样本中，不存在统计上相似的陈述（即都接受的

【188】陈述或都拒绝的陈述）。但是，当样本缩小到只有军人受访者时，一项全体认同的陈述终于出现了，该陈述是："当个体都献身于共同利益并为共同的社会目标服务时，社会才能达到最佳的运行状态。"[37] 当考察军事领导人的共同立场时，这一陈述就是他们唯一共同持有的规范性立场了。虽然在解释"共同利益"和"为共同的社会目标服务"的内涵时，他们采用的方式各不相同，但是军人受访者都有如此承诺的事实确实给我们提供了这样的希望：如果军人对民主主义的公共服务予以承诺，我们就有望在这一基础之上形成职业军事规范上的共识。

这种观念基础也能更充分地对以下两种要求予以支持，一是维系军事效能的功能性要求，二是广泛反映社会核心特征的社会性要求。在过去的半个世纪里，军事任务的范围不断扩张，即使有可能在军事功能和相互依赖的意识形态之间划清界限，也会使这样一种意识形态或者这些意识形态的样貌变得扑朔迷离。[38] 仅在 1991 年至 1999 年期间，西方国家就开展了54 次军事行动。[39] 美国采取军事行动的目的包括禁毒、恢复国内秩序、维和、基础设施建设、救灾、援助外国国民以及传统的作战行动。这些行动具有日益联合（多国）和结合（多军种）的性质，导致军事职业的功能和背景呈现出比过去更复杂的图景。如果军事伦理仅从传统的高强度地面战中提取职业规范，这种职业规范能否引出亨廷顿所描绘的军事思维的态度结构，还是难以预料的，但是对于一支适应性强、能力为本、定位全面的军队来说，这类职业规范绝不可能满足它的需要。对于那些在经验、意识形态和行动之间寻找关系的人来说，在当前的各类作战环境中，整齐划一的思想意识既不可证明，也不必期待。相反，当代军队职业军事伦理的必要源泉是各种当代兵役形式都具有的、能支撑它们的价值观。

还有一些类似的支持社会性要求的观点，它们作为思想基础更加恰如其分。军事职业在征募未来成员时，所吸引的人群在特征上日趋多样化，有鉴于此，对军事职业主义能否成功进行衡量时，指标可能就不是对狭隘、疏远的意识形态的承诺了，而是将各类信仰体系与民主国家的兵役需求协调起来的能力。过去，人们一直贬低为适应社会性要求而付出的努力，认为这是以功能性的军事效能为代价换来的。[40] 但是，随着征兵要求的门槛

【189】越来越高，对专业人才的竞争日趋紧张，包容性等社会性要求也就变得具

有直接的功能性意义了。建设一支足以吸引全美最优秀、最卓越公民的高素质军官集团就是功能性要求。这一概念承诺对有效实施兵役制至关重要，它不仅具有调和性，而且确实是美国人民最深刻、最广泛认同的规范信仰的核心，认识到这一点大有裨益。

结论

最后，如果想要研究美国的职业军事伦理，最好的办法不是寻找一个所有军事专业人员都可能认同的、全面的意识形态，而是要承认兵役制符合一系列广泛的政治承诺。军事专业人员必须将其各种各样的信仰和承诺与兵役制的需求相调和，所幸的是，这件事情已经慢慢实现了。本章考察的军事专业人员都兼收并蓄地调和了价值观中的优先项和军事规范的立场，所以能利用不同的公共哲学来支持他们对军事职业的共同承诺。这种观念多样性中的共同信仰就是对民主国家公共服务的同等奉献。这也是受访者经常说到的主题。一位对更为左倾的意识形态类别表示认同的陆军上尉说："我认为，我们国家的美丽之处在于人们，或有些人，他们愿意为了更大的共同利益而牺牲自身的利益。"另一位认同右倾意识形态的军官则表示："我认为，军官必须无私地服务、全心全意地服务……如果他们比较自私自利，他们就不会成为军官了。" 在未来，对美国军事伦理进行理解、描述和讲授时，就应该以这个根本性的基础为出发点。

有人仍在不断传播这样的观点，即军事专业人员都拥有一些独特的、对职业来说很有必要的思想意识，这种思想意识能将军事专业人员与社会隔离开来，根据一些报道，这种情况仍然有增无减，但是这种观念既不能在经验上得到证明，也不利于满足21世纪的军队在军事方面的功能性要求，在民主方面的社会性需求。不去澄清军事专业人员的职责和角色，而是试图找到一种独特、独立的军事意识形态，这样的做法已经把它们搞乱了。今天的军事职业教育体系必须重视能纠正这些错误的思想原则。

重要的第一步是，开始重新打造"军事思维"形象的工作，从认为它是美国主流的自由主义的对立面，到更加现实地欣赏军队内部的公共服务主题汇聚而成的思想多样性。这些主题深深地扎根于美国的经验中，包括 【190】

个人主义、商业主义和社会原子论（social atomism），它们存在于塞缪尔·亨廷顿指出的美国自由主义传统中，也遵从路易斯·哈茨以及其他人的思想，还会出现在美国市政厅会议、谷仓庆典（barn raisings）以及公民士兵当中。许多史学家认为，后面所列举的传统表明，仅靠自由主义不能完全解释美国的政治经验。[41] 美国近来的政治文化史强调了这种以社区为中心的公民共和主义政治传统的核心意义。人们已经在利用多种方式、通过各种视角来描述这些政治传统，但是处在核心位置的是一套强调共同利益、社区服务和公民承诺的价值体系。[42] 本章所述的意识形态研究结果表明，虽然在这一共和主义传统中，强调的不是公民士兵，但是今天的军事专业人员同样致力于社区服务，同样有权利从美国的公民共和主义传统中吸取修辞上的素材。沿着这一方向转换军事职业主义和意识形态的辩论角度，可能就不会提供一种简约、单一的军事保守主义命题了，但是它有望更易符合现实，也会为 21 世纪的军事职业主义提供一个更加有益的思想基础。

附录：公共价值观分类练习中的陈述

本附录列出了 50 条陈述，在练习中，45 名军官和 45 名平民商业领袖对它们进行了分类。[43]

1. 大多数的人都是可以信任的，并且乐于助人。

2. 在与他人打交道时要非常谨慎，因为大多数人都只顾自己。

3. 当所有个体都在努力最大化其自身利益时，社会才能达到最佳的运行状态。

4. 当个体都献身于共同利益并为共同的社会目标服务时，社会才能达到最佳的运行状态。

5. 公民权利不是靠赠予得来的，他必须服务于他的社区才能获得该权利；权利会带来责任。

6. 公民权是人类固有的权利，不应该为获得公民权而做身不由己的事情。

【191】7. 无论所在党派的胜算如何，选举都是一项民主义务。

8. 如果一个人不关心选举是如何产生的，他就不应该参与选举。

9. 传统价值观的衰落给美国社会带来严重问题。

10. 每一代人都必须定义他们自己的价值观和生活方式。

11. 道德根植于社会规范和信仰，因此是不断变化的。

12. 道德是恒定不变的，不取决于人们认为什么是道德的，什么是不道德的。

13. 社会和政治变革必须缓慢而谨慎地进行，以减少我们破坏先辈丰功伟绩的风险。

14. 即使意味着要在很大程度上改变现状，社会和政治变革也必须强调实现重要的核心价值观，例如，正义和公平。

15. 自私自利和消费主义普遍存在，这是对美国未来社会的巨大威胁。

16. 应该鼓励发展充满活力的消费社会，因为它可以维持美国经济繁荣昌盛。

17. 只要我们的意志力足够强大，就没有任何弱点能击倒我们，也没有任何困难能阻止我们。

18. 在许多人的生命历程中，成功的路上都会遇到很多社会阻挠和经济障碍，这并不是他们自己的过错造成的。

19. 使国家变得更好的是少数强有力的领导人，而不是全部的法律和空谈。

20. 使国家得以进步的唯一道路是集体讨论和辩论。

21. 商界专家和制造商的社会价值远大于艺术家和教授。

22. 科学有它的地位，但是很多重要的东西是人类大脑永远无法理解的。

23. 即便那些涉嫌发展大规模毁灭性武器的国家目前没有对美国构成威胁，美国也有理由对它们诉诸武力。

24. 如果其他国家没有对美国构成迫在眉睫的威胁，美国就不应该对它们使用武力。

25. 美国外交政策首先应该关注的是通过联合国来促进国际合作。

26. 美国外交政策主要应该关注的是扩大资本主义和自由市场。　　【192】

27. 美国外交政策主要应该关注的是向其他国家推广民主形式的政府。

28. 美国外交政策首先应该关注的是维护美国的经济和军事优势。

29. 世界和平的最大希望是以强大的美国维护和平。

30. 世界和平的最大希望是国家与国家之间的强大合作。

31. 在面临威胁的时期，民主国家往往不得不放弃协商和审议，将决策权授予一位强有力的领导人。

32. 在面临威胁的时期，最为重要的是审议和民主决策。

33. 在大多数情况下，大部分美国人没有能力确定哪些方面最符合自己的利益，更不用说哪些方面符合国家利益。

34. 一般来说，普通美国人能够为政府治理和公共行动决策提供坚定而理性的指导。

35. 我们应该废除成年人自愿性行为的规定。

36. 在良好的社会中，必须对一些性行为（甚至是成年人之间的自愿性行为）予以规定。

37. 关税是保护国民经济重大领域和美国就业情况的必要条件。

38. 人们在自由贸易条件下比在关税条件下生活得更富裕。

39. 最低工资法导致了失业，要废除它们。

40. 最低工资法能防止对水深火热的工人进行剥削。

41. 平权行动（Affirmative Action）只不过是反向的种族主义，因为它仅仅根据肤色就将一些人置于劣势。

42. 平权行动是确保多样性获得健康发展的必要手段，必然会惠及所有美国人。

43. 我们对犯罪分子过于严厉，应该努力使他们浪子回头，而不是惩罚他们。

44. 应当严惩暴力犯罪，这是阻止大多数罪犯的唯一方法。

45. 未来的美国最好不要对任何特定的宗教表示认同。

46. 未来的美国应该小心谨慎地继续做一个基督教国家。

【193】47. 解决当今美国面临主要问题的关键在于政府行动。

48. 解决当今美国面临主要问题的关键在于提高公民道德品质和改善个人劳作条件。

49. 民主指的是公民参与政治，不应该指资源相对平等和社会正义等其他事情。

50. 民主必须由它的结果来判定，例如，它对正义和资源进行分配时的平等程度。

　　要求受访者对上述陈述进行排序，从最同意（赋值为＋6）的陈述一直排到最不同意（赋值为－6）的陈述，将它们分成13组。至于能为每一组指派多少个陈述句，也根据下列约束条件对受访者进行了限定：＋6＝2条陈述；＋5＝2条陈述；＋4＝3条陈述；＋3＝4条陈述；＋2＝5条陈述；＋1＝6条陈述；0＝6条陈述；－1＝6条陈述；－2＝5条陈述；－3＝4条陈述；－4＝3条陈述；－5＝2条陈述；－6＝2条陈述。结果是，每个参与者的陈述句个数的正态分布可以利用因子分析来进行统计学比较。然后，可以根据参与者选取的优先项之间的相似度或相异度来对他们分组。这项练习正是利用这种技巧来确定是否存在某种军事思维上的共识性和倾向性的。

第十章 军事职业概念的演变

戴维·西格尔，卡琳·德·安杰利斯

【194】 塞缪尔·P. 亨廷顿的《军人与国家》和莫里斯·贾诺威茨的《职业军人》（*The Professional Soldier*）分别于 1957 年和 1960 年出版，这两本书改变了美国社会科学对军事职业的看法，更一般地讲，改变了对军队的看法，以及对军政关系本质的看法。[1] 虽然 20 世纪中期的社会科学理论、方法和概念已经大都被取代了，但是时至今日，这些书在社会科学的议程上仍然占据重要位置。本章先将这些书置于其写作时期的军事社会科学研究和职业社会学背景中，然后再描述这些领域和军事职业是如何随时间的推移而变化的，在某种程度上，本章是这些学者研究成果的结晶。

亨廷顿和贾诺威茨为军事职业主义研究奠定了基础，但是，今天已经实施了全志愿兵役制（All-Volunteer Force），21 世纪对军人也提出了不同的军事行动要求，现在是更新这一基础的时候了。更具体地说，我们应该重新思考军事职业的边界，将这一边界从现役军官（active-duty commissioned officers）拓展到预备役军官（reserve commissioned officers）、现役士官（active-duty noncommissioned officers）和预备役高级士官（reserve senior noncommissioned officers）。

【195】 ## 20 世纪初的军事社会学

在 20 世纪的前 40 年，对美国军事的社会科学研究寥寥无几，一方面是因为社会科学没有得到充分发展，另一方面是因为在美国没有战争的时期里，军队还算不上重要机构。在美国开战的时期里，军队规模因动员民兵和征兵而激增；而在两次世界大战之间，由于军人复员，军队的规模又在缩减。[2]因此，军事研究比社会科学的其他制度领域都发展缓慢。例如，伯纳德－布恩（Bernard Boene）指出，在他编目的美国军事分析出版物中，截止到 2000 年，只有 5%的出版物是 1942 年之前出版的。[3]他将这种情况归因于该领域中的自由主义意识形态，一种广泛存在的、针对社会问题的淑世主义（meliorist）倾向，这种情况也与第一次世界大战后的厌战情绪有关。

这并不是说社会科学完全忽视了战争和军队。在早期的军事分支领域里，心理学家和政治学家都做出了许多贡献，在对军事的社会科学分析中，他们的研究导致了该领域的跨学科定位，时至今日仍被采用。[4]

在此期间开展的大部分研究都集中在士兵（主要是应征的新兵）身上，他们占了部队人员的 85%。心理学家，特别是在第一次世界大战期间的心理学家，关注个体的能力和行为，进行军事能力测试，增进对绩效效能的理解，通过这些努力试图做些实际的贡献。[5]对个体士兵的关注一直在军事社会学研究中占据主导地位。

政治科学家则试图将战争理解为国际关系进程中的一部分。例如，查尔斯·梅里亚姆（Charles Merriam）的战争起因研究项目，该项目还推动了昆西·莱特（Quincy Wright）对战争的开创性研究。[6]但是在第二次世界大战以前，人们几乎不关注作为社会机构的军队（即作为一种组织、工作或职业的军队），也很少关注军队与它的社会宿主（host society）之间的结构性关系。

第二次世界大战对于军事社会科学、一般社会科学以及美国军事机构来说，都是一个转折点。社会科学经历了一场行为主义革命，在这场革命中，分析的中心从历史事件和组织转向了社会行为系统。美国比其他参战国动员了更多的经济学家、心理学家、政治学家和社会学家，他们承担了各种各样的研究和分析角色，以支持战争行动。因此，最初是美国人主导【196】了军事社会科学领域的兴起。由于所研究问题并不在某个单一学科范围内，例如最重要的社会问题就是如此，这些研究人员就建立了一种跨学科的合作模式。陆军是最大的军种，所以军事社会科学刚出现时，主要（但是不是唯一）研究地面作战部队。研究的目的也十分明确，即帮助管理军队和指挥战争，刚出现的军事社会科学主要关注应用领域，定位于组织和小群体的历程问题，而不是国家或跨国问题。作为一门政策科学，关注士兵和小型部队的军事政策，而不是军政关系和使用武力的国家政策。鉴于这种动员的性质和规模，这时的军事社会科学主要考察士兵队伍，而不是军官集团。

政府的研究工作由心理学家主导，他们最初进行选拔和分类测试，后来扩展到了培训研究、人体工程学、社会心理学和生理心理学。第二次世界大战期间，美国陆军部出于支持战争的需要，利用人力经济学的知识来帮助美国管理人力资源，从而再度将关注点主要集中到士兵身上。[7]美国陆军部信息和教育研究司在第二次世界大战期间做过许多实验和调查研究，并就其研究结果形成报告，这一领域中极其重要的基础性社会学知识就出自这些报告。《二战中的社会心理学研究》（*Studies in Social Psychology in World War* Ⅱ）共四卷，其中的两卷《美国士兵》（*American Soldier*）是塞缪尔·A.斯托弗及其同事撰写的，该书涵盖的一系列主题都集中在个体和小群体层次，例如，凝聚力、领导力和士气等。[8]斯托弗及其团队开展的调查、观察和实验大大推动了社会科学领域中的方法论进展，构成了社会科学行为主义革命的重要组成因素。[9]

过去，军队结构呈现激增和下降模式，第二次世界大战以后，这个模式就不再出现了，美国军队的遣散规模不再达到同等程度，武装部队已经成为美国社会中一个持续存在的机构。在现代世界中，军队与它的社会宿主之间浮现出了新的结构关系，在20世纪中叶，偶有学者尝试地描述过这种关系。其中最重要的思想有，C.赖特·米尔斯（C. Wright Mills）的著作《权力精英》（*The Power Elite*），哈罗德·D.拉斯韦尔提出的"卫戍国家"（garrison state）发展模式。[10]米尔斯观察到，军事精英只是国家权力结构中的一个角色。拉斯韦尔则认为，战争技术的变化推动了军队角色的演变，加强了国家议程中安全问题的重要性，但是拉斯韦尔也关注军事精英。直到20世纪50年代后期，社会科学中的行为主义革命进入拐点，军事政治学家和军事社会学家才将他们的注意力从士兵个体转向军事组织及其与社会的广泛关系上。这一侧重点既成就了学术研究中一个有发展前景的领域，也维护了军事社会学在政策领域中的实用性。

【197】

20世纪的职业社会学

第二次世界大战后的这段时期同样是职业社会学研究的成长期。在欧洲资本主义早期，现代职业就已经发展了。职业与其他工作（occupation）的不同之处是，它们被视为天职（vocation），需要基于知识和技能完成有重大社会价值的任务，这就将职业人士和其他工作人员区别开了。[11] 在资本主义社会，工作的主旋律是买方自慎（caveat emptor）（即让买方当心），而职业的服务伦理与之不同，可以用买方信任（credat emptor）（即让收受人相信我们）的特征取代前者。[12] 这些被指定为职业的工作可以按照其他社会成员禁用的方式行事，他们有这类许可权，因为他们的活动是服务于社会的。他们还享有特殊的地位、自主权和特权，不过他们也受某种命令的约束，这类命令要求他们不得使用特权来增进自身的福祉。例如，医疗职业有接触和切割人体的特殊权利，律师和牧师职业有强制维持社会秩序、对行为的正当性予以判断的权利，军事职业在保卫国家的过程中有杀人的权利。在早期对职业进行概念化的过程中，有一点是至关重要的，即职业状态变量是二分的：一项工作要么是职业，要么不是职业。

后来，亨廷顿和贾诺威茨对军事职业的分析脱颖而出，美国职业社会学的研究在这一时期达到了顶峰。就是在此期间，理论家们才或多或少地对一系列用来描述这类工作的特征达成共识。其中古德（Goode）列出的清单最全面：[13]

· "职业决定自己的教育和培训标准"（1）。

· "与其他工作中的学习者相比，职业的学习者要经历一个更为意义深远的成人社会化过程"（2）。 【198】

· "职业实践常常通过颁发某种形式的许可证来获得法律认可"（3）。

· 职业人士运营自己的许可和准入委员会（4）。

· 职业对大多数与本职业有关的立法产生影响（5）。

· "职业会带来收入、权力和声望"，能吸引高素质学生（6）。

· 从业人员相对来说不受外部管控（7）。[14]

·相比于其他工作的从业者而言，职业从业者对自己的职业有更强烈的认同感和归属感（8）。

·"职业更有可能成为终身的事业或最终的工作"（9）。"它的成员不会考虑离职，大部分人会坚定地声称，如果再有一次机会，他们还会选择这类工作"。

有趣的是，服务于重大社会需求这一品质并没有出现在古德的清单里，也许因为它是假定的。政治中立（10）[15]和职业内部的专业化趋势（11）[16]也出现在关于职业的文献里，二者尤其适合于军事职业。所有这些职业特征都可以被视为一种倾向，而不是将一份工作视为职业的硬性标准。

亚伯拉罕森（Abrahamsson）指出，有两种职业研究进路：类型法（typological）和渐进法（gradualistic）。[17]类型法试图对那些将职业与非职业区分开来的特征予以确认。[18]在这一进路中，一份工作的职业状态（或非职业状态）被视为二分法状态。渐进法则相反，它认为，在职业的连续体中，工作或多或少都具有一定的职业化特征。[19]第三种进路折中了前两种方法，它细分出了几种类别，反映出人们在努力将一些工作视为职业，这些类别是：传统职业（old, established professions）、新职业（new professions）、半职业（semiprofessions）、潜职业（would-be professions）和边缘职业（marginal professions）。[20]

为了理解军事职业的状态，以及军事职业在职业性工作（professional occupations）连续体中的位置，我们首先可以考虑古德和其他学者提出的标准是如何应用于美国军队的，尤其是美国军官集团：

·各军种为它们自己的军官和士兵量身定制了教育和培训标准（1）。

【199】

·美国军队拥有一套广泛的军官继续教育体系（2），要求军官修完特定的课程和读完特定的学校后，才能实现军阶晋升。

·收到军官委任状后（即颁发许可证后，3）才有指挥权。

·军事委员会决定是否将某人纳入军官计划，是否授予某人以委任状（即管控军事职业的准入和许可，4）。军队对军官的军衔授予、取消和晋升都保持相当大的控制权。[21]

·《美国法典》第 10 卷是处理军人问题的，在确定将哪些法规列入第 10 卷时，军队发挥重大作用（5），虽然在这一立法过程中，也要求许多其他党派在国会辩论中作证。

·在美国的权力结构中，军队是公认的主要参与者（6），在美国，虽然投身军旅并不能走上致富之路，但是军队经常被视作美国最受尊敬的社会机构之一。[22]

·将军事职业与其他各职业区分开来的一个特征是，自主或自律（7）。其他职业的从业特征也有独立性，只是其独立程度都绝对无法与军事职业相比：一方面，军队在结构上是国家的行为主体，受外部文官控制；事实上，社会如何控制军队的问题仍然是军事职业研究的核心内容。另一方面，军队有免受刑法和民法程序管控的豁免权，至少在美国是这样，而其他各类工作（包括职业）都要受到这两种法律程序的约束，国家还允许军队通过自己的法规、法律和军事法庭系统进行自我管控，具有很大程度的自主权。更为广泛的司法制度也会维护那些将军事职业合法化的功能（即国家安全问题），并在此基础之上遵从同样原则。[23]

·军官常常将自己视为部队兄弟会中的成员，这种兄弟情谊跨越了军种，甚至跨越了国界（8，职业认同感）。

·军事职业与其他职业之间的另一个主要区别是，投身军旅不太可能成为终生的事业，或者成为最终的工作（9）。虽然与工作相比，传统职业的流动性要低一些，但是美国军队还包括新职业、半职业、潜职业和边缘职业，这些职业向其他工作流动的比率非常高。[24]军校毕业生在武装部队的服役期限只需要五年，所有美国军人的平均服役期限只有十年左右。[25]人们认为，这是因为相比于医学、法律或神职职业来说，军事职业是新职业，而且兵役制的专业化要求是，年轻比经验更重要。

·政治中立（10），指的是职业化服务具有公正性和中立性，这被一些人视为职业的附加标准。在医学和法律等职业中，人们越来越接受政治参与。但是军队是国家的行为主体，要对有组织

【200】

暴力的合法使用行使控制权，因此规避党派偏见是必不可少的，也势在必行。

·对于军事职业而言，内部的专业化进程（11）体现为，各军种之间（有时是内部）在组织、文化和训令上都具有差异性。

可见，古德职业定义中的许多特征都在军事职业中有所反映，尤其体现在美国军官集团中。但是，军事职业已经发生了变化，体现在军人队伍、预备役部队使用、原军事功能文职化[26]以及其他职业的变迁上，这些变化表明，有必要审视一下，是否应该将"军事职业"的范围扩展到军官以外，大概可以把高级士官、预备役军官都纳入进来。

"冷战"时期对军事职业的再概念化

"冷战"时期，即20世纪下半叶早期，职业社会学表现出了实证的一面，包括对特定职业的案例研究，这些都在亨廷顿的《军人与国家》和贾诺威茨的《职业军人》中有所反映。[27] 这两本书也将军事社会科学的研究重心从士兵队伍转向了军官集团。[28]

有趣的是，与斯托弗的《美国士兵》以及莫斯科斯的《美国军人》（*The American Enlisted Man*）一样，亨廷顿和贾诺威茨的著作也使用单数名词指代分析对象。[29] 这表明，他们都参加了社会科学中的行为主义革命。第【201】二次世界大战结束后，两位学者都在芝加哥大学攻读研究生学位，亨廷顿的专业是政治学，贾诺威茨的专业是社会学。芝加哥曾是行为主义革命的中心之一。[30] 第二次世界大战之后，在精神分析师布鲁诺·贝特尔海姆（Bruno Bettelheim）的指导下，贾诺威茨撰写了关于偏见动力学的博士论文，该论文有意将个体作为分析单位。亨廷顿的硕士论文题目是《无党派联盟的政治学》，他还在该论文的基础之上发表了一篇关于政治行为的论文。[31] 在亨廷顿着手准备承担一项美国投票行为的研究时，他所执教的哈佛大学聘请了 V.O. 凯伊（V.O. Key），此人第二次世界大战之前在芝加哥大学获得博士学位，可以说是美国首屈一指的政治行为学家。因此，亨廷顿不得不为自己确定了一个不同的知识领域。凯伊的博士论文是关于"侍从主义"的，论文描述的是，本来应该监管工业界的联邦机构是如何被工业界笼络的。在一个日益关注军队与工业界之间关系的时代里，考虑国家如何维持对军队的控制，与亨廷顿早期的研究兴趣并非天壤之别。

尽管亨廷顿和贾诺威茨的书名以及他们的行为主义倾向都将个体视为分析单位，但是他们首要关心的都不是作为一名专业人士的美国军官个体，相反，他们都在关注作为一种职业的军官工作。这种略显微妙的区别是至关重要的。在个体层面，形容词"职业的"（professional）具有多重含义。它可能指代只为金钱不为其他而开展活动的人，例如，职业运动员在这一点上区别于业余运动员。从这一角度上看，雇佣兵才是真正的军事专业人员。"职业的"也可以指代一定水平的专业能力，或工作上取得一定程度的成功，而不管这份工作的合法性或社会尊重度如何。这样的话，有人可能会成为一位职业小偷。

在分析职业军人时，说的不是这个意思，相反，这里的分析目标是作为一种工作的军事职业，这一工作被社会认定为一种职业，并因这一认定而享有特权。在历史上有一些特殊的工作，它们因自身的价值观和特征而被社会认定为职业。被认定为职业后就会受到社会重视，所以越来越多的人希望自己从事的工作成为职业。[32] 军队捍卫了社会，社会就封军官为一种军事职业，这是军政关系结构中的一条重要线索。对军事职业进行社会学研究的重点不在于军队如何造就了职业化的军官，而在于社会如何打造了职业化的军队。

【202】

古德和其他学者的职业定义中有许多特征，亨廷顿没有明确说明他是否采用了这些定义中的大多数特征，虽然他的大多数定义显然采用了这些特征。亨廷顿是依据以下三个特征对军事职业下定义的：一是责任，这是早期职业定义的基础，却被古德忽视了；二是专业能力，包含了古德定义中的前两个特征（培训和社会化）；三是内部团结，反映了古德定义中的第九个特征（认同感和归属感）。专业能力是一项工作专属的知识和技能，需要长期、稳健的基础教育和培训。亨廷顿认为，博雅教育（liberal education）构成了军事专业能力的基础，接下来是持续进行的技能培训，以便能循序渐进地满足特定军阶和技能系列的要求。用哈罗德·拉斯韦尔的术语来表述，军事专业人员的专业能力领域就是"对暴力进行管理"。[33]

军事专业人员必须知道如何在各种不可预期的情景下对暴力使用予以执行和控制，因此专业能力上的职业追求永无止境。实际上，其他传统职业只是近年来才建立起继续教育认证和执照发放规范的，而西方民主国家的军队早就拥有广泛的职业继续教育体系了。

职业军官具备专业能力，但是他们并不天马行空地从事智识性工作，他们必须在服务于社会的框架内运用知识。军官是国家的行为主体，响应国家号召是军官的职业责任。服兵役不是为了获取经济利益，而是为了履行由职业价值观和职业理想打造的兵役制伦理。军事专业人员的主要工具是暴力和暴力威慑，他们要对组织负责，在该组织的监督下采取行动，这个组织指的是国家，或者更具体地讲，是这个国家的领导人。军事专业人员的重要特征是，他们只为国家的决策运用专业知识，绝不会出于个人的利益采取行动。

专业能力和责任标准需要通过亨廷顿规定的第三条特征来实施，这条特征是内部团结。内部团结，或团结一致，可以通过共同的培训和教育经历、共同的工作义务以及军事职业独特的社会责任来培养。内部团结使部队有内聚力，外部的科层管理会强化这种内聚力。就像医生受制于医院的管理人员，由于各种原因，军事职业必定更受制于某种文官控制程序，这可以【203】从民选和任命政府官员的管理中略见一斑。与医生职业一样，军事职业也必须不断处理各种问题，确定哪些决定应该建立在职业化的军事专业能力的基础之上，哪些必须由对文官控制的职业承诺来决定。

在《职业军人》一书中，贾诺威茨接受了亨廷顿的基本前提，即军事职业主义的基础由专业能力、责任和内部团结构成。他认为，职业主义要求持续进行教育和培训，以此来获取并完善技能。内部的科层管理和对机构的忠诚也会强化用于指导军事决策和行动的伦理。

尽管亨廷顿和贾诺威茨的思想有这些智识上的密切关系，但是对于如何在国家内部合理应用军事职业主义，两位的看法却不尽相同，这导致他们在军事职业主义的整个定义上都存在重大分歧。在自主权问题上，亨廷顿的愿景是，必须在"客观文官控制"之下运行军事职业主义，这种正式的授权路线使军队成了国家的行为主体，使军队在执行任务时能实现更为卓越的效能。而如果以政治偏见或个人政治抱负等主观目标来强行对任务进行定义，军队的自主权就会受到损害，军事效能也会遭到减损。通过将军事职业主义最大化，军人就能放手去打仗，不会因文官对"纯军事性"（purely military）决策进行糊涂的管理而蒙受损失。

贾诺威茨没有将军政领域划分得水火不容，与亨廷顿不同，贾诺威茨认为，在民主国家中，士兵应该反映他们所服务的社会，军队必须代表社会和国家，与社会和国家不分离。他认为，由于大规模杀伤性武器的增长，国际舞台日渐复杂，军队正逐渐发展为警察部队。为应对全球的这种变化，军队厉兵秣马，不是为了奔向军事胜利，而是为了稳定的国际关系。新技术的发展，特别是高致命性精确武器系统的发展，使军队在解决冲突时只需投入最少兵力。伴随这一变化而来的，一方面是军政之间的技能差距（skill gap）日益缩小，另一方面是军队实施了开放性征兵政策，使军队能反映国家的多元化格局。军官必须将英雄战士（heroic-warrior）的身份与管理的职责融为一体，在发挥军事专业能力的同时，也培养政治情操。在贾诺威茨看来，军队仍然是一支独立的力量，但是不会像亨廷顿的客观文官控制所反映的那样，有那么高的自主权或者离政治那么远。政治敏感确实是军事专业人员的一个重要工具。[34]

大规模武装力量的终结和军事职业的再定义　　【204】

越南战争动员主要是通过增加征兵人数实现的，这再度将社会科学家的注意力集中到士兵身上。[35]反战行为集中体现在反征兵上，并且导致美国征兵的终结。志愿部队开始取而代之，被许多人视为一支越来越职业化的军队，这一变化提出了军事职业是否仅限于军官集团的问题，或者是否应该在某些情况下将士兵纳入军事职业，正如亨廷顿和贾诺威茨所表明的。[36]越南战争与以前的冲突不同，这场战争从来没有动员过美国预备役部队，而战争结束后，预备役部队被定义为新构思的总体部队（total force）的战略储备部队。[37]因此，在后越南战争时期开展的军事职业性质的辩论中，预备役部队的作用并没有被算进来。

在早期的全志愿役年代，查尔斯·莫斯科斯的分析关注士兵，他提出了三种理解美国军队发展方向的替代模型，它们是使命感（calling）模型，该模型利用制度的价值取向使自己合法化；职业（profession）模型，该模型依据专门的专业能力使自己合法化；工作模型（occupation），该模型利用市场原则使自己合法化。[38] 在使用职业标签时，莫斯科斯对亨廷顿、贾诺威茨和其他分析家的思想都进行了反思，他指出，军官集团最常使用职业这个标签，它不仅有专业能力的特点，还具有一定程度的自主性和内部团结的品质（莫斯科斯认为，这一点在职业军人联盟中很明显）；莫斯科斯还认为，职业常常意味着对某种职业生涯的承诺，但是正如我们所指出的，这是一种与传统职业有关的特征，没有刻画出大多数美国军人的特征，甚至是大多数美国军官的特征。莫斯科斯指出，将职业概念用在军人身上有其不足之处：鲜有军官把自己的全部职业生涯都献给军队；该标签也意味着那些不是军官的士兵不算是专业人士；他还目睹了一些因素，它们在征兵制结束时就生了根，它们会侵蚀视服兵役为使命的意识，也损害了军人的职业性。

此后不久，莫斯科斯发表了关于军队制度和工作的模型，这是一个最常被引用的命题，不过现在这个职业模型已经在类型学中销声匿迹了，虽然莫斯科斯援引亨廷顿和贾诺威茨的论述表示，"职业主义的军事变体历【205】来与制度模型相一致"[39]。正如制度模型和工作模型的后续说明中所展示的，莫斯科斯似乎混淆了个体层次上（作为专业人士或雇员的军人）的分析与组织层次上（作为制度、职业或工作的军队）的分析。但是莫斯科斯提出了"其他士兵"（非军官）是否应该视为军事职业中的一员的问题。[40] 作为回应，贾诺威茨认为，莫斯科斯是在假设军队的去职业化过程，"将（其）从一个职业……变成了一项工作"。他认为，这种提法没有任何依据："要从一种职业转换为一项工作，军官集团不得不经受许多最不可能发生的变革。"[41] 贾诺威茨一直关注军官，认为他们构成了军事职业，不过，莫斯科斯至少提出了是否应该扩大职业边界的问题，今天，这个问题仍然是军事职业性质中的核心问题。

在军事职业边界的讨论中，既涉及军官–士兵的二分法，也扩展到了专业化的角色上，体现在每个军种或每种作战环境都承担着不同使命，例如在海军中，潜艇战、水面战或航空战的任务各异。乔治·库维塔里斯（George Kourvetaris）和贝蒂·多布拉兹（Betty Dobratz）采用了一种"多元化的"模型来拓宽这个概念，该模型根据工作的专业特征将职业划分为若干次级职业。[42] 在医学职业中，这种细分突出了内外科医生之间的差异，更具体地说，突出了心内科医生和心外科医生之间的差异。

当将这种模型用于军事时，会导致划界考察时，不再依据军官和其他军人之间的现有区别，而是依据军事专业化的特征。如果将专业化纳入军事职业定义，就会围绕军人的专业性进行划界，并将这一划界直接与步兵等战斗部队联系在一起，有将一些专业部队从军事职业定义中排除出去的倾向，例如支援保障部队，这类部队通常在常规性战线的大后方活动，也常常被外包给文职工作人员。[43] 这就提出了一个问题，即如何对那些同时身为律师、医生和牧师等其他职业的服役军人进行分类。单一、统一的军事职业范式显然不再行之有效了。

莫斯科斯利用他的模型，在更为广泛的军政关系背景下探讨了专业化的作用。[44] 他的"趋同"（convergent）模型假定了一种贾诺威茨式的框架，他的"趋异"（divergent）模型建立在亨廷顿的客观文官控制的基础之上。他的第三种假定是"部门式的"（segmented）军队，建立在工作专业化的【206】基础之上。[45] 在该模型中，军队被视为许多分割开来的次级部门，它们的趋同度或趋异度各不相同，与市民社会也不同。一些传统和信仰能将军队从其服务的国家中分离出来，这些传统与信仰是由趋异性力量（莫斯科斯以海军陆战队为例）培植的。而趋同性力量（莫斯科斯以空军为例）和文职机构一样，都有教育和工作的功能。军事任务系列内的技术和进步都能不断推进这种工作上的专业化。这样的话，问题就变成专业化能否演变出两支甚至更多支千差万别的军队，从而产生两种或更多种不同的军事职业概念。

今天的军事职业

目前的安全需要已经将全志愿役置于一种史无前例的地位，对于军事职业来说，这具有重要意义。在第二次世界大战结束后的时期里，武装部队的机构日渐增多，引起了一场关于军事职业的讨论，该讨论围绕军官展开，源起于亨廷顿和贾诺威茨。后越南战争时代加上全志愿兵役制的实施，既塑造了莫斯科斯的制度－工作模型，也开启了扩大职业边界的讨论。当代反恐行动的实施和总体部队（包括预备役人员和文职人员）的使用都要求军事职业的讨论与时俱进，超越过去以军官为中心、以工作为重点的研究主题。具体而言，有必要拓宽军事职业的成员资格定义，除了现役军官外，可能还要将预备役军官以及现役和预备役高级士官包括在内。

如果被认定为军事职业中的成员，就会得到社会的特别优待，而扩大军事职业的边界能影响这种优待，所以边界十分重要。当我们讨论军事职业边界的扩展、军事职业当前和未来的发展方向时，亨廷顿的研究是我们的出发点。

高级士官

将亨廷顿的军事职业概念化予以延展是否适当，我们将在本节中予以考察，亨廷顿的军事职业概念对于这一讨论很根本，但是它只关注军官，这有点落伍了。在《军人与国家》中，亨廷顿写下了至今还备受争议的一段话："士兵隶属于军官集团，是组织官僚体制中的一部分，却不是职业【207】官僚体制的一部分。士兵既没有军官那样的知识技能，也不承担军官的职业责任。"[46]以征兵制时代的军队为模型，亨廷顿将征来的士兵视为承担有限责任的短期专家（short-term specialist）。军官与士兵不一样，他们被培训为对指挥暴力负有责任的专家。亨廷顿设想的士兵和军官隶属于各自的机构，这些机构有着截然不同的组织使命和官僚制度。军官通过专业能力、责任和内部团结的职业特征来展现军事职业主义。这些特征是军事职业的本质所规定的品性，今天的军官仍然有此特征，但是我们认为，这些特征还延展到了今天的高级士官集团中。高级士官集团包括陆军一级中士及其以上军衔的士官、海军陆战队枪炮士官、空军军士长和海军上士。

过去的军事职业文献可能没有意识到这些士官的职业身份，但是这并不是说军事机构也持同样观点。即使职业社会学衰落了，在军队对军事职业的发展和再概念化中，也依然开始承认士官的声望和学识。配置一支技术复杂的全志愿役军队，需要将士兵的挽留和备战联系在一起，这表明军队非常依赖士官的专业能力。士官教育反映出这种转型：今天的学校课程为适合士官集团的情况，涵盖了军事职业主义方面的具体内容和讨论。在士官学院中教授的技能不仅局限于专门化的技术，还包括领导力和国际事务等方面的概念知识。士官信条明确规定了专业能力的重要意义："我会在战术和技术上保持炉火纯青。"[47]

除了军队自己院校中的士官教育开始转型，人们对脱产教育学历的期待也在提升。现在绝大多数的高级士兵中，50%以上的人有大专学历。[48]而大多数士兵在加入武装部队时，却只有高中学历，其教育程度的提高显然发生在服兵役时期。各军种的内部晋升并不直接要求有高等教育经历，但是高等教育确实在晋升率上扮演着某种角色，在同等资格的条件下，受过高等教育的人比没有受过高等教育的人更有优势。[49]

士兵集团内的高等教育水平与军官的教育水平并不对等，这种教育上 【208】 的差异是军官和士兵之间的区别之一。尽管相比于医生或律师，军官在大学毕业后很少接受入职前的职业教育，但是他们依旧是部队中高学历的人：约92%的军官在参军时拥有学士学位，15%的军官在参军时拥有高级学位。[50] 23%的现役军官在服役期间获得了高级学位。军官的高等教育水平支持了亨廷顿强调的专业能力，尤其是他对博雅教育基础的呼吁。亨廷顿也认可持续进行技术培训的重要性，他认为这可以培养特定的职业知识和技能。军官和高级士官的教育程度不同，但是现在看来，我们有理由认为，他们都符合军事职业主义对专业能力的要求。

将亨廷顿的军事职业定义拓展到高级士官中是否合理，还需要证明。为此，必须处理责任和内部团结中一些不可量化的特征。社会根据它感知到的价值和特征而特别优待某些工作，将其视为职业。例如，2005年3月，在接受民意调查的美国人中，有87%的人表示，他们对军队有好感，2007年，这一比例基本保持不变（84%）。[51]军事职业主义在管理和使用暴力服务于国家的能力方面，是被社会特别优待的，反映出军事职业主义的盛名。亨廷顿将军官描述为暴力实施者，将士兵描述为辅助性专业人员。他表示，"对暴力进行管理"的荣耀适用于所有军官，无论是空军、陆军还是海军军官，虽然他也承认，各种适用的形式都会导致"辅助性专业人员的专业化过程"。[52]

亨廷顿对责任的级别也进行了区分：如果一位军官指挥的是大型复杂的暴力行动，就标志着他有高度的职业权限，如果一位军官掌管步兵小队，就表明他负有较低的职业责任。但是亨廷顿也认为，军官要利用暴力手段对人员和装备进行管理，以实现某一目的，这是整个职业的准则，责任范围即便不同也不会撼动这一准则。因此，我们可以认为，当亨廷顿将小队领导者纳入职业定义时，职业这扇大门就为士官敞开了，因为我们同样可以将小队和排级组织中负有领导责任的士官纳入军事职业的范畴。这一做法在 21 世纪的军事行动中变得更加重要，21 世纪的军事行动通常是小规模行动，由士官担任美国地面高级军官，负责对武力使用做出迅速决策。

【209】　　内部团结，被定义为团结一致，可以通过共同的经历、义务以及军事职业独有的暴力管理责任来培养。亨廷顿将内部团结定义为内聚力，莫斯科斯将这一解释加以拓展，将职业军人联盟中的具体机构都包括在内。[53] 无论采用哪种定义，高级士官往往都被称为军队中的"骨干"，是任务取得成功的关键。[54] 这表明，高级士官彰显出的"内部团结"足以使他们符合军事职业的定义。

预备役部队

　　在预备役部队角色的演变中，也将军事职业主义的一些特征包含进来了。除越南战争外，预备役部队在美国 20 世纪的所有重大冲突中都立下汗马功劳。第二次世界大战结束后，建立了常备军，为后来将预备役部队发展为解决全球冲突的扩充基地打下了基础。第二次世界大战和朝鲜战争结束后，[55] 预备役组建了一支"战略型部队"（strategic force），但是很少要求他们与现役部队的同行共同服役。[56] 越南战争期间，国家也没有对他们发起大规模动员，派他们去海外执行战斗任务。预备役被当成了"周末战士"（weekend warriors），在军事行动任务中不常征用他们，他们的资金或装备水平也就无法和现役部队相提并论。[57]

　　20 世纪 90 年代，情况开始有所转变。国家启动预备役部队参加"沙漠风暴行动"，虽然由于持续时间短，并没有一支战斗旅真正地参与到这场冲突中。[58] 20 世纪 90 年代中期，为支持戴维营协议（Camp David Accords），军方向海外部署预备役部队，将预备役部队作为美国特遣队的一部分，派遣到西奈沙漠的多国部队和观察员那里。[59] 预备役部队在此次军事行动中大获成功，导致国家利用预备役人员参加应急行动的次数增多，例如，波黑战争。[60]预备役人员在整个部署人员中占比很小，而且他们的部署期一般不超过六个月。[61]

"伊拉克自由行动"和"持久自由行动"使预备役部队成为一支在持续军事行动中起关键作用的战斗力量。2008年中期，反恐行动责任区的现役美国军人中，预备役部队占比40%至50%。[62]军方现在高度强调要持续依靠预备役部队，并且认为，将预备役视为成熟的作战伙伴并纳入部队具有重要意义。[63]例如，陆军表示，预备役部队与现役部队能否完全整合对于任务的成败至关重要。通过"陆军兵力生成模型"（Army Force Generation Model，ARFORGEN），陆军已经将这种范式上的转型制度化了，该模型能将预备役部队重新打造为一支与现役部队平起平坐的作战伙伴部队，为现役以及预备役旅级作战部队执行全球任务提供战备和部署上的指导。[64]为实现这一目标，陆军和文职领导人必须在充分、平等的基础之上，构建、装备、培训、配置和补给预备役部队。[65]这需要现役和预备役人员之间建立互惠关系，同等开发和交换各项技能。例如，陆军内部的教官就主要来自预备役部队。[66]根据目前的原则和战略，预备役部队将继续发挥其战斗伙伴作用，而不再仅仅是一支战略型部队。【210】

作为作战任务中的正式合作伙伴，预备役部队值得人们将其视为军事职业中的一员。不论是现役还是预备役的军官或士官，都必须通过一般军事教育和具体工作经历来经受严格的职业发展考验。预备役领导人与现役领导人在暴力管理方面，要承担同样的责任，对于其人员的安全，也要承担同样的责任。但是预备役人员比现役人员的地域流动性低，所以他们可以培养出更加强大的内部认同，这种认同既建立在军事职业主义之上，也建立在他们的地缘归属关系之上。

职业还是半职业？

高级士官、预备役军官以及高级预备役士官是否应该被列入军事职业范畴，对这一问题的讨论不需要二分法。正如赖斯（Reiss）所表明的，如果将军事职业视为众多特征和名称（designation）的连续统一体，会很有用。

军官代表传统的军事职业，他们处于亨廷顿和贾诺威茨的研究传统里。但是可以认为，对于刚服役时是尉官的军官来说，他们的级别应该被视为与医学实习生或住院医师同级，这些尉级军官还不具备军事职业正式成员所需的专业能力或职业承诺。但是现在的尉官们要对小型部队进行战术决策，这时他们就要有所担当，其所承担的作战要求和责任分量表明，他们应该被纳入军事职业范畴。同样，也许有人认为，只有参与战斗的高级军官才能真正承担起战略性暴力管理的责任，体现出责任性特征。但是当前的军事行动再度挑战了对军事职业主义的这种解释，因为情报和后勤等专业部【211】门并不属于作战部队，却通过它们的行动影响了战场。实际上，各军种作战部队之外的许多人员都常常被动员到步兵行动中，例如，伊拉克战场上的卡车司机。

高级士官也遇到了同样的问题。如果将他们列入军事职业，应该将他们视为传统职业中的一部分，还是将他们视为新职业中的一员？高级士官在他们自己工作的专业领域里是专家，也要对大多数工作范围之外的人员和装备负责任。因此，可以认为，高级士官属于赖斯定义的"半职业"范畴：它是"以习得的精确技能来取代某一领域的理论学习"的工作。[67]

结论

20世纪中叶，美国社会学界开始越来越关注一些被社会赋予了特权的工作，因为它们被认定为职业，在重新定位如何对美国军队进行分析的过程中，从关注征兵开始，到把军事职业研究包括在内，再到把军官确认为职业以及强调军政关系，亨廷顿都发挥了重要作用。当时的社会学文献已经揭示了用以确认职业的全部特征，即便亨廷顿没有注意到这些特征，他的分析以及军事机构本身也都与那个时代的其他职业的案例研究相一致。结果是，军事研究的议程发生了翻天覆地的变化。

在此期间以及此后的几年间，职业构成要素分析也发生了变化。在这种情况下，我们有理由质疑军事职业主义的边界是否超出了亨廷顿设定的现役军官范围，也有必要对这种延展引起的可能后果进行思考。

从一开始，美国军队就与其他传统职业不同：美国军队始终在官僚背景下运行；军官并非全都终身致力于自己的职业；军队对职业之外的权威（即国家）负责，该责任会限制它的自主性；军人在政治上明确保持中立。自亨廷顿的著作出版以来，其他职业也变得越来越官僚化了，这些职业的自主权也已经受到来自职业外部的标准和评判的挑战，而其他的工作则开始闯入职业所辖的传统领域。因此，职业之间开始出现某种趋同。

莫斯科斯在这场辩论中引入过一个问题，即士兵在军事职业中扮演什【212】么样的角色。许多高级士官显然已经做过为军队服务的职业承诺，他们参加职业继续教育，而许多初级军官并未做过这样的承诺，仅有极少数初级军官参加了大学毕业后的职业教育。[68] 我们必须对以下情形做出判断：军官如何才能成为军事职业中的正式成员，在一个职业实践共同体中，士官与军官是同一职业中的成员，不同职业中的成员，还是半职业中的一员。

最近，预备役部队从战略型部队转型为作战部队，这就提出了一个问题，即这些部队中的人员是否是军事职业中的正式成员，虽然他们的主要职务在其他的经济部门。预备役军官与高级士官、现役军官一样，同样对暴力管理负有责任。他们是值得被认定为同属军事职业的。

更有趣的是，越来越多的文职人员出现在战场上，包括公务人员和合同人员（contractor personnel）。在伊拉克战争中，战场上的文职合同人员和军人一样多。[69] 如果军人和文职人员共同拥有特定的"专业"知识，文职人员是否与军人共属同一个职业（或职业共同体）？[70] 这会对军事职业的自我监管产生影响。例如，《军事司法统一法典》（*Uniform Code of Military Justice*）或国际武装冲突法的适用范围是否要扩展到文职人员，无论是国防部雇员还是合同人员？[71] 这些都会对军事职业的性质产生影响。例如，国防科学委员会特别工作组最近建议，在军事部门中，有现役和预备役人员，还有文职雇员提供的服务，这几个部分之间的边界应该被设计得更有渗透性，以便使人员能够历时性地在各个部分之间流动，他们都在为国家安全服务，不过是以各种不同的角色为国家服务。[72] 这可能会吸引更多人为这个领域奉献终身，也可能带来军政关系管理规范上的变革。

我们相信，以社会和军人自身的观点看，军事职业构成人员的定义越广泛，军队的行为就越可能符合它所坚持的职业标准，军队也会越有战斗力。

第十一章　民主国家中的军事与政治活动

里莎·A.布鲁克斯

【213】　　士兵在应征入伍时，就做出了团结一心、为国效力、不再参与政治活动的承诺。军人负责保卫国家安全，以他们的效能、承诺和技能来履行功能性责任。军官的社会化过程使他们相信，政治世界是文官的专属舞台。如果讨论军事机构中的"政治"活动，大多数民主国家中的军官都可能觉得不合适，至少觉得不正常。

　　我们发现，历史上有很多民主国家，包括美国在内，都出现过军官及其组织参与政治活动的实例，这毋庸置疑。无论是否有意而为之，军官们总会有意地影响政策结果，在各种问题上持有特定立场，采取一系列的策略来提高其观点的公共曝光度。一些观察员可能会坚称，对于像军队这样的大型组织来说，或者对于军官这种职业来说，有这类活动实属意料之中，或许也在所难免，特别是涉及重要资源、复杂信息和利害关系的时候，这【214】种情况更是难以避免了。

　　以前的一些研究将军队的政治权利概念化为一个连续的谱系，现在的研究与之不同，极少花时间去系统地反映这些政治活动及其影响。[1]这大概部分归于亨廷顿的《军人与国家》，它产生了重要的规范性影响，特别是在美国国内。[2]亨廷顿认为，军人参与政治活动对国家军事安全有害无利。过去，这类政治活动与军事领导人和政治领导人之间的关系形式有关，一方面要控制军事机构，另一方面要确保军队在战争中有效能，要在这两者之间取得平衡，亨廷顿称其为主观文官控制。亨廷顿倡导另一种替代模式，在该模式中，军事领导人致力于"对暴力进行管理"的科学和艺术，不再参与文官政治，以此进行权力划分，这就是客观控制。在今天的美国军官集团文化中，充满了客观文官控制的思想，这在《军事司法统一法典》和《国防部条例》中均有体现，法典和条例禁止军官参与党派活动，禁止军官有公开政治行为。[3] 这些规范和法律制约或许可以解释为什么在军政关系的应用与学术文献中，很少关注民主国家军事领导人和军事组织的政治活动。亨廷顿认为，这类政治活动不符合职业行为规范。[4]

尽管缺乏分析，但是美国军官的参政行为还是日趋明显。近年来，有许多引人注目的占据新闻头条的事件。其中包括：2008 年 3 月，海军上将威廉·法伦（William Fallon）辞去中央司令部司令一职，此前他公开质疑了布什政府对伊朗的政策，人们对这一事件有争议；[5] 2006 年 4 月，针对国防部长唐纳德·拉姆斯菲尔德的管理风格和判断失误，六名退休的著名军事领导人进行了直言不讳的批评；[6] 2003 年春天，美国陆军参谋长埃里克·新关将军在国会作证时，反驳了布什政府对第二次伊拉克战争的立场。[7]

这些争议之所以引起人们注意，是因为它们引发了一场辩论，辩论的主题是，现役和退休军官在公开场合发表个人观点时，其行为规范怎样才算中规中矩。在这场辩论背后隐含的深层问题是，如何才能最好地捍卫美国国家安全，以及在确保美国采取明智的政治军事战略方面，军事领导人应该扮演什么样的角色。简言之，上述的军官参政事件以及随之而来的众说纷纭，都在向我们提出一个重要问题，即军官参与政治活动对美国国家安全来说是福还是祸？

或许我们会最先去《军人与国家》一书中寻找答案。事实上，亨廷顿【215】已经在该书中含蓄地给出了明确答案：政治活动有损军事职业主义，因此对军事安全不利。参政会使军官卷入对政策问题的争执中，破坏精英制度的规范，损害军人的技术－战术技能，减损他们"对暴力进行管理"的效能。

亨廷顿切中要害地指明了政治活动对军事职业主义和军事技能的影响。但是在评估军人参政对国家安全影响方式的全部含义时，《军人与国家》一书却差强人意。在当代，在任何对这些问题的辩论中，都有几个必须考虑的、至关重要的因素，亨廷顿却忽略了它们。譬如，亨廷顿指出，政治活动有一些潜在的有害影响，这基本上是对的，但是他忽略了可能的积极影响。政治活动本质上无害，实际上，还会以某些可能的方式造福于美国，尤其是那些与军事战略和政策有关的问题。公民和政治领导人之间的信息严重不对称，军事领导人就成为公民获取专业知识的重要来源，他们的政治活动能推动关于安全问题的辩论。通过他们的政治活动，军事领导人还能告诉人们，文职国防领导人正在努力推动官僚体制和其他政策的变革，从而刺激人们去花些时间探索与分析这些提案。军官也有助于设定变革议程，为有新思想的个体创造听众和平台，这类政治活动同样能促进军事组织内部的求变和军队发展上的创新。这里的经验是不言而喻的，即通过促成明智而深思熟虑的军事战略、计划和国防政策，军事领导人的政治活动有时会有利于美国国家安全。

但是对这些问题的辩论和讨论不应该就此结束。在军官和军事领导人参与政治活动期间，也可能出现一些还没有引起足够重视的复杂情况。其中的一种情况是，在应该将政治策略用于何种目的的问题上，人们有分歧，如果希望在如何运用政治策略才为适度的问题上达成共识，无论在何种情况下都不会太简单。在一种情况下，有些做法在规范上似乎可接受，在另一种情况下，可能就不是这样。军事领导人的何种行为被视为恰如其分，这个"原则"经常基于行为发生的政治背景，进而被重新定义。而且，军人参与政治活动的潜在好处取决于军事领导人的能力，即他们能否将必要的信息充分传达到公共领域，在美国或其他地区，军事领导人的这一角色可能有些麻烦，因为在这些地方，军事组织深受社会尊重，军事领导人在政体中拥有非常巨大的政治影响力。

【216】 伴随着这些复杂情况而来的，还有成本和风险。军事领导人在从事政治活动时，公民可能会逐渐地像对待其他公共机构那样，开始对军事机构冷嘲热讽，这会损害整个军事组织的利益。政治活动还会破坏军政领导人之间的相互信任，对军政关系的战略评估造成威胁。更为重要的是，宪法规定民选政治领导人拥有军事和安全问题的最终决策权，如果军事领导人参与政治活动，政治领导人在执行这一法定角色时的职责就会复杂化，无论军事领导人的意见是否值得考虑，是否有利于国家，政治领导人都要督促自己去调和一下军事领导人的意见，而不是直面将军们发起的反对其政策的行动。

我们该如何评价军官参与政治活动的利弊呢？我得出的最终结论是：

弊大于利。在某一特定的国际事件爆发期，即使要考虑军人参政的潜在战略性好处，也应该从长期的、累积的角度来考察它的并发症（complications）、成本和风险，还应该评估它给军政关系原则和民主实践带来的破坏性影响。如果出于这些考虑，我认为，就不应该鼓励现役和退役军官全方位地参与政治活动。这个结论可能与美国现有的军政关系规范不谋而合（如果在实践中并非表现得始终一致，理论上也是一致的）。这也确实会让一些人感到没有什么新意，但是本章的目标不只是提供建议，还要明确政治活动的成本和收益，为开展辩论提供更多的依据。此外，对于任何反对军官通过参与政治活动来发挥影响力的建议，我们也都必须更加公开明确地承认（最终也必须接受），该看法同样会带来风险和成本，即如果军官和军事领导人摒弃政治活动，美国就会不时地发起更为冒险冲动、思虑不周的海外军事行动，而不是让军官努力提出更加令人信服和清晰明确的建议，并就这些问题促成公开辩论。依我之见，为保证军政关系长期健康发展，这正是军人不参与政治活动所必须付出的代价而已。

本章中，我首先会简要概述亨廷顿的客观控制与主观控制概念，以及亨廷顿假定的这些概念与军事安全之间的关系。然后，我会介绍一种分类法，美国和其他民主国家的军队都用它来划分各种不同的政治策略。我会分析这些策略的潜在影响，强调它们对政策与战略的一些益处。在分析军官参与政治活动造成的潜在影响时，我还会指出一些需要考虑的、特殊的并发症、成本和风险。在本章结束之时的结论中，我提出了军官不参与政治活动的主张。

主观文官控制与客观文官控制 【217】

在民主国家里，特别是在美国，人们普遍认为，军官应该避免参与政治活动。这种观点部分源自亨廷顿，至少在现代是这样。在他的主要贡献中，亨廷顿就文职监督者如何"控制"军队，即文官如何解决两难困境，提出了两种不同的构想。该两难困境指的是：一方面，要维持一支强大的武装力量以保护国家不受外敌侵犯；另一方面，要维护共和政体本身的安全，使之免受武装力量的强行插手。在亨廷顿所谓的客观控制中，军队在其自己的规定范围内开展行动，在执行任务中，有高度的自主权，这对于准备和开展军事行动都至关重要，但是军队在政治领域中的作用是被严格限制的，政治家有权力对使用武力进行辩论和授权，然后将这些决策的执行权移交给军事领导层。在客观控制中隐含的劳动分工是通过军事职业主义维系的：军事领导人不干政，他们只考虑军事专业能力范围内的问题。这一侧重使军事领导人能够磨炼战争中必不可少的技术和战术技能。从这一角度看，客观文官控制是有利的，因为它既能保护共和国免受军事政变的威胁，也能确保国家军事安全。

主观文官控制是另一种进路，该进路将军队"文职化"（civilianizing），以使军队与掌握国家权力的文官集团的价值观非常一致。主观文官控制假定军队与政治高度交融，军官隶属于文官集团，并且认同文官集团，这一认同使军官在政治上保持沉默，不愿意考虑军队接管政府的事。在该进路中，政治与军事技术专业化之间并没有明确的劳动分工。亨廷顿认为，主观文官控制固有的核心问题是，它需要在两个目标之间达成妥协，一个目标是使国家免受内部军事干预，另一个目标是保护国家外部军事安全，这也正是亨廷顿认为主观文官控制不如客观文官控制的原因。在主观文官控制模式中，亨廷顿认为，"安全威胁的加剧导致军事力量日益成为迫切之需，面对这种情况，维护文官的权力就变得更困难。实现军事安全的必要步骤削弱了文官控制。另一方面，努力促进主观文官控制又常常会损害军事安全"[8]。

【218】主观文官控制或军队对政治生活的干预都会破坏军事安全。亨廷顿没有明确定义军事安全的含义，但是他在用这个词时指出，他指的是国家保护自己免受外部挑战的能力。亨廷顿经常提到捍卫军事效能或技能的重要性，因为这意味着有助于促进军事安全。亨廷顿指出，"军事专家指的是那些对在某些指定条件下如何使用暴力进行管理的军官"。他的言外之意是，缺少军事职业主义，缺少支持军事职业主义的客观文官控制条件，都不利于国家安全。

民主国家军队的政策策略

要研究军事活动对政治活动的可能含意，必须先说明军人参政的可能后果。军人参政可能让人想到军事政变或军人干涉国内政治。这是一种极端形式的活动，但是只关注一种极端形式，又会掩盖政治活动的多样性，军人确实参与了多种多样的政治活动，却从未公开挑战过文官治理的权利。事实上，军人的政治权力及其活动是在一种连续的谱系上展开的。[9]即使是文官完全控制的领域，军人也可以运用各种策略来实现它的政治性（表11.1）。

表 11.1　军人的政治活动

策略	活动的性质	受众	案例
公开呼吁 （public appeals）	公开的、有价值取向的评论	大众	科林·鲍威尔于1992年发表了干涉波斯尼亚的声明
哗众取宠 （grandstanding）	威胁或以实际的辞职行为进行政策性抗议	大众； 国会； 政府行政部门	假设埃里克·新关在2003年就辞职了
政治拉拢活动 （politicking）	退休军官的支持活动；组织投票接送活动	大众	克罗于1992年支持克林顿；弗兰克斯于2004年支持布什
缔结联盟 （Alliance building）	军事领导人与文官利益集团形成密切关系	国会	美国空军就采办F-22猛禽战斗机与洛克希德·马丁公司联盟
私下提醒 （shoulder tapping）	军事领导人引起政客对一些问题的关注，并站在这些问题的立场上，对政客们开展游说式的活动，以此来制定议程	国会	20世纪90年代初，军队就军中同性恋事件对国会重要成员进行动员

我将其中的一些策略称为"公开呼吁"（public appeals），在这种策略中，军事领导人会利用声明或者意见性评论向公众传递信息，这些信息关乎某个政府的战略或政策选择，也包括政府对它们做出的判断。军事领导人传递信息的方式包括接受报纸等新闻媒体采访、发表演讲，或向媒体泄露消息。公开呼吁与定期发布的军务信息不同，将它们区别开来的两个因素是，评论的范围与性质以及呼吁所具有的公开性，我是在这个意义上使用公开

呼吁一词的。例如，在军方的新闻发布会上，可能会涉及一项声明，声明中谈到了军事行动及其备选方案的预期成本、风险和收益，还会附上如何权衡这些风险、成本和利益的价值判断，从而或明或暗地传递着对该政策选择是支持还是反对的信息。

在最为丰富多彩的历史案例中，有一起军事领导人通过公开呼吁来影响文官政策选择的案例。该案例发生在第一次世界大战之后，当时的陆军准将威廉（比利）·米切尔（William (Billy) Mitchell）发起了大规模的宣传活动，以支持建立一支规模庞大、独立自主的空军。米切尔经常接受采访，撰写有关空军的文章和社论。[10] 在文章中，米切尔经常批评海军部和陆军部，甚至公开指责海军部，认为它在对海军舰艇"奥斯特弗里斯兰号"（The Ostfriesland）进行轰炸测试时做出了欺诈行为。[11]

【219】 戴维·彼得雷乌斯将军则讲述了 20 世纪 80 年代中期的一些案例，在这些案例中，军事领导人利用演讲和采访表达了在中美洲使用武力的诉求。他还援引一篇广为流传的海军学院毕业演讲。在演讲中，海军作战部长将自己的观点概述为，在任何情况下使用军事力量报复恐怖主义都是合适的。[12] 2001 年 6 月，布什政府的官员宣布，他们将取消 2003 年在波多黎各别克斯岛的轰炸演习，海军和海军陆战队高级官员在采访中都用了"愤怒""出卖"和"背叛"等词语来形容这个决定，随着新闻的发布，他们反对布什政府政治决定的立场也广为人知。[13]

20 世纪 90 年代初，参谋长联席会议主席科林·鲍威尔卷入了一些政治活动，这些活动为公开呼吁提供了最新案例。当时，鲍威尔接受了《纽约时报》的采访，并在《外交事务》上发表了一篇文章，他在文中公开表示，他不希望美国干预波斯尼亚。[14] 作为一位极受欢迎的军事领导人，鲍威尔

【220】 是在 1992 年总统大选期间发表评论的，而当时的总统候选人之一，比尔·克林顿，则主张更多地干预波斯尼亚。许多分析人士都对公众支持鲍威尔的观点感到担忧，甚至包括那些赞同鲍威尔战略观点的人。[15]

在"公开呼吁"的概念里，我没有将军事领导人的一项重要活动纳入其中，有人可能会说，这项活动就是军事领导人有责任在五角大楼和行政办公室的过道里，直言不讳地谈及他们对军事问题的看法。这种私下里的谈话不能公之于众。此外，一些活动处于灰色区，例如，高级军事领导

人在国会作证。虽然国会作证必然公之于众，有将其纳入公开呼吁范畴的可能性，但是我们也必须审查他们所提交陈述的性质。所有的证词都或多或少有一些价值倾向，任何报告的过程中都会有这种倾向。但是如果证词涉及以下特征，这些证词就不太像是对国会问题的回应，更像是一种公开呼吁，这些特征包括：有选择的陈述事实；自我审查那些支持或削弱政府立场或国会意见的个人陈述；没有将基于不确定前提和已确定事实的意见和推测区分开来。如果对问题的回应明显是预测性的，没有构成对现有政策的支持，这个回应就不太可能是公开呼吁。因此，虽然埃里克·新关在2003年2月做了关于伊拉克战争的国会证词，但是这一证词并不是我定义的公开呼吁。

我把第二个策略称为"哗众取宠"（grandstanding），该策略指的是，重大政策倡议出现争议时，高级军事领导人会威胁辞职。如果该争议被广泛报道，涉事的高级军官备受尊重，该决策对他的影响又十分直接，那么这种辞职威胁便是哗众取宠。在这种情况下，辞职就相当于军方对政府投下了不信任票。此举意在向在野党和公众发出这样的信号，军事领导人认为政治领导人正在推行的军事政策是不合适或无效的。辞职在下述意义上是一种政治行为：面对一位受人尊敬的军事领导人的辞职威胁，政治领导人可能就某一政策被迫做出让步，该让步并不是因为他（她）不再坚信该政策有优点，而是因为高级军官的辞职会降低他在国内的支持率，使在野党跃跃欲试，这些都使他难以在政治上继续推行这一政策，无论该政策有什么优点。

并非所有的军事领导人都认为辞职是哗众取宠，如果悄悄地辞职，没有对争执公开发表评论，也没有让媒体关注，就大概不会产生什么政治后果。[16]许多人在解读 H. R. 麦克马斯特的《失职》（在军官中很受欢迎）【221】一书时，认为该书的主张是，如果军事领导人相信政客推行的政策会将国家置于险境，军事领导人就有辞职的道德责任。[17]文官分析人士对这样一种解读表示严重担忧。[18]费弗和科恩警告说，"辞职伴随着抗议……是给了军方一条鞭子（'按我们的方式做，否则就辞职'）"[19]。换言之，军事领导人可能把辞职视为出于良知或失意的个人行为了，但是辞职也可能是一种政治行为。[20]

我们可能会把第三组政治行为纳入"政治拉拢活动"（politicking）的范畴。传统观点将军方公开参与领导人政治活动与独裁国家联系在一起。稳固的民主政体与之不同，民主政府不要求军官集团参与政治，以确保文官对军队的至上性。在民主国家中，设有大量防止军人公开参与政治的审查制度。例如，美国明确禁止军官和军人参加竞选和从事党派活动。[21]《军事司法统一法典》禁止总司令、国会议员和国防部长发表侮辱性言论。只要严格执行这些政策，就能使非党派性和文官至上的规范得以永存。[22]

尽管如此，在民主国家的领导人政治中，军事领导人有时可能扮演颇有影响力的角色，其影响不是通过武力威胁实现的，而是通过军人投票时的集体力量完成的。军人对选举的影响主要体现在两个方面。首先，军人在选举中具有间接的或"结构性的"权力，该权力在很大程度上是以下几个方面的产物：军队规模、军队深入社区的程度、选民中退伍军人的人数以及退伍军人组织中退伍军人的会员数。[23]

其次，政治拉拢活动可能包括公开支持候选人，通过退休军官的支持及其公开发表的支持性声明来努力影响选举结果，特别是通过寻求前知名高级军官的支持来影响选举结果。在过去的几次美国大选中，这种支持已经变得越来越普遍，据一位观察家估计，此类活动始于1988年老布什与杜卡基斯（Dukakis）总统的竞选。[24]例如，1992年，正值盖尔·里尔斯（Gail Reals）准将（海军陆战队中第一位被选中而升入此职位的女性）退休两年之时，她公开支持比尔·克林顿竞选总统，同时还有其他20名退休高级军官也支持克林顿。[25]在1992年支持克林顿的军官中，还包括前参谋长联席会议主席威廉·J.克罗（William J. Crowe）。2000年大选期间，乔治·W.布什（George W. Bush）的竞选活动也可以说是得到了许多高级军官的支持，其中包括在克林顿和戈尔任期内担任过重要职位的军官，这一情况是

【222】 布什政府公开宣布的。[26]在2000年大选期间，十多位重要的陆海空三军将领签署了一份声明，支持乔治·布什。[27]刚退休不久的海军陆战队司令查尔斯·C.克鲁拉克（Charles C. Krulak）曾在克林顿政府服役，他还组织了"退伍军人支持布什–切尼"活动。在2004年的选举中，约翰·克里（John Kerry）和乔治·布什向退休军官示好，寻求支持。[28]在民主党全国代表大会上，12名退休的陆海空三军将领支持克里。在共和党全国代表大会上，

布什也得到了众多支持，其中包括刚退休不久的汤米·弗兰克斯将军。[29]政治拉拢活动如此普遍，以至于一家报纸警告称，这场竞选"可能成为一场将军们的战争"[30]。

一些观察人士可能辩称，每位公民都有权利支持某位政治候选人，退休军官和他们的文官同僚一样享有同等权利。这就提出了一个重要问题，即退休军事领导人的政治活动对整个军事机构有什么影响。当然，现役军官参与党派政治会受到法律和规章的限制，而退休领导人可以从这种限制中解脱出来，因为每个人都享有公民权，包括有权参加竞选活动，维护自己喜爱的候选人。例如，在布什－切尼的竞选活动中，克鲁拉克为他的行为据理力争，他的理由是，作为一名退休军官，他有权表达自己的政治偏好，就像所有其他公民一样。[31]

该观点有两个重要的因素没有考虑到。首先，某些军人的支持之所以重要，恰恰是因为他们都是刚刚退休不久的重要军官。如果认为退休军官只是在支持某个候选人的竞选活动中行使了权利，实际上是忽略了这样的事实，即之所以这些支持特别重要，被公开化后格外有影响力，是因为他们过去在军队中服过役。如果媒体和公众不知道克鲁拉克的军旅生涯，很难想象"公民克鲁拉克"也能同样吸引公众的注意力。其次，人们可能认为，退休军官的声音代表的是更为广泛的军人选民的心声：通过支持某位候选人，他们创造出的印象不只是个别军官支持这名候选人，而是军队或军队中的某些重要部门也支持了这名候选人。[32]这些支持向现役军人发出了强有力的信号，暗示他们要如何投票。海军陆战队前助理司令官理查德·尼尔（Richard Neal）将军称："陆海空三军将领是导师，是昔日楷模，代表他们来自的军队，（并且）仍然对军队产生重大影响。"[33]事实上，人们认为，这正是候选人如此青睐这些支持的原因。【223】

简而言之，认为退休军官参与这些党派活动合理合法，这种描述很准确，但是当政治活动牵涉整个军事组织，却否认政治活动至少有潜在的重要影响，这就不准确了，有鉴于此，退休军官应该审慎地予以权衡。

第四种策略为"缔结联盟"（alliance building），指的是各军种及其领导人努力讨好文官集团和选民，将这种行为视为对政策过程施加间接影响的手段。这些活动的水平是不同的，具体程度取决于这些活动所针对的具体受众或所聚焦的具体问题。人们希望军事机构开展一些一般性的公关活动，这似乎合乎情理，但是这些活动在多大程度上可以是"政治性的"，却值得商榷。例如，所有的美国军种都会从事一些活动，目的是使军人家庭和全体公民都能熟悉军人的生活和装备；海军还允许公民在"舰队周"（Fleet Week）期间参观军舰。

更为重要的是，各军种都会在政治、公共生活或私人企业中物色文职"重要人物"，请他们造访军舰和基地，通过这些活动来努力影响文官的意见和态度。正如副司令约翰·沙纳汉（John Shanahan）所言，这些活动是有针对性的，"特别是针对组织中的一些精英集团，对于各军种提供的活动，这些集团会予以回报和回馈，要么支持各军种的预算基线，要么支持某个具体的武器系统，如果是这样的话，这些活动就近乎不恰当了。[34]譬如，2000年，美国海军太平洋舰队允许8000多名平民登舰参观。[35]其中，许多人不仅是公民，实际上还是具有政治或社会影响力的人，或者是有这种潜在可能性的人。[36]

对于军队来说，国防工业内部的官员是更为得力、可以争取的文官合作伙伴。20世纪后半叶，美国军工产业的发展为军队创造出一类天然的文官盟友。五角大楼和民用国防工业经常联合起来推动武器项目。[37]缔结联盟的目标受众通常是国会，由于保护就业和当地经济的急切心情，国会成员很容易受军方游说策略的影响。这些联盟可以变得十分强大，一些人称之为影响国防政策制定的"铁三角"。[38]

我将第五种策略称之为"私下提醒"（shoulder tapping）。私下提醒指的是军事领导人主动向国家立法部门成员寻求政策帮助的活动。军方与立法机构之间的一些互动并不属于私下提醒：美国宪法规定，军人需要同立法机构成员进行协商。因此，美国所有军种分支部门以及参谋长联席会议都始终设有立法事务办公室，负责监督军方与国会议员之间的磋商。[39]这些办公室为各军种及其文官监督者所关心的问题提供信息和专业知识。在这种活动中，大部分都不是我说的私下提醒。

在某些时刻，联络活动会越界，变成代表某一特定政策立场所进行的宣传。如果军事领导人通过与立法者进行非正式接触来"主动提供"信息，而不是被明确地要求提供数据，或者被要求在国会作证时直言不讳地履行

【224】

宪法职责，军事领导人的活动就更可能像是一种宣传。

当国会在为某一问题设置框架时，如果军队采取一种可能被称为议程设定（agenda setting）的方式，主动出击，这种行为就是私下提醒的证据。例如，1992 年 7 月（11 月总统大选之前），克林顿有意改革禁止现役军人公开同性恋身份的政策，克林顿刚宣布完这一意愿，军方就开始动员国会反对废止这一禁令。起初，国会的反对声音很弱，在大选期间几乎听不到任何反对声音，但是就该禁令的争议还是于 1993 年 1 月下旬爆发了。时任参议院军事委员会主席的参议员萨姆·纳恩（Sam Nunn）开始与五角大楼官员密切合作，组织人们反对废止这一禁令。到 1993 年 1 月中旬，军方人员已采取明显立场，反对改变这项禁令。总统大选一结束，五角大楼的官员们就开始向媒体报告说，改革该政策的做法几乎遭到了"军方高层的全面抵制"。在克林顿就职后的几天里，参谋长们如此咄咄逼人地反对这项政策，以至于五角大楼的一些助手表示，军方此举近乎不服从命令。在此期间，一个名为"同性恋议程"的视频在国会议员中流传，该视频由现役军人制作，时长 15 分钟。1993 年 1 月，海军陆战队发言人证实，海军陆战队司令官小卡尔·蒙迪（Carl Mundy Jr）将军还向参谋长联席会议的其他成员转发了这个视频。正如一位前五角大楼的财务人员所说，海军陆战队"正在像分发爆米花一般地转发（这个视频）"[40]。

军事政策和战略的积极影响

所有这五种政治策略显然都与客观文官控制的原则相矛盾。在每一种策略中，军事领导人及其组织都会明确表达他们对政策和其他问题的偏好，还会主动运用策略来确保公众和某些特别选区能意识到他们对这些问题的【225】看法。在这种情况下，军人的行为就像政客一样，没有按亨廷顿开出的军事职业主义处方去行事。因此，我们可能倾向于得出这样的结论：军人完全不适合参政，且目光短浅，这就留下了一个悬而未决的问题：让军人参与政治，是否或者何时会为公众或政体带来一定的好处？在此，我概述了军人参与政治活动的三种影响，以及它们是如何影响政策和战略的。

专业知识效应

在评估军事活动时，公民和政客之间明显存在信息不对称现象。军官可以帮助公民弥补这种不对称。他们可以利用与公开呼吁有关的策略来达到这一目的，正如我前面对这个术语所定义的那样，公开呼吁的手段包括公开评论、通过秘密渠道向新闻界泄露信息等，内容涉及对军事战略和政策选择的判断。这些策略能促进公民更好地分析军事战略和军事活动的其他方面，也能更好地探索这些方面如何与政治目标相整合。[41] 在战争期间，对于备选的战略和战争计划有什么样的优点，军事领导人也可以向公众提供基本的专业知识。在和平时期，军事领导人还可以针对组织改革、部队结构以及与军事发展其他方面的有关问题，向民众提供深刻的见解。在公民决定是否支持某位特定的候选人、是否赞同他的关于如何管理军事冲突或改革军队的思想时，军事领导人提供的这种专业知识也能帮助公民做出更明智的决定。这些推动公民的力量反过来会决定政治领导人的研究和分析动机，使他们避免从一开始就实行有缺陷的政策、战争计划或战略。

在评估军事活动时，公民往往缺乏必备的信息和专业知识。这似乎破坏了美国军政关系的一个关键前提：文职政治领导人而不是军事领导人应该保有使用武力的决策权，因为公民有向其行为进行直接问责的权利。政治领导人由公民选举产生，公民委派他们代表公民承担对武力使用进行决策的责任。如果公民不喜欢文官推行的政策，可以通过投票令其下台。

但是如果问责制出了问题，会发生什么呢？今天，很少有公民接受过复杂的军事战略、军事行动和军事活动教育，他们可能连军队的基本组织【226】结构都不了解。因此，当政客在军事领域内进行决策时，向他们问责就困难重重。政治领导人在提供军事战略和战争计划时，普通公民凭借什么能够判断出，他们提供的决策理由充分？政客们对自己的评估准备得不充分，公民又应该如何向他们问责？

一种解决方案是，军事领导人可能会在关键时刻向公众提供信息和评估，尤其是在文职领导人采用的战略和政策至关重要的时候。[42] 军事领导人有专业知识，也有获取信息的渠道，这些都使他们的意见非常宝贵。进行公开呼吁时，他们就是在向广大公民传播这些有见地的思想观点。当政治领导人制定的计划考虑不周，做出的假设站不住脚，而提出的军事行动又是基于这样的计划与假设时，公民因为有了更好的智识储备，就会识别出其中的不足。在上一节中，我们概述了一些政治活动，这些活动有可能向公民提供信息，公民就可以检核他们的政治领导人是否正在实行有缺陷的战略和政策，通过这样的过程，能够促进政治、战略与军事行动的整合。

这看上去是那些赞成"将军反抗"（revolt of the generals）事件的人的动机（或者更准确地说，是那些没有被这个事实吓到的人的动机）。该事件发生于2006年4月，几位刚退休的将军公开发表声明和评论，批评国防部长拉姆斯菲尔德对伊拉克战争的处理方法，尤其是他的战争计划过程，这些将军中的大多数都在伊拉克担任过指挥要职。[43]其中的一项指控是，拉姆斯菲尔德不让别人说话，恐吓可能的持异议者，导致在伊拉克战争中采用了错误的战略。

许多人在回应这一事件时认为，将军们的公开评论行为违反了军官的行为准则，有失得当，无论这些言论有何价值都应该受到谴责。但是也有人并不对此感到担忧，他们强调说，在这些评论中，蕴含着的信息和专业知识都很有用。

在这些直言不讳的将军里，陆军中将格雷戈里·纽伯尔德（Gregory Newbold）是其中之一，在《时代周刊》上的一篇文章中，他对将军们公开呼吁的正当理由进行了解释，对拉姆斯菲尔德提出了批评。纽伯尔德在评论中指出，现役军人因拉姆斯菲尔德的准备不足和战略误导而忧心忡忡，他就是这些仍在服现役的军人的代言人，他称自己的行为是"在一些现任军事领导人的鼓励下，向现役军人提出的一项质询：领导人的责任就是要给那些不能发声或没有机会发声的人以发言权"[44]。他接着说："我之所以【227】采取行动，是因为白宫和五角大楼的失误及误判。"也因为有就伊拉克战争向他们问责的愿望，纽伯尔德将伊拉克战争称作"一场不必要的战争"。简而言之，纽博尔德认为，在审查误入歧途的文官战争战略时，这些行为都至关重要，因此，他的行动是正当的。

退役中校拉尔夫·彼得斯（Ralph Peters）也认为军官可以持不同见解，在对此进行公开辩护时，彼得斯提出了类似的观点。他说道："如果退休军官在复杂的军事问题上不能畅所欲言，我们还能向谁寻求专业意见呢？去问那些从来不去服兵役的政客吗？去问同样缺乏军事专业知识的专家吗？还是去问国防工业部门的宣传人员呢？当然，在我们这个专业化的社会里，终身积累的专业知识也应该有某些价值。"[45]

对这类评论有一些公众反应，它们也表达了同样的主题。例如，在"将军反抗"事件发生后不久，一个受欢迎的网站便开展了一场公开辩论，一名参与者说："军人，尤其是将军，无论他们的意见是属于战略领域，还是战术领域，都应该表达出来。这些意见构成了连续统一体，并没有明显的界限。那些军官们经验丰富，知识广博。我们应该尽量充分利用这些知识和经验；'闭嘴吧，当兵的'，不是对这个问题的答案。"互联网专栏作家凯文·德拉姆（Kevin Drum）写道："从退休将军那里得到反馈，确实是让文官领导层负起责任的唯一可行途径。"更为添彩的是，另一位参与者宣称："存在不必要的战争，也存在不明智的战争，但是，伊拉克战争是一场罪恶、虚假和邪恶的战争，（并且）诚实的陆海空三军将领是有义务将它公之于众的。"[46]

简而言之，军官可以在提供专业知识和促进公职人员问责方面发挥重要作用。公开呼吁能够以这种方式促成更为深思熟虑的和更具优化潜能的政策和战略，它绝不会令公众意识和公开辩论不强反弱的。

火警效应

还有第二个军人参与政治活动促进军事政策和活动的机制，在这里，我将这个机制称为火警效应（fire alarm effect）。[47]政治领导人如果关注了军事训令、组织、部队结构、军事发展或活动的其他关键领域，并且考虑在这些方面进行重大变革，军官们就可以向外部专家或国会发出警告。这反过来能促使国会和文职分析人士对这些重要问题进行研究和分析。军人要承担为公民提供信息的角色，火警效应与这种角色密切相关，但是这里【228】的重点不是提供必要的或公众不具备的专业知识，而是当政治领导人提出的变革或要素影响了军队的组织权限或能力时，要发出信号。

如果打算吸引文官关注某一问题，私下提醒、与文职支持者缔结联盟可能是十分有效的方式。国会拥有宪法赋予的监督和管理军队的权力，但是出于各种原因，国会可能并没有准备好如何去确认和处理那些与军队的组织权限或能力有关的问题。军事领导人可以积极主动地提醒众议员和参议员去改变国防部长及其幕僚的想法。国会就可能更倾向于通过听证会、辩论或立法来调查这一问题。军事组织还可以与利益集团结盟，向在监控军务上具有既得利益的集团发出警报，当然，这些利益集团一定会传递符合自己偏好的信息。同样，当军事领导人私下提醒时，例如，当他们在为自己的政策意见寻求国会支持时，沟通信息的方式也会符合他们自己对某一特定问题的偏好。这本质上并不消极。只有当政客们不寻求其他信息来源时，才有可能消极。从原则上看，对于那些应该探索和辩论的可能变革领域，私下提醒和缔结联盟是能起到发出信号的重要作用的。也有助于确保更有效率的变革和改革，使其达到预期效果，使国家为应对威胁、迎接挑战做好准备。简言之，政治策略可以导致更为明智和更具潜在优势的军事战略及活动。

创新效应

　　军人参与政治活动还有第三个可能的正向效应，即促进和平时期的创新。分析家们设想过创新过程的各种途径。斯蒂芬·罗森（Stephen Rosen）认为，如果提出某种关于战争的新理论，并推动个体在军事等级制度内倡导这一理论，就可以实现创新。巴里·波森（Barry Posen）则认为，特立独行的、非主流的军人往往可以刺激创新。他们会挑战权威，能推动新颖、非常规、甚至不那么受欢迎的战争进路。[48]

　　军人的政治活动也有助于推动这种创新过程，具体体现在以下三个方面。首先，它有助于制定议程。如果官僚机构旨在维持现状，其内部的变革本质上就是一场艰苦卓绝的斗争。有些军官能清晰地提出合乎逻辑的变【229】革理由，他们通过私下提醒、公开呼吁来直接警告国会，以此来提高研究新问题的意识，创造研究新问题的动力。军人的这种政治活动能迫使那些想要维持现状的人，逼着他们说出更为充分的理由来捍卫自己的立场，这至少可以增大改革的胜算概率。

　　其次，政治活动能使文官更加容易发现和支持创新者。罗森和波森以不同的方式同时指出，一个人能成为军中的有效创新者，必定在军队之外得到了文官的授权和支持。正如罗森所建议的，无论是为创新者创造机会，让他们在军中获得领导地位，还是挑选出一名不循规守矩、特立独行的军人，赋予他权力，使其撼动官僚体制，文官都在推动改革方面发挥着至关重要的作用。一些高级军官倡导关于战争的新观念和新方法，他们的政治活动有助于发动文官对这一过程提供支持。结果是，文官可能更有意愿支持新的专业化过程，或者做出其他监管方面的改革，以这种变革来促进创新者崛起，提升他们在官僚体系中的影响力。文官还有可能任命那些倡导战争新视角的人担任要职。

第三，通过缔结联盟，创新者有可能动员和建立支持创新的选民阵营（constituencies）。例如，如果国防工业的利益集团发现，他们自己可以从所建议的改革中受益，他们就可能组织起来，在国会或者在与国防部官员的接触中增强意识。通过与这些大公司和各行业的官员建立密切关系，有新思维的军事领导人就大概能为他们的想法获取必要的支持了。国家也因此能有备无患地抓住提高军事能力和效能的技术机遇或其他机会。

军事政治活动的负面影响

当军事领导人及其组织参与政治活动时，我们是可以从中发现一些益处的。但是，其中难免蕴含着更多的错综复杂的情况，也具有一定的成本和风险。

是客观的专业知识，还是主观的价值观念？

第一个复杂情况是，本章中描述的策略可能被用来支持良善事业，也可能被用在不当的地方。无论做何种用途，军事领导人及其组织都会有某些政策偏好，并且会非常公开坦率地表达这些偏好。但是任何关于政策或战略选项的判断本质上都是一种判断。因此，文职分析人士和政客不太可能就以下问题达成一致：军人参与政治活动是将军事专业知识融入了辩论，还是将偏见和错误信息引入了辩论；这一活动是改革的一种火警效应，还

【230】

是一种动员人们反对政策变革的不当行为；所提议的军事活动改革是一种有希望的创新，还是考虑不周，转移了对基本优先事项的注意力。虽然这些策略是中立的，运用策略达到的目的却不是中立的。军事领导人及其组织可以利用政治策略来狭隘地为自己谋私利，也可以为大众谋福利。例如，这在军事采办领域中就很常见。简言之，一个人在评判军事领导人利用政治策略的价值观时，可能取决于他是如何看待他们推行此项政策的后果的。

可以将2006年的"将军反抗"事件视为近年来的重要实例。有人认为，这六名退休将军公开反对拉姆斯菲尔德及其对伊战略是合情合理的，但是即使是这些人，也可能会认为，20世纪50年代，道格拉斯·麦克阿瑟将军在挑战杜鲁门总统的朝鲜战争战略时，他的这一做法是不合适的。[49]可能支持这六名持异议将军的人同样可能不那么赞同科林·鲍威尔的做法，20世纪90年代初期，针对美国对波黑战争的干预，鲍威尔动员了那些反对这项干预的人，接下来，针对禁止同性恋现役军人在军队中公开身份的法令，他和军方又动员了那些反对废止该禁令的人。[50]鲍威尔和其他支持该禁令的人显然坚信，他们是在维护军队的健康发展，他们的政治动员对实现这一目标至关重要。但是正如许多人所见，鲍威尔的反应反映了一种特殊的价值体系和信念，而不是"专业知识"。[51]

应该将政治手段适宜性的界限划在哪里，众说纷纭，由于对政策结果进行评判时带有主观性，该主观性会使这一辩论变得复杂起来，这意味着如果军事领导人从自己的角度看，他对政治手段的运用可能就是适当的。2003年伊拉克战争前夕，美国陆军参谋长埃里克·新关做了一份陈述，在对这份陈述的辩论中，我们能看到这种模糊性。正如马修·莫滕在本书的第三章中所讨论的，新关是为数不多的、公开谈论战后占领时期军队部署不足的公众人物之一。2003年2月，新关在国会作证时公开陈述了他的这一观点，同时履行了宪法赋予他的义务。但是有人认为，他本可以采取更加直接的步骤来表达这些观点的。他或许应该向公众发出更为广泛的呼吁，或者提交辞呈，以示对政府战略选择的抗议。但是，这些策略是否适当，取决于对这些利害攸关问题的主观解读：实际上，在许多人的眼里，新关【231】的观点准确无误，这一事实可以让我们有理由认为，他本可以而且应该多说一些的。

有三种解决主观性问题的可能进路。第一，有人可能会得出以下结论，即无论付出什么可能的代价，公众都无法直接仰仗军队，不可能从军队那里获得专业知识，也不可能从军队那里得到研究探索与创新上的帮助，因此对于本章所述的任何策略，都要以严格的原则来反对，这样才最为理想。第二，在策略选择上，我们可能会区别对待，只选择一些可以容忍的策略。有些类型的政治活动可能被视为成本大于收益。公开呼吁和政治拉拢被认为有成本，也有对政策后果的积极贡献，但是成本始终高于贡献，而缔结联盟和私下提醒就不那么令人担心。第三，另一些人可能会辩称，政治活动的适当性只能根据以下条件来判定：策略运用的背景和情形、所针对的问题、所采取的具体行动、利害关系以及国内反应的性质，等等。[52] 但是要想让军事领导人知道何时才可以直抒其言，这一进路并不能提供明确的指导。虽然考察背景时，是可以就适当性问题引入更加细致入微的标准的，但是还是不能避免主观性问题。从不同的角度看，这三种条件都不令人满意，这确实表明，很难将手段适宜性的抽象判断从目的性的价值判断中剥离出来。

军队潜在的政治影响

第二个复杂情况源于军队的独特地位，尤其在美国。当军队在社会上享有巨大的潜在政治影响力时，就会放大所讨论策略对政策后果的效应。

产生此类政治影响的原因众多。第一，如果以现役军人、警卫和预备役部队人员、退伍军人、家庭、社区和国防机构文职雇员来计算，美国军队就会规模巨大，由此带来的结果是美国军队拥有巨大的结构性力量。大量的基地设施也为军人提供了居住和训练场所，从而对当地经济和文化产生重大影响。[53] 美国还是大量退伍军人和代表其利益的诸多组织的所在地。大量选民在保护军事机构方面具有某种既得利益，也能通过这种利益视角来看待安全问题。

第二，美国国内军工产业规模庞大，构成了一个为各军种提供武器系统的民间选民群体。在经济领域，大多数的部门都依赖军工产业及其创造【232】的就业机会。军事组织在采办决策上游说政客时，这种情况为他们创造了另一类利益集团和天然盟友。[54]

第三，机构和党派分立使政治系统极易渗透到与军事机构结盟的文职利益集团中。各军种在国会内部进行游说和施加影响时，也为这种渗透创造了大量机会。在诸如美国政治体制这样的系统中，总统和立法机构各自通过独立选举产生，彼此的职位之间互不依赖，这里的政治党派也往往相对薄弱，这些都为军事组织以及可能与之合作的文官支持者创造了天然的机会。

第四，美国军队享有很高的社会声望。军队是当代美国中最受尊敬的公共机构之一。在民意调查中，军队的支持率通常高于国会。而在欧洲民主国家中，军队的形象要差得多。

社会尊重极大地影响了公众对美国军人参政的可能接受度。在人口中，通常有一部分很尊重军方意见的人，当军事领导人通过递交辞呈发表言论或提出抗议时，这部分人群可能会高度重视他们的观点。如果军事领导人声称政治领导人没有有效地支持军事机构，或者将国家安全置于了险境，公民会倾向于相信军事领导人。社会声望还能提高退休军官的影响力，这彰显了竞选活动中得到退休军官支持的重要性。社会声望也有助于缔结联盟，推动军工产业和诸军种的游说活动。人们将军队视为有高度信誉和诚信的机构，当军队对武器系统和其他"军需品"提出要求时，公共舆论可能会给予更多的响应。[55]

第五，目前的美国军队是极其认同某一政党的。一般来说，可以预期，如果某个政党高度认同一个由政治领导层和军队共同制定的亲军事纲领，那么军队的政治权力就会增强。如果军事领导人觉得自身的利益面临风险，这种关系就可能促使他们向该党成员发出呼吁。反过来，如果某一政党的意识形态和政治纲领与军队利益挂钩，这个政党就更易推动军人倡导的政策。由于这些动力将战略和部队结构等问题的辩论归结为党派问题，也使其他有可能质疑军事政策的政治家面临更大的风险。

三角战略研究所（TISS）对美国军官集团日益增长的党派性进行过许【233】多研究，这些研究有助于我们理解这一系列问题。在 20 世纪的大部分时间里，美国军队确实是无党派的。随着时间的推移，也变得更加职业化。到了 20 世纪 70 年代，军官更可能被认定为是独立人士，而不是自称支持任何单一政党的人。[56]近几十年来，无党派规范和惯例似乎大大放松了。三角战略研究所和其他研究机构发现，自越南战争以来，军官们越来越可能认同某个政党了。[57]与普通民众相比，军官在他们的党派归属上确实具有某种偏向性。在20世纪90年代中期，美国高级军官集团中，62%认为自己是共和党人，10%认为自己是民主党人，18%认为自己是独立人士，只有9%认为自己没有什么政治偏好。[58]如果军官不再把自己视为政治领域之外的人，而是把自己视为政治领域内的参与者，那么更加广泛的政党认同，特别是对于这个或那个政党的认同，都预示着一种更大的表达政治观点和意见的愿望。三角战略研究所没有直接研究党派归属和党派活动之间的关系，但是它确实发现了一些轶事证据（anecdotal evidence），这些证据表明，军官们十分愿意表达他们的政治观。[59]例如，三角战略研究所指出，在一些案例中，当现役高级军官与初级军官讨论时，或者写信给民间报纸编辑痛批某一政党时，都会表明他们的党派归属。

　　总之，在美国，由于政治体制的性质，加上军队的社会声望以及目前对共和党的认同，军事领导人及其军事组织都拥有着巨大而广泛的潜在政治影响力。所有这些都十分重要，因为当军事领导人通过公开呼吁、哗众取宠、私下提醒、缔结联盟和政治拉拢活动提供信息时，军队的这些特质会影响此类信息为所有公众和政府官员接受的方式。角逐的战场并非势均力敌：军事领导人不只发出了另一种声音，而且声音还格外清晰嘹亮。结果是，军队的意见可能会被高度重视，甚至是过度重视。因此，除了提供信息、发出改革信号或推动创新，军队的政治地位可能意味着军事领导人及其组织能够对政策结果产生极其重大的影响。

军人参与政治活动的成本和风险

　　最后，除了以上所述的复杂情况外，如果军人从事政治活动，我们还【234】能识别出一些重大的成本和风险。第一个风险是，如果军人持有政治激进主义立场，就可能对民间社会如何看待军事组织产生负面影响。美国民众尊重军队的原因之一是，军人被认为是无党派的，军事行动超越了政治，或者与政治无关。如果军事组织看上去参与了政治进程，就会与美国其他公共机构的经历一样，容易遭到冷嘲热讽，还会被质疑动机何在。这可能是毁灭性的，例如，如果公众认为武装部队只是另一个争夺资源的特殊利益集团，那么军队在为资金拨款进行辩护时，就会举步维艰。在新闻发布会上，或者在向公众进行一些基本的通报时，公众就会将军事领导人视为自私自利的官僚机构的传声筒，对其不予理睬。此外，如果军官集团越来越认同一个政党，这种动态发展还可能愈演愈烈。巴塞维奇（Bacevich）指出，"军队越认同一个政党，政府官员和选民就越有可能将军队的建议视为政治议程的一部分，而不是专业人士的公正而深思熟虑的判断。"[60]

第二个主要风险是，这种政治活动可能会影响文官任命军事领导人的动机，也可能会影响军事领导人更为广泛参与协商过程的动机。为了日后不遭到军队反对，保护自己在选民中的声誉，国防部长可能更倾向于选择与政府志同道合的军事领导人。如果军事领导人被认为是忠于某个特定政府的（无论是对还是错），并且是因此而得以任命的，那么在政府内部的辩论中，这些领导人的可信度就变得复杂化了，他们可能不再被视为独立的客观专业知识的贡献者。政治领导人也可能会变得更不愿意传播有争议的观点，或者不愿意与军事领导人进行讨论，即便这些领导人是由他们精心挑选出来的，他们担心军事领导人可能会公开批评他们或他们提出的政策。这些动力会损害军政双方共同进行战略评估的程序。政治领导人在评估过程中会降低听取其他观点或不同观点的程度，也会缩减咨询和辩论的规模。让我们再看一下 2006 年 4 月的将军反抗事件，当时，几名退休军官批评国防部长无视他手下的军事领导人的建议，这一事件发生后，未来的文职领导人在与他们的军官同僚打交道时，就会有做得更好的动机了，拉姆斯菲尔德显然做得不够。也存在另一种可能，未来的文职领导人，尤其是那些在海外推行有争议改革计划或军事行动的文职领导人，可能会更在意规避风险，不愿意与他们的将军分享信息。他们确信有些将军不会公【235】开反对他们或他们的政策，他们就只选择与这些将军对话。这显然不利于在军政关系中进行战略评估。

第三个风险是政治活动对军事职业主义的可能负性影响。正如亨廷顿所言，如果军事职业主义既反映又促进了军队的技术效能，以及暴力工具的专门化，那么参与政治活动就可能分散和削弱这些专长。换言之，正如亨廷顿所预测的，如果政治参与分散了高级军官的精力，军队在战场上的专业能力就可能会下降。

政治行为也可能损害精英统治。如果军人过多参与政治辩论，提拔高级军官时，可能就要考虑候选人的政治面貌，甚至还要考虑他们的党派立场。此外，我们从许多历史案例中了解到，当政治标准在任命和晋升中变得至关重要时，军官集团的素质就会下降。当军事领导人从事政治活动时，他的这一行为就会向下级发出种种含糊不清的信号，例如，如果他们的上司对文职领导人的一项政策决定提出质疑，士兵或初级军官是否应该对执行这项决定提出质疑？因此，如果军事领导人的政治活动现在屈指可数，但是将来会变得更加普遍，那么从事这些活动的军官（或者是支持其他军官从事政治活动的军官）就会削弱部队的士气。[61] 关于军事领导人参与政治活动对军事职业主义的潜在负面影响，此处所述仅是冰山一角。

最后，可以说尤为重要的是，在政策和战略问题上，如果允许军事领导人参与政治活动，他们对民选文职领导人就可能不会那么尊重了。正如亨廷顿指出的，军队在客观控制下享有自主权，这一自主权塑造了军官集团文化，能使军官在这些决策中将尊重文官视为第一要义。如果军事领导人运用了上文讨论过的政治策略，军官就可能越来越感到自己做的合情合理，对于那些他们认为事关国家利益或事关其军种要求的问题，甚至还会觉得自己的直言不讳是迫不得已。政治策略越是成为惯习，越可能觉得军事领导人在国家安全事务决策中扮演重要角色的做法实属意料之中，也合乎规矩。如果军事领导人最终不对他们的文官雇主负责，他们就不会对任何人负责，因为与文官雇主不同，军事领导人无需对政体负责。这种动力会削弱民选文职领导人做出重大决策和对公民永远负责任的能力。

【236】在美国这样的国家中，这种问题十分复杂。美国军队拥有巨大的社会声望，这意味着公民可能过于听信军队的意见。在美国国内政治中，如果影响力够大且时机合适，军事领导人采用呼吁公众、支持候选人、对结盟的利益集团进行动员以及私下提醒等策略，都可能极大地影响文官的政策决定。政治领导人也可能会避免推行有可能遭到现役军官批评的政策。问题的关键是军方的政治策略不仅仅提供信息，激发对重要问题的进一步分析，还有可能通过向领导人施加压力来迫使他们遵从军方意见，或者是冒

着失去民众支持的风险，过度影响政治领导人做出的决策。即便政治领导人不同意军方的观点，即便军队的意见不一定符合国家的最佳利益，政治领导人还是有可能接受军方的意见。

正是这种动力让一些人感到担忧。1992 年大选期间，科林·鲍威尔公开表示，他反对干预波黑战争，克林顿当选后，他又动员军官反对废止军中同性恋禁令的提议。克林顿在这两个问题上都做了妥协，这表明，克林顿可能受到军方压力的过度影响了。

平衡表

在美国，我们应该如何衡量军人参与政治活动的成本和收益？一个指标是考察政策和战略的影响。从这一角度看，军官和军事领导人参与政治活动可能有好处。当政治领导人为实现国际目标而对备选方案进行调查研究时，军人参与政治活动能促进更为深入的公共辩论和分析。对于组织变革以及各军种或国防部内部的其他变迁，军人参与政治活动可以激起关于这些改革有什么优点的有益辩论。军人参与政治活动还能使国家抓住理论和武器装备创新的机会，制止考虑不周的转型。在上述每种情况下，政治活动促进政策和战略的主要机制都是释放更多的信息，以及对备选方案进行研究与分析。公民、文职分析人士和许多政治家都信息严重不足，专业知识匮乏，军人的政治活动可以提供信息，可以呼吁公众、私下提醒、进行辞职威胁、以缔结联盟的方式引起第三方监控，甚至可以在选举中支持【237】候选人，这些做法原则上都对政体有利。

但是这些好处必须通过第二个衡量标准来权衡，这个标准是，这些政治活动对指导美国军政关系和美国民主实践的长期原则有何影响，这些政治活动可能造成的巨大成本和风险是什么。

其中大概最重要的是，军人的政治活动威胁到了美国的民主问责制和决策惯例。军事领导人并不是以军队直接接管政府来提高这种威胁水平的，这个问题是亨廷顿最关心的主题。相反，军事领导人会通过公开呼吁、哗众取宠之类的策略参与辩论，在某些时候，他们做得还不止这些，他们会以一种优先考虑其所赞成结果的程序，从根本上影响政策辩论。在此，我们必须回到这样一个事实，即根据宪法授予的权力，必须由政治领导人对军事安全政策和战略做最终决定，对选民负责的是他们，而不是军人。

在《军人与国家》一书中，亨廷顿正确地意识到，允许军人参与政治活动会造成严重的负面影响，因为它损害了军事职业主义，进而损害了技术方面的能力，但是他的分析忽略了这一问题的关键维度。没有认识到政治活动的潜在积极影响，掩盖了禁止此类活动涉及的核心困境。在要求军官放弃政治行为时，涉及重大的权衡取舍，但是，这是一个势在必行的权衡。军事领导人对文官控制的长期原则构成威胁，而文官对重大国家安全问题做出决策又十分重要，对于政治强大的军官集团和直言不讳的军事领导人所施加的压力，如果文官并不依从，就得要求军官放弃政治活动，并且要全盘要求军官这样做。

有些人可能认为这一结论过于死板，忽视了以下事实，即从事政治活动的诱惑巨大，有时在军官和公众看来都可能极具吸引力，但是其他的选项更属下策。这些选项要么同意在排除其他策略的情况下使用某些政治策略，要么让军官自己去判断什么情境下参政恰如其分，什么情境下参政有失得当。这两个选项都要求从主观上判断某个指定情境下的行为是否得当，但是就像我们经常看到的那样，军官和外部观察者都对利害攸关的问题有自己的看法，它们不可避免地会影响这些判断。

【238】　　再明确一下，这个"一刀切"规则可能存在巨大的成本和风险。军官集团必须承认和接受这些成本与风险，才能遵守这项规则。如果军事领导人放弃政治活动，国家就可能会间或地奉行错误或不周密的军事战略和军事行动计划，国家还可能错失国防政策、国防采办或组织重建的机会。这些都是我们必须承受的代价，我们希望其他的行动者和组织能有助于减轻这些代价，以维护军政关系的长期构架，这是共和国的立国之本。

第十二章 强化国家安全和对军队进行文官控制

——麦迪逊进路

克里斯托弗·P. 吉布森

美国卷入伊拉克战争已经激起了广泛的辩论和争议，辩论的问题包括，【239】哪里出了错，应该追究谁的责任，应该主要采用什么样的修正措施。[1] 许多学者已经对此提供了描述和解释。[2] 我认为，美国之所以深陷伊拉克战争泥潭，原因众多，其中的一些原因可以归结为军政关系中的核心问题。[3]

功能正常的军政关系不能确保政策的结果是成功的，但是在这一重要领域中功能失调，必定使政策选项（options）不完备，政策结果行不通。以我的判断，要描述 2002 年至 2006 年前后的美国局势，功能失调是一个准确的术语，当时，国防部长唐纳德·拉姆斯菲尔德左右了参谋长联席会议主席理查德·迈尔斯（Richard Myers）上将的意见。[4] 这不是五角大楼的政治任命官员第一次采用操控式的（dominating）文官控制方法了，美国并没有以史为鉴。40 年前，国防部长罗伯特·麦克纳马拉采用过类似的策略，对政策和军事效能造成了损害。[5]

美国为何不以史为鉴？我认为，部分原因归咎于缺乏指导美国军政关系安排的有效规范性观念（normative construct）。这种指导必须出自民选【240】国家领导人之手，而非国防部长。国防部长和国家的顶层将军一样，是民选国家领导层（总统和国会）的雇员或"代理人"（agent）。根据宪法规定，总统和国会都有责任领导和控制军队。因此，由高级将领来塑造军政关系并不合适。[6] 下属不应该是对军政互动进行安排与打造的那些人。

当民选领导人开始安排他们与国家安全机构之间的关系时，却缺少一些能从中进行挑选的选项。他们需要更多的帮助。学者们在这方面可以发挥重要作用，他们能帮助民选领导人清楚地表述出一套连贯一致的结构和规范，以指导关键的军政关系。

自"冷战"结束以来，军政关系话题在公共话语中日益凸显。国家领导人，包括总统候选人，都提出过"对军队进行文官控制"的哲学，都想探讨文官控制在实践中究竟意味着什么，当他们在做这些时，就应该向那些多年致力于军政关系问题研究的学者们寻求建议。我相信这个学术共同体能够将深思熟虑的论点带入这场辩论。在本章中，我提出了"麦迪逊进路"（Madisonian approach），以此来促进这场讨论。

在主流文献中，确实只有两个关于军政关系安排的选项是被明确表述的：一是主观控制，即麦克纳马拉和拉姆斯菲尔德采用的控制类型；二是客观控制，它最先由塞缪尔·亨廷顿勾勒出来，并被亨廷顿寄予厚望，但是客观控制关于军政关系本质的假设并不正确，该假设认为，军官要为民选领导人提出、分析并传达政策选项，包括建议。[7]

进一步的研究发现，客观控制是一个错误选择，它不能为绝大多数的军政互动提供有意义的见解。在帮助民选领导人了解战略环境方面，在决策之前对问题和选项进行分类方面，文职领导人和军队领导人都要共担责任，而客观控制却对此无能为力。因此，唯有充分发展主观控制模式。但是政务官员通常缺乏实践经验，如果让他们对军事职业进行微观管理，就可能导致效能水平下降（就像麦克纳马拉和拉姆斯菲尔德时代那样），因此，大多数的总统也没有遵照主观控制的进路。

通常情况下，在总统和国会开展工作时，如果没有清晰的模式和公认【241】的规范来指导军政关系，就经常会引起困惑和歧义。[8]有时，批评人士指责军政关系中的一方或双方没有充分有效地履行自己的职责，或者一方过度地介入了另一方的领域。[9]但是，如果没有明确规定的期望和标准，没有一致公认的框架，我们如何能对什么是玩忽职守或行为不当形成一致的看法呢？[10]今天，主观控制已经名誉扫地了，所以民选领导人需要明确地说出一种方法，用它来安排军政关系。

塞缪尔·亨廷顿与客观控制模式

在《军人与国家》中，亨廷顿试图提供新的规范理论，以帮助民选领导人有效安排军政关系，解决国家安全问题。[11]遗憾的是，他的政策建议是有缺陷的。

20世纪50年代初，亨廷顿意识到了美国在努力应对苏联威胁时所面临的困境。在此之前，美国从来没有面临过生死存亡的威胁。美国缺乏一种清晰的理论进路来对国家安全机构予以充分组织。在那个时期之前，美国通常是避免在和平时期保留大规模的常备军和维持庞大的国防预算的，而且还将这些做法视为对公民自由和其他国内优先事项的威胁。庞大的军队和国防开支是战时之需，战后，这两项内容都遭到了削减，用亨廷顿的话说，二者都被"彻底消灭了"。但是来自苏联的威胁意味着现在裁军并不是一个可行的选项。这产生了哲学上的困惑。

亨廷顿意识到，美国需要一种规范性的理论或指导，以提供一种不大幅改变美国生活方式就可以对抗苏联的路径。为此，亨廷顿提出了"客观控制模式"，之所以这么命名，是因为该模式要求军方不参政，军人要通过公开放弃党派之争来保持职业上的客观性。亨廷顿认为，政府行政部门和立法部门会发出截然不同的声音，所以文官队伍无法始终有效地管理军队，让军队遵从文官控制。这种冲突与矛盾是指导和监管本身固有的，无论它们出自同一政党内部或对立党派之间，还是出自政府的国会部门与行政部门。按照宪法的设计，这些部门本来就应该相互制衡，就应该在许多议题上分歧广泛，包括对军队的政治角色如何进行最好的限定。而对于少【242】数党来说，将军队拉进政治领域，使权力的天平向少数党倾斜，至少在某个特定的问题上暂且如此，始终具有诱惑性。[12]

为摆脱这一困境，亨廷顿坚持认为，他所定义的军事职业主义本质上与政治无关，如果在一个"窄领域"（narrow sphere）内赋予军队以战术和军事行动问题上的自主权，就可以推进军事职业主义。军队就可以对许多被认定为是纯军事的问题进行决策。亨廷顿认为，对自由做出这种限定后，一方面能激励军队集中主要精力，始终维持在战备状态，另一方面也可以使军队远离政治。他推论道，军队会发现这种做法的好处，因为如果与某个特定的政治事业、立场或政党保持一致，此时可能受益，彼时政治命运发生改变，就可能证明毫无意义。尤其要指出的是，军队要对指定的、明确界定的军事事务领域负责，因此，更要对政治陷阱有所意识，避免身陷其中。此外，亨廷顿还推断说，军事职业主义具有内部团结性，也在本质上具有与之相关的问责性，所以越界的人会受到军队内部的监督管理。[13]

亨廷顿提出了一种旨在确保国家安全的模式，只是在运行该模式时，要以维护文官控制军队和坚守美国价值观的方式。亨廷顿的客观控制模式广受欢迎，多年来在军队中深入人心，在美国西点军校和预备役军官训练团（ROTC）的教学中，也在讲授该模式。[14]该理论的一些方面有点特别，比如，亨廷顿将军官描述为"暴力的管理者"（managers of violence），但是总的来说，他的观点，尤其是他对军事职业主义、专业知识培养和战争史研究的强调，都受到军人欢迎。[15]亨廷顿认为，要经历训练和反思才能获得专业能力，要终生致力于专业知识的学习才能培养专业能力。亨廷顿的客观控制模式对战士颇具吸引力，大多数的士兵都想成为亨廷顿笔下的那种士兵。士兵接受了亨廷顿的专业知识思想，再去信奉他的政治观点也就不是什么难事，一切似乎都很符合逻辑。随着"冷战"的继续，军队大规模扩张，军队开始接受客观控制模式，军政关系似乎有了规范性指导，但是事实并非如此。

客观控制从一开始就存在根本缺陷，因为它假设可以以一种全面而有意义的方式将军事领域和政治领域区分开来。这忽略了一个多世纪前克劳塞维茨为国家安全和战略做出的全部贡献。[16]军事领域和政治领域确实存在一些明显区别。美国宪法和法令规定，民选领导人要对军队的规模、组成、经费水平以及参战时机进行决策。陆海空三军人员要承担战斗风险，但是他们为战斗进行准备的方式，甚至是指导其作战行为的交战规则，多数由国会议员和总统这样的文职领导人打造及设计。因此，亨廷顿客观控制模式的核心问题是，鲜有行动仅属于一个领域或另一个领域。一些政治任命顾问会就所有与共同防御有关的问题向民选领导人提供分析、列举选项和提交建议，将军与这些政治任命顾问共同扮演这些角色与承担这些责任，几乎所有的军政互动都发生这里。[17]

【243】

如果一种规范性理论只能处理一星半点的参与者互动，它就不太会真正促进那些能打造决胜时刻的重大日常事务。在高层国家安全决策过程中，顶层文职领导人和军队领导人的角色重叠太多，根本无法将军政关系规范模式建立在各司其职、互不干涉的基础之上。[18]

亨廷顿出错的原因不难理解。"冷战"初期，艾森豪威尔政府推行大规模报复战略，将陆军重组为五群制原子师（Pentomic Divisions），以便能在核战场上生存下来。当时的普遍信念是，未来的冲突极易失控。人们认为，两极格局的形成、核武器的出现以及它们对军队和百姓造成的毁灭性影响，都意味着未来的战争会迅速升级，可能还包括原子武器之间的对抗。在这些假设下，有人认为，无论是战是和，都应该将决策权的大部分留在文官领域里，支持这种观点的分析与建议也并非思想激进，因为在这种脚本里，战术和军事行动方面的军事建议可能看上去确实不那么有干系。正是那些拥有资深核物理学和核武器背景的文职国家安全专家，才是为民选领导人的决策提供支持的人。[19]

20世纪50年代以来的经验表明，这些假设有不足之处。每一代人似乎都需要重新意识到，即使发动冲突的方式随时间而改变，冲突的本质也没有改变。控制领土和人口仍然需要大规模编制的地面部队。核武器的出现并没有消除常规和非常规性战备的必要性。总统还是需要他们的军事指挥官提供洞见、分析和建议。在决策过程中，身处军政关系中的指挥官必 【244】须足以体现军事职业。他们不仅需要战争、战役规划和部队发展方面的专业知识，也需要政治文化领域中的专业知识。对这些专业知识的应用是超出了客观控制模式的规范要求的。[20]（客观控制模式还有其他的问题，但是为了简捷起见，我在本章中仅讨论最严重的问题。[21]）

莫里斯·贾诺威茨与主观文官控制

在对客观控制的主要替代模式进行概括时，亨廷顿也做出了贡献，他将美国领导人在战争期间采用的方法表述并类化为"主观控制"。当武装力量急剧扩张时，文职领导人采用主观控制。他们基本上是通过以下手段将武装部队文职化和政治化的：大量征兵；在未经预备役军官训练团（ROTC）培训或学院教育的情况下，直接在全体士兵中委任军官（甚至是将级军官）；审慎筛选与文职领导人政治倾向相匹配的高级军事领导人；大规模使用国民警卫队（在此之前，还使用过民兵）；总统任命官员通过侵入式（invasive）管理，进入陆军部和海军部工作。所有这些做法都有助于迫使军队接受文官的价值观，使军队遵从政府的立场和方向。[22] 亨廷顿不建议将主观控制用作一项长期战略，他假设说，在这样一种体制下，军事职业主义的效能会下降。但是贾诺威茨不这样认为。[23]

贾诺威茨的主要兴趣在于精英分析、军官的社会化进程、精英与军事文化以及它们的相互作用，但是他也和亨廷顿一样，关注军事职业主义。[24] 亨廷顿的假设描述了高层文职和军职领导人各司其职的可能性，贾诺威茨完全不同意亨廷顿的这一假设。事实上，在《职业军人》书中，贾诺威茨详细描述的一个要点就是军政责任的模糊性，在这本书中，他将军队描述为我们国家的"警察"部队（而不是"军事"部队），这支军队"时刻准备行动，也对有限使用武力予以承诺，还会寻求切实可行的国际关系，而不是为了取得胜利"。[25] 贾诺威茨憧憬道，在"冷战"期间，当各超级大国在欠发达国家争权夺利时，将这样一支警察部队用于非常规战争和常规战

【245】 斗等有限战中，就能够实现精心策划的有限目标。在贾诺威茨的模式中，文职领导人应该深入了解军事组织、训令、领导发展和选拔，甚至还要了解正在进行的军事行动细节。这部分是因为追求有限目标需要长期的监督和约束，即不能再对军事领导人的追求"胜利"之心放任不管。而军事领导人同样应该在政治领域中做出贡献，这一贡献体现在美国军队参战前所展开的全国性辩论中，也体现在参战后对持续开展的军事行动所进行的效能评估上。[26]

贾诺威茨的假设使他否认客观控制成为文官控制手段的可能性。于是，他走了另一条路，主张通过文官对军队文化进行渗透来驯服军队，使军队服从文官指挥。这种进路本质上是亨廷顿描述的对军队的主观控制，但是贾诺威茨提出该模式时，是出于永久使用的目的，不只是用于战争时期。正如贾诺威茨所述，在军官集团中，有三种主要领导类型，分别是传统的"英雄领袖"（heroic leader）、"军事主管"（military manager）和"技术专家"（technical specialist），他的警察部队内部固有着这三者之间的摩擦和竞争。贾诺威茨的建议是，文职领导人应该利用这些不同的角色来维持文官控制，

并从军事领导人身上获取最大利益。[27]

　　贾诺威茨描述了军队中那场源自越南战争经历的、持续不断的意识形态斗争，它被贾诺威茨视为"绝对主义"与"实用主义"之辩的实例。在历史上，麦克阿瑟是"绝对主义"的代表，马歇尔是"实用主义"的代表。

　　贾诺威茨认为，越南战争刚结束的这几年，实用主义者赢得了军队内部的这场斗争，这符合美国利益。他认为，对军队实行主观控制能保证美国免受战争灾难，因为文职领导人能够确保：只有那些具有正确世界观和哲学观的人，才能迈入顶层。贾诺威茨还认为，政治领导人需要向军队灌输文官控制优点良多的思想，灌输的对象上至武装部队领导层，也尽可能下至士兵，政治领导人还需要为军事领导人设立职能对等的文职领导岗位，在责任重叠的职能领域里控制军方领导人。贾诺威茨举了英国军队的例子。在维持文官对军队的控制方面，苏联也采用过类似的策略：团级及其以上【246】单位的副司令员由政委担任，政委要对政治训练和战术监督承担责任。[28]

　　亨廷顿等人认为，从长远看，这种主观控制会削弱军事职业主义和军事效能。[29]如何与反对美国生活方式的敌人进行战斗，这是需要专业知识的，培养一支政治正确的军队，会导致战士对专业知识的掌握急剧减少。时至今日，这种担忧仍有体现，例如，在华盛顿特区有一家智库，当有人试图把军队用作社会进步和社会实验的工具或者打算把军队"文职化"时，这家智库就会出面制止。[30]

　　军队的首要责任是为国家赢得战争，不应该将这样的立场拒之于千里之外。军事史源远流长，积极向上，它与保家卫国有关，对于为此而提出的推动积极变革的文化倡议，军事史同样见证了对它们的支持。现代的例子很多，包括第二次世界大战后非裔美国人融入武装部队的实例。在整个20世纪80年代和20世纪90年代，女性在武装部队中的作用也同样引起很大争议。一些活动家十分担忧的是，如果女性的人数和作用都扩大了，军队的效能是否会受影响。[31]在全球反恐战争中，女兵表现十分优秀，即便出现了与敌人短兵相接的意外情况也是如此，虽然军事组织已经设计了防止这种意外发生的阻断措施。[32]从这一点来看，我们可以得出以下结论，即在军队中，政治指导下的社会变革（主观控制的一个维度）并不总能导致军事效能大幅下降。政策制定者应该留意他们是如何提出这类倡议的，任何提案都会对一级（first-order）军事责任及其军事效能发生潜在影响，应该彻底审查和权衡这些影响。亨廷顿描述过功能性要求（要求赢得战争）和社会性要求（试图让军队看起来能代表社会，或者更能代表社会）之间的张力。他说，对这一问题没有最终答案。[33] 从军政关系的立场看，对这些问题的任何决定都必须出自这个国家的民选领导层，这一点是确定无疑的。宪法明确规定，国会对军队有管辖权。如果所提议的社会变革会影响军队，军队领导人有责任针对这一变革的正面和负面预期效果向国会和总统提建议，但是一旦文官做出了决定，军队就应该坚决听从命令。

【247】

在该谱系的任何一极上，文官和军官的作用都有所区别。民选领导人必须指明方向，做出决定，军人必须拥有在战斗中击败敌人的知识和能力，拥有全部相关的、能促进这种能力的指挥和参谋功能。对于这一极，亨廷顿的理解是正确的，他认为，如果军队专注于其专业知识的培养，就能从中受益。而贾诺威茨也正确地认为，在军政关系中，军队和文官顾问共同承担许多责任。

为了兼顾这些要点，我提出了麦迪逊进路，它认可五角大楼政治任命官员等文职领导人对军队的政治渗透。但是，即便是文官密切监督和参与了，军事效能和战之能胜的问题还是应该由军事职业来决定。[34] 我并不同意贾诺威茨的观点，他不仅建议文官渗透，而且还建议政治任命文官操控军队。我的研究与之不同，我支持这样一种立场，即在国防部内部达成一种更加平衡的军政关系进路，这有助于更好地为民选领导人和国家服务。[35]

麦迪逊式军政关系进路

对开国元勋应对类似问题的方式进行考察，有助于建立有效的军政关系模式。设计攘外安内的政府是他们面临的巨大挑战。[36] 他们注意到，在人类历史上，行使绝对权力却没有滋生腐败或使希望落空，这种情况绝无先例。对于开国元勋们来说，即使最贤能的人（在那些日子里，人们普遍认为这个人就是乔治·华盛顿）也会被无限的权力所腐化。詹姆斯·麦迪逊的结论是，解决这个问题的唯一方法是将德性引入体制。人类的远大志向应该以否定或削弱人类暴虐倾向的方式来安排，应该把利用对抗性力量作为防止暴政的手段。职责交叠的诸机构能共享权力，也能推动人们为他们所服务的对象全力以赴，这种设计理念是美国宪法中极具生机活力的部分。这一理念为我们努力改善美国军政关系的设计提供了理据。在五角大楼中推行这类进路，可以防止任何一类"行为主体"（顶层文官或他们的军事顾问）去培养势力和滥用职权。

军政关系的作用是强化国家安全和对军队进行文官控制。文官控制【248】被定义为国家的民选领导人通过控制武装部队来行使其意愿。在军政关系中，五角大楼的顶层政治任命官员和最高军事将领是支持国家领导人的，最大化他们之间以及内部的关系也似乎是可取的。在美国历史上，这种对军政关系的概念化和思考方式的确不是什么新鲜事，即便它明显不同于今天的范式。有两个美国军政关系的历史案例，它们可以说明，伙伴式（partnership-like）进路而不是五角大楼顶层政治任命官员的结构性操控才具有这种相对优势，我具体指的是乔治·华盛顿将军与大陆会议之间的关系，以及乔治·马歇尔将军和陆军部长亨利·史汀生（Henry Stimson）之间的关系，这些关系都功能良好，充满效率。[37]

在麦迪逊的军政关系进路中，一级原则强化了宪法条款。第一个原则是，民选领导人始终拥有最终决定权，没有什么会超出他们的职权范围。原则二是，军人在公共生活中必须始终保持无党派性。原则三是，和美国宪法安排中的其他方面一样，总统和国会共同对军队进行文官控制，总统担任武装部队总司令，宪法第一条第八款概述了国会对军队的广泛权利。这些民选领导人共同掌控军事机构，为军队提供指导、资金和进行监督。

麦迪逊模式为国防部内部人员的互动提供了具体指导。对于高层职位之间的重要关系，即总统的政治任命官员和国家顶层军官之间的关系，麦迪逊进路提供了新指南。顶层文官和军事领导人要齐心协力，为民选领导人提供最好的军事建议和信息，并且对行政决策予以指导。麦迪逊进路意识到了客观控制和主观控制这两种军政关系进路的不足之处，也摒弃了麦克纳马拉和拉姆斯菲尔德时期采用的文官操控模式（dominating model），转而支持一种第二次世界大战期间采用的更具合作性的进路，即使这种进路中，顶层军事长官仍然要向国防部长汇报。[38]

本章提到了马歇尔将军和陆军部长史汀生之间的关系，该关系就是麦迪逊模式。在顺境中，任何关系都似乎很健康，是否能称得上卓越关系，取决于各方如何应对逆境和分歧。马歇尔和史汀生与其他人一样，也有过

【249】逆境和分歧的时刻，这时他们都互相称赞对方的优点，互相予以深深的尊重，这为化解重大分歧奠定了关系基础，史汀生虽然身为文官，有时却听从马歇尔的判断，例如，如何在第二次世界大战期间最好地扩充军官队伍和美国陆军。个人性情对军政关系至关重要，但是结构和规范也同样举足轻重。根据1939年7月5日的行政令，马歇尔将军得到授权，可以绕过陆军部长史汀生，直接与罗斯福总统打交道，但是他几乎从未使用过此项授权。相反，马歇尔并不绕过这位在野党成员的文职部长，他的这一选择十分明智，提高了其在国会的共和党和民主党中的声望地位，也无疑赢得了陆军部长史汀生对他的爱戴。这一行政命令对塑造二人之间的关系起到了促进作用，尤其体现在规范正成形成的初始时期。在做出艰难的决定之前，史汀生和马歇尔共同组成了一支优秀团队，帮助罗斯福总统和国会评估战略前景，对各种选项进行挑选分类。

在这一模式中，民选领导人发布指示和指令，其中的大多数是担当三军统帅的总统直接发布的，但是从长远看，总统和国会要在各自的管辖范围内共同发布命令。根据麦迪逊进路，国防部的国家安全专家（文官和军官）会制定相互竞争的计划，以完成这种命令。这些国家安全专家互相批评对方的观点和思想，向总统和国会提供他们的分析，这些分析充满了关于利弊的说明，以供总统和国会审查、评论和做出决定。在军政关系中，没有必要达成共识，反而要鼓励提出彼此独立的、甚至是相互竞争的行政审议提案。在历史上，马歇尔将军和陆军部长史汀生之间的关系提供了范例。[39]

有时，军政关系中的问题显然需要一位带头的倡导者。例如，在海湾战争收尾时，国务院和国防部中的政治任命官员本应该更多地参与冲突终止活动，并且应该起带头作用。诺曼·施瓦茨科普夫（Norman Schwarzkopf）将军是这个事件的主要参与者，他后来表达了自己的担心，他是需要文官提供更多的帮助的。[40] 对于一般的政策性问题，应该由政治任命官员先处理，但是当问题升级了，就需要由国家层面的决策者处理，这时应该把军队的意见纳入进来，并予以充分考虑。特别是在与外国领导

【250】人打交道时，作为文官的国防部长应该是五角大楼中打头阵的人。大部分

的此类工作都落在军政双方打交道的领域，也是双方共担职责的地方。麦迪逊进路认为，在这些情形中，专业上有准备通常对政治任命官员很有利，而职业军人要对拟议的行动方针进行彻底审查，提出合理假设，评价拟议执行方案的可行性，分析二级和三级后果，通过这些步骤形成建议，为政治任命官员提供支持。[41]

另有一些军官应该起带头作用的情形，例如，制定军事行动规划。这种活动同样发生在军政双方打交道的地方，政治任命官员和国家安全方面的文职专家也在这些活动中发挥重要作用，他们对军队的计划、假设和执行上的可行性提出批评，对二级和三级后果进行分析。麦迪逊进路改进了现有的程序，在该进路中，提交给民选领导人的选项更加成熟，这些选项往往不止一个，并且要在分析的基础之上进行。对军政关系进行重构后，在将选项递交给总统或国会之前时，军政双方不需要就选项进行妥协或合并。

这一规范性框架建立在其他学者的研究的基础之上，始于彼得·费弗的代理理论。[42]总统和国会是军政关系中的委托人，他们提供指导，做出决策，选择监督政策执行的最佳方式，包括在何种程度上进行监督，以实现所期望的目的和目标。费弗的代理理论为委托人规定了一系列可供选择的监督方法，我将这些方法引入了麦迪逊进路。[43]费弗认为，文官必须在以下两极之间进行权衡，一极是严格的控制或监督，另一极是利用信任或基于士气的团队合作，还要留意对忠诚和效能造成的次级影响。

麦迪逊进路与费弗的代理理论有不同之处，体现在"代理人"概念的定义上。国防部长不像总统和国会一样被视为委托人，而是和军队一样被视为"代理人"。二者都要对国家民选领导人的意志负责任。[44]

这一安排为利用更多的非侵入性监控技法提供了机会，例如，国防部内部的较量，或者是费弗描绘的内部"火警"（fire alarms）时刻，此时，组织内部的行动者就能提请委托人注意这些有问题的行为。在五角大楼中，这种关系的性质表现为，文职和军职代理人之间的观点之争能使民选领导人获得更充分的信息，得到更全面成熟的不同选项，也能使民选领导人从这些选项中进行选择。正如费弗指出的，对五角大楼中的军政关系采用麦迪逊进路就会提供一种途径，它能平衡监督手段的入侵性、服从水平、军【251】事效能以及高度关联的各方动力。在这里，由于效能与士气有关，委托人在服从和效能之间进行权衡时会面临困境，而麦迪逊进路有可能提供更好的选择。通过在五角大楼内部设置对抗性力量，可以立刻生成更多的责任（或者用费弗的话说，更少的逃避），获得更有效的政策结果，因为这会在政策发展初始阶段拥有更多的自由，也能在作战模拟和军政官员共同参与的其他规划中，更全面地审查各个选项。[45]

麦迪逊进路还吸取了其他学者的观点。从亨廷顿和科恩那里，该进路学到的是，军队的主要着眼点是发展专业知识、训练战士技能和培养武器方面的专家。[46]国会则在国家应该发展和维持何种军事力量方面提供一般指导。国防部的国家安全专家，包括文官和军官，都要与国会合作，以补充军队发展的细节，完善所需要的专业知识规范。各方确实需要通力合作，才能共同定义军事职业的未来。[47]在麦迪逊进路中，我扩展了军事职业主义的定义，为该定义新增了联勤（joint-services）能力、整合多国部队的能力、治理能力以及对美国国家安全决策过程的理解力。[48]亨廷顿认为，这些职责都属于文官领域。但是过去40年的经验以及华盛顿将军和马歇尔将军的实例表明，总体来说，军官和文官都需要承担这些责任。在政治文化领域中运筹帷幄的高级军官不仅对国家有利，甚至对民选领导人也特别有好处。[49]亨廷顿还要求军官必须公开保持无党派立场，这一点也被纳入麦迪逊进路。一旦军官违反这一要求，即使采取的行动极其高尚，也会遭到他人怀疑。[50]

贾诺威茨认为，试图将五角大楼的文官和军事领导人的角色与职责严格分离开来，这是徒劳无功的，麦迪逊进路同样认可贾诺威茨的这一观点。[51]军官必须拥有广泛的能力，无论战争规模大小，他或她都必须战之能胜，他们的雇佣方式完全由国家民选领导人决定。正如贾诺威茨所述，军队还必须具备充当警察部队的能力，这是一种全方位的能力，从运用有限武装力量的警察部队到压倒性的军事力量，军队要无所不能。

【252】 依法进行修订

要实施麦迪逊进路，就必须改变法律和规范。还需要变革组织结构来促进多元化观点，加强适时听到军队声音的能力。只进行规范上的变革不足以确保总统和国会能听到他们需要的军方建议。同样需要修订的是 1986 年的《戈德华特－尼科尔斯国防部改组法》，以防再度出现军政关系失调的现象。[52]

各军种的最高军事领导人（参谋长联席会议）必须以更有意义和更为系统的方式参与战争计划的审议和起草，介入部队发展、规划和预算等各个军备方面，在民选领导人征求意见时，他们还能从各自了解与研究的情况出发，发表观点。[53]作战指挥也应该被重新安排，将指挥权赋予顶层军官。这名军官被称为美国武装部队的总指挥官（commanding general，CG），这一职位将取代参谋长联席会议主席一职。[54]总指挥官一职这次被重新设定为联合职位（joint billet），管理所有的美国部队。总指挥官的地位高于参谋长联席会议和联合参谋部。

大约一个世纪前，美国陆军曾设立过总指挥官一职，但是在一名陆军参谋长的建议下，1903 年取消了该职位。设立总指挥官是为了加强美国陆军顶层军官的地位，这或许看上去自相矛盾。职位重新调整的导火索是美西战争，当时，美国陆军部对野战军的支持严重不足，造成了灾难性后果。解决该问题的方案是以总指挥官一职取代陆军参谋长，赋予美国顶层陆军军官以高于陆军部的权力。此前，总指挥官并不具有这样的权力。实施这项改革是为了使陆军后勤和保障部门更具响应力。在麦迪逊进路中，将参谋长联席会主席改为总指挥官，同样是为了增强国防部对野战部队的响应力。[55]

重新设立总指挥官一职，并要求所有战斗指挥官向同一名军官报告，这位军官就具有了参谋长联席会议和联合参谋部在制定与审查行动方针上的优势，有些人具有向总统和国会提建议的法定责任，这位军官也能确保这些人可以实质性地参与到战争计划的制定和评估中。[56]将参谋长联席会议主席的角色改为总指挥官的角色与头衔，还能强化国防部长的一种义务，【253】即考虑总指挥官的建议，确保这些建议能一字未改地传达给国家民选领导人。[57]当然，国防部长也可以不同意总指挥官的建议，在国防部长的政策和其他军官的声音的支持下，提供自己的独立分析。国防部的文职领导人还应该意识到并接受这样的观点：即使军政意见存在重大分歧，他们也要始终将顶层军官的观点，包括总指挥官和参谋长联席会议的观点，传达给总统，如果在其管辖权限内，还要将这些观点传达给国会。[58]

为了提高总指挥官对所有军种的有效性，也为了在制定作战计划时，以及在支持和平时期的部队发展时，能促进"联合行动"，各军种参谋长应该直接向总指挥官汇报，再由总指挥官向国防部长汇报。总指挥官会保留其作为总统、国家安全委员会、国会和国防部长的主要军事顾问角色。参谋长联席会议也将保留其作为总统、国家安全委员会、国会和国防部长的顾问角色。总统和国家安全委员会的年度及定期会议会继续举行，各军种的部长和参谋长仍然会在国会作证。总指挥官会对战斗指挥官和各军种行使指挥权，但是各军种参谋长的建议也将连同国防部长的意见一起，全都传达给总统和国会。因此，民选领导人会收到多套建议和分析，再从这些建议和分析中推断出决策，如果决策没有达到预期效果，民选领导人要向一位指挥官问责。

作战指挥官和各军种参谋长可以向他们的总指挥官提建议，联合参谋部可以为总指挥官审查与审核各项建议，因此，这项改革能强化作战和应急情况的规划及执行，促进部队的发展、规划和预算。当总指挥官向国防部长以及包括总统在内的国家安全委员会中的其他成员提建议时，这些建议能反映出这种联合视角，而在过去，许多这类讨论中的视角是缺失的。

在这种模式下，各军种的部长和参谋长会联合起来，成为总指挥官和国防部长的制衡力量。陆军参谋长马歇尔将军与陆军部长史汀生之间的关【254】系便属于这种模式。[59] 最近，参谋长们也认识到各军种内部军政合作的重要性。埃里克·新关将军在他的退休仪式上发表了演讲，其中谈到了最近离职的陆军部长托马斯·怀特，新关说：

> 在任何职业中，领导人都必不可少，在军事职业中，杰出的领导人至关重要，无论他们是军职，还是文职。我们在陆军中，一直有幸得到优秀的文职领导人的关照，其中最为杰出的当属汤姆·怀特部长，上个月，我们与他挥手告别了。我们知道，领导并非军队的专属职能。有些人说，我们陆军不了解文官控制军队的重要性，这真的是百害无一利，这也不符合事实。陆军始终理解文官控制的至上性，我们要向世界各地的那些我们训练过的军人们强调这一原则。[60]

麦迪逊方案会通过某些步骤使一些方面表现得更为集中和统一，例如，由总指挥官指挥战斗指挥官和参谋长。在另一些方面，麦迪逊进路会提供来自总指挥官和国防部长的竞争性建议，以及来自各军种和国防部领导层的竞争性建议，从而分散和平衡国防部顶层的权力。因此，总统和国会中的民选领导人将获得来自文官和军事顾问的多元化建议。

这并不是赞成内阁部长身居弱势，也不应该放弃对所谓内阁政府优势进行完善的可能性，以提高内阁政府的效率和响应力：我们需要最强大的领导人来管理我们的政府部门。但是我们也应该设计组织结构，制定规范，使内阁领导人能充分利用在他们手下工作的专业人士，使决策程序能确保我们的民选领导人有机会获得最好的专业知识和经验。为了达到这一目的，学者们需要研究和分析这样一个问题，这会十分有益，这个问题是，对于一个重新构建的内阁政府进路来说，它如何才能更好地吸纳专业人士的分析和判断。我们需要在政府的所有部门中采取一种平衡的进路，它能提供美国民选领导人指引的政治方向，在实践中也不违反专业性。

专业准备上有必要大体相同

多元化的麦迪逊军政关系进路要求军官有足够的专业准备，这涉及有针对性的教育和持续的任务培训，当军政双方在国家安全决策过程中打交道时，有准备的军官才能表现得得心应手。[61] 军政双方领导人都是美国国【255】家安全的专业人士，麦迪逊进路要求他们之间的专业准备情况要旗鼓相当。不对称会导致一方为另一方左右，表现出功能失调。历史上，这种情况会使创造性的选项和建议减少。因此，需要主动地管理、不断地审查文职和军方参与人员的专业准备情况。军官是否和它的同级文官一样经验丰富，且教育水平相当，反之亦然，出于对这一问题的担忧，国会作为监督者，应该跟踪国防部顶层提名人选的专业准备情况。[62]

麦迪逊军政关系进路要求对文官和军官中的高级领导人培养予以投入。如果专业准备情况不平衡，就会对军政关系的动态发展造成不良影响。贾诺威茨指出，要认真细致地关注高级领导人的选拔和培养，这是对军队进行主观控制的重要维度。麦迪逊进路不同于贾诺威茨进路，麦迪逊进路强调平衡，而不是操控，对于选拔来说，最重要的特征是能力，而不是政治忠诚。

各军种已经开始对领导技能的培养进行投入了。文官方面也需要为国家安全专家制定全面的培养计划，这类计划可以建立在一些已经成功发起的项目的基础之上，例如，文职人员联席会议（Joint Civilian Orientation Conference）。[63] 开展更加广泛的项目是必要的，例如，针对政治任命官员和高级行政服务人员，安排定期开展的专业军事教育任务，在整个国家安全机构中开展其他研究资助和交换经历项目。[64] 政治任命官员还应该有专门为他们量身定制的专业发展计划，他们至少需要在国防大学培训四到六周，学习军政关系、大战略、战略规划程序、联合作战和危机行动规划程序、预算编制程序等课程。

各军种高级领导人发展办公室的人员也应该扩展，将文官安排到各军种的高级行政职位上。正如对高级军官提出的要求一样，进入军事学院学习、参加联合军事职业教育项目和参与联合行动任务也应该是文官晋升的必备条件。这些举措可能与无党派智库从事的各类教学和学术工作有关，这些智库包括外交关系委员会（Council on Foreign Relations）、美国和平【256】研究所（U.S. Institute of Peace）等。在美国顶尖的研究院里，有可能通过更为全面、标准的课程来完善安全研究项目。国家安全会议以及研究资助机会也都需要加强。培养未来文职国家安全专家的杰出发展机构，例如斯坦福大学国际安全与合作中心、哈佛大学奥林学院和约翰斯·霍普金斯大学高级国际研究学院，都可以采取类似于兰德公司阿罗约中心帮助陆军、兰德公司空军项目帮助美国空军的方式，与国防部长办公室保持联系。[65] 我们需要培养文职国家安全专业人员这一人力资本，在这方面加大投入，开发和利用他们的专业能力，使他们在国防部和国务院中有更多的责任担当。

在麦迪逊进路下制定新的军官规范

除了改变法律、改革人力发展和人事管理，还需要新的规范，顶层军官必须保证民选领导人能听到他们的声音，能考虑他们的观点，以这种方式来履行职责。[66]

军事职业及其战略领导人的角色独一无二，在军政关系中，军事领导人要对德性和效能方面的表现负责，必须在这种背景下考察规范。陆军上校唐·M.施耐德（Don M. Snider）已经退役，现任职于西点军校，他致力于以新视角看待军事职业的研究，是该领域中的一位学术带头人。他认为，军官必须在四个广泛的领域内拥有专业知识，才能适当、高效地运用专业能力，并且履行他们的就职誓言。这四个领域中的专业知识分别是军事技术、道德伦理、政治文化和人类发展。这些专业知识领域与军官集团的自我认同相一致，这些认同包括：对战士的自我认同（军事技术）、对领导品质的自我认同（道德伦理）、对国家公仆的自我认同（政治文化）和对一种职业的自我认同（人类发展）。学习和应用这些知识，能使军官的军事生涯更加卓越，也更加高尚与荣耀，这些价值观还构成了军事专业人士与其文官委托人之间信任关系的核心。在军政关系中，军官行为适当的准则体现在专业知识的政治文化方面；军官是以国家公仆的身份利用这类知识和专业能力的。[67]

至于军官应该如何按照军政关系的新模式去开展行动，可以将下述拟议的规范清单作为出发点，从这里开始去拓展相关研究和开展专业性对话。本清单旨在说明问题，并非面面俱到。

【257】

具有专业知识

为确保军官能在联合、跨国和跨部门的审议中充分代表军事职业，他们就必须具有应对所有各类冲突的专业知识和实际的专业能力，[68] 同时也能认识到军政关系各方所扮演的不同角色和肩负的不同责任。[69]

提供最好的建议

在参与美国政策和计划的审议时，军官有义务提出最好的建议。这种建议应该以过去的经验和专业研究为依据，不为政治因素所限制，尽管应该认识到政治方面的敏感性和限制性。在军官的专业知识中，还包括对政策过程的政治文化方面的理解。

提供公正且论据充足的评估

军官在审议中做出的评估应该公正，评估的目的是审查正在进行的军事行动的效能，以及审查该行动所宣称的一系列战略目标的进展。闭门会议应该不限于最初的"谈话要点"，而是要将其扩展为由定性和定量分析支持的互动过程，这些分析要么是关于正在进行的军事行动的进展的，要么是关于它为什么没有进展。军官应该对可能的解决方案提供建议或见解，但是绝不应该发表超出专业能力之外的言论。在战争期间，军人可能享有崇高的道德地位，军官也绝不应该让这种地位成为一张使其观点显得极有价值的通行证，让自己凌驾于文职决策者谋求的其他观点之上。

与文官和军官都团结合作

在跨部门的会议上，军官应该具有团队精神，认真倾听并帮助文官参与者制定有效的政策、计划和方案，帮助文官改善他们的国家安全专业能力。麦迪逊进路的中心思想是要促成一系列的选项，再对这些选项各自的优缺点进行全面而公正的审查，只有这样，民选领导人才有可能为美国人民做出最好的选择。只是想着在官僚竞争中获胜，或者只是倡导野心勃勃的议程，这几乎没有什么意义；麦迪逊进路的目标与之相反，它希望采纳对国家最有利的行动方针。

【258】

既响应国会，也响应行政部门

军官的首要职责是维护宪法，为美国人民服务。为实现这一目的，即使军官为政府工作，也必须响应国会，为国会服务。多年来，事实证明，要平衡拥有双重身份的文官雇主十分困难，但是只要军官寻求真理和维护公共利益，尽心尽力地履行自己的职责，良知和职业判断就能为他们指明方向。

理解和接受民主过程的微妙之处

军官们应该了解代议制民主带来的复杂特征和微妙差别。开国者们设计了一套复杂的权力制衡体系，使自由普遍存在于既尊重少数人权利、又响应人民意愿的政府体系中。在公众投票之前，应该对战争与和平等最为重要的问题进行辩论和审议，并由选举产生的人民代表记录在案。军官有责任确保这一辩论充分合理和准确无误。国家的顶层军官要对这一要求负有直接责任。有些政治阴谋试图掩盖或中断对战争和武力使用问题的辩论，但是即便国家安全问题有时可能需要保密，也绝不能成为政治阴谋的理由。军人在辩论中，首先要对政府负责，同样要对国会负责。

在确保就重要事项进行充分而知情的辩论方面，自由社会中的新闻媒体扮演着重要角色。如果存在这样一种情况，即美国人民对是否应该参战或使用武力很担心，并就这种担心进行公开辩论，却没有充分意识到那些足以从根本上改变该辩论的至关重要的信息，这时，军官就有责任通过行政和立法部门让人们了解这些信息，而不能因担心个人前程而患得患失。但是这并没有改变军官提供军事判断和建议的基本性质：这些活动主要在私下进行。在任何时候，军事领导人给总统、国家安全委员会和国会的建议都应该尽可能不外传。

但是国会举办的听证会往往向公众和媒体开放。如果讨论的话题是敏【259】感的，军事领导人可以要求在听证会之前与双方领导人进行私下会晤，更加谨慎地传递敏感信息。军官要明确地向国会说明此类信息是否属于机密，并对此类信息公开后可能造成的潜在危害提供评估，在军官传达完此类信息后，国会议员是如何处理这些信息的，就不再是军官的职责了。如果完全符合安全保密要求，军官就必须一字不差地向国会、媒体或任何其他相关人员提供真相。

为美国人民服务，胜过一切

美国人民是美国军事职业的最终委托人。因此，军队统一指挥的原则仍然适用于麦迪逊的军政关系进路。共和国和人民的利益至高无上，即便他们的利益是通过行政部门和国会的多种声音来表达的。在决策过程中，军政双方沟通时会表现出很多摩擦和辩论，但是一旦决策完成，只要决策合乎法律，顺乎伦理，所有的军官就应该全力支持，竭尽全力地确保任务顺利完成。如果军官履行了兵役义务，却觉得自己无法全力支持已选定的路线方针，这样的军官就必须退役；如果他们不符合退役标准，就必须辞职。否则，就需要不遗余力地继续工作。[70]

不参与党派斗争

军官在党派斗争中不得支持任何一方。鲍威尔将军在《纽约时报》上发表专栏文章的做法是一个反例。[71] 人们认为这可能不属于违规行为，因为他的指挥链事先批准了这件事，[72] 但是，无论在内容上（让人觉得他支持乔治·H.W. 布什总统的观点，布什在刚结束的总统竞选中是候选人），还是在时机上（恰恰发表在克林顿新政府成立之前），该行为都不符合不参与党派斗争的标准。无党派偏见的思想和行为同等重要。2004 年，美国国防部发布了第 1344.10 号令，该命令指出了哪些政治行为是允许的，哪些政治行为是禁止的，所有现役军人都应该理解并遵守该命令中的相关条例。[73]

军官还受到《军事审判统一法典》（UCMJ）第 88 条的约束，该条款禁止对指定的顶层联邦官员发表轻蔑言论，或实施人身攻击。在公共场合，【260】军官应该始终表现出对共和国领导人的尊重，特别要尊重那些行政和立法部门中的民选代表。

但是这一切都不应被解释为，当军官参加军事行动评估会议时，或者当军官在决策和执行决策之前对正在辩论的计划和建议提供反馈时，他们都不得对正在开展的军事行动进行开诚布公的评估。《军事审判统一法典》中的规定是为了限制个人性的评论，但是专业知识或专业能力方面的不同之见既非个人之争，也非不尊重他人。在国会面前，军官也必须坦率地发表他们的评估和意见。过去往往存在这样一种规范，即当军官的观点与政府的立场不一致时，军官应该向国会隐瞒他们的观点。但是国会享有宪法赋予的控制军队的权利，所以军官有责任向国会坦诚地提出他们的判断，并以他们的专业知识和经验为基础进行分析，利用这些分析来支持这些判断。在军政双方打交道时，如果军官坚持麦迪逊进路，还有可能与他们的国防部文官同僚发生激烈争执，但是一旦决策完成，无论决策是否遵循了军方建议，军官都有责任做出不懈努力，确保决策顺利执行。有学术背景的军官还要对国家安全决策及其执行的所有方面进行批评，应该赋予他们这种自由批评的权利，只要他们的目的是能在未来把这类工作做得更好。

只有出于国家的利益才能利用新闻媒体

军官绝不能利用新闻媒体来推行还符合美国人民最大利益的政策立场。换言之，当军种的利益并不代表美国人民的整体利益时，就不能利用新闻媒体来谋取自己军种的利益，这是完全不恰当的，正如为达到类似目的而对记者发表非正式评论一样。对军官使用新闻媒体的限定难免会模糊不清，尤其是在向媒体透露预算、表达对计划的立场的情况下。因此，在与媒体打交道之前，无论是公开的，还是私下的，最好找一位"唱反调的人"来提供反馈，以确定是否遵守了相关准则。这种拿不准的做法很有好处，它应该始终符合公共利益，而不是将一个军种的利益凌驾于另一个军种之上。

军官不应该对政策指手画脚，也不应该借新旧政府权力交接之时利用新政府。1993年，发生了"军中同性恋"争议，此争议的处理方式引起军政双方领导人之间的公开对质，这对任何一方都没有好处。这样的对质不【261】可避免，其原因可能是选举后不久，由媒体而不是军队提出的这个问题。尽管如此，我们还是能从中学到一些客观教训，即在向新政府过渡的过程中，军官应该积极寻找能支持这一过渡过程的方式。

在军官发表的公开声明和出版的著作中，必须避免无意之中损害美国正在政策制定或外交方面付出的努力。在麦迪逊军政关系进路中，军官还要担当教育民选领导人和公众的角色，帮助他们了解各种可能的军事选项到底孰优孰劣。为确保这些教育工作不会损害行政部门的政策或工作，必须采取一些特殊的做法。很难说清楚这一点，争议在所难免，即使军官遵照职责，行动适当，也是如此。尽管如此，决定美国外交政策方针的仍然是民选领导人，军事领导人必须听从他们的领导，执行他们的政策。举例来说，胁迫外交的基础是威胁使用武力，同时又希望不必使用武力，如果教育民选领导人和美国民众的过程给对手留下了军队在使用武力时畏缩不前的印象，就会破坏政府在胁迫外交方面付出的努力。

结语

拉姆斯菲尔德和迈尔斯执掌五角大楼期间，军政关系跌入低谷。直接导致美国自食伊拉克冲突准备不足的苦果。美国国家安全机构摒弃了已经稳固建立的战役计划制定程序，相反，采用了拉姆斯菲尔德操控的决策流程，呈现给总统和美国公众的计划出自中央司令部指挥官汤米·弗兰克斯将军之手，该计划与伊拉克战争计划的最初构想已经相去甚远，大相径庭，不再是最具效能的军事判断。[74] 但是，包括弗兰克斯将军和迈尔斯将军在内的军官都对该计划表示默许。这是为什么呢？

在我看来，至少部分原因要归结于军政关系的基础存在缺陷。要纠正这一点，既需要改变结构，如修正《戈德华特－尼科尔斯国防部改组法》，强化顶层军官的地位，也需要设立新的规范，澄清和加强军官在军政关系中代表军事职业的能力。在麦克纳马拉与惠勒、拉姆斯菲尔德与迈尔斯执掌五角大楼期间，顶层军官接受了这样一种观念，即意见不同等于不忠，军人在军政关系中的角色应该受到约束，只能被动地做出反应。[75] 这些规范促成了一种动力机制，在这一机制中，民选领导人收到的军方选项和五角大楼的分析充满了文官操控的痕迹。这种进路没有为美国人民带来任何好处。相反，在华盛顿将军和马歇尔将军推行的规范下，军事领导人在军政关系中扮演了适度而有效的角色，最终帮助美国取得了胜利。华盛顿和马歇尔都意识到，顶层军官在军政关系中做出了重大贡献，尤其体现在对国家安全决策过程的咨询部分，也体现在帮助民选领导人整理选项并做出有效决策的过程中。

相比之下，在拉姆斯菲尔德执掌五角大楼期间，当军政双方打交道时，顶层军官的行为很少有称得上是适当的。在某种程度上看，这种功能失调的规范框架和不恰当的文官控制观念是学者们提供给军官集团的，虽然这些学者也将军事英雄视为军官行为操守的典范，但是他们关注的主题不同于军事英雄（military heroes）的主题。[76] 这些学者并非孤军奋战，在美国近代史上的各个不同时期，五角大楼的政治任命领导人都在推进这种主观文官控制类型。但是在拉姆斯菲尔德时期，军官尤为共谋串通，不再履行他们为民选领导人的决策提供支持性分析和建议的责任。[77]

【262】

在与文职领导人打交道时，最高将领当然应该在言行上继续保持礼貌得体，遵从恭敬，但是无论他们的观点是否与政府中国防部长或其他政治任命官员的观点相一致，他们都应该确保在制定战争计划时，自己的观点、分析和最佳军事判断能传达给包括总统在内的国家决策者。军官最初向总统提供的简要提案应该是一种军事专业人员设计的构想，不应该为满足某个政治任命官员的意愿而做出重大改变。国防部长总能找出些时间和地点，提出他自己的方案。政治任命官员不应该告诉总统说，他或她收到了某位军官发来的一份观点概要，它反映了军官的最佳军事判断，实际上，他或她却对这份概要做了重大修改。相反，政治任命官员如果有需要或者有意愿，他们的提案显然要按照他们自己的思想来完成，并通过国防部长或指定的代表提交给总统。这样的话，总统才能权衡多个选项，并且能在决策之前进行正确而仔细地分析。

【263】

另一个需要改进的地方是，要明确说明军官应该以何种角色与国会打交道。[78] 开国者们设计了一种制度，该制度在利用制衡力量防范权力固化和滥用的政治结构中，安排行政部门和立法部门来共同承担国家安全和军队治理的责任。为确保步调一致，任命总统为三军统帅，国会也应该起核心作用，国会要为武装部队制定政策和提供资金，并决定军队何时投入战斗，保卫国家。此外，国会还被赋予帮助军队确定其本质的权力：国会的政策决定权赋予了国会以发展军事专业知识的权限。今天，人们常常认为，国会的权力就是界定军队的"角色和使命"。但是事实上，国会的权力远不止此，国会还可以与武装部队合作，就美国应该拥有什么样的军队做出明确选择。军事领导人应该意识到国会发挥的工具性作用，他们也应该与国会成员一道，为共建更加强大的国家安全机构而努力。

美国要么深陷伊拉克和阿富汗战争不能自拔，要么采取其他行动来捍卫美国的国土和生活方式，新的国防部长即将走马上任，军政双方很可能会变得互相尊重和信任，美国将迎来军政关系改善的曙光。[79] 但是在任何时期，我们都不应该为丝毫的和气礼让所麻痹，忽略了在美国国家安全决策机构内部进行长期结构与文化变革的必要性。军政双方共同进行国家安全决策时，人格一直扮演关键角色，但是不以结构和文化变革来锚定军政关系，就注定会重现过去 40 年间军政关系的剧烈动荡情景。[80] 操控性人物会入主国防部长办公室，再度采纳功能失调的主观控制形式，这迟早会发生，只是时间问题而已。但是如果以史为鉴就会发现，这种情况的发生要么是打着对军队进行文官控制的旗号，要么是以追求官僚效率的名义，随之而来的，是再次上演一场漫长痛苦、代价高昂的军事灾难。

现在，我们需要采取必要措施，将我们的军政关系建立在一种能抵御操控性人物兴风作浪的基础之上。通过修订《戈德华特－尼科尔斯国防部改组法》，以及在五角大楼内部实行新的规范并采纳更加平衡的军政关系进路，就可以改善国家安全决策程序中的军政关系，如果我们这样做了，我们就能更好地保卫国家。我们不应该再贻误时机了。

第十三章 构建信任

——有效维护国家安全的军政行为

理查德·H. 科恩

　　20 世纪 50 年代中期，塞缪尔·P. 亨廷顿出版了《军人与国家》，这【264】本书是对军政关系研究的革命，使军政关系研究不再关注军事政变，而是转而审视军队在社会中的作用和功能，特别是在美国。[1]亨廷顿对这种关系面临的核心困境予以了确认，这个困境是，在维持文官政治权力至上性的同时，如何确保军队拥有足以保卫国家的影响力。亨廷顿写道："人们常常从'文官控制'的角度来讨论军队在社会中的角色，但是这一概念从来没有被令人满意地定义过。""文官控制想必与文官和军事集团的相对权力有关……对文官控制进行定义的基本问题是：军队的权力何以能最小化？"[2]亨廷顿的最大贡献或许是将军政关系描绘为一种内在的冲突关系。在他看来，这种冲突源于价值观和意识形态上的差异性：一方面是"功能性要求"，在这种要求中，军队无论以何种方式进行思考和行动，都会产生军事效能；该要求与他定义的"社会性要求"正相反，社会性要求反映了自由社会的规范、价值观和行为。亨廷顿给出的冲突解决方案是"客观【265】控制"：为了成功发动战争，就要尽可能多地授给军队自主权，以换取军队远离政治。这意味着文官与军人之间要进行无休止的斗争，文官试图界定授予军队多少自主权，军人则努力争取最大化这个自主权，以履行他们的职责。

　　亨廷顿发现了内在于美国军政关系中的冲突，他在解释这一更大的真相时说，这一斗争的根源在于军队保守主义的意识形态和美国社会自由主义的价值观之间的冲突，但是这一解释从来就没有令人心服口服过。相反，我认为，无论是在和平时期，还是在发动战争时期，最资深的军事领导人和政府顶层的政治领导人都会有不同的需求、观点和目标，正是这种差异造成了他们之间的冲突。接下来，我将分析一场冲突，用它来审视亨廷顿论点中的缺陷，并且考察冲突的来源。我首先考察了两位国防部长，在他们任职期间，文官和军队之间发生了最大的摩擦，甚至还结下了仇恨。最后，我会为双方的行为提供一份指南，指导他们尽量减少不信任，推动他们构建有效的伙伴关系。正如本章所述，要将军队对政策和决策的影响最大化（作为一种安全最大化的方式），同时也要将文官控制最大化，解决的方案不在于社会的理论或结构，而在于美国政府军政最高领导人之间能否发展出更为入世的、具体的个人关系。

《军人与国家》

《军人与国家》一书的学术生命卓越不凡，虽然从一开始，它就包含着许多矛盾和错误，削弱了这本书的观点。亨廷顿在他的客观控制中，一方面假设政策和战略之间泾渭分明，另一方面又假设在核武器和有限战争开始发端的时代，战术、军事行动、训练和军事管理正变得无足轻重。在亨廷顿的分析中，还存在着第二个问题，即军队的自主权实际上限制并削弱了对军队的文官控制。第三个问题是亨廷顿对美国宪法的解释，他承认宪法使"客观"控制变得不可能，因为宪法在政府各部门之间划分了对军队的控制权，使军事领导层能接触到最高文职领导层，从而明确地将军队拉进了政治生活。第四，亨廷顿的分析非常精彩，书的内容及其文献基础均涉猎广泛，兼收并蓄，从对军事机构功能的抽象分析中，推出了其关于

【266】军事思维、军事价值观和军事视角的设想，但是该设想不是从美国军事职业的全面研究中推出来的，实际上，美国的军事机构在功能上根本不具备同质性。[3] 即使在当时，美国军队的许多方面也偏离了亨廷顿提出的保守主义模式。高级军官的情况也与他的看法正相反，高级军官是赞同那些与美国的基本价值观和思维保持一致的思想的（今天也是如此，在本书的第九章中，达雷尔·W.德赖弗提出了这个观点）。借用一位学者的话来说，"职业军人"共享"而不是（反对）自由民主主义传统，（至少）从联邦党瓦解到美国

新政来临的这段时期,自由民主主义传统是主导着美国人的生活的"[4]。第五,亨廷顿对美国历史的描述,甚至是对他写作年代的描述,都在历史学家中引起争议,历史学一直在很大程度上拒绝亨廷顿写的历史。在亨廷顿写作该书的 20 世纪 50 年代,美国历史学中的"统一"史学流派正值巅峰时刻,特别是在亨廷顿学习和写作的哈佛大学,当时,政治学家路易斯·哈茨就任教于哈佛大学政府系,他是该运动中一份主要文献的撰写者。这些历史学家的解释强调了基本价值观和思想体系上的一致性,这就是亨廷顿所称的自由主义。在亨廷顿出版此书后的不到 10 年的时间里,人们再度强调了政治、经济、智识与社会上的分歧与斗争,这些分歧与斗争发生在群体、地区、阶级、族裔、民族、观念与思想流派中,这时历史学家们勾勒出的无深层冲突的美国社会图景才开始被取而代之。[5]

　　自亨廷顿的著作出版以来,后续的历史研究与他对美国军队最重要特征的描述是相矛盾的。在 19 世纪的大部分时间里,军队并没有与社会隔绝,尽管国家主要在西部边境部署了一些小规模部队。[6]职业化也不是南北战争之后才出现的,而是在此之前就有了,当西点军校的毕业生开始主导军种,将自己视为身着制服、终身献身于军事职业的社会公仆,并且即便是他们的顶层领导人(他们并不是西点军校的毕业生)有高级政治职位诉求,他们也会脱离党派政治,这时的军队就已经职业化了。[7]早在 1812 年战争期间,海军就拥有了一支专业化的军官队伍,他们致力于为国家服务,将远离党派政治视为一种制度。[8]C. 范恩·伍德沃德(C. Vann Woodward)与亨廷顿的观点不同(他在亨廷顿著作发表后的第 3 年,发表了一篇有影响力的文章), 他认为,"在 19 世纪 20 年代到 20 世纪 40 年代"期间,安全并不是"一种自然而然的既成事实,它不是一种继承,而是一种创造",至少在那几代的美国人心目中是这样的。[9]美国确实面临着与他国开战的可能性,保留着包括海岸炮兵系统、军火库、陆军和海军以及军需在内的【267】国家军事机构,以动员符合入伍年龄要求的男性人口。只有与欧洲大国相比时,美国的军事支出水平和脆弱程度才会显得节制有度。

　　亨廷顿对宪法的分析,特别是对宪法制定者的思考,也几乎完全错了。1787 年夏天,在费城,宪法的制定者们畏惧常备军,对民兵的军事效能又缺乏信心,于是就明确提出了文官控制下的国家军事机构,目的是使军队保持服从，也能防止任何个人或某个政府部门推翻宪法和建立专制。事实上，宪法的制定者们确实对独立的军事职业有过设想，这一思想已经为18世纪的大西洋世界所熟知，即便该思想是由一个贵族军官集团提出的，该集团成员的任命和提拔又是通过购买和个人影响力实现的。宪法制定者们对文官控制的兴趣贯穿于整部宪法，简直到了一种痴迷的程度。[10]

亨廷顿的一些其他概括同样没有经受住时间的考验。例如，亨廷顿声称，"公众……几乎没有想过，军官"其实和其他专业人员一样，"公众当然也没有像尊重其他文职专业人员那样，给予军官以同等的尊重"[11]。但是自20世纪80年代后期以来，对军官（与普通士兵）和军队予以尊重已经成为一种制度，这反映了一种恰恰相反的情况。[12]

如果亨廷顿的大部分历史分析已经被证明是有缺陷的，美国社会确实如此多样化了，它的军队与许多基本的社会观念又如此协调一致，那么当认为军政冲突源于保守主义的军队与自由主义的社会之间的差异时，就会站不住脚，如果是这样，就没有必要为调和军事职业主义和文官控制而进行"客观控制"了。那么，什么可以解释军政之间的内在冲突，又可以采取哪些措施来缓解这个冲突呢？

军政冲突的根源

国防部长唐纳德·拉姆斯菲尔德于2006年11月辞职，当时，他所在部门的历史办公室恰好出版了一本书，其实这套书共两本，而这是第一本，该书是关于罗伯特·S.麦克纳马拉的，描述的是他在20世纪60年代担任国防部长时的事。[13]无论在公众的心目中，还是在美国军事安全界的眼里，没有任何两位国防部长比他们更经常地被搭配在一起。虽然大多数的相似之处有点言过其实，但是在军政关系中，他们看上去却惊人地一致：两位官员都疏离、蔑视并在某种程度上忽视国会和军人。两位也都是极具能量、精力和抱负的部长，都具有竞争性（两位都是冷酷的壁球选手）、霸道、傲慢、轻蔑、有控制欲、勤奋、无情并且具有侵略性。[14]两位时常被指控说谎，而他们在说假话时，并没有被明确地抓到过证据，但是两个人都通过忽略、推诿搪塞、重新定义或其他修辞手法来进行误导。两个人都是喜欢插手其

【268】

他事项的部长，认为自己在国防部中权力无限，权威无边。亨廷顿认为"客观"文官控制必须赋予军队以某类自主权，两位部长却坚信，有些领域对政策或战争十分重要，在任何这样的领域里，武装部队都没有被授予过这类自主权。两位部长都愿意干涉细枝末节，例如，低至两星级军官的选拔与分配、战略与行动以及几乎任何他们自己规定的重要事情。两位都是极端的中心主义者，都剥夺了各军种部长和参谋长的权力。两位也都为恐惧所支配。在两位部长周围紧密地聚集着一批文官，这些文官都有着一种既封闭又凝聚的忠诚感，这种忠诚既针对他们的上司，也存在于相互之间，他们都对军人持有怀疑和不信任感。两位部长还常常以一种专横的方式，不屈不挠、坚定不移地坚持对军队进行文官控制，他们都有充分的理由相信，在其前任的领导下，文官控制已经被严重地侵蚀了。[15]

　　这两位个性鲜明的人物向军政关系提出的问题是：这种极端的文官控制立场能否发挥作用，能否导致有效的政策和英明的决定。两位部长在五角大楼的大部分管理工作仍然存在争议，但是共识之处是，在战略和战争决策方面，这种专横的文官控制实践是没有效果的，在亨廷顿的军政关系命题中，它的精髓部分也说明了这一点。事实上，拉姆斯菲尔德领导下的军政关系真是太糟糕了，以至于伊拉克研究小组这个被召集起来重新评估伊拉克战争的两党委员会，也在呼吁他的继任者要"通过创建一个高级军官能自由独立地……向文官领导层提出自己建议的环境，竭尽全力地构建良好的军政关系"[16]。

　　但是人们还是毫不动摇地支持文官控制，两位部长的批评者和支持者都认为，在所有情况下，文官控制都必须压倒一切,这会产生两个基本问题：为了在政策和决策方面产生最积极的结果，军人应该如何回应这种领导力，高级文官又应该如何与军队打交道？

　　这些问题极其重要，因为有效的军政关系对于国防来说不可或缺，无论在和平时期还是战争期间，如果最高文职官员和最高军事长官之间关系不正常，特别是缺乏坦诚、协商、协调与合作，对政策和决策来说都是灾【269】难深重的。过去，糟糕的军政关系已经削弱了军事职业主义，导致了危险的军事政策，还浪费了大量的财力。军政之间沟通不畅也会导致美国发动不必要的战争，还会不明智地控告敌人，成百上千名美国人非死即伤，更不用说敌人和无辜平民的伤亡人数了，他们远远多于伤亡的美国人。功能失调的军政关系还会削弱美国的全球地位，甚至危及国家的基本生存。自第二次世界大战以来，美国国防的历史充满了代价高昂的错误，这些错误全部或部分归因于破裂的军政关系，最明显的是越南战争，以及阿富汗和伊拉克战役。然而，每个人都相信和支持文官控制的思想。一些文职领导人的行事风格如同麦克纳马拉和拉姆斯菲尔德一样，美国如何能将文官控制与这样的领导人调和起来，同时还能成功地制定国防政策并进行决策？答案是"极其困难"。

在美国政府中建立信任的军政伙伴关系是非常困难的，造成这种情况的原因很多。美国历史上也出现过积极的军政合作关系，但是即使是这段历史，也充满了冲突。这类问题大都是美国军政关系中某些老生常谈的事。

首先，文官控制被绝对化，这助长了滥用。艾略特·科恩称军政互动为"不平等的对话"。[17]如果行政部门和国会中的文官选择去行使权力，他们就几乎拥有了所有的权力。正如一位高度关注麦克纳马拉在陆军内部实施集权化的参谋人员指出的，"应该主要将他（国防部长）视为一位运转500亿美元以上资产的业务经理呢，还是应该主要将他视为一位关心军事事务、指挥大量资源、担任三军总司令副手的政治家呢？"麦克纳马拉对这位官员的疑问进行了总结，即他在"努力实现这两种角色"[18]。唐纳德·拉姆斯菲尔德的军政关系也是如此。文官决定军队责任和权力的大小，也决定军队被委派以什么任务，甚至还决定是否要听取或咨询军队的看法。出于各种原因，他们只受制于给自己设置的限定，当他们有不同意见时，受政府其他部门的法定审查，而且在任何时候都受制于某些军事和政治条件，

【270】这些条件可能会引起文官对军队观点和建议的畏惧、尊重或听从。文官控制意味着民选领导人及其任命的官员都有犯错误的权利和权力，防止他们犯错误的既不是军队的角色，也不是军队的职能，而是通过建议。实际上，军方试图让文官承担责任是完全不正确的。与此同时，学者、政府官员和军队自己却几乎没有意识到一个不言而喻的事实，即并没有任何单一的个体、机构或组织能"控制"美国政府中的任何事情。换句话说，军事领导人对于他们反对的决策以及这些决策的制定过程都几乎无力追责。例如，当在五角大楼内部，对越南战争轰炸政策的反对意见已经到了无以复加的

程度时，空军参谋长约翰·P.麦康纳尔（John P. McConnell）向他的新准将解释了总统的想法，他指出，"许多非军事因素……是总统在考量参谋长联席会议（JCS）的建议时必须考虑的"。麦康纳尔对这一制度的态度非常坚定："总统是在充分思考参谋长联席会议的意见和建议，我要确认你已经了解这些了……在制定国家政策时，并没有忽略参谋长联席会议的建议……但是，一旦总统做出了决定，我们就有责任竭尽全力地去执行。要么支持总统的决定，要么就离开军队，两者之间只能任选其一。"[19]

真实的情况是，麦克纳马拉和拉姆斯菲尔德并非自成一类。那些坚信在军队的专业知识领域里就应该始终听从军人的文职领导人早已离开了军政界，例如，堪萨斯的银行家哈里·伍德林（Harry Woodring），他于20世纪30年代担任过富兰克林·罗斯福（Franklin Roosevelt）的陆军部长。[20]更具代表性的是第二任国防部长路易斯·约翰逊（Louis Johnson）（1949—1950年在任），他在很大程度上受个人欲望和政治野心的驱使。"他几乎总是做着他认为对政治有利的事，做着他认为能促成其个人野心的事"。他是"一个棘手的、复杂的人。他的傲慢带有传奇色彩。他自大、自以为是、专横。他很少提高声音，却可以用冰冷的目光和压迫性的紧闭双唇使房间内鸦雀无声，或者使访客胆战心惊"。然而，"他不仅有非凡的能力去结交"总统，"而且会花大量的精力去关注商界和政府中那些数以百计的有权有势的人物，因为他们会帮助他取得成功"。[21]

1949年，约翰逊作为国防部长，在没有向海军或海军部长咨询的情况下，取消了一个已经开始启动的"超级航母"建造计划，挑起了"海军上将反抗事件"。海军部长辞职以示抗议，海军公开、强烈的抗议使事态变得极为火爆，其中包括国会和媒体对空军B–36轰炸机计划的质疑，在普【271】遍指责海军抗命的过程中，海军作战部长被解雇。[22]

总统也很难。罗斯福与他的将领们有着很好的关系。但是1934年，发生了陆军预算冲突事件，这件事使参谋长道格拉斯·麦克阿瑟怒气冲天，他觉得陆军受到了限制，当场向总统提请辞职，会议结束后，麦克阿瑟沮丧难过到在白宫的台阶上呕吐起来。[23]罗斯福也不完全信任海军，在伍德罗·威尔逊执政期间，罗斯福在海军部门任海军助理部长长达八年，这八年的经历让他非常了解海军。[24]德怀特·艾森豪威尔同样极不信任他的参谋长，在他执政早期，就将他们全都换掉了，在接下来的两年任期中，也未能续任他的陆军参谋长马修·李奇微（Matthew Ridgway），他要求李奇微的继任者麦克斯韦·泰勒（Maxwell Taylor）服从命令（他并没有服从），将一些高级军官的态度和言论描绘为"近乎该死的叛国罪"，1960年，他还考虑过解雇他的空军参谋长。[25] 约翰·E.肯尼迪则迅速失去了对参谋长联席会议的信任，他召回退休的、没能听从艾森豪威尔命令的麦克斯韦·泰勒，请他担任特别助理，之后担任主席。在1965年的一次私下会面中，林登·约翰逊转向他的参谋长们，开始"大喊大叫，污言秽语……粗鲁无礼地诅咒他们……嘲笑他们……用肮脏的名称称呼他们，他用了形容词中'含有F的词'，比海军陆战队新兵训练营中的官兵们更加随心所欲地用着这些词……真让人手足无措，也有辱人格"，当想起海军陆战队军官恰巧目睹了总统办公室中发生的这一幕时，"发完了脾气"，约翰逊就"恢复到几分钟前那种平静、轻松的样子了"，"就好像他惩罚了他们，吓唬了他们，现在就应该能控制他们似的。他口气温和、语言戏谑地说了一些事情，结果是，他们现在都知道了，他并不在乎他们的军事建议"，但是"他确实希望得到他们的帮助"，所以他又要求他们每个人都说一下，如果他们是总统的话会做些什么。在他们说完后，他"突然再次爆发，大喊大叫，再次用了海军陆战队都很少用的语言"，告诉他们说，"他对他们天真的做法感到厌恶"，他不会让一些军事白痴跟他讨论第三次世界大战。最后，他以大喊大叫的方式结束了会议，"从我的办公室滚出去！"他说。[26]

影响美国军政双方信任关系的第二个因素是，两个世界中的政治和军事领导人都有自己固有的视角，这些视角之间有差异，因为他们有着不同的目的、职责、事业和方法。将冲突仅归咎于卷入其中的那些人是错误的，不同的视角对冲突的影响同样重要。无论是麦克纳马拉的人格，还是拉姆【272】斯菲尔德的个性，无论是比尔·克林顿对军队及其个人声誉的恐惧（他逃避征兵、拈花惹草、年轻时吸食大麻），还是艾森豪威尔对军事事务的丰富经验，都不能完全解释他们任期内的军政关系。军官希望能迅速传达清晰、明确的命令，拥有强有力的文职领导人，特别是要能够最大限度地提供物质供给和公共支持，与此同时，也希望在执行这些命令时有尽可能多的自由和自主权。政客则希望有灵活性和选择性。他们想了解成本，以校准实现目的的手段。他们常常希望在成本和影响更明确、风险也大致降下来时做决策。正如一位见多识广的参谋人员在 1966 年时指出的，"为什么直到最后一刻才对关键问题做决定，有许多好理由。没有任何总统想在不得已的情况下做决策，他想要为自己留有尽可能多的备选行动方案。而且，决策在生效之前有可能泄露给新闻界，露出政府的底牌"，这可能"导致该决策失去效力"。此外，"如果总统做出的决策取决于未来的发展，支持这一行动方案的人就会试图缩短事件流程，促使总统不得不尽快采取行动"，而反对它的人则"可能会试图捕风捉影，以使获批的行动方案永远无法付诸实施"。无论是哪种方式，都会引起"对总统所批准政策的挫败感"。[27]

综上所述，文官希望确保在执行政策或决策（"不只是战略，还包括军事行动本身"）时，能与目标、成本、风险以及各种各样的广泛选择协调一致，这样才能够审视并且有可能修订他们的目标，降低成本和风险。这种张力既在意料之中，也确实在发挥作用，因为政治家在确定目标时，必须知道什么是可能的，也必须知道在生命和财力上付出的代价。而对于陆海空三军将领来说，无论代价是什么，无论文职领导人的个性是什么，他们都有责任为国家的目标和政策去规划他们的活动，即便这一目标或政策突然发生改变，亦是如此。这种关系并不稳定，其中存在大量的不信任和相互猜疑，这很自然，也确实反映了美国军政关系史中的大部分特征。如果不信任能导致一方压迫另一方，以达成更精确、更严谨、更理智和更强硬的思想，这种不信任却也有可取之处。[28]

使军政关系复杂化的第三个因素是，过去 70 年以来，美国军事事务的重要性在显著扩大。并且存在核武器、全球利益以及其他各种威胁，它们都使国家安全问题一直处于比过去更重要的位置，具有普遍而深刻的政治意义，在党派观念强的人看来，这种政治意义更为明显。美国军队的规模、【273】组成、构成和用途在很大程度上影响了国家资源的分配、美国经济的特征以及美国与世界其他国家之间的关系，最为重要的是，影响了美国人民的整个命运。在这些问题上产生深刻分歧似乎是意料之中的事，它们往往会迫使总统做出使军队和文官都感到不安的妥协和限定，这反过来又会驱使双方，尤其是军队，进入官僚和政治行为模式，争夺那些军队领导人认为履行其职责所不可或缺的资源和政策。[29]

军政双方为何难以建立信任的第四个原因是，自第二次世界大战开始以来，已经变化的外部环境提升了职业军人自身的权力。在 20 世纪 40 年代的后半段，各军种之间在角色、任务、预算和武器方面的斗争几近失控。之后，在解雇道格拉斯·麦克阿瑟之时，又引爆了限制朝鲜战争问题上的分歧。军事和政治领导层内部及相互之间就各种问题你争我夺，互不相让，这些问题包括：20 世纪 50 年代的战略和预算问题，20 世纪 60 年代的五角大楼管理、武器、预算和战略问题，越南战争问题，20 世纪 70 年代和 80 年代的各种外交政策、军备控制、武器和干预问题。对于这段历史中的几乎所有方面，军队都往往根据自己机构的利益采取行动，文官则会在其领导、指导或控制的范围内与军事领导人讨价还价。这种关系难免是三角的，涉及国会，国会有时以其成员的利益采取行动，目的是削弱行政部门的文官控制，使政府在军事事务中处于为难的境地，国会有时也会依照立法机关的要求强制或阻止军费支出。从越南战争开始，这些问题就变得越来越具有党派性（虽然有些问题早在杜鲁门政府时期就已经存在了），在美国历史上，军队以前从未只认同一个政党，也从未有过如此程度的政治化。[30]

越南战争确实破坏了政府中的军政信任关系。它导致整整一代军人不再信任文官和文官控制，并且发誓，再也不会在没有充足资源、制胜战略、美国人民的支持以及退出战略的情况下去投入战斗。此后，美国人民对现役军人的信任和尊重大大提升。自海湾战争以来，武装部队开始享有美国历史上前所未有的声望，在第二次世界大战结束后的近些年里，这可能是

【274】一件意料之外的事情。[31] 在过去的 40 年里，与他们的文官同行相比，五角大楼中的军官们已经在国家安全事务方面积累了更多的教育经历和经验，使军事领导人具有了制定自己议程的能力和意愿。[32]

简而言之，随着时间的推移，军政之间的相对权力已经在不知不觉中发生了变化，有时，这是在不经意之间发生的，与此同时，军队对文官控制的理解以及始终同意并遵从文官政策和决定的意愿却在减少。[33] 这一问题并不是美国政治中的一场政变，也不是任何直接的军事干预，而是美国政治生活中的渐变。职业军人及其盟友和共同体，已经发展成为一支美国

政府中强有力的政治力量。有远见卓识的人，特别是各行政部门中负责指导国家安全事务的人，都意识到了这一点，即便是出于政治原因，他们不可能公开承认这一点。半个多世纪以来，军队进行官僚操纵、对国会施展迂回伎俩、开展复杂的公关活动和泄密，还与承包商、当地社区和退伍军人团体结盟，无论军方在言辞上如何支持军事和国防，这样的做法都会引起政治领导层的猜忌，削弱了政府对军队的信任。陆军中将查尔斯·博恩斯蒂尔（Charles Bonesteel）担任过陆军参谋长哈罗德·K.约翰逊（Harold K.Johnson）的专题研究负责人，他在 1966 年时就意识到了这一点，在一份私人备忘录中，博恩斯蒂尔对约翰逊说，20 世纪 40 年代，各军种之间展开了"残酷、狭隘、'自相残杀的大战'"，这已经"开始削弱"传统军政协商制度中的"国家信仰"了。博恩斯蒂尔认为，走出这个"第一步"的"很大程度上是我们军队自己"。[34] 有些国防部长并不同于罗伯特·麦克纳马拉、梅尔文·莱德（Melvin Laird）、卡斯帕·温伯格（Caspar Weinberger）、弗兰克·卡卢奇（Frank Carlucci）、迪克·切尼和唐纳德·拉姆斯菲尔德，但是在他们就任时，也都对军队表示怀疑，并决心对国防部行使控制权。[35]

可唤起信任的军事行为

鉴于在可预见的未来，这些背景条件会直接或间接影响军人和文官之间的关系，所以需要建立一种既能形成文官控制又能做出明智而有效决策的合作伙伴关系，那么军政双方的哪些行为有可能导致这类合作伙伴关系呢？对于军队来说，可以采取以下几个步骤。

第一，最高军事领导层必须竭尽全力地与文官政治领导人建立信任关系，这些文官领导人不仅包括领导他们的五角大楼和白宫官员，还包括国会山上的议员，如果军方能回避一切行为和活动，而不是为达成军方想要 【275】 的政策结果或决定，提一些可能看上去有操纵之意的建议，就有可能建立信任关系。[36] 这意味着军人要远离以下所有活动：泄密、拒绝提供信息、拒绝执行命令或政策、在执行政策或命令时有怠慢之举、对国会或指挥链中的高层领导施展迂回伎俩、缩小选择范围以限制或操纵提供给总统的选项等。建立信任的进路无论是看上去，还是做起来，都应该坦坦荡荡，直言不讳。军事领导人必须假定，那些学识渊博的文官是带着相当大的猜忌上任的，他们意识到军官有个人的观点、思想意识和雄心壮志，也有体制性的忠诚与视野，而且军官历来都奉行军队中的各种议程。在过去的几年里，军队的政治化现象已经非常严重，只有稀里糊涂的文官才可能不这么想。高级军官应该意识到许多政治家和他们任命的官员都担心军队，一些人还嫉妒军官在美国社会中的成就、业绩、勇气、地位和声望，这也会激起一些不信任。

构建信任还需要服从，与文官沟通时，军事领导人要尽心尽力地执行命令和指令。正如詹姆斯·伯克在本书第八章中所述，可能会有原则上反对文官决策的空间，但是行动方针一旦确定，军队就必须执行这些决定。军官在战术情形下确实需要抵制文官试图管理军事行动和进行干涉的做法，但是这并不是说要杜绝文官的这类参与。有一位研究过这种倾向的士兵，他明察善断地承认道，文官有这种权力，他也认为，将军人"行动自主权"最大化的方式就是使行动具有开放性，"让文官参与到富有创造性的合作过程中来"，并且千方百计地构建相互之间的信任。信任必须不仅是个人性的，而且是制度上的，必须使文官确信，军队不仅理解和接受他们的决策，而且还对该决策有深入思考，这样才能使战略、行动甚至是战术与文官的意图协调一致，并且以这种协调的方式去执行命令。[37]

第二，军事领导人必须大声呼吁和坚决支持提军事建议的权利，但是绝不能添油加醋，也绝不能为了操纵或主宰结果而捏造事实。军官深思熟虑的专业观点应该在私下里传达给指挥链中的上级，而要求他们作证时，也要直接坦率地表达给国会。在西点军校的一次演讲中，国防部长罗伯特·盖茨对学员说："你们要认真听我说的话，作为一名军官，如果你不说真话，或者不去创造鼓励坦诚表达的氛围，你就是在为自己和军队帮倒忙。"[38] 军官应该将意见说出来，但是不应该说出去，即军官不能公开发表意见，要保守其建议的机密，防止他们的工作人员将文件或建议泄露出去，也不允许任何一方将建议公之于众，除非是在提供证词时，国会要求他们表达个人观点。如果他们愿意，可以让文官向公众发布军队的意见。[39] 但是在国会面前，军事领导人有义务充分全面地提供信息，直言不讳，反应

【276】

积极，即使会面临五角大楼或白宫雇主报复的风险。高级军官会避免伤害这些雇主，但是他们对国会负有同等的咨询义务。《美国法典》第 10 卷明确规定，这具有合法性，但是未经国防部长许可，参谋长联席会议成员就主动向国会提供他们的观点，这是不明智之举。而一旦要求在国会面前作证，高级军官就绝对不能含糊其辞，也不能在被问及其个人观点时，隐瞒他们与指挥链之间的分歧。[40]当军官不坦诚或者看起来不坦诚时，当他们在公开与私下场合表现得不一致时，他们就丧失了说服力，也减损了他们的信誉，不仅对于政治领导层来说是这样，对于公众来说，最终也是如此。[41]

第三，无论哪个政党或派系掌权，军队都是国家中立的公仆，为维护这一形象，军事领导人必须从专业视角出发做正确的事，还要抵制文官操纵高级军官或任何军人的所有尝试。军官有责任帮助文官，包括帮助他们规避错误，但是在与文官开诚布公地交换完意见后，如果文官还坚持认为他们有犯这个错误的权力，那么一旦经讨论做出了决定，无论是军队的角色和功能，还是军队的义务，都无法再防止这些错误发生。不管怎样，在任何特定的情况下，军队的判断可能并不总是最优化的，但是却能阻止文官以破坏文官控制的任何行为来行使他们的权力，这种破坏行动会对美国政府造成威胁。如果政府体系完整（每位军官在宣誓中都承诺他们将担当此任），就能防范任何能想象得到的国家安全问题。

构建信任的第四种行为是，在军事政策的变革、改革、调整和创新方面，军官要走在文官前列，全面理顺国家安全问题。变化无时不有，无论是渐变，还是转型。一个多世纪以来，军事领导人的主要职责一直是对变革进行管理，以回应国家的重点转移、新型威胁、国际条件变动、技术变迁和社会变革问题。国防领域中的风格变来变去，变革发生的速度参差不齐，起因也是多种多样，它们经常不期而至，不可预期。军官在进行创新管理时，【277】不能采用军种、司令部或军队的机构视角，而是要依据最有利于国家及其国防的原则，这会增强军队的影响力，也常常能使军种、司令部或军队受益。如果有些创新看起来并非有利，唯一合适的做法就是公开而坦率地反对它。

在与文职上级打造这些有时会紧张的合作关系时，军官至少面临五种必须抵制的压力：仕途之心、本位主义、政治化、操纵和辞职。

要抵制的第一个压力是仕途之心。遵从、保持沉默、继续下去或者做有利于其职业生涯的事，这些方面的压力最普遍，同时也是最伤害有效军政关系的行为之一。军官绝不能因为害怕激怒文官上级就保持沉默，或者去压制对重大问题的公开讨论。国家的防御目标要求武装部队要考虑适当的行动方针，研究战争及其当前与过去的行动，预测武器需求，制定训令，策划战略与战术，在进行这些思考时，或者在处理其他各种专业性的问题和忧虑时，都需要武装部队在其机构内部诚实沟通。在机构内部就专业问题发声不同于向公众发表意见，后者针对的是那些有明显政治或党派含义的高层政策或作战问题，具有影响公众舆论的动机。至于前者，公众有可能在媒体或军事专业期刊上听到或读到这些专业讨论的非机密版本，这种为公众知晓的可能性不应当成为一种遏制力：如果这类话语激怒了文官上级，那就太糟糕了。如果军官仅在内部的专业讨论中审查自己，他们就无法守信于那些在他们保护和管理之下的平民百姓，也不能很好地为国家服务。军事职业，首先要尊重并要求身体上的勇气（physical courage），但是所有的职业都要求并尊重道德上的勇气（moral courage）。

要抵制的第二种压力可以被称为本位主义，即一个人渴望做的事，是最符合其军种、司令部、部队或组织利益的事，无论它是否符合更高的国家利益。这种行为常常出自有限或狭隘的经历，也可能具有反身性，它往往不考虑其他部门的需要，而是拼命追求自己军种的利益。在国会和行政部门的文职领导人那里，或者在美国人民那里，很少有什么事情比这一做法更能激起他们的猜疑或不信任。狭隘的官僚议程削弱了军队的声誉，减损了其建议的可信性，意味着军队只是一个追求其机构自身利益的更加官僚的机构而已。公众，甚至是相当比例的军人，似乎都对这一点表示同意。

【278】1998 年，三角安全研究院（Triangle Institute for Security Studies）构建了一个代表性样本，由有影响力的文官和普通公众构成，研究人员提出了一个问题，"如果文职领导人命令军队做一些军方反对的事，军事领导人（会）设法不执行这一命令吗？" 45% 以上的文职领导人和三分之二以上的平民表示，他们预计，这位军人至少"在某些时候"会这样做；大约 11% 的文职领导人和 29% 的平民预计，这位军人在"大多时候"或"始终"会这样做。在军队内部，在军事职业教育机构的常设课程里，调查了 25% 以上的奋发

有为的现役和预备役军官，他们的答案都是，至少"在某些时候"会这样做。在军事院校和预备役军官训练团中，近半数的军官和学员也给出了同样的回答。甚至是在最高级别的军官中，样本中三分之一以上的现役准将和少将都表示，他们预计这位军官会被动地不服从。[42] 而毫无疑问的是，如果阻碍和削弱文官权威，或者以其他方式违抗文官权威，即便这种做法可能对军队、部队或司令部有益，也绝对不可以接受，因为它显然违反了职业主义。

第三种压力是政治化，它也能削弱文职领导人的信任。在过去的半个世纪里，与美国早期的职业规范相反，很多军官开始投票选举并寻求政党认同，他们的政治化历程确实比一般公众快得多。[43] 政治化已经获得极大发展，以至于国防部长罗伯特·盖茨在海军和空军学院做第一次毕业典礼致辞时就指出，他觉得有必要告诫刚毕业的学生们，"作为军官，（他们）有责任告诉（他们）手下的那些士兵，美国军队必须是非政治性的"[44]。当参谋长联席会议新任主席向武装部队发出第一个信息时，他同样指出，他必须明确承诺，要"以完全非政治化的私下方式，独立地"向总统和国防部长"提出和传达"他的建议。[45] 当政治家和公众怀疑军官被他们自己的意识形态所左右，或者对什么是最佳政策抱有强烈信仰，他们就不再相信军官的建议是全然专业性的了。如果要以国家中立的公仆身份发挥作用，军队就必须不只被视为超党派的（nonpartisan），而且要被视为"无党派的"（un-partisan），即军队要凌驾、超越并且无视党派政治。对党派政治的讨论会侵蚀职业主义，因为它是政治化的。如果军人想投票，这应该是一个很私人的问题。在过去的海军传统中，有三个主题是严禁在军官起居室里讨论的，即性、宗教和政治，它们都被视为私人话题，会引起分歧；这【279】些议题仍然可能在军官集团中引起冲突，仍然被认为是社会中有争议的问题，会损害军队这一机构的中立性和客观性。20世纪90年代中期，白宫人事办公室处理了一起在任命官员时需要参议院提供确认书的事件，在该事件中，白宫考虑将一名高级将领安排到一个高级文官职位，白宫工作人员在十天之内两次询问了这位军官的政治派系。这位将军两次都指示他的助手告诉白宫，他的政党登记"不关他们的事"。他的回答是正确的，但是还远远不够，因为这证实了对这位军人有政治倾向的猜测。其实他可以有更好的回答："作为美国武装部队的一名军官，我没有任何政治立场。"[46]

军官必须抵制的第四种压力是政治领导层的操纵行为，政治领导人经常期望甚至迫使高级军官在公共场合宣传特定的政策，谈论军事职业范畴以外的问题，例如，界定敌人是谁，捍卫战争的必要性，支持一项特定的政策或决定，或者是在报告进展情况时，对某项冲突或干预进行的起诉予以政治支持。除了纯粹的军事观点，从任何角度对一场战役或军事行动进行解释，都难免将军队政治化，削弱武装部队的无党派立场，将指挥官与某个特定的政府联系在一起。这会导致人们去猜疑这位或那位军官是一位"民主党"将军，还是一位"共和党"上将。这些都削弱了政治领导人和公众的信心和信任。

高级军官绝对不可以在党派问题上对其政治雇主做出不经意或不知觉的响应，例如，当参谋长联席会议主席理查德·迈尔斯称恐怖主义为美国有史以来面临的最危险的威胁时，无论从历史的还是从无党派的角度看，他的所作所为都夸张得令人质疑。[47] 越面临反对或者越有压力，政治家就越有可能希望利用军队，或者躲在军队的后面，正如林登·约翰逊的所为，1967年，约翰逊让威廉·韦斯特摩兰公开报告越南战争进展，以支撑摇摇欲坠的公众支持。[48] 在选举之前，高级将领也应该回避公共媒体，不能在主要的报刊发表文章，但是1992年10月，担任参谋长联席会议主席的科林·鲍威尔在面对外国干涉问题时，2004年，戴维·彼得雷乌斯在处理伊拉克安全部队的培训问题时，都没有做到回避。[49]

军官还应该避免各种政治瓜葛，在2007年初的确认听证会上，彼得雷乌斯对国会辩论可能会助长敌人士气的观点表示赞同，当他表述这一观点时就遭遇了这种情形，当时的共和党国防问题参议员老前辈约翰·华纳 **【280】**（John Warner）几乎怒形于色地回应道："将来，你有可能对今天的一些回答悔不当初，我希望这场讨论还没有让你掉进这些答案的陷阱里。"[50] 高级军官应该坚决回避政治争议，除非他们的职责要求他们这样做。2006年初，参谋长联席会议成员攻击了《华盛顿邮报》漫画家汤姆·托尔斯（Tom Toles），因为他画了一幅关于拉姆斯菲尔德的凶狠野蛮的漫画，但是参谋长联席会议成员在进行攻击时，并没有接到任何要求他们为国防部长拉姆斯菲尔德或军队做辩护的命令。同样，当参谋长联席会议主席向美国地方法院提供史库特·李比（Scooter Libby）的人物资料时，也破坏了无党派性的形象，在后来发生的中央情报局卧底官员瓦莱丽·普莱姆（Valerie Plame）泄露案件中，副总统办公室主任还因做伪证被判有罪。[51]

战争进展问题也免不了让指挥官掉到雇主和战争反对者之间的陷阱里，无论他是多么小心谨慎，正如2007年夏天彼得雷乌斯及其下属所遭遇到的情况那样。一方面，受布什政府敦促，要做支持"增兵"（surge）战略的代言人；另一方面，被国会施压，要报告战争的进展情况。彼得雷乌斯在他的文职上司及其国会中的民主党对手之间，夹缝生存，进退两难。彼得雷乌斯的证词在"走钢丝"，他既对伊拉克的局势予以乐观评论，同时又小心翼翼地对他的解释进行限定，使之符合事实。自彼得雷乌斯执掌指挥大权开始，他就频繁地与新闻界打交道，允许或鼓励他的下级指挥官公开讨论战争问题，他似乎很满意这个公共角色，民主党人和新闻界都质疑他的政治中立性，在他们当中引起这样的反应实属意料之中。有记者称他为白宫的"头号政治人物"，还有一位国内专栏作家称他为总统的"使能者"（enabler）。他在国会出庭后，一位学者称他"逢场作戏"，另一位学者称他为"最糟糕的政治将军"。高级军官们意识到了这个问题，据报道，"五角大楼的高层军事领导人"担心，"对一名将军的持续关注"是有风险的，这个风险是"将军队政治化，削弱了公众对军事领导人的信任，他们不相信军事领导人能对战争进展情况进行诚实可信的评估"[52]。

随着分歧加剧，政治家们更加坚定地抓住军队不放，情况变得越来越艰难，高级军官必须对此予以抵制。1955年，因为与艾森豪威尔的国防政策存在分歧，马修·李奇微未能继续连任陆军参谋长，在写给国防部长的辞别信中，他明确定义了军官的正当行为。李奇微将他的角色描述为，给文官以"合格的专业性建议，这些与他有关的建议都是军事上的问题，都建立在他对国家利益无畏、诚实与客观评价的基础之上，无论什么特定时期的政府政策，都是如此"。他"既不应该被期待也不应该被要求去公开 【281】 赞同他建议过的军事行动方针。他的责任应该只是以适当的权力去忠诚而果断地执行决定"[53]。

要抵制的第五种压力是辞职的想法，这一压力似乎在今天的军队中生了根。除了坦率地提出反对意见，军官还必须抵制那些他们认为是错误或失误的政策，特别是那些不必牺牲生命的或违反军官个人道德或职业伦理的决策，他们可以提请退役或重新任职，通过这些做法绕开这些政策、决定或命令，他们或许应该这样做。2006 年，几位退休将军以很个人的名义公开指责国防部长拉姆斯菲尔德，表达了他们没有在现役或刚刚离役之时就早点做这件事情的遗憾，他们要求解雇拉姆斯菲尔德。[54] 在陆军战争学院，一位退休将军说，2003 年时军队还是"允许"文官将美国推向战争的，他反复说了三遍，含蓄地表达了军队本来是有权力也有责任去阻止这场战争的。当被问及在我们的文官控制体制下，怎样能够合法地采取抵制行动时，这位将军却没有给出任何答案。[55]

一位受人尊敬的中将白纸黑字地表示，他拥护辞职策略，他批评道，"主要的四星将军没有……在冲突刚刚发生后的伊拉克，坚持他们的不统一指挥（divided command）立场"，他引用了第二次世界大战期间德怀特·艾森豪威尔将军和乔治·C. 马歇尔将军利用辞职进行威胁的例子，尽管马歇尔后来声称，自己在这种情况下的辞职行为应当"受到谴责"。作者还补充了一位权威人物，他引用了拿破仑的案例，即便拿破仑根本不是一位恰当的民主共和国高级指挥官的榜样。[56] 同样令人担忧的是，有一位国家战争学院的毕业生，他也公开支持利用辞职表示抗议的行为规范，他的文章获得了 2006 年校友会伦理学作品奖。[57] 在最近的一些文章中，一些受人尊敬的学者或明或暗地表示，如果高级军官在关键问题上（根据他们自己的标准）被忽视，在某些情况下，他们可以而且也许应该"辞职"。[58] 大概最令人不安的是参谋长联席会议主席了，他充分肯定军队必须保持政治中立，在向文官上级提供坦诚而非政治性的建议时，要有"道德勇气，能站出来捍卫真知"，如果无法接受文官的决定，就要坚定地选择退出。"在此之前，我们已经提供了最好的建议"，2008 年 5 月，他在美国海军学院对海军见习军官毕业生说："如果我们的建议被采纳了，那棒极了。如果没有，我们只有两个选择。要么服从命令，……以职业主义和值得交付的忠诚去执行命令，要么就用我们的脚投票。"[59]

【282】 这种对军事职业的理解与过去有天壤之别。美国军队没有任何辞职传统。如果文官要求某位军官所在的军种、司令部或部队去以某种方式开展行动，而这位军官发现这种方式令人反感，会引起灾难性后果，甚至是不道德，那么这位军官在捍卫个人和职业荣誉时并不需要请求重新任职或退

役。军官的工作是提建议，然后去执行法定的命令。军官个体对道德行为的定义可能不同于他的文官同僚或社会下的定义。军事行动决策涉及对更宏大国内和国际背景的思考，即使是指挥链中的最高军事领导人（更不用说他手下的那些军官了），也不可能完全了解这些内容，政治领导人则非常适合做这种深谋远虑的推测，无论他们是选举产生的，还是政治任命的。并没有什么历史证据表明，军队的判断优于政治家的判断。在其生命的最后一段时光里，乔治·C.马歇尔反省道："（在政治决策中）涉及许多影响因素，参与决策的军官们对它们到底有多熟悉，这绝对是一个问题。"[60]此外，如果不同级别的军官总是根据他们自己的个人道德标准去评估政策、决策、命令和行动，并依据这些评估的结果采取行动，那么军队的良好秩序和纪律就会被瓦解。

辞职是对文官权力的直接攻击，甚至就是一种明确的暗示，更不用说是威胁或付诸行动了。文职官员正确地解读了这一点。辞职从根本上违反了文官控制。很少有什么事情比辞职更能明显地伤害军政之间的信任了。军官进行辞职威胁时，所运用的权力与美国文官控制的理论或历史实践不一致。在其他行业，专业人士可以选择辞去他们的职位。在军队中，军官宣誓保卫国家，如果辞职本质上出于个人原因，就是在离弃美国人民和他自己的军队。当然，可能存在真正特殊的或极其严重的情况，在这种情况下，军官就无法继续服兵役了，例如，在没有任何可理解或者可想得出的理由的情况下，做出了引起屠杀的决定，或者是做出那种无疑会危及国家存亡的决策。但是，即使在如此岌岌可危的情况下，也必须默默地完成离职，以免违反文官控制，进而违反军官对宪法的誓言。美国军队没有辞职传统，这一事实应该让每一位相信辞职策略的军官都停下来，无论是那些默默辞职的，还是以抗议形式辞职的，即使辞职有时可能是说得通的，也要认识到，在我们的政治体制下，其他的政府部门，最终是美国人民，才拥有政治上的领导权，而不是军队对此负有责任。[61]

最后，顶层高级军官的某些职业化责任一直会延伸至退休。这种义务中的大多数并不成文，却可以被充分理解：要尊重现役军人，不要以言语【283】或行为去损害国防事业。一些责任同样与文官控制有关，这些责任是军官绝不能利用美国军队的声誉（无私的爱国主义、公正的服务和政治上保持中立）做出有损于军政关系和助长军事职业政治化的政治行为。

军官退休时，他们的职业主义并不会一并退场，这种情况比律师、医生或大学教授还要明显一些。从法律角度看，军官在整个退休期间，都会在他们的委员会中承担许多责任。[62] 如果退休军官在现任政府中担任某一高级职务，他却希望支持总统候选人，或者攻击现任政府，这种行为显然不妥，因为这是在利用合法性和公正无私的光环去偏袒一方，确实有党派性之嫌。这种行为是在向仍在服役的军官表明，党派性是可接受的；也在向美国人民表明，军队只是另一个拥有自己议程的利益集团，而不是国家的秉承中立的公仆；还在向政治家表明，他们应该基于政治和意识形态的相容性、从属性和依从性来选择陆海空三军将领，而不是基于成就、经验、坦诚、品格、勇气和履行最高职责的能力来选择将军。这种行为同样会暗示人们，我们不能相信高级军官会保持信誉，会不滥用坦诚的交流机会，也不能相信他们不会在政治上损害雇主的利益。2006 年 4 月，在拉姆斯菲尔德部长任期内服过兵役的六名将军公开攻击了拉姆斯菲尔德，这威胁并伤及了军政关系及其未来的发展。[63] 更糟糕的是，一名退休的战区指挥官在公开攻击他供职的政府时，该政府仍在执政期，战争也仍在继续，这位指挥官对总统的星期六广播讲话做出了反对党的反应，他宣布说，他"今天，并不是作为民主党的一位代表，而是作为一位军官，一位退休的、前多国部队的伊拉克战区指挥官"，在向美国公众发表讲话。[64] 这种行为过于将军队政治化，有损于军事职业的品格。

绝大多数的退休军官都对此一清二楚。但是 1992 年，已退休的参谋长联席会议主席海军上将威廉·克罗和其他退休的高级军官却公开支持候选人比尔·克林顿担任总统，他们的这种做法违反了该准则，之后，总统连任竞选活动负责人又请求克罗的前任——陆军上将约翰·维西支持乔治·H. W. 布什总统。维西则亲自向总统说："他能为总统加油，但是他不会那样做，因为他不能公开支持一位总统候选人"[65]。詹姆斯·L. 琼斯是

【284】 一位备受尊敬的海军陆战队前指挥官，也是北约盟军的最高司令，他在退休时也遵循了这个传统。他并"不隐瞒"再度在政府任职的愿望，但是他拒绝加入任一党派。"有人建议我，"他说，"是展示你的立场的时候了"，"如果你要在这个城市（华盛顿）中生存，你就必须决定你属于哪个党派……

要么是民主党，要么是共和党。我不同意这种说法"[66]。诺曼·施瓦茨科普夫将军退休后，曾经让共和党人利用了他的名声和影响，即使是这位将军，最近也似乎重新发现了更为重要的规范：当一位报纸专栏作家问他伊拉克战争需要多少军队时，他回答道："有人给了我一些最好的建议，他们说，当一名将军退休了，他绝不应该放弃保持沉默的机会。"[67]

能激发信任的文官行为

　　文官在军政关系中也有自己的义务，他们是在不同时期、出于各种原因、被不同的总统任命的，期望这样一群背景各异的人去遵循统一的规范并不现实。尽管如此，文职官员仍然怀有与高级军事领导层建立有效合作关系的各种动机，这种关系取决于文官能否遵循某些行为和态度方面的准则。

　　第一，文官需要了解军队，了解它的人、职业和机构，也就是说，要了解整个军事世界，包括它的需要、假设、观点和逻辑，这样才能对构成国家安全的众多问题做出适当而明智的决定。即使得益于长期的经验，也需要阅读，到处看看，进行非正式的社会交往，当然最重要的是倾听，拉姆斯菲尔德的继任者罗伯特·盖茨走马上任后，就立刻开始在参谋长联席会议的地盘，一个叫作"Tank"的会议室中，与他们每周见上一面，他承认倾听他们的意见很重要。[68]必须赋予国防部高层官员和国会议员以大量的权力和责任，他们不应该错误地想，军事方面的问题、武器、过程、行为、系统、战略、行动甚至是战术都太深奥、太专业了，根本不在他们的理解范围内，因此需要将权力交出去。在一些情况下，他们可能就希望如此，但是文官不能回避与高级职位相对应的责任。他们应该不断地提问，直到听到有意义的答案为止。同时，咨询性的关系也要求对话，这一对话具有公开、坦率的特点，很像上级与下属关系中的那种建议、提问和决策的形式。[69]

　　第二，文官应该意识到军队是忠诚的，军队高度重视忠诚，并且会忠【285】于它的现任雇主，而不是前任领导。也就是说，既没有什么民主党的海军上将，也没有任何共和党的将军。军官忠实服务的文官雇主可以是上任政府中的在野党，这算不得什么，同一位军官应该会以同等的忠诚之心，马上忠实地服务于新政府。如果假设还存在其他可能的情况，那就是对军官和军事专业人士的侮辱，这反过来会引起不信任。

第三，文官应该发自内心地尊重军人及军事机构。如果文官无法尊重军队及其所为，他们就应该到政府的其他部门中另谋高就，或者干脆离开政府。像军官一样，文官必须尽可能地照顾部队的需要，领导人关照部队的第一要务是，在守护自身的需要之前，先去关照军人的生理和情感需要，包括最低层次上的士兵以及刚入伍的新兵。罗伯特·盖茨是做出这种关怀的典范，他给伊拉克遇害士兵家属发哀悼信时，每一封信都亲自加了评语，当为一位在战争中牺牲的海军军官致悼词时，盖茨一度哽咽地说不出话。[70]在向参议院军事委员会提供的确认证词中，盖茨说："我认为，随着时间的推移，我学到的另一课是，尊重专业人士……当你善待这些专业人士……善待这些心怀敬意地去完成组织使命的专业人士，当你倾听他们，关注他们，我认为，我们就能更好地满足他们每个人。" 盖茨承认："无论你是否在那里，他们都在那里，如果你不把他们作为解决方案的一部分，他们就会成为问题的一部分。"但是这并不意味着要不自觉地听从他们，要自动地听从他们的判断或建议。军官即使身居高位，也很少有人心中装有广泛的政治图景，了解非军事的因素，在他们自己做的判断中，也经常产生分歧。[71]

第四，文官应该支持和捍卫军队，抵制不合理或不公正的批评，还应该向政府的其他部门反映军队的需求和观点，即便这些部门实施的政策或制定与执行的决定都是令军队反感的，例如削减部队规模或资源，文官也还是要向这些部门反映军队的意见。如果政客们把武装部队投入狼群，军队就会以牙还牙，不再忠实、坦诚地为政治领导人服务，即便职业上的责任要求军人如此。以个人或机构的名义去批评军队或军事人员，并不是行政部门的文官要完成的工作。文职高层既有坚持军队远离党派政治的责任，也有避免利用党派需求去腐蚀高级军官的义务。1976 年，美国最高法院明确提出一种"宪法传统，它规定军事机构必须在文官控制之下保持政治中立。这一政策已经体现在许多法律和军事规则中，贯穿于我们的全部历史"[72]。正如马修·李奇微写给国防部长的信中所述，"政治气候在发生转

【286】

变和变化"，"对（军官的）适当角色也有了不同的评估，但是无论情况如何，军官都必须始终远离党派政治。文官有责任检核军官是否远离了党派政治，并且保护军官免被卷入其中"[73]。

　　文官的第五项义务是，他们必须能同时利用各军种和国防部的正规合法程序来确保军队对它的行为负责。华特里德医疗中心的受伤退伍军人身受生活条件恶劣、官僚欺压伤害之苦，盖茨部长上任仅三个月时，就针对这一丑闻事件采取了高效得体的行动，他解雇了一些将军和陆军部长。[74]盖茨是经过充分考虑后才替换掉那些未能充分履行职责的人的，他对这一事件的处理方式分寸得当，公平合理，所确立的问责氛围和领导魄力正是军官们所为之奋斗的，完全符合他们自己的职业理想。但是，如果必须解除职务的军官戎马一生，战绩显赫，身居高位，那么就一定不能让他们因错误或渎职而受到羞辱或蔑视，除非在某些紧急关头，有必要杀一儆百。解雇作为惩罚已经足矣，除非法律或法规有更多的要求。

　　第六，文官也应该承担责任，不能躲在军队的后面掩盖自己或其他文官的过失。在大型或复合性任务中，会存在资源有限或不足的问题，军官在这种情况下仍会尽职尽责、竭尽全力地争取胜利，但是，即便战果尚好，也会激起争执。文官企图避免政治压力或政治责任，于是就指责军队要对这个结果负责，这种做法会危害文官的合法性，激起不尊重和不信任问题。让军队为文官的政治决策或不可预见的事情背黑锅，这是在冒扭曲军政关系、使之濒于功能失调之边缘的风险。如果文官控制意味着文官拥有最终的权力，也就表明文官要承担最终的责任。

　　最后，行政部门和国会中的文官，包括工作人员在内，必须大方得体、恭敬有礼、坚定不移地行使他们的权力，不得辱骂诋毁，不得专横霸道，不得以牺牲他人或其他职业的尊严为代价。在这方面，盖茨再次为我们树立了好榜样，当时，参谋长联席会议主席公开表示同性恋行为不道德，盖茨表达了他的不满，却没有直接训斥他。在盖茨上任前六个月的时间里，【287】他更换了美军驻伊拉克部队和参谋长联席会议的军事领导层，2008年，他解雇了空军部长和参谋长，对于所有这些变动，盖茨都经过了冷静思考，带有开诚布公的坦诚之情，他肯定了这些人的功绩，不带有一丝的个人诋毁。[75]军人是尊重坚强有力的领导人的。他们希望决策、指令、目标和指导都能以尽可能明确而全面的方式发布，当然，最为重要的是能及时发布，以免金钱和生命因悬而不决或动荡不定而白白浪费。如果不可能做到这些，文官就需要向军队坦率、诚实地进行解释。文官应该尊重最后期限，遵守时间表，在所有方面都按这样的原则行事，只有这样，军队才不会觉得，与它的政治雇主打交道时，本身就是一场战争。

管理军政关系

最后，没有任何解决军政关系的良方，因为军政关系千差万别，也太难以预料。双方都预计到了张力和猜疑，这是历史经验告诉我们的，特别是在过去的半个世纪里。如果这个系统运行正常，双方就会努力减缓这种不信任。但是，即便文官一方拒绝做出努力，军事领导人也绝不应该通过以下行为来进行被动抵制：少提供信息；放慢政策或决策的执行过程，不进行充分沟通；实施"怠忽规避"（shirking）策略，彼得·费弗在命名该策略时，真是太有洞察力了。[76] 这些行为难免会引起糟糕的政策和错误的决定。

因此，建立有效伙伴关系的责任在于双方，但是要使这种关系正常运行，最终还在于军队。高级军事领导人有教导其文官上级并打造军政关系的职业责任，这与医生对其病人、律师对其客户、教师对其学生以及所有专业人士对其服务对象的做法并无二致。军官是国家安全的常任管家：出于职业责任的缘故，他们是一些必须不断思考和实践军政关系的人，他们也要意识到，如果军队要在社会中有效发挥作用，就有必要去研究军政关系。

对于军人来说，共和党人和民主党人之间没有任何分别。事实证明，出于党派或政治目的，两个政党都会操纵甚至腐化军队。任何一党都既不是军方永久的盟友或赞助人，也不是军队的敌人。如果有一个政党坚信军【288】队是一个核心选区，另一个政党坚信军队是一方敌对势力，无论出于个人动机还是机构利益，两个政党都不会与军队建立起任何信任关系，结果是，军政关系很可能不正常，也许会陷入功能失调的境地。

乔治·C.马歇尔在历时七年的时间里，先后担任过助理参谋长和参谋长，在此期间，他面临过许多这样的困境。在与罗斯福总统、杜鲁门总统以及国会打交道时，马歇尔经常表现得极其坦率，有时甚至是对抗，但是他始终保持合作，从不蔑视，也没有越级操纵他的雇主，有时，他甚至与国会议员或参议员达成协议，但是这种协议总是在私下里完成的。"我就是这个团队中的一员，在这个团队中，我试图表现得令人信服，而不是公开采取反对总统和国会中某些成员意愿的行动，我认为，从长远来看，这更重要。"[77]他反对总统的许多决定，例如，他反对在美国重整军备的艰难岁月里向英国和苏联输送弹药，反对1941年占领格陵兰和冰岛，反对1942年入侵北非，1948年，马歇尔担任国务卿，他反对承认以色列独立。他对哈里·杜鲁门说，如果要"（打破）自己毕生不参与投票的承诺，那么'我就会投票反对总统'"[78]。但是马歇尔诚实坦率，守口如瓶，从未损害过雇主的利益。他坚决维护军队的需要，也确实在这个问题上不屈不挠。有时，他也会在人事选择上反对总统，但是始终对总统的决定表示接受。"我从未与总统讨价还价过，"马歇尔回忆道，"小不忍则乱大谋。我从来没有对我处理过的事情感到抱歉，我也从来不喜口舌之争。"[79]在与富兰克林·罗斯福的关系中，他始终能够遵守礼节，秉公办事，避免被总统的魅力所操纵。在1938年的一次会议上，马歇尔以助理参谋长的身份公开表示不同意总统，导致一些人预期马歇尔的职业生涯会因此结束。他也与其他人保持距离，拒绝与他的专业同行太过亲密。他节制隐忍，劝阻罗斯福总统不要称他为"乔治"，他常常避免去白宫，甚至对总统说的笑话也不巴结奉迎。当罗斯福告诉他，他将被提名为参谋长时，马歇尔"表示感谢，但是又补充道，他有时也会发表反对总统观点的意见。罗斯福说没关系。马歇尔回答道，'你是在愉快地说'没关系'，但是你可能没那么愉快'"[80]。罗斯福的处境很难，他的想法经常不为外人所知，正如战争部长亨利·史汀生所说，他"很像在绕着一个空房子转，追逐一束无处安放的阳光"[81]。2002—2003年，乔治·W. 布什总统将国家推向战争时，【289】军事领导层保持沉默，1941年，罗斯福在大西洋会晤中歪曲了美国对德国的侵略立场，指挥美国军队积极参战以支持英国，当时的马歇尔也在公开场合保持沉默。[82]马歇尔绝不允许自己被操纵，成为一个有党派性的或行为失当的角色。

在马歇尔退休近 30 年后，有一位参谋长联席会议主席的法律和立法助理，他按照马歇尔示范的方法明确地向他的上司提建议。主席问道："如果在国会作证时，我被问到一个问题，这个问题总统已经命令我不回答了，或者甚至是不予讨论，我该怎么办？""你可以这样做，将军，"赞恩·芬克勒施泰因（Zane Finklestein）上校回答道，"你揉揉眼睛，突然抓住你的胸口，从椅子上摔下来……当你听到华特里德医院主席套房的门关上时，你就睁开眼睛，下床，走过去拿起红色电话。'总统先生，'你说，'先生，我不会在美国国会面前作伪证。请给我下达新的命令吧。'"[83]

军人、国家和亨廷顿的贡献

2001 年，外交事务作家罗伯特·D. 卡普兰（Robert D. Kaplan）对亨廷顿的著作做了回顾，正如他在回顾中所观察到的，"《军人与国家》中的军政关系问题是纸上谈兵"[84]。当然，学术界和军事职业都要极其感谢塞缪尔·亨廷顿写了这本军政关系著作。但是今天，一位备受争议的国防部长和一场深刻的造成不和的战争，使得越发有必要去超越亨廷顿的研究了，要在他的学术成就的基础之上去更为深入地研究军政关系的本质，最为重要的是，要让军人与政治家都意识到，有必要研究这一主题，有必要修通那些能促进政策和决策的规范及行为。特尔福德·泰勒（Telford Taylor）是一位知识特别渊博的评论家，曾担任纽伦堡战争罪行审判首席检察官，当《军人与国家》首次出版时，他就明确地赞扬了亨廷顿，他认为，亨廷顿在"一个急需反传统的领域里"，做出了"令人印象深刻而富有挑衅的贡献"。遗憾的是，他所说的话今天仍然是正确的："文官控制已经变成一句政客口头上尊崇、思想上糊涂的空话。"[85] 今天，我要在这里改写一句话，长期以来，它一直被认为是马克·吐温（Mark Twain）的格言：没有人谈论军政关系，但是每个人都对它做过点什么。如果这种情况持续下去，特别是在军人和政治家之间，国家将面临生死存亡的危险。

第十四章 结　语

苏珊娜·C.尼尔森，唐·M.施耐德

本项目的一个基本前提是，由于军队在美国国家安全政策方面持续扮【290】演核心角色，民主适度和战略有效的军政关系就是至关重要的，但是在这些关系的许多重要方面，都尚未达成共识。第二个前提是，虽然《军人与国家》在半个多世纪前出版，今天也仍然有助于我们从这里开始，去思考目前和长远的军政关系问题，本书作者们的研究已经充分表明了这一点。

最后这一章将从那些分析性的章节中得出一系列的结论，这些结论是关于当今美国军政关系的现实和挑战的。之所以能得出这些结论，部分得益于亨廷顿的概念框架，也反映了本书作者们的见解。表 14.1 概括了这项研究的九个结论。　　　　　　　　　　　　　　　　　　　　　　　　　　【291】

表 14.1　本项目的结论

1. 亨廷顿的美国军政关系规范模式仍然有价值

在亨廷顿客观控制模式创建后的 50 年里，虽然模式的一些核心主张应该修订了，但是它的贡献始终大于缺点。亨廷顿这一思想的最大缺陷是，它没有意识到，政务与军务之间的分离是不可能的，特别是在顶层政策制定方面。

2. 美国的自由主义与军队的视角之间存在张力

亨廷顿预测，美国的自由主义中固有道德绝对主义，这种道德绝对主义会在社会性要求与功能性要求之间制造张力，他的这一预测仍然有助于解释当前美国军政关系中的挑战，可能也有助于解释未来的挑战。

3. 军事专业能力

亨廷顿将军官的核心专业能力描述为"对暴力进行管理"，这太狭隘了。相反，军官必须精通"武力威胁或武力使用，以实现国家的政治目的"。非动能（nonkinetic）技能以及传统的战斗技能仍然是赢得现代战争的关键。

表 14.1（续）

4. 职业军人的自主权

亨廷顿将政治和军事领域不切实际地分离开来，并将军事自主权的需要建立在这种分离之上，这是错误的；但是他认为，对于功能性目的来说，军事文化的某些方面有必要不同于美国社会的主流文化规范，这项建议是正确的。亨廷顿还认为，在军事职业中需要道德自主权，这个认识却不充分，值得进一步探索。

5. 军事职业的边界

亨廷顿将现役军官视为军事职业的唯一成员。是否应该将成员资格予以扩展，将现役军官、预备役军官以及高级士官都包括在内，现在该考虑这个问题了。在美国的海外军事行动中，美国军事机构和私人安全保障公司都在发挥越来越重要的作用，分析两者在法律和实践上的区别也是迫切之需。

6. 军事专业人员的政治参与及政治行为

在亨廷顿的客观控制模式下，职业军官会自愿远离政治参与。但是自"冷战"结束以来，美国军官集团中的党派中立性却明显下降。党派行为仍属不当行为，但是军事领导人确实有义务在政策制定过程中做出有效贡献，即便这个过程本质上具有政治性。

7. 军政关系中的人际维度

亨廷顿并没有解决人际关系动力问题，但是要制定健全的国家安全政策，文职与军事领导人之间就要相互尊重，假定对方值得信任，这是至关重要的。当军政双方为一套明确、统一的规范和原则指导时，就会更有可能实现全面民主和战略有效的军政关系。

8. 高级军政领导人的发展

要改进我们的工作，以便能教育、培训和发展未来的军政高级领导人，使他们能在相互打交道时发挥各自的作用，使有效的军政关系更有可能发生，亨廷顿在很大程度上并没有解决这个问题。

9. 国会和行政部门在控制军队时要平分秋色

在军事事务方面，美国宪法赋予国会以重大责任，但是国会在承担这些责任时的最佳方式是什么，却没有达成广泛共识。军官应该向国会提供坦率而专业的军事建议，以此来回应对这两个部门的共同责任，同时也要尽心尽力地对其所属的行政部门保持忠诚。

亨廷顿的美国军政关系规范模式仍然有价值

　　在亨廷顿客观控制模式创建后的 50 年里，虽然模式的一些核心主张应该修订了，但是它的贡献始终大于缺点。亨廷顿这一思想的最大缺陷是，它没有意识到，政务与军务之间的分离是不可能的，特别是在顶层政策制定方面。 　【292】

　　本书的引言部分指出，亨廷顿的主要贡献之一是提出了军政关系规范模式，亨廷顿将其称为"客观控制"，即"以最少牺牲其他社会价值为代价来换取最大限度的军事安全"[1]。但是，事实证明，亨廷顿的客观控制模式还远不完美。理查德·贝茨（第二章）、克里斯托弗·吉布森（第十二章）、理查德·科恩（第十三章）以及其他作者都指出，亨廷顿这一观念的最显著缺陷是，他没有意识到绝无可能在政务和军务之间做十分明确的区分。克劳塞维茨指出，战争就是从属于政治的，他也认为，在最高层，"战略和政策是融为一体的。"[2]政策选择必须以军事专业能力为依据，而军事行动必须服务并融入于政治目的，否则它们就不具有战略意义。这一现实比亨廷顿承认的要复杂得多，它需要政治领导人和军事领导人之间进行密切而持续的互动，双方都必须至少能够欣赏彼此的角色与责任，理解各自的专业知识领域。

　　尽管存在这一重大缺陷，我们仍然认为，至少在两个重要方面，美国军政关系应该继续接受客观控制模式的指导。首先，正如理查德·贝茨所强调的，亨廷顿的进路正确地拒绝了文职领导人对军队的政治化，而政治化对军事效能和职业主义是有害无益的。坚持客观控制模式还有可能防止近期的某些发展演变成重大问题，例如军官党派认同有增无减的趋势。如果文官开始践行主观控制模式，例如，依据党派标准去选拔高级军事领导人，现役军官就有将职业生涯赌在他们所选择政党上的动机。结果是以多种方式损害了军事职业主义：文职领导人可能开始视军官为竞争者而不是合作伙伴；在更为广泛的美国社会中，军事机构可能会失去人们对它的尊敬；如果通过政党认同获得晋升，还会削弱军队的凝聚力，也会损害目前在晋升和其他选拔程序中优先考虑专业能力的准则。

【293】　　其次，正如迈克尔·戴思齐在第五章中指出的，客观控制允许军事职业实践有相当大的自主权，突出了军事专业能力的重要性。但是，多大的自主权才能适合所有的可能情境，这不可能事先就精准地予以规定，所以贝茨、戴思齐和科恩都警告文职领导人要谨慎地意识到，军事领导人独特的军事专业能力实际上是从成年累月的教育和实践中获得的。戴思齐提及了国防部长唐纳德·拉姆斯菲尔德为首的文职领导团队，列举了他们与主要军队下属建立起来的关系，用这个例子来说明缺乏这种慎思带来的后果。虽然戴思齐注意到，即使是模范的军政关系，也无法对军事或战略上的成功做出任何保证，但是他认为，拉姆斯菲尔德将主要军事成员排除在计划制定程序之外，他的将军也不把专业的军事建议放在眼里，这些都对2003年入侵后的伊拉克问题负有相当大的责任。

　　本项目的许多研究者都认为，客观控制模式仍然有价值，觉得它优于现有的备选模式，但是该项目的作者中，至少有两位采纳了不同观点。克里斯托弗·吉布森在第十二章中指出，大多数重要的军政互动都发生在其角色和责任共担的区域里，因此应该废除客观控制，而不仅仅是修订。他提出了一种进路，称为"麦迪逊进路"，该进路需要对国防部长的角色和责任做出组织上的变革，以促进军事建议能顺利提交给总统和国会。在第十三章中，理查德·科恩指出，解决的方案并不是提供一个文官控制的新理论或新模式，而是要制定一系列的规范来对军政伙伴双方的行动进行管理。

　　鉴于客观控制的优点及不足，我们得出的结论是，最好的未来之路是，保留其潜在优势的同时，减少它的不足。例如，贝茨建议，美国军政关系应该遵循"平等的对话，不平等的权力"的原则。正如艾略特·科恩在《最高指挥》中提出"不平等的对话"一样，该原则具有顺应克劳塞维茨见解的优点。实际上，没有什么壁垒能将政务与军务分离开来。[3] 贝茨也提到了"不平等的权力"，这一观点重申了民主主义文官政治控制对军队下属的至上性。最为可贵的是，"平等的对话"一词可以提醒人们，如果军政双方对彼此的能力和意图都给予信任，军政互动既充满活力，又相互尊重，那么军政关系导向有效战略选择的可能性就会更大一些。

美国的自由主义与军队的视角之间存在张力

亨廷顿预测，美国的自由主义中固有道德绝对主义，这种道德绝对主义会在社会性要求与功能性要求之间制造张力，他的这一预测仍然有助于解释当前美国军政关系中的挑战，可能也有助于解释未来的挑战。

我们的第二个结论建立在战略环境分析以及美国近期对此做出回应的基础之上。正如理查德·贝茨在第二章中指出的，"冷战"之后，并没有遣散美国军队，因为接下来还有其他重要的战争，相反，美国的军事行动主义实际上在加速发展。在缺少大国对手的情况下，美国在海外动用兵力时，变得越来越多样化，也越来越具有自行决定权，行动侧重在传播美国的价值观、对世界秩序加以规范，而不是把注意力放在那些更为狭隘的、与美国重大利益直接相关的现实目标上。在文官集团中，以及在文职与军职领导人之间，对武力使用选择的争议也变得更加激烈。在利用武力实现那些有自行决定权的、常常也是人道主义的目标时，一些政治领导人希望对这类武力的规模予以严格限定，军事领导人则可能会抵制这种限定，因为一旦使用武力，军事领导人就会倾向于支持决定性与压倒性的武力手段，并且将它们用在可迅速解决的冲突中。

除了使用武力上的自行决定权，美国自由主义也继续对国家外交政策施加强大影响，这一事实会再度引发军政之间的紧张关系。正如迈克尔·戴思齐在第五章中所述，在"9·11"事件后，比尔·克林顿总统和乔治·W. 布什总统的外交政策观点可以被描述为是"新威尔逊主义的"（Neo-Wilsonian）。戴思齐认为，这解释了为什么2001年克林顿政府结束后，一些人预期军政关系的紧张局势会缓解，但是美国的实际情况并非如此。布什政府的新保守主义外交政策，如果不是从名义上，也是从形式上反映了美国自由主义的经典原则，以及它对向海外输出美国价值观和制度的高度重视。戴思齐预测，美国政治领导人的理想主义和道德绝对主义将继续与军队的更为保守主义的进路相冲突。

美国的自由主义与军队的视角之间必然会发生冲突，这一假设与亨廷顿关于信仰的观点相一致，职业军人可能会信奉亨廷顿的信仰观。亨廷顿在《军人与国家》中认为，"军事思维"以保守的现实主义意识形态为特征。

【295】这种意识形态能支持军队的功能性要求，有助于提高军事效能和职业主义。保守的现实主义也有助于文官控制，因为它劝告军人不要参与党派政治。但是在第九章中，达雷尔·德赖弗介绍了最近的学术发现，这些发现削弱了意识形态源于功能的观点，相反，通过个体叙事，各种职业活动似乎可以与各种各样的公共信仰调和在一起。在一项对军事领导人与平民领导者的观点进行比较的实验中，并没有找到能证明陆军现役军官具有某种统一的"军事思维"的证据。这些发现表明，不能假设美国军人的世界观必定以保守的现实主义为特征，这种假设是错误的。

我们不能再继续接受亨廷顿军事思维的思想了，而是要研究特定背景下军政冲突的特殊原因，这会更加有益。正如理查德·科恩在第十三章中指出的，即使不存在意识形态上的差异，只是因为他们的个人背景不同，他们的正式角色和责任有异，文职领导人和军事领导人之间的紧张关系也是可以预见的。还有更具体的经验性命题，例如，正如理查德·贝茨在《军人、政治家和"冷战"危机》一书中描述的，他发现，一旦决定动用武力，军队通常会主张更少地对手段予以限定（在20世纪80年代的"温伯格训令"中，在20世纪90年代早期的"鲍威尔准则"中，均表达了这种进路）。[4]

出于这些原因，美国军政关系之间的张力很可能会持续下去，特别是在对武力使用进行决策的时候，尤其是当该决策所采取的行动被认为是出于自行决定的目的，这时，文官对行动手段有相对严格的限定。

军事专业能力

亨廷顿将军官的核心专业能力描述为"对暴力进行管理"，这太狭隘了。相反，军官必须精通"武力威胁或武力使用，以实现国家的政治目的"。非动能（nonkinetic）技能以及传统的战斗技能仍然是赢得现代战争的关键。

亨廷顿认为，军官都有将自己与其他专业人士和文官区分开来的专业能力。借用哈罗德·拉斯韦尔的词语，这种专业能力的核心技能就是"对【296】暴力进行管理"："有一种人类组织，它的主要功能是使用暴力，军官的特殊技能就在于指挥、运行和控制这类组织……对暴力进行管理，而非暴力行为本身。"[5]

亨廷顿写作此书后的几十年来，关于军队及其功能的几类重要辩论都会部分地归结到这一定义。军官是否应该像亨廷顿定义中所论及的那样，将自己视为"管理者"，或者是否应该像他们常常喜欢的那样，觉得自己是"领导者"更合适，军官们对此各执己见，存在分歧。这种二分法在许多方面是错的，一位有效的领导者也必须是一位优秀的管理者，但是军队内部发生的这场辩论却有着一段丰富的历史。这场辩论十分重要，因为美国军事职业是用身份模型（identity-based model）来对领导人的发展计划进行指导的。他们先为领导人建立身份，例如"战士"的身份，然后这个身份就成为个人和机构发展的工作重心。如果没有一个共同认可的自我概念，军官就很难在他的职业生涯中发展出能有效承担所规定角色的知识和专业能力。

第二类辩论集中在"暴力"一词上。亨廷顿曾借用过克劳塞维茨的一句话写道："如果将战争视为一门独立的科学，一件自在之物，战争的本质就是武力（force）。战争是强迫我们的敌人去遵从我们的意志的武力行为。"[6]在第二次世界大战后 10 年左右的那段时间里，也恰是朝鲜战争刚刚结束之时，亨廷顿只关注武力和暴力中的一小部分是可以理解的：朝鲜战争以武装对峙的形式结束，它也表明，即使有核保护伞也可能发生常规战争。

但是从 21 世纪前 10 年的视角看，就会很容易发现，亨廷顿的定义虽然准确，却始终不完备。自"冷战"结束以来，美国是频繁参与复杂应急行动和非常规战争的国家之一，例如，美国经历了巴拿马、索马里、海地、巴尔干半岛、阿富汗和伊拉克等地的军事行动。在这些行动中，需要具有利用暴力或"动能"（kinetic）战争形式的能力，不过这种能力虽然必要，却还不够。正如克劳塞维茨指出的，在动用武力的过程中，重要的是最终能实现政治目标，即要"全面取得最终胜利"。[7]出于某些目的，像一门独立科学一样地去研究暴力管理会有帮助，但是正如克劳塞维茨所认为的，这种分析始终不完备："政治目的是目标，战争是实现目标的手段，绝不能认为手段可以脱离目标而存在。"[8]

【297】　　亨廷顿的定义未能涵盖当今军事职业要求的实际专业能力。正如纳迪娅·沙德罗和理查德·莱克门德在第六章中强调的，美国武装部队越来越需要本质上是非动能的能力。例如，如果反叛乱运动的核心目标是保护百姓安全，以及培养一种视所扶持政府为合法的意识，那么只关注如何运用武力击毙叛乱分子和恐怖分子，就无法服务于这类目标。今天的美国军队还必须能够执行各种各样的非动能任务，例如，帮助确保水、电或医疗等基本服务项目，或者帮助在不安全环境下打击犯罪分子，提供安全保障措施。如果没有设计建造、治安维护之类的技能，许多美国军事行动的政治目标就几乎不可能进一步实现。

　　这一挑战对美国军政关系的影响是多方面的。第一，从文官决策者的角度看，在复杂的应急行动中，非动能手段是作战行动的补充，常常是首选。这一手段造成的附加损害非常小，特别是在城市地区，这有助于实现海外目标，同时还能减少国内对平民伤亡问题的负面反应。但是这种非动能能力的发展需要军事组织投入资源和时间，而打赢常规战必备的传统作战能力也需要军方投入，对前者的投入需要与后者平衡。

　　第二，不要试图让军队成为实现所有目的的工具，也不要仰仗军队提供其他政府机构所没有的全部必备能力，文职领导人必须对此保持谨慎。在过去的 10 年里，州、司法、商业、财政和其他美国行政部门都缺少一些有效开展海外军事行动的必备能力，无法对美国承担的使命予以支持，例如，通过重建不良基础设施、地方经济和政治制度来重构治理体系，政府机构的这种状况致使军队"任务蠕变"（mission creep），加剧了军政之间的紧张关系。军事领导人需要极其全面地请示上级，除了构建基本的安全环境外，还希望部队多做些什么，做多久。

　　第三类辩论着眼于个别军官或军事专业人员的层次，所关注的问题是军事专业能力的合理范围应该是怎样的。是否有可能对职业身份进行某种界定，从而有助于塑造和培养既能运用动能战争形式又能运用非动能战争形式的专业人员？或者，美国武装部队的未来之路能否使军官和他们所领导的部队扮演更专门化的角色？这些问题将继续制造军政张力，也要求提

【298】

出新政策，开展新研究。

职业军人的自主权

亨廷顿将政治和军事领域不切实际地分离开来，并将军事自主权的需要建立在这种分离之上，这是错误的；但是他认为，对于功能性目的来说，军事文化的某些方面有必要不同于美国社会的主流文化规范，这项建议是正确的。亨廷顿还认为，在军事职业中需要道德自主权，这个认识却不充分，值得进一步探索。

亨廷顿对军政关系研究做出的最大贡献之一是，明确思考了功能性要求和社会性要求对任何社会中军事机构的影响："只反映社会价值的军事机构可能无法有效履行它们的军事功能。另一方面，如果军事机构完全由功能性要求塑造，又可能无法为社会所容。这两种力量相互作用，构成了军政关系问题的核心。"[9]

19世纪后期，军队变得职业化了，至于这一职业化过程是如何发生的，亨廷顿对此进行了分析，在发展他的文官控制理论时，亨廷顿依据的就是他自己的这一分析以及他对克劳塞维茨战争论的解释。这两项分析使他得出以下结论，要实现军队所需要的效能，就应该在国家政治结构内授予军队以极大程度的自主权。

亨廷顿认为，军事职业主义之所以在19世纪出现，其中的一个原因是，当创建了以宪法为基础的国家时，就使"政党冲突和政治冲突"走出了"远离军队本身的一大步"。对军队的政治控制也因此能"通过一些公认的、正式的政府机构"来引导。[10]亨廷顿分析了克劳塞维茨的思想，在阐述这一分析时，他写道，克劳塞维茨的"战争概念是一种科学，既有自主性，又有工具性，内含一种类似于战争专家角色的理论。战争有它自己的语法规则，这一事实要求军事专业人员可以在没有外部干预的情况下，发展出自己的对这种语法规则的专业能力……但是，雇佣军事机构的目的却不由军事机构自己说了算……战争没有自己的逻辑或目的。军人必须始终服从政治家的领导"[11]。

【299】 因此，他建议，最有效的文官控制形式是客观控制，这种控制的核心部分含有"对自主的军事职业主义的认识"。这种职业主义会最大限度地减少军队在国家中的权力，从而达到军队"在政治上不育（sterile）且中立"的效果。[12]

几十年来，亨廷顿所建议的客观控制导致了两个主要问题。正如理查德·贝茨、迈克尔·戴思齐和理查德·科恩所讨论的，当军政双方就决策问题打交道时，国家政策事务（即目的）和军事手段之间就从未清楚明白地分开过。威廉森·默里在第七章中加入了这一讨论。他侧重讨论了军政关系中的军队一方，默里认为，最高军事长官必须具有政治知识、社会知识和军事事务方面的专业知识。在当前的战略环境中尤其要做到这一点，因为武装冲突类型不只是围绕着"冷战"计划展开的常规战和核对抗，还包括恐怖主义和"整体"（holistic）战或非常规战等有挑战性的新问题。在这个方面，什么都不能缓解高级军官或高级文官所面临的复杂性。就军队而言，当国家选举、任命和提拔其未来的高级军政领导人时，最令人烦恼的挑战之一仍然是如何确定和培养最适合于有效回应当今国家安全问题的人。

在亨廷顿倡导"自主的职业主义"（autonomous professionalism）时，就预示了第二个问题，这个问题指的是一种"差距"，它发生在以下两方之间：一方是全志愿役政策下的美国武装部队，全志愿役政策于1973年制定；另一方是这个社会中不断发展的价值观，武装部队就是来自并根植于这个社会的。在20世纪90年代，这些问题经常以热门话题中的词语被表达，例如，军中同性恋者、战地女性或已婚军人，反映出美国文化辩论是如何影响了军政关系的。[13] 如果军队与社会在规范或价值观上不同，而这种不同实际上是源自军队的功能性要求，或者是支持了军队的功能性要求，军事职业中的高级领导人就必须明确地表达它们，捍卫它们。[14]

亨廷顿的自主职业观具有挑衅性，也具有一定程度的文化隔离感，但是在这些观点中，有一个方面他并没有充分阐明。正如詹姆斯·伯克在第八章所述，现役军事专业人员"需要自主权，包括道德上的自主权，这样才能成为胜任的行动者，才能对自己所做的一切承担责任"。伯克关于专业人士拥有自主的"道德空间"的观点很令人信服。如果没有明确意识到该空间的存在，就很难对行使这类自由裁量性的判断提出合理论点。伯克【300】的观点深化了这一辩论，有可能导致新的、有价值的研究和分析。

为了在未来拥有最有效能的军队，美国必须有军事职业，因为军事职业能够生产专业知识、打造部队、培养出能将这些知识用于国防事业的专业人员个体。普通的政府官僚机构不生产这些知识，也不从事这类专业实践。但是，国家能否允许军事专业人员、全志愿役部队从其保卫的社会中获得充分的自主性，以实现军事效能？军队能否在它自己的社会控制形式下发展出决策和作战的道德规范，即它的职业伦理，从而使美国人民感到军队很值得信赖，可以授予它所需要的自主权？社会性要求和功能性要求之间的张力由来已久，现在这些张力更加集中和明确，也不太可能自行消失。

军事职业的边界

亨廷顿将现役军官视为军事职业的唯一成员。是否应该将成员资格予以扩展，将现役军官、预备役军官和高级士官都包括在内，现在该考虑这个问题了。在美国的海外军事行动中，美国军事机构和私人安全保障公司都在发挥越来越重要的作用，分析两者在法律和实践上的区别也是迫切之需。

边界问题只关注谁会被列入美国军政关系中的军方范畴里。在第一章，作者认为今天的美国有三种军事职业，它们由作战专业能力的域（即陆、海、空）来界定，大致相当于国防部的三个军事部门——陆军、海军和空军。在亨廷顿的定义中，每个军种中的军官成员资格都被进行了限定，即"作为职业的军官"。

在处理职业和专业人员的问题时，边界很重要，没有人愿意让一位五年没动过手术的退休外科医生来做心脏手术。同样，如果在一支武装部队中，最近并没有严格地认证过它的连级指挥官是否有资格在殊死之战中指挥士兵，就不会有任何父母愿意把他们的子女送到这样的部队中参军打仗。在道德、法律和实践上看，谁会被列入军事职业都是一个重大问题。在今【301】

天的美国外交政策中，人们并不总是很清楚谁能代表军事职业发声。

在第十章中，戴维·西格尔和卡琳·德·安杰利斯解释了为什么对于今天的全志愿役制来说，亨廷顿对军事职业的划界可能太窄。他们认为，许多预备役军官、预备役士官和现役士官都在做着"专家的工作"，他们已经在很大程度上被纳入"认证"程序了，该程序能确定谁有权、谁无权做这份工作。两位作者认为，预备役军官和所有高级士官（等级 E7 至等级 E9 的士官）都应该被视为专业人员。为了支持这一观点，他们指出了这些个体中的大多数都接受过相关教育，作者也提到了目前的职业教育系统，这些系统正被用于他们的渐进式生涯发展规划中。

职业边界的第二个问题是，谁能在美国政治文化和军政关系中代表军队发言。只是那些作为各军种高级领导人的现役军官吗，还是包括了那些退休的、不再执业的、却经常在晚间电视新闻节目中发表评论的军官？

私人安保公司能支持美国的海外军事行动，它们的作用也因此大大增强。有鉴于此，第三个日益紧迫的问题是，应该将职业的边界推至多远，还应该包括谁？在这个项目中，没有任何研究者直接讨论过这个问题，但是在该项目的评审会上，人们对私人安保公司却达成了广泛的、几近一致的共识，他们认为，军事职业在捍卫国家安全的同时，也在维护国家的价值观，因此人们才尊重军队。私人安保公司在最初确实发挥了作用，但是现在，以失控的雇佣兵取代军事职业的阴霾却挥之不去。扩张性地利用私人安保公司对美国外交政策的法律和实践影响巨大，对于这一影响，大多没有被探索过，亟须深入研究和制定政策。

这个新的问题让我们转而去思考亨廷顿引入的社会性要求：美国人民想对谁发动战争，他们相信哪种类型的武装部队能保卫他们的安全？正如本项研究所表明的，答案从公民士兵演化为职业化的全志愿部队，从现役军官扩展至包括军官和高级士官在内的职业化团体。但是私人安保公司的地位仍然是国会和行政部门迫切需要解决的问题。

【302】 军事专业人员的政治参与及政治行为

在亨廷顿的客观控制模式下，职业军官会自愿远离政治参与。

但是自"冷战"结束以来，美国军官集团中的党派中立性却明显下降。党派行为仍属不当行为，但是军事领导人确实有义务在政策制定过程中做出有效贡献，即便这个过程本质上具有政治性。

亨廷顿写道："对于任何文官控制系统来说，重中之重都是将军队的权力最小化。"正如他解释的，"客观文官控制将军队职业化，使他们在政治上不育和中立，通过这些做法来降低军队的权力……而文官集团在国家中拥有合法权威，为实现这些文官集团的愿望，高度职业化的军官集团会随时做好准备。"[15]

如果军事在任何时候都仅仅是一种职业，其成员就可能高度重视他们的自主权，他们不希望卷入政治交易等活动，因为这难免要权衡取舍，削弱他们的自主权，这与亨廷顿的假设相一致。但是自"冷战"结束以来，像美国政府和社会中的许多其他机构一样，军队的党派性和政治性也急剧攀升。在最近的选举中，被部署军人的缺席投票已成为政治化问题。退休军官也越来越多地担任新的党派角色。对于军事专业人员的政治行为来说，什么是合适的，什么是不合适的，我们的研究者试图提出一些准则。

在第十一章中，里莎·布鲁克斯介绍并扩展了近期的军事政治活动文献。军事领导人的政治活动日益增多，布鲁克斯对这些活动的潜在好处予以了确认。如果这种活动能就国家安全问题引起一场更为明智而公开的对话，或者有助于提醒政治领导人去关注一些训令或军事能力方面的创新与适应机会，使之不被错过，这应该对美国国家安全有利。

但是她也指出了民主政治控制中可能隐含的问题。例如，人们认为军队是高于并独立于政治而运行的中立机构，社会对军队的这种看法可能会为这些政治活动所侵蚀，这些活动也可能促使文职领导人更愿意去任命那些与自己政治立场保持一致的高级军事领导人（从亨廷顿的角度看，就是将客观控制转换为主观控制）。由于这种活动有潜在的风险和成本，所以【303】布鲁克斯和该项目中的其他研究人员都强调了审慎的一面；有几章还建议军队要更加严格地运用它自己现有的规范，无论是明确规定的，还是隐含于其中的，以限制现役军人对政治活动的参与。

即使现役军官遵守这些极其严格的反对政治参与的规范，制定美国国家安全政策的党派环境也会带来挑战。政策制定程序固有政治性，未来的军事领导人必须能够在这种程序中提供专业建议，但是正如威廉森·默里在第七章中指出的，当前各军种中的职业发展过程能否使他们的领导人充分做好这种准备，尚有疑问。

此外，在过去 10 年间，退休军官公开参与政治活动的次数激增，已经难以分清谁才是军事职业的权威代表者和发言人，这可能使美国公众、初级军事专业人士甚至是政策制定共同体中的一些成员感到困惑。当退休军官出现在电视新闻广播或政治广告中时，或者在积极支持民选候选人时，他们通常不清楚自己这么做只是作为公民个体来为自己发声，而不是代表整个军事职业在表态。

这些发展意味着军事职业已经在很大程度上无法控制自己的职业认证程序，因为（与大多数职业不同）许多军官是因为自愿退役才放弃了他们的执业认证的，但是他们却不接受不可以再为军事职业代言的事实。

至于谁应该代表军事职业向美国人民、向他们所有的委托人发声，这需要澄清。在传统的意义上，现役高级军事领导人，特别是参谋长联席会议主席、参谋长以及极少数的高级现役指挥官，才能履行代表军事职业的职能。我们要敦促这些领导人在更新、管理自己认证程序的过程中，必须重申他们代表自己职业的独有角色。这些行动会澄清谁才能为军事职业代言，谁不能为军事职业代言，从而为健康的军政关系提供全新基础。如果身居高位却不做这种澄清，那么从更大的范围看，初级专业人员是否还愿意保持党派－政治中立就值得怀疑。亨廷顿认为，这件事是建立有效军政关系的必备条件。

【304】　军政关系中的人际维度

亨廷顿并没有解决人际关系动力问题，但是要制定健全的国家安全政策，文职与军事领导人之间就要相互尊重，假定对方值得信任，这是至关重要的。当军政双方为一套明确、统一的规范和原则指导时，就会更有可能实现全面民主和战略有效的军政关系。

在第三章，马修·莫滕描述了一个不成功的军政对话的例子，这个例子涉及国防部长唐纳德·拉姆斯菲尔德和陆军参谋长埃里克·新关之间的关系。这场失败的对话不只源于军事政见有所不同，也源于人际关系上的动力。莫滕的研究阐明了一种样式，在这种样式中，只是少数人之间关系不正常，却会对国家产生深远负面影响，特别是在战争时期。拉姆斯菲尔德和新关之间的关系从一开始就受到困扰。与他的几位前任一样，拉姆斯菲尔德部长上任之后，就认为军政关系失衡，有大力重申文官控制的迫切需要。在缺乏相互尊重和信任的环境里，虽然陆军对入侵伊拉克后的兵力需求进行了评估，但是该评估没有被视为专业的军事建议，而是军种利益和风险规避的反映，所以被文官弃用了。

作为下属的军方可能并不总能弥补军政关系中的人际维度缺陷，但是本项目中的几位研究者均认为，他们有责任去努力争取。为了使军官对这一角色做好准备，莫滕倡导以军官教育来培养具体的"政治－文化"专业能力。这种形式的专业能力要求军官能向军种以外的人和机构展现自己的职业，这些机构包括政府中的其他机构、其他国家及其它们的政府机构。[16] 各军种要为自己军官的战略领导力做准备，努力培养这种专业能力应该是这一准备中的一个审慎的组成部分。

理查德·科恩还将人际关系置于其分析的中心。他发现，军政之间之所以关系紧张，实际上是因为文官和军队这两个参与者的角色、责任和需要都极其不同。科恩认为，为了与政治领导人建立信任关系，确保他们听取专家的意见，军官就应该努力培养自己作为国家中立公仆的声誉，使自己从美国国家安全的最佳利益出发来提供诚实、合理的建议，并使这一行为广为人知。科恩建议，面对这一持久的挑战，最佳的做法是，无论是军【305】队还是文官，各方的具体行为都需要强化文官控制，并且要促成明智合理的决策。

制度结构和组织文化将继续塑造美国军政关系，但是人是具体的，个性是独特的，人格特质也难免造成军政关系历时态的起伏波动。虽然很难对相互尊重和觉得可信这样的概念增加分析砝码，但是人格特质对有效军政关系至关重要的事实却不可否认。

高级军政领导人的发展

要有意识地开展富有活力的工作，以便能教育、培训和发展未来的军政高级领导人，使他们能在相互打交道时发挥各自的作用，使有效的军政关系更有可能发生，亨廷顿在很大程度上并没有解决这个问题。

在本书中，贝茨、戴思齐、吉布森和科恩等许多研究者都确认了一些特定的品质，这些品质是工作在军政互动领域内的文职与军职领导人必备的，包括职业能力、可信赖性以及在政策制定和执行中尊重同行的同类品质。理查德·科恩的讨论提供了许多具体实例，从越南战争到现代，既有积极的，也有消极的。近几十年来，这些品质被很多人拿来讨论，即便军政互动中的主要参与者常常看上去并不具备这些品质。

这里的政策问题是，在美国军政关系中，是否应该培训和发展高级军政领导人的专属角色，以及应该培训和发展出多少这样的领导人。正如亨廷顿经常指出的，从集团的角度看，文职领导人更加多样化，而军事领导人则在一个更加同质化的文化里发展，军队的功能性要求强烈地影响了这种文化。文职领导人是在丰富多彩的领域里完成他们的政策制定角色的，这些领域包括商界、学术界、政策共同体以及正在执业中的各个职业界，文官有一系列的关注点和观点，这些关注点和观点与军事领导人的视角截然不同，在内容上也往往比军事领导人的观点更具政治性。在美国的传统中，这实属意料之中，通常也不是一个值得担心的问题。美国的一些欧洲【306】盟国采用民主治理的议会制，实施强大的文官制度，导致文官领导职务的专业能力更具深度和更有连续性，但是美国从未采用过这种文官制。

有时，例如新政府刚刚开始执政时，准备与经验上的差距会将文职领导人置于一种不利的情形，这种情形即使是暂时的，也是决定性的。[17] 在重要的军政关系中，高级文职领导人是如何为他们的角色规划职业发展和做准备的，我们并没有在本书中考察，但是我们确实考虑了军事职业教育是否需要彻底改革。正如威廉森·默里在第七章中所写，美国已进入一个与对手展开长期持续冲突的时期。默里认为，这要求美国对军事领导人的培养进行重大改革，更为强调军事专业人员的智识发展和政治文化方面的专业能力。默里建议重新规划军事职业教育，使其在军官的晋升中发挥更加突出的作用。

影响军政高级领导人发展的还有稳定行动方面的新要求，正如纳迪娅·沙德罗和理查德·莱克门德在第六章中指出的。在几乎所有级别的军事专业人员中，稳定行动的要求都制造出一种与文官进行有效互动的需要，包括与政府官员和非政府官员。美国各军种的任何人才培养体系都尚不能充分满足这种水平的文化与政治智慧需要。

国会和行政部门在控制军队时要平分秋色

在军事事务方面，美国宪法赋予国会以重大责任，但是国会在承担这些责任时的最佳方式是什么，却没有达成广泛共识。军官应该向国会提供坦率而专业的军事建议，以此来回应对这两个部门的共同责任，同时也要尽心尽力地对其所属的行政部门保持忠诚。

在军事事务方面，美国宪法明确赋予国会以重大责任，但是国会应该如何行使这些责任却不太清楚。国会也没有努力保护它的宪法特权，例如，宣布战争的独一无二的特权，从而加大了这种模糊性。此外，美国的军事【307】文化和传统也以多种方式强化了以下观点，即在行政部门内部，军队有义务服从文官上司，可以将该义务完全理解为军事指挥链的延展，但是军事领导人对国会的义务是什么，要如何与国会保持合规中矩的关系，这些却悬而未决。自"冷战"结束以来，这种情况日渐增多，当美国政府两个部门之间在军务上争议不断时，这些模棱两可的情况会继续成为张力之源。

有几章讨论了这个重要问题，作者一般会坚持认为，军事领导人必须向国会提供坦诚而专业的军事建议，同时尽心尽力地对其所属行政部门保持忠诚。在第三章中，马修·莫滕认为，事实证明，军事领导人有多种方法能修通这种正式关系中难以处理的方面，例如，随着时间的推移，与国会中的个别议员发展出非正式关系。军官以适度的立场与国会议员沟通，通过这种努力来表明尊重国会在国家安全政策方面的机构角色，也使军官能够增进对国会立场的理解，促进军种需要和要求方面的交流。

理查德·科恩同样指出，当要求军官到国会作证时，即便那些持不同意见的行政部门上司有可能实施报复，他们也有责任坦率地提供军事建议。至于是否允许或要求在行政部门内部公开散布文官和军官之间的分歧（如果有分歧的话），这要由包括国会议员在内的文官当局来决定。

一个密切相关的问题是国会的重要委员会领导人和个别议员应该如何践行他们在军事事务领域中的责任。例如，正如马修·莫滕指出的，国会议员经常重申，他们期望在确认听证会上听到那些提名担任了重要职务的军官的专业军事建议。高级军事领导人可以在公开听证会上表示不同意总司令，更广泛地讲，不同意政府的政策，但是仅凭马修·莫滕指出的这一点，不足以回答国会应该在多大程度上推动高级军事领导人表达他们的不同意，正如理查德·贝茨指出的那样。[18]但是毫无疑义的是，当与行政部门和国会中的文官进行沟通时，在所有的情况下，军官都应该坦率、机敏和保持一致。

【308】　　　国会在美国军政关系中发挥作用的方式值得关注，如果军队希望以最有效的方式向这两个美国政府部门中的文官提建议，文职领导人显然必须采取措施来缓和党派之争，减少其他的制度性张力。文官还必须尊重军事专业人员，保护他们免受不当对待或党派攻击。这并不是说他们应该过度尊重军队的观点，或者不让军事领导人对自己给出的建议承担全部责任，对于军事领导人准备好动用的武力，也不让他们对这些武力的效能承担全部责任。

最后的思考

塞缪尔·亨廷顿的著作《军人与国家》是军政关系领域中的一部开创性著作，名至所归，不枉它的学术地位。正如彼得·费弗和埃里卡·西勒在第四章中所解读的，该著作强调严谨性，奉行方法论上的折中主义，这些都推动了方法论上的重大进步。在第二次世界大战后由政治学家和社会学家发起的运动中，亨廷顿的著作，以及数年后由莫里斯·贾诺威茨撰写的《职业军人》（1960），都充当了学术先锋，学者们过去关注的是士兵个体和小团体，这场运动将他们的注意力引向了军队这一合作性组织，以及军队与其所服务的国家和社会之间的关系。

在1957年时，亨廷顿无法前瞻到美国今天所开展军事行动的战略环境。亨廷顿所关注的"冷战"已经结束了，但是美国仍然在广泛参与国际事务，在一种不同寻常、前所未有的层次上行使权力和发挥领导力，同时继续极其依赖代表国家权力的军事工具。在这种情况下，变革军政关系仍然具有重大意义，即便不太可能在短期内实现这一目的。如果管理得当，军政关系就可以捍卫美国的民主主义价值观，促成军事机构的有效发展，推动战略政策的合理制定。我们希望拥有一种能确保顺利实现这些目标的军政关系，但是，这种关系并非信手拈来，得来全不费吹灰之力。

注　释

吉姆·马歇尔撰写的前言

1. David G. McCullough, *John Adams* (New York: Simon and Schuster, 2001),p. 607.

2. Francis Fukuyama, *The End of History and the Last Man* (New York: Free Press,1992).

3. 例如，参见 Qiao Liang and Wang Xianqsui, *Unrestricted Warfare*: *China' s Master Plan to Destroy America* (Los Angeles: Pan American Publishing, 2002)。

第一章　引言

1. Samuel P. Huntington, *The Soldier and the State* (Cambridge, MA: Beknap Press of Harvard University Press, 1957), p. vii.

2. James A. Baker III and Lee H. Hamilton, cochairs, *The Iraq Study Croup Report*,December 2006, bakerinstitute.org/Pubs/iraqstudygroup_findings.pdf, p. 52.

3. Huntington, *The Soldier and the State*, p. viii.

4. 陆军、海军、空军、海军陆战队以及海岸警卫队是由国会依照官僚等级制度组建的联邦政府机构。它们是否同时也是专门的职业，即组织和个人是否需要运用专业知识来解决特殊的社会问题，如国家安全问题，在美国国家的历史上，时期不同，答案也不尽相同。可以说，今日的美国有海军、空军和陆军三种军事职业，它们的专业知识领域相互交叠，但是具体领域内的战斗却很专门化，第四种职业正在兴起，即联合军事职业（joint military profession），该职业的专业知识和实践都是新的，能将另外三种军事能力融为一体，以便能有效地开展联合军事行动。参见 Don. M. Snider and Lloyd J. Matthews, eds., *The Future of the Army Profession*, 2d ed., rev. and exp. (New York: McGraw-Hill Primis, 2005), chaps. 2 and 10。

5. Huntington, *The Soldier and the State*, p. 2.

6. Ibid..

7. Ibid., pp. 80–85.

8. Ibid., p. 11.

9. Ibid..

10. Ibid.,p. 79.

11. Don M. Snider and Suzanne C. Nielsen, "The 44th Annual Senior Conference: American Civil-Military Relations Fifty Years after Huntington's *The Soldier and the State*," *Assembly*, September-October 2007, pp. 44 – 48.

第二章　军政关系依然是问题吗?

1. Richard H. Kohn, "Out of Control: The Crisis in Civil-Military Relations," *National Interest*, no. 35 (Spring 1994): 3–17.

2. Samuel P. Huntington, *The Common Defense*: *Strategic Programs in National Politics* (New York: Columbia University Press, 1961), p. 1.

3. Samuel P. Huntington, *The Soldier and the State*: *The Theory and Politics of Civil-Military Relations* (Cambridge, MA: Belknap Press of Harvard University Press, 1957), pp.2–3.

4. 温伯格训令的六条原则是，美国军队承诺，只有为了生死攸关的利益才能出战，"全心投入，明确目标，势在必得"，"政治目标和军事目标必须明确"，根据目标和兵力要求"不断重新评估和调整"，"要取得美国人民和民选国会代表的支持"，"迫不得已才出兵"。Secretary of Defense Caspar W. Weinberger, "The Uses of Military Power," speech to the National Press Club, November 28, 1984, pp.7–8, www.pbs.org/wgbh/pages/frontline/shows/military/force/weinberger.html.

5. 关于 1961 年老挝问题的决策，罗杰·希尔斯曼（Roger Hilsman）回忆道："并不是参谋长联席会议成员都赞同'到此为止'的观点，但是在白宫看来，参谋长们至少是下决心要创建一个备忘录了，用它来保护他们的职位，无论将来发生什么，都把全部责任推给总统。其备忘录的一般要义似乎要求总统事先做出如下承诺：若他们同意美国使用武力，如果确实开战了，那么不管发生什么，总统都不会施加任何阻力，包括使用核武器。" Roger Hilsman, *To Move a Nation* (Garden City, NY: Doubleday, 1967), p. 129. 新保守主义者对军队的谨慎没有耐心，也反映出了他们的本质：在国际关系问题上，他们是顽固守旧的威尔逊式自由主义者。毕竟，大多数的新保守主义者最初都是斯库普·杰克逊（Scoop Jackson）模式下的民主党人，只是后来在民主党内感到孤立无援，才转而加入共和党。

6. Colin Powell with Joseph E. Persico, *My American Journey* (New York: Random House, 1995), p. 558.

7. 军队对压倒性兵力的偏爱是一种趋势，但是并不绝对。有例外的情况，如朝鲜战争和科索沃战争。在这两次战争中，战地司令支持战争升级，参谋长联席会议却反对这样做，部分原因是，参谋长联席会议认为，为世界上某处可能发生的大型战争未雨绸缪，好过打连绵不断的小型战争。Richard K. Betts, *Soldiers, Statesmen, and Cold War Crises*, 2d ed.(New York: Columbia University Press, 1991), pp. 19–20, 254; General Wesley K. Clark, USA (ret.), *Waging Modern War*: *Bosnia, Kosovo, and the Future of Combat* (New York: PublicAffairs 2001), pp. 312–313.

8. Graham T. Allison, *Essence of Decision*: *Explaining the Cuban Missile Crisis* (Boston: Little, Brown, 1971); Barry R. Posen, *The Sources of Military Doctrine*: *France,Britain, and Germany between the World Wars* (Ithaca, NY: Cornell University Press,1984); Eliot A.Cohen, *Supreme Command*: *Soldiers, Statesmen, and Leadership in Wartime* (New York: Free Press, 2002).

9. 在阿利森著作的第二版中，主要强调因组织过程而造成的错误，并将这种模式重新命名为"组织行为"。Graham Allison and Philip Zelikow, *Essence of Decision*, 2d ed. (New York: Longman,1999).

10. Cohen, *Supreme Command*, pp. 4–8, 174–175, 226–229.

11. H. R. McMaster, *Dereliction of Duty*: *Lyndon Johnson, Robert McNamara, the Joint Chiefs of Staff, and the Lies That Led to Vietnam* (New York: Harper Collins, 1997).

12. 1965 年，参谋长联席会议成员在告诉文职领导人他们所犯下的错误时，可能言辞过于委婉，但是他们确实明确建议，在空战中要迅速果断，倾其兵力，并且在国防部内部提出，若要取胜，需要 50 万或更多的兵力。在国会作证时，他们本来应该坦诚表达自己的观点，但是他们却没有这样做，因为他们错误地认为对总司令的责任胜过对政府立法部门的责任。他们最大的错误在于没有直接指出撤退和接受战败这两种选择都好过软弱无力的文官战略。文官之所以制定这样的战略，是因为他们别无选择，在 1965 年以前，他们根本想象不到还可以放弃战斗，除了乔治·鲍尔（George Ball）以外，美国政府中的所有重要人物都不曾这样想过。Ibid., pp. 309–312, 328–331; Betts, *Soldiers, Statesmen, and Cold War Crises*, pp. 228–230; Leslie H. Gelb with Richard K. Betts, *The Irony of Vietnam*: *The System Worked* (Washington, DC: Brookings Institution, 1979), chap. 4. 只有回头再看，当冒险行为的全部惨重代价都显现出来时，才能发现这个错误是如此明显。在当时的背景下，任何人都不可能现实地预计到，士兵其实是支持战败的。

13. Introduction to Robert Higgs, ed., *Arms, Politics, and the Economy*: *Historical and Contemporary Perspectives* (New York: Holmes and Meier, 1990), p. xvii.

14. Morris Janowitz, *The Professional Soldier*: *A Social and Political Portrait*, 2d ed. (New York: Free Press, 1971), pp. 260–261.

15. 见本卷达雷尔·W. 德赖弗撰写的第九章。

16. 在此之前，在国防部长和总司令下达的命令之间，参谋长联席会议一直是纽带，无论是统一的命令，还是具体的命令。

17. Peter D. Feaver and Christopher Gelpi, *Choosing Your Battles*: *American Civil-Military Relations and the Use of Force* (Princeton, NJ: Princeton University Press,2004), chap. 3.

18. Samuel P. Huntington, "The Defense Policy of the Reagan Administration,1981–1982," in Fred I.Greenstein, ed., *The Reagan Presidency*: *An Early Assessment* (Baltimore: Johns Hopkins University Press，1983), p.85.

19. Glenn H. Snyder, "The 'New Look' of 1953," in Warner R. Schilling, Paul Y. Hammond, and Glenn H. Snyder, *Strategy, Politics, and Defense Budgets* (New York: Columbia University Press, 1962), pp.440–443; Samuel P. Huntington, *The Common Defense* (New York: Columbia University Press, 1961), pp. 40, 42, 75, 221.

20. Arnold Kanter, *Defense Politics A Budgetary Perspective* (Chicago: University of Chicago Press, 1979)， pp. 24–28. 参见亨廷顿《共同防御》第六章中关于军种之间相互竞争如何有助于文官控制的论述。

21. 参见 Huntington, *Common Defense*, pp.146–151, 154, 157, 189–193, 369–378.

22. 从 20 世纪 30 年代至 60 年代，民主党 "比共和党更加支持壮大兵力……除 1957 年以外，在艾森豪威尔政府中，国会中的民主党人都试图增加军事预算"。Ibid.,

pp.252–253, 255, 261.

23. Lawrence J. Korb, "U.S. Defense Spending after the Cold War: Fact and Fiction," in Cindy Williams, ed., *Holding the Line*: *U.S. Defense Alternatives for the Early* 21st *Century* (Cambridge, MA: MIT Press, 2001), pp. 37,43.

24. Richard K. Betts, "The Political Support System for American Primacy," *International Affairs* (London) 81, no.1 (January 2005): 5–6, 12.

25. 认为学术专家更可能是民主党人或者更可能偏向左翼团体的做法同样令人反感。军官在施展某种专业能力时，习惯于保持自己的政治偏好，而许多教授在教那些容易冲动的学生时却不那么恪守规范。

26. 到越南战争时期，大部分受过高等教育的人摆脱了征兵，所以社会代表性有所降低。Lawrence M. Baskir and William A. Strauss, *Chance and Circumstance*: *The Draft, the War, and the Vietnam Generation* (New York: Knopf, 1978), pp.5–1l, 29–32.

27. 参见 Peter D. Feaver and Richard H. Kohn, *Soldiers and Civilians*: *The Civil-Military Gap and American National Security* (Cambridge, MA: MIT Press, 2001)。

28. 例如，参见 Kathy Roth-Douquet and Frank Schaeffer, *AWOL: The Unexcused Absence of America's Upper Classes from Military Service—and How It Hurts Our Country* (New York: Collins, 2006)。

29. 1960年，贾诺威茨报告说："具有'纯'军事职业专长的人员比例从内战时期的93.2％下降到朝鲜战争后的28.8％，海军和空军中的比例甚至更低。"Janowitz, *Professional Soldier*, p. 9.

30. Allison, *Essence of Decision*, pp. 129–132; John D. Steinbruner, "An Assessment of Nuclear Crises," in Franklyn Griffiths and John C. Polanyi, eds., *The Dangers of Nuclear War* (Toronto: University of Toronto Press, 1979), p.38.

31. Dan Caldwell, "A Research Note on the Quarantine of Cuba," *International Studies Quarterly* 22, no.4 (December 1978): 625–633; Scott D, Sagan, "Rules of Engagement," *Security Studies* 1, no.1 (Autumn 1991): 91–93; Sagan, "Nuclear Alerts and Crisis Management," *International Security* 9, no. 4 (Spring 1985): 112–118; Joseph F. Bouchard, *Command in Crisis*, *Four Case Studies* (New York: Columbia University Press，1991), pp. 111–112, 120–128; transcript of Cabinet Room meeting，October 22, 1962, in Ernest R.May and Philip D. Zelikow, eds., *The Kennedy Tapes*: *Inside the White*

House During the Cuban Missile Crisis (Cambridge, MA: Harvard University Press, 1997)，p.212: Richard K. Betts, *Nuclear Blackmail and Nuclear Balance* (Washington, DC: Brookings Institution, 1987), pp. 118–119. 在阿利森著作的第二版中，省略了这些有争议的故事，在描述麦克纳马拉和安德森在海军旗语阴谋中臭名昭著的对抗时，也换成了一副温和的口气。Allison and Zelikow, *Essence of Decision*, pp.232–336.

32. 1961 年，参议员 J·W. 富布莱特（J. W. Fulbright）报告称，正是 1958 年的国家安全委员令才形成了这些关系。Daniel Bell, "The Dispossessed (1962)," in Daniel Bell, ed., *The Radical Right* (New York: Anchor, 1963), pp. 5–8.

33. Bob Woodward, *State of Denial*: *Bush at War, Part* Ⅲ (New York:Simon and Schuster, 2006), p.54.

34. John Newhouse, *Cold Dawn*: *The Story of SALT* (New York: Holt, Rinehart and Winston, 1973), pp.124, 129.

35. Betts, *Soldiers* , *Statesmen and Cold War Crises*, p. xii.

36. Huntington, *The Soldier and the State*, pp. 158–159 and 158n.

37. 这本书在 2008 年大选前出版。如果麦凯恩获胜，当选总统的英雄总数将占总统总数的十分之三，自格兰特以来当选总统的职业军官数将变成 3 人。

38. 鲍威尔后来称："我以为我都要患动脉瘤了。" Powell, *My American Journey*, p.576.

39. David Halberstam, *War in a Time of Peace*: *Bush, Clinton, and the Generals* (New York: Touchstone, 2002), pp. 246–247. "在有可能动用美国军事力量的问题上，鲍威尔不相信克林顿的手下已经认真考虑过了。他们对使用武力及其后果的态度几乎是含糊不清的……反倒感觉到鲍威尔蔑视他们……克林顿政府的一位高级官员说，'你能感觉到他是如何看待我们的。在他看来，我们是鸽派，他参与作战时，我们袖手旁观，我们取得了成就，却从未真正付出过什么代价。'"

40. David S. Broder, "No Veterans Preference in This Administration," *Washington Post*, December 26, 1993, p. C7. 在最高层，象征意义实际上变得更为糟糕：在克林顿的第一个任期里，国家安全委员会有 5 名文职人员和法定顾问，除了总统本人，其中 4 人是退伍军人（副总统艾尔·戈尔、国务卿沃伦·克里斯托弗（Warren Christopher）、国防部长莱斯·阿斯平以及中央情报局局长詹姆斯·伍尔西 (James Woolsey)）；在克林顿的第二个任期里，只有副总统是退伍军人。

41. 例如，参见本卷中克里斯托弗·P.吉布森撰写的第十二章。

42. Powell, *My American Journey*, p. 559.

43. 拉姆斯菲尔德是通过游说、恐吓、拉拢收买和选票交易来实现这一目标，还是通过其他什么手段来达到他的目的，还不为人知。对于圈外的学者来说，探究这个谜团极具吸引力。

44. David S. Cloud and Steven Lee Myers, "Generals Differ on the Timing of Troop Cuts," *New York Times*, August 25, 2007, p. A1; David S. Cloud, "Why Well-Placed Officers Differ on Troop Reduction," *New York Times*, September 14, 2007, p. A11.

45. 有关这些事件的报道，参见 Kohn, "Out of Control," p. 3。

46. Betts, *Soldiers, Statesmen,and Cold War Crises*, pp.262–263n30.

47. Huntington, *Common Defense*, pp 135–146.

48. 关于改组的故事，参见 Suzanne Christine Nielsen, "Preparing the Army for War: The Dynamics of Peacetime Military Reform" (Ph.D. dissertation, Harvard University, 2003), chap. 4。

49. Interview with Lewis Sorley, quoted in ibid ., p.224n185.

50. Quoted in Lewis Sorley, *Thunderbolt*; *General Creighton Abrams* of *His Times* (New York: Simon and Schuster, 1992), p. 364.

51. Michael R. Gordon and General Bernard E. Trainor, *Cobra* Ⅱ : *The Inside Story of the Invasion and Occupation of Iraq* (New York: Pantheon, 2006), chap. 3 and pp.96–100; Thomas E. Ricks, *Fiasco*: *The American Military Adventure in Iraq* (New York: Penguin, 2006), pp. 70–71, 75, 83–84. 参见马修·莫滕在本卷第三章中的叙述。

52. Huntington, *The Soldier and the State*,p. 77.

53. Bouchard, *Command in Crisis*, pp. 96–97, 100.

54. Carl von Clausewitz, *On War*, ed. and trans. Michael Howard and Peter Paret (Princeton, NJ: Princeton University Press, 1976), p.75. "如果一方毫无内疚地使用武力，不顾武力带来的人员伤亡，而另一方却在避免使用武力，前者就会占上风。所以前者会迫使对方效仿；双方都会把对手推向极端，唯一的限制因素是战争固有的均衡性。" Ibid., pp. 75–76.

55. lbid., p.598.

56. Cohen, *Supreme Command*, p.177.

57. 参见 Betts, *Soldiers, Statesmen, and Cold War Crises*, p. 211。

58. Janowitz, *Professional soldier*.

59. Huntington, *The Soldier and the State*, p. 253.

60. Cohen, *Supreme Command*, p. 229; Huntington, *The Soldier and the State*, pp.315–317.

61. 正如编辑所澄清的，"克劳斯威茨强调内阁参与军事决策，而不是军人参与政治决策。" Clausewitz, *On War*, p.608 and 608n1.

62. Huntington, *Common Defense*, p. 447.

第三章　谈不拢的对话——拉姆斯菲尔德、新关与军政张力

非常感谢对本文提出建设性批评意见的几位同事，他们是兰斯·贝特罗斯（Lance Betros）上校、康拉德·C. 克雷恩（Conrad C. Crane）博士、J. P. 克拉克（J. P. Clark）少校、凯文·法雷尔（Kevin Farrell）中校、吉安·詹蒂莱（Gian Gentile）中校、克里斯·吉布森（Chris Gibson）上校、理查德·科恩（Richard Kohn）教授、贾维斯·E. 米勒（Jarvis E. Miller）博士、苏珊娜·尼尔森（Suzanne Nielsen）中校、克里夫·罗杰斯教授（Cliff Rogers）和唐·施耐德（Don Snider）教授。在新关将军担任参谋长的前三年，我最初是他的演讲撰稿人，后来担任他的立法顾问。目前我是新关将军文集的总编。

1.　"U.S. Senate Armed Services Committee Hearing on FY 2004 Defense Authorization," transcript, February 25, 2003, http://armed-services.senate.gov/e_witness .CFM?id=604; Michael R. Gordon and Bernard E. Trainor, *Cobra* Ⅱ : *The Inside Story of the Invasion and Occupation of Iraq* (New York: Pantheon Books, 2006), p. 102nn 522–523; George Packer, *The Assassins' Gate*: *America in Iraq* (New York: Farrar, Straus and Giroux, 2005), p. 114; Thomas E. Ricks, *Fiasco*: *The American Military Adventure in Iraq* (New York: Penguin, 2006), pp. 96–97.

2.　Eric Schmitt, "Pentagon Contradicts General on Iraq Occupation Force's Size," *New York Times*, February 28, 2003; Bob Woodward, *State of Denial*: *Bush at War*, *Part* Ⅲ (New York: Simon and Schuster, 2006), p. 151; Gordon and Trainor, *Cobra* Ⅱ , pp. 102–103, 486; Ricks, *Fiasco*, pp. 96–100; Packer, *Assassins' Gate*, p. 114.

3. Samuel P. Huntington, *The Soldier and the State*: *The Theory and Politics of Civil-Military Relations* (Cambridge, MA: Belknap Press of Harvard University Press, 1957),pp. 80–97, quotation, p. 84. 关于这一思想对于军事职业有何影响的讨论，参见 Eliot Cohen, *Supreme Command*: *Soldiers, Statesmen, and Leadership in Wartime* (New York: Free Press, 2002), pp. 225–248。

4. 值得注意的是，平心而论，亨廷顿并未直接描述这样一种壁垒。有人会批评我在这里的诠释有些夸张。事实上，亨廷顿承认，由于美国的宪法体制，客观文官控制很难实现，他也承认，即便客观文官控制在美国出现过，也寥寥无几，只有在军队较弱、军官自己减少他们的政治权力和影响时，才会出现。Huntington, *The Soldier and the State*, pp. 189–192, 260–263. 亨廷顿还详细地从道德、法律和行动方面描述了军官可能不服从文职上司的原因。Ibid., pp. 70–79. 但是，亨廷顿明确地把客观文官控制视为理想类型："客观文官控制的对立面是军人参与政治…… 客观文官控制的本质在于意识到了军事职业主义的自主性。"Ibid., p. 83.

5. Carl von Clausewitz, *On War*, ed. and trans. Michael Howard and Peter Paret (Princeton, NJ: Princeton University Press, 1976), pp. 87, 605–609 (emphasis in original).

6. 有一种与客观文官控制相反的观点，参见迈克尔·C.戴思齐在本书中撰写的第五章。

7. Huntington, *The Soldier and the State*, pp. 80–85; 文中引述参见第 83 页。另请参见理查德·H. 科恩在本书中撰写的第十三章。

8. Huntington, *The Soldier and the State*, pp. 163–192.

9. 《1958 年国防部改组法案》赋予国防部长对国防部及其各军种的"指导、管理与控制"权。

10. 在 1999 年 6 月的联合批准任职听证会上，新关将军、小詹姆斯· L. 琼斯（James L.Jones Jr）将军分别回答了这个问题。U.S. Senate, Committee on Armed Services, Washington, DC, "Nominations of Gen. Eric K. Shinseki,USA, for Reappointment to the Grade of General and for Appointment as Chief of Staff United States Army and Lt. Gen. James L. Jones, Jr., USMC, to be General and for Appointment as Commandant of the Marine Corps, June 8, 1999," p. 111. 2007 年，在戴维·彼得雷乌斯将军任驻伊拉克多国部队最高指挥官的批准任职听证会上，他也被问了一个类似的问题，他发誓会给出其"最好的专业军事建议。如果人们不喜欢这个建议，那么就可以去找其他人来提供更为专业的军事建议"。Michael C Desch, "Bush and the

Generals," *Foreign Affairs* 86, no. 3 (May-June 2007): 108.

11. Mark R. Lewis, "Army Transformation and the Junior Officer Exodus," *Armed Forces and Society* 31, no. 1 (Fall 2004): 63–93.

12. Thomas E. Ricks, "For Today's Army, Suffering an Identity Crisis, Choice of New Chief Assumes Larger Significance," *Wall Street Journal*, March 3, 1999, p. A20.

13. Eric K. Shinseki, "Annual Address at the Dwight D. Eisenhower Luncheon," at the Association of the United States Army Annual Convention, Washington, DC, October 12, 1999. 在布什总统就职前 15 个月时，新关将军做了一次演讲，在该演讲中他第一次使用了"转型"的说法。Eric K. Shinseki, "Remarks at Senate Army Caucus Breakfast," May 2, 2002.

14. Peter J. Boyer, "A Different War," *New Yorker*, July l, 2002, pp. 60–62.

15. Gordon and Trainor, *Cobra II*, p. 8; Boyer, "A Different War," p. 54.

16. Eric K. Shinseki, "Address to the Eisenhower Luncheon," at the annual convention of the Association of the United States Army, Washington, DC, October 17,2000; "U.S. House of Representatives Committee on Small Business, Hearing on Black Beret Procurement," transcript, May 2, 2001; Woodward, *State of Denial*, pp.141–142; Boyer, "A Different War," pp. 62–63.

17. 拉姆斯菲尔德在一些国会委员会中露面时，概述了他的想法。例如，参见 "Prepared Testimony of U.S. Secretary of Defense Donald H.Rumsfeld, Senate Armed Services Committee Hearing on Defense Strategy Review," June 21, 2001。

18. Thomas E. Ricks, "Rumsfeld on High Wire of Defense Reform: Military Brass, Conservative Lawmakers Are among Secretive Review's Unexpected Critics," *Washington Post*, May 20, 2001, p. A01. 在 2001 年 10 月发布《四年防务评估报告》的吹风会上，有记者问："对于裁军可否提供更具体的信息？……自从'9·11'事件以来，是否情况都在变？"这位"高级国防官员"回答道："让我回答这个问题有点冒自相矛盾的风险。我不清楚是否有过任何强大的力量在推动裁军。我们以前有过的是……"记者追问："有人提出过这种建议，对吗？"这位"高级国防官员"回答说："成百上千，不计其数。"Background Briefing on the QDR by "Senior Defense Official," Department of Defense News Briefing, October 1, 2001.

19. 作者尚未发现任何证据可以表明，在《四年防务评估报告》的审议上，新关试图借助正式程序之外的任何力量。换言之，新关和他的下属都是在内部会议上展开辩论的。他没有请自己在国会或其他部门中的朋友去蓄意影响五角大楼内的审议过程。

20. Boyer, "Different War," pp. 63–65; Ricks, *Fiasco*, pp. 68–70.

21. Vernon Loeb and Thomas E. Ricks, "Rumsfeld's Style, Goals Strain Ties in Pentagon," *Washington Post*, October 16, 2002; Jerffey M. Borns, "How Secretary of Defense Rumsfeld Sought to Assert Civilian Control over the Military," paper submitted to the National War College, Washington, DC, 2002. 伯恩斯（Borns）引用了许多资料来表达一种看法，即布什政府与拉姆斯菲尔德觉得有必要重建军队的文官控制。

22. Dave Moniz and John Diamond, "Rumsfeld Is Perched at the 'Pinnacle of Power'," *USA Today*, May l, 2003, p. 10; Seth Stern, "Pentagon Iconoclasts," *Christian Science Monitor*, April 29, 2003, p.1.

23. Ricks, "Rumsfeld on High Wire"; Department of Defense News Briefing, Secretary Rumsfeld and General Myers, January 29, 2003, www.defenselink.mil/transcripts/transcript. aspx？ transcritd=1349.

24. Ricks, "Rumsfeld on High Wire"; Loeb and Ricks, "Rumsfeld's Style, Goals Strain Ties in Pentagon"; Dave Moniz, "Rumsfeld's Abrasive Style Sparks Conflict," *USA Today*, December 10, 2002; Seymour M. Hersh, "Annals of National Security: Offense and Defense, the Battle between Rumsfeld and the Pentagon," *New Yorker*, April 7, 2003; Moniz and Diamond, "Rumsfeld is Perched at 'Pinnacle of Power'."

25. Peter Boyer, "The New War Machine," *New Yorker*, April 7, 2003; 另请参见本书中由迈克尔·C.戴思齐撰写的第五章。

26. Thomas E. Ricks, "Bush Backs Overhaul of Military's Top Ranks," *Washington Post*, April 11, 2002, p. A01; Shinseki, "Remarks at Senate Army Caucus Breakfast," May 2, 2002; Boyer, "A Different War," p. 65; Ricks, *Fiasco*, pp. 69–70.

27. M109 榴弹炮于 20 世纪 60 年代列入陆军武器清单。在 20 世纪 70 年代后期，它得到一些改进，特别是在发射定位系统方面。

28. 陆军立法联络官办公室由陆军少将领导，直接向国防部长报告，但是它支持所有陆军官员与国会打交道。军官与文官都在这个办公室工作。

29. Boyer, "A Different War," p .66.

30. "Secretary Rumsfeld Media Availability with Malaysian Defense Minister," The Pentagon, May 2, 2002; Michael Kilian, "Army Probes Lobbying to Save Crusader Gun," *Chicago Tribune*, May 4, 2002; James Dao, "Investigation Begun into Action by Army Secretary on a Weapon," *New York Times*, May 4, 2002; Greg Jaffe, "Army Probes Bid to Save Crusader after Pentagon Cancels Program," *Wall Street Journal*,May 6, 2002; Vernon Loeb, "Rumsfeld Untracks 'Crusader'," *Washington Post*, May 9, 2002; Ellen Nakishima, "Crusader Claims Army Official," *Washington Post*, May 11, 2002; James Dao, "Army Liaison Who Lobbied Congress for Weapon Resigns," *New York Times*, May 11, 2002; Department of Defense Office of Public Affairs, "Pentagon Briefing: Voices on Crusader," May 13, 2002; Department of Defense Office of Public Affairs, "Voices on Crusader," May 16, 2002. 拉姆斯菲尔德命令将陆军立法联络官的职位等级降为一星。在随后的国防授权立法中，国会推翻了这一决定。

31. Greg Jafe, David Rogers, and Anne Marie Squeo, "Rumsfeld Ends Crusader Program, Takes Weapons Debate to Capitol," *Wall Street Journal*, May 9, 2002; Dave Moniz, "Army Officials on Alert against Attacks from Above," *USA Today*, May 16,2002; Ricks, *Fiasco*, p.69.

32. Donald Rumsfeld, "A Choice to Transform the Military," *Washington Post*, May 16, 2002; Boyer, "A Different War," p.66; Walter Pincus, "Rumsfeld Defends Decision to Recommend Killing Crusader," *Washington Post*, May 17, 2002; Tom Bowman, "Pentagon Defends Plans to Cancel Heavy Howitzer," *Washington Post*, May 17, 2002.

33. Eric K. Shinseki, "Statement for the Senate Armed Services Committee Hearing on the Crusader Self-Propelled Artillery Program, " Washington, DC, May 16,2002; Boyer, " Different War," pp. 65–67; Pincus, "Rumsfeld Defends Decision to Recommend Killing Crusader"; Bowman, "Pentagon Defends Plans to Cancel Heavy Howitzer."

34. *Armed Forces Journal*, June 2002.

35. Gordon and Trainor, *Cobra* Ⅱ, pp.46–48, 51–52.

36. Ibid., pp.24–54.

37. 前参谋长联席会议主席理查德·B. 迈尔斯将军（已退休）于 2007 年 11 月 13 日与作者进行过面谈；古里·沙克（Kori Schake）博士于 2007 年 2 月 15 日与作者进

行过面谈，在布什总统的第一个任期里，沙克在国家安全委员会分管国防战略和要求方面的工作；Gordon and Trainor, *Cobra* Ⅱ, pp.24–54. 迈尔斯将军注意到弗兰克斯将军在多个场合会见过参谋长联席会议成员，但是又似乎不理解他们的作用，只是将他们视为其军事行动的武力提供者。

38. Tommy Franks with Malcolm McConnell, *American Soldier* (New York: Regan Books, 2004), pp. 274–278.

39. Myers interview, November 13, 2007. 迈尔斯将军注意到，拉姆斯菲尔德对分时兵力部署列表特别关注，每周都主持由中央司令部与运输指挥部一起召开的例会，以解决各种分歧。Hersh, "Annals of National Security: Offense and Defense, The Battle between Rumsfeld and the Pentagon"; Gordon and Trainor, *Cobra* Ⅱ, pp. 95–102; 还可参见本书中由迈克尔·C. 戴思齐撰写的第五章。

40. James Fallows, "Blind into Baghdad," *Atlantic* 293, no. 1 (January February 2004): 53‑64; Gordon and Trainor, *Cobra* Ⅱ, pp. 95–102; Ricks, *Fiasco*, pp. 71, 73–74; Myers interview, November 13, 2007; Schake interview, February 15, 2007. 迈尔斯将军将本次会议描述为"积极的"，没有"争议的"。观察员沙克博士也出席了 2013 年 1 月 30 日在内阁厅举行的会议。

41. Gregory Fontenot, E. J. Degen, and David Tohn, *On Point: The United States Army in Operation Iraqi Freedom* (Fort Leavenworth, KS: Combat Studics Institute Press, 2004), pp. 141–150, 406–411.

42. Ricks, *Fiasco*, p. 145; Gordon and Trainor, *Cobra* Ⅱ, pp. 304–326.

43. Jason Campbell, Michael O'Hanlon, and Amy Unikewicz, "Op-Chart: The State of Iraq: An Update," *New York Times*, March 9, 2008; Anne Flaherty, "Auditors Suggest Defense Contractors Disclose Financial Interests," Associated Press, March 11, 2008, Gov.Executive.com.

44. Eric K. Shinseki, "Remarks at Army Chief of Staff Retirement Ceremony," Fort Myer, Virginia, June 11, 2003. 新关习惯大写"陆军"（The Army）这两个单词的首字母。在这里，我保留了他的这种习惯性写法。

45. Ibid.; Ricks, *Fiasco*, pp. 156–157.

46. Eric K. Shinseki, "Statement for the Senate Armed Services Committee Hearing on the Posture of the Army," Washington, DC, February 25, 2003.

47. 理查德·K.贝茨在本书的第二章中指出，在《失职》中，麦克马斯特对军政关系的批评"广受职业军人欢迎"，其中的一个观点是，林登·B.约翰逊的越南战争战略在方向上有误，各军种的参谋长们却遵从了这一战略，虽有不同意见却缄口不语，"而不是辞职或向国会直抒其言"，参谋长们的这种做法是不对的。麦克马斯特认为，参谋长们的默许和沉默是错误的，特别是这种沉默心照不宣地认可了政府的谎言，但是他不认为他们应该辞职。此外，在麦克马斯特的著作中，我并未读到对客观控制的反驳言辞，也没有读到创建全新军政关系规范的任何尝试。不过，对于越南战争为何开局之时就如此糟糕，他给出了自己的论述和观点。H. R. McMaster, *Dereliction of Duty: Lyndon Johnson, Robert McNamara, the Joint Chiefs of Staff, and the Lies that Led to Vietnam* (New York: HarperCollins, 1997).

48. 国务卿科林·鲍威尔曾担任过陆军将领和参谋长联席会议主席。他的副手理查德·阿米蒂奇曾是海军军官和国防部长助理。鲍威尔的办公厅主任拉里·威尔克森（Larry Wilkerson）是一位退役军官。

49. 空军前参谋长罗纳德·R.福格尔曼（Ronald R. Fogleman）将军于1997年年初退休，这被广泛解读为是出于抗议某些决定而辞职或退休。但是福格尔曼当时就表示，他并没有这样的意图。后来他说自己之所以请求离去，是觉得自己没有能力再担任参谋长，如果另请一位军官担此重任，空军会变得更好。他明确表示，他的退休"符合历史惯例，且不乏先例"。Richard H. Kohn, ed., "The Early Retirement of Gen. Ronald R. Fogleman, Chief of Staff, United States Air Force," *Aerospace Power Journal* 15, no. 1 (Spring 2001): 6—23. 2008年3月，《绅士》杂志基于对海军上将威廉·法伦（他的绰号为"狐狸"）的采访发表了一篇文章，文中指出，法伦与布什政府之间政见分歧严重，在该文发表后，法伦就提出退休申请。但是法伦和接受该请求的国防部长罗伯特·盖茨都否认存在这种分歧。法伦退休了，不是因为抗议，而是因为他所说的，"最近的新闻报道说，我的观点与总统的政策目标截然不同，在关键时刻出现这种事情已然成为干扰，影响了中央司令部的工作。我并不认为我的想法与中央司令部所辖范围内的政策目标有何不同，我只是意识到，我很难再以军人的身份很好地为美国利益服务了。"Thomas P. M. Barnett, "The Man between War and Peace," *Esquire*, March 2008; Thomas E. Ricks, "Top U.S. Officer in Mideast Resigns," *Washington Post*, March 12, 2008, p. A01; Thom Shanker, "Mideast Commander Retires after Irking Bosses," *New York Times*, March 12, 2008.

50. Secretary Donald H. Rumsfeld and General Richard B. Myers, "Department of Defense News Briefing," April 1,2003, www.defenselink.mil/transcripts/transcript.aspx?transcriptid=2229.

51. 克林顿政府没有解除任何高级军官的职务，甚至没有解除韦斯利·克拉克将军的职务，作为欧洲盟军最高指挥官，克拉克将军在波斯尼亚和科索沃的行动与政府的政策相左。在拉姆斯菲尔德监管时期，布什政府也没有解除过任何联邦政府高级军官的职务，虽然他们让某些军官低调地退休了。例如，在阿布·格莱布（Abu Ghraib）之后，驻伊拉克联军指挥官里卡多·桑切斯（Ricardo Sanchez）中将还没有获得四星军衔提名就退休了，中央司令部司令约翰·阿比扎伊德也退休了，2006年年底，美国政府改变了伊拉克战争策略后，乔治·凯西将军被调任他职。2007年，由于管理不善和忽视对受伤士兵的治疗，陆军军医署长和华特里德陆军医疗中心指挥官被解除官职。各军种自己也处罚了许多违纪事件，但是这些做法都不是在处罚对抗政策行为或制裁军事行动失败。

52. Charles A. Stevenson, *SECDEF*: *The Nearly Impossible Job of Secretary of Defense* (Dulles, VA: Potomac Books, 2006).

53. 这里使用男性代词只是出于语法简约的考虑，丝毫没有性别歧视之意，各军种当然可以让女性当他们的参谋长。

54. 在下列文献中，我以相当的篇幅讨论了这些技巧及其发展。Matthew Moten, "Root, Miles, and Carter: Political-Cultural Expertise and an Earlier Army Transformation," in Don M. Snider and Lloyd J. Matthews, eds., *The Future of the Army Profession*, 2d ed., rev. and exp. (New York: McGraw-Hill Primis, 2005), pp. 723–748. 另请参见同卷书的第1、29、30、31、32章。

55. Matthew B. Ridgway, *Soldier*: *The Memoirs of Matthew B. Ridgway* (New York: Harper and Brohers, 1956), pp.286–289. 李奇微认为，有必要以书面形式向国防部长查尔斯·威尔逊（Charles Wilson）表达自己的关切："那样，他们就会被载入史册了。"

56. 见本书中由詹姆斯·伯克撰写的第八章，该章讨论了受保护的职业空间和道德上的自主权。

57. Clausewitz, *On War*, pp. 607–608.

58. Cohen, *Supreme Command*, pp. 208–248.

59. 我并不是在强调艾略特·科恩没有为一种理想的关系开处方，而是说在军政双方打

交道的过程中，科恩的处方很容易被任何一方所忽略。另请参见本书中理查德·
K. 贝茨撰写的第二章以及迈克尔·C. 戴思齐撰写的第五章。

60.　David S. Cloud, Eric Schmitt, and Thom Shanker, "Rumsfeld Faces Growing Revolt by Retired Generals," *New York Times*, April 13, 2006, www.nytimes.com/ 2006/04/13/ washington/13cnd-military.html.

61.　Michael E. O'Hanlon, "History Will Credit Shinseki," *Japan Times*, June 19, 2003; Thom Shanker, "New Strategy Vindicates Ex-Army Chief Shinseki," *New York Times*, January 12, 2007; "Senate Armed Services Committee Holds Hearing on Current Situation in Iraq and Afghanistan," transcript, November 15, 2006, http://armed-services.senate.gov/e_witnesslist.CFM?id=2427.

第四章　亨廷顿前后——走向成熟的军政关系研究方法论

1.　Gabriel A. Almond, "Who Lost the Chicago School of Plitia Science?" *Perspectives on Politics*, no. 2 (March 2004): 91–93.

2.　Georg G. Iggers, *Historiography in the Twentieth Century*: *From Scientific Objectivity to the Postmodern Challenge* (Hanover, NH: Wesleyan University Press, 1997).

3.　亟须解决的政策问题包括确保劳动力削减之后的高生产率，以及制定军事训练、征募、退役以及文官再就业方面的策略。Gabriel A. Almond, "Political Science: The History of the Discipline," in Robert E. Goodin and Hans-Dieter Klingemann, eds., *A New Handbook of Political Science* (New York: Oxford University Press, 1996),p. 69.

4.　"我们的协会之所以存在，是因为非人道的暴政和全面的战争所导致的政治腐败已经并且可能再度给世界各地带来灾难。我们协会的目的是，通过广泛运用科学方法来解决政治问题，消除这些腐败。" Quincy Wright, "The Significance of the International Political Science Association: Opening Address," *International Social Science Bulletin* 3, no. 2 (1951): 276.

5.　Dorothy Ross, "Changing Contours of the Social Science Disciplines," in Theodore M. Porter and Dorothy Ross, eds., *The Cambridge History of Science*, vol. 7: *The Modern Social Sciences* (New York: Cambridge University Press, 2003), pp.205–237.

6. 例如，参见 Jeffrey T. Bergner, *The Origin of Formalism in Social Science* (Chicago: University of Chicago Press, 1981); Alan F. Chalmers, *What is This Thing Called Science?* 3d ed. (Indianapolis: Hackett, 1999); Jorgen Jorgensen, *The Development of Logical Empiricism* (Chicago: University of Chicago Press, 1951); Otto Neurath, *Foundations of the Social Sciences: International Encyclopedia of Unified Science*, vol. 2, no. 1 (Chicago: University of Chicago Press, 1944)。

7. Robert E. Goodin and Hans-Dieter Klingemann, "Political Science: The Discipline," in Goodin and Klingemann, *A New Handbook of Political Science*, pp.3–49.

8. 例如，参见 Wilson Gee, *Social Science Research Methods* (New York; Appleton- Century-Crofts, 1950); Abraham Kaplan, *The Conduct of Inquiry: Methodology for Behavioral Science* (San Francisco: Chandler, 1964)。

9. Thomas S. Kuhn, *The Structure of Scientific Revolutions* (Chicago: University of Chicago Press, 1962); 关于中层理论的相关论述，参见 Robert K. Merton, *Social Theory and Social Structure* (New York: Free Press, 1967 [1957])。

10. Gary King, Robert O. Keohane, and Sidney Verba, *Designing Social Inquiry: Scientific Inference in Qualitative Research* (Princeton, NJ: Princeton University Press,1994), pp.3–31.

11. 现代军政关系研究通常可以回溯到拉斯韦尔与瓦格斯时期，尽管早期的研究还包括克劳塞维茨的《论战争》。亨廷顿本人将商业和平主义（business pacifism）传统纳入军政关系研究名下，赫伯特·斯宾塞（Herbert Spencer）、约翰·菲斯克（John Fiske）、威廉·格拉巴姆·萨姆纳（William Graham Sumner）、安德鲁·卡内基（Andrew Carnegie）和其他学者都阐述过商业，商业和平主义认为，战争会干扰到这类商业，因此"对商业不利"。Samuel P. Huntington, *The Soldier and the State: The Theory and Politics of Civil-Military Relations* (Cambridge, MA: Belknap Press of Harvard University Press, 1959[1957]), pp.222–226. 另请参见 Herbert Spencer, *The Principles of Sociology* (New York: Appleton, 1925); John Fiske, *Outlines of Cosmic Philosophy* (New York: Houghton, Mifflin, 1902); William Graham Sumner, *War and Other Essays* (New Haven, CT: Yale University Press, 1911); Andrew Carnegie, *The Gospel of Wealth and Other Timely Essays* (Cambridge, MA: Harvard University Press, 1962)。然而，这些陈述远非系统化，也没有成熟到可以构成一项研究计划。James

Burk, "Morris Janowitz and the Origins of Sociological Research on Armed Forces and Society," *Armed Forces and Society* 19, no. 2 (Winter 1993): 167–185.

12. 美国早期的战后军政关系研究包括 Edward Mead Earle, "National Defense: A Program of Studies," *Journal of the American Military Institute* 4, no, 4 (1940): 199–208; Joseph E. McLean, "Areas for Postwar Research," *American Political Science Review* 39, no. 4 (August 1945): 741–757。

13. Peter D. Feaver, "The Civil-Military Problematique: Huntington, Janowitz,and the Question of Civilian Control," *Armed Forces and Society* 23, no. 2 (Winter1996): 149–178; Peter D, Feaver, "Civil-Military Relations," *Annual Review of Political Science*, no, 2 (1999): 211–241. 在这种自由民主主义的传统中，早期的重要实例包括 Louis Smith, *American Democracy and Military Power* (Chicago: University of Chicago Press, 1951); John D. Millett, "National Security in American Public Affairs," *American Political Science Review* 43, no. 3（June 1949): 524–525; Herman Miles Somers, "Civil-Military Relations in Mutual Security," *Annals of the American Academy of Political and Social Science* 288 (July 1953): 27–35; Townsend W. Hoopes, "Civilian-Military Balance," *Yale Review* 43, no.2 (1954): 218–234。

14. 参见 James Burk, "Theories of Democratic Civil Military Relations," *Armed Forces and Society* 29, no.1(September 2002):729。

15. Morris Janowitz, *The Professional Soldier*: *A Social and Political Portrait* (Glencoe, IL: Free Press, 1960).

16. Elias Huzar, *The Purse and the Sword* (Ithaca, NY: Cornell University Press, 1950).

17. Rowland T. Berthoff, "Taft and MacArthur, 1900–1901: A Study in Civil-Military Relations," *World Politics* 5, no. 2 (1953): 196–213; Warner R. Schilling, "Civil-Naval Politics in World War I," *World Politics* 7, no. 4 (1955): 572–591.

18. Burton M. Sapin and Richard C. Snyder, *The Role of the Military in American Foreign Policy* (Garden City, NY: Doubleday: 1954); William T. R. Fox, "Civilians, Soldiers, and American Military Policy," *World Politics* 7, no. 3 (1955): 402–418; Alfred Vagts, *Defense and Diplomacy*: *The Soldier and the Conduct of Foreign Relations* (New York: King' s Crown Press, 1956).

19. Paul P. Van Riper, "A Survey of Materials for the Study of Military Management,"

American Political Science Review 49, no. 3 (September 1955): 828–850; Alvin Brown, *The Armor of Organization* (New York: Hibbert Print, 1953); H. Struve Hensel, "Changes inside the Pentagon," *Harvard Business Review* 32, no. 1 (1954): 218–234.

20. Walter Millis, *Arms and Men* (New York: Putnam, 1956); and Arthur A. Ekirch, *The Civilian and the Military* (New York: Oxford University Press, 1956).

21. C. Wright Mills, *The Power Elite* (New York: Oxford University Press, 1956).

22. *Civil-Military Relations*: *An Annotated Bibliography*, 1940—1952, compiled by the Social Science Research Council Committee on Civil-Military Relations Research (New York: Columbia University Press, 1954).

23. 在 1937—1952 年间发表的系列著作中，拉斯韦尔概述了自己的卫戍国家理论。Harold D. Lasswell, *Essays on the Garrison State*, ed. Jay Stanley (New Brunswick, NJ: Transaction, 1997); Alfred Vagts, *A History of Militarism* (New York: Norton, 1937). 可以认为，拉斯韦尔的著作是亨廷顿之前的最严谨的理论了，尽管直到第二次世界大战后，瓦格斯才将他的理论完全系统化。

24. 例如，R. Lindquist, *The Family Life of Officers and Airmen in a Bomb Wing* (Chapel Hill, NC: Institute for Research in Social Science, University of North Carolina at Chapel Hill, 1952); Albert J. Mayer and Thomas Ford Hoult, " Social Stratification and Combat Survival," *Social Forces* 34, no. 2 (1955): 155–159; Howard Brotz and Everett Wilson, "Characteristics of Military Society," *American Journal of Sociology* 51, no. 5 (1946): 371–375; Elizabeth G. French and Raymond R. Ernest, "The Relationship between Authoritarianism and Acceptance of Military Ideology." *Journal of Personality* 24, no. 2 (1955): 181–191; Robert K. Merton and Paul E. Lazarsfeld, eds., *Continuities in Social Research*: *Studies in the Scope and Method of the American Soldier*(Glencoe, IL: Free Press, 1950).

25. Samuel A. Stouffer, ed., *The American Soldier*: *Adjustment during Army Life* (Princeton, NJ: Princeton University Press, 1949); Samuel A. Stouffer, ed., *The American Soldier*: *Combat and Its Aftermath* (Princeton, NJ: Princeton University Press,1949).

26. 例如，瓦格斯的《军国主义史》（*A History of Militarism* ）回溯了军国主义的发展过程，从封建时代开始，直到现代极权主义的军国主义。另请参见 Frederic A.

Ogg, "American Democracy—After War," *American Political Science Review* 36, no.1(February 1942): 1–15; Jerome G. Kerwin, ed., *Civil- Military Relationships in American Life* (Chicago: University of Chicago Press, 1948); Bruce Catton, *The War Lords of Washington* (New York: Harcourt, Brace, 1948)。

27. Smith, *American Democracy and Military Power.*

28. Ekirch, *The Civilian and the Military.*

29. Lasswell, *Essays on the Garrison State.*

30. 例如 , Hensel, "Changes inside the Pentagon"; and Hoopes, "Civilian-Military Balance."

31. 参见亨廷顿《军人与国家》第 346~350 页中对拉斯韦尔的批评。

32. 参见《军人与国家》第 350~354 页中对融合主义的批评。

33. Feaver, "Civil-Military Relations."

34. Huntington, *The Soldier and the State*, p. vii.

35. Ibid.,pp.2–3.

36. Ibid..

37. Ibid.,pp. 189–192, 260–263.

38. Ibid.,pp.155–157.

39. 然而，意识形态显然被视为多元或多维的（即便它仍然被类化为非连续的），在四种不同的价值观中，这里只考察其中的一种。

40. Huntington, *The Soldier and the State*, pp. 143–192.

41. Ibid., pp. 456–466.

42. 参见 Samuel E. Finer, *The Man on Horseback*: *The Role of the Military in Politics* (London: Pall Mall, 1962)。亨廷顿在具体表述军事职业主义时避开了这种同义反复，不过，他将军官视为职业的广泛思考对后续研究影响深远。

43. 例如，参见 Claude E. Welch, *Civilian Control of the Military*: *Myth and Reality* (Buffalo, NY; Council on International Studies, State University of New York at Buffalo, 1975); Alfred C. Stepan, *The Military in Politics*: *Changing Patterns in Brazil*(Princeton, NJ: Princeton University Press, 1971)。

44. Feaver, "The Civil-Military Problematique," pp. 163.

45. Peter Feaver, *Armed Servants*: *Agency*, *Oversight*, *and Civil-Military Relations* (Cambridge, MA: Harvard University Press, 2003), pp. 16–53.

46. Burk, "Theories of Democratic Civil-Military Relations," p.13.

47. Mattei Dogan, "Political Science and the Other Social Sciences," in Goodin and Klingemann, *A New Handbook of Political Science*, p. 108.

48. Huntington, *The Soldier and the State*, pp. 457–459. 如果希望更多了解哈茨对亨廷顿的影响，参见本卷中迈克尔·C. 戴思齐撰写的第五章。

49. 因此，在没有加入官僚政治维度的条件下，《军人与国家》部分地预测到了20世纪70年代国际关系理论化中关于双层博弈（two-level games）与次级形象反转（second-image-reversed）的那场辩论；例如，参见 Peter Gourevitch, "The Second Image Reversed: The International Sources of Domestic Politics," *International Organization* 32, no. 4 (1978): 881–912; Robert D. Putnam, "Diplomacy and Domestic Politics: The Logic of Two-Level Games," *International Organization* 42, no.3 (1988):427–460。亨廷顿也预测到后来军政关系研究中的国内 – 国际关系。例如，参见 Risa Brooks, *Political-Military Relations and the Stability of Arab Regimes* (New York: Oxford University Press for the International Institute of Strategic Studies, 1998); Michael Desch, *Civilian Control of the Military*: *The Changing Security Environment* (Baltimore: Johns Hopkins University Press, 1999)。

50. 在亨廷顿时代，历史事实和比较案例研究是最恰当的证据类型，因为那时既没有相关的定量数据汇编，也没有令人信服的理论有待检验。

51. Dogan, "Political Science and the Other Social Sciences," p. 108.

52. Morris Janowitz, "Armed Forces and Society: An Interdisciplinary Journal," *Armed Forces and Society* 1, no. 1 (Fall 1974): 3–4.

53. Feaver, "Civil-Military Relations."

54. Burk, "Theories of Democratic Civil- Military Relations."基于"军政问题群"来评判莫里斯·贾诺威茨的研究并不完全公平，因为这不是他关注的主题，但是将他的研究放在更大的民主主义框架里看时，其研究对控制问题的可能影响却仍然举足轻重。他开出的以职业道德支持文官控制的处方只是部分有用，因为它与亨廷顿的研究同样有同义反复的不足之处。Feaver, "The Civil-Military Problematique." 与亨廷顿的研究一样，贾诺威茨的研究也深为民族偏见和不完整的民主视野所困扰。贾诺威茨从未解释过，如果没有大规模动员，他的公民士兵理想将如何实现；他希望将兵役制嵌入更为广泛的国民志愿役和政治教育体系，但是这并不现实。

Burk, "Theories of Democratic Civil-Military Relations," pp.13–14.

55. 例如，参见 Charles Moskos, *The American Enlisted Man: The Rank and File in Today's Military* (New York: Russell Sage Foundation, 1970); Charles Moslkos and Frank R. Wood, eds., *The Military: More Than Just a Job?* (Elmsford, NY: Pergamon-Brassey's International Defense Publishers, 1988); Charles Moskos, John Allen Williams, and David. R. Segal, *The Post-moderm Military: Armed Forces after the Cold War*(New York: Oxford University Press, 2000); David Segal, *Recruiting for Uncle Sam: Citizenship and Military Manpower Policy* (Lawrence: University Press of Kansas,1989); David Segal and H. Wallace Sinaiko, eds., *Life in the Rank and File: Enlisted Men and Women in the Armed Forces of the United States, Australia, Canada, and the United Kingdon* (Washington, DC: Pergamon-Brassey's International Defense Publishers,1986); David Segal, Jerald G. Bachman, John D. Blair, and Davie R.Segal, *The All-Volunteer Force: A Study of Ideology in the Military* (Ann Arbor: University of Michigan Press, 1977)。

56. 例如，参见 Samuel P. Huntington, *Political Order in Changing Societies* (New Haven, CT: Yale University Press, 1968)。

57. Ibid.,194. 关于这种进路在比较视域下的局限性，还有更多的讨论，参见 Robin Luckham, "A Comparative Typology of Civil-Military Relationships," *Government and position* 6, no.1(1971); Robin Luckham, "Democratic Strategies for Security in Transition and Conflict," in Gavin Cawthra and Robin Luckham, eds., *Governing Insecurity: Democratic Control of Military and Security Establishments in Transitional Democracies* (New York: Zed Books, 2003)。

58. 在比较语境下，民主社会中的军政关系问题是怎样的，其普适性的决定条件是什么，这些仍然存在争议。在不同的社会、历史和文化背景下，有不同的规范性民主问题，这些不同的问题如何在不同的背景下扮演不同的角色仍然需要理论探索。一些重要的见解来自比较研究。例如，本格特·亚伯拉罕森（Bengt Abrahamson）对瑞典的研究提供了值得关注的证据，他证明了与职业主义相抗衡的一些特征：军队始终具有潜在的政治危险，因为只要任何群体是为了开展行动和施加影响而充分组织起来的，并且凝聚力强，纪律严明，这样的群体就都存在这样的危险。Bengt Abrahamsson, *Military Professionalization and Political Power* (Beverly Hills, CA: Sage, 1972).

59. Richard K. Betts, *Soldiers, Statesmen, and Cold War Crises* (Cambridge, MA: Harvard University Press, 1977); Bruce Russett and Alfred Stepan, *Military Force and American Society* (New York: Harper and Row, 1973); Bruce Russett, *Controlling the Sword* (Cambridge, MA: Harvard University Press, 1990); Eliot A. Cohen, *Citizens and Soldiers* (Ithaca, NY:Cornell University Press, 1985); Adam Yarmolinsky, ed., *The Military and American Society* (New York: Harper and Row, 1971).

60. 例如，鲁塞特和斯泰潘的《军事力量与美国社会》就利用了调查研究法、事件分析法、访谈法、期刊内容分析法，还利用了股市变化的经验证据。

61. 贝茨认为，军事领导人有建议采取干预行动的倾向，这与文官不相上下；一旦对动用武力做出选择，在随后涉及武力升级的战术决策中，军官更具有攻击性；当军官反对使用武力时，军官对文官决策的影响更强；各军种在使用武力的态度上都存在差异。Betts, *Soldiers, Statesmen, and Cold War Crises.*

62. 例如，参见 Don M. Snider and Miranda A. Carlton-Carew, eds., *U.S.Civil-Military Relations*: *In Crisis or Transition*? (Washington, DC: Center for Strategic and International Studies, 1995)。另请参见 Thomas E. Ricks, "The Widening Gap between the Military and Society," *Atlantic Monthly*, July 1997, pp. 67–78; Andrew J. Bacevich, "Civilian Control: A Useful Fiction?" *Joint Force Quarterly*,no. 6, (Autumn-Winter 1994—1995); Steve Chapman, "When Soldiers Give Clinton a Different Salute," *Chicago Tribune*,October 25, 1998; Douglas Johnson and Steven Metz, "Civil-Military Relations in the United States: The State of the Debate," *Washington Quarterly*, no. 18 (Winter 1995): 197–213; Lawrence J. Korb, "The Military and Social Change," John M. Olin Institute for Strategic Studies Working Paper 5 for the Project on U.S. Post-Cold War Civil-Military Relations (Cambridge, MA, 1996); Mackubin T. Owens, "Civilian Control: A National Crisis?" *Joint Force Quarterly*, no.6 (Autumn-Winter 1994—1995): 80–83; Dana Priest, "Culture Gap: The Media and the Military," *Washington Post*,February 1, 1997; Kurt Campbell, "All Rise for Chairman Powell," *National Interest*,no. 23 (Spring 1991): 51–60; Admiral William J. Crowe Jr., *The Line of Fire*: *From Washington to the Gulf, the Politics and Battles of the New Military* (New York: Simon and Schuster, 1993); James R. Locher Ⅲ, "Taking Stock of Goldwater-Nichols," *Joint Force Quarterly*, no.13 (Autumn 1996): 10–16; Edward M. Luttwak,

"Washington's Biggest Scandal," *Commentary* 97, no.5 (May 1994): 29–33; Russell F. Weigley, "The American Military and the Principle of Civilian Control from McClellan to Powell," *Journal of Military History* 57, no.5 (1993): 27–58; Charles J. Dunlap, "The Origins of the American Military Coup of 2012," *Parameters* 22, no.4 (Winter 1992—1993): 2–20; Richard H. Kohn, "Out of Control: The Crisis in Civil-Military Relations," *National Interest*, no.35 (Spring 1994): 3–17。

63. 请参见 Peter D. Feaver and Richard H. Kohn, eds., *Soldiers and Civilians*: *The Civil-Military Gap and American National Security* (Cambridge, MA: MIT Press, 2001); Christopher Gelpi and Peter D. Feaver, "Speak Softly and Carry a Big Stick? Veterans in the Political Elite and the American Use of Force," *American Political Science Review* 96, no. 4 (December 2002): 779–793; Peter D. Feaver and Christopher Gelpi, *Choosing Your Battles*: *American Civil-Military Relations and the Use of Force* (Princeton, NJ: Princeton University Press, 2004); Ole R. Holsti, "A Widening Gap between the U.S. Military and Civilian Society? Some Evidence, 1976—1996," *International Security* 23, no. 3 (Winter 1998—1999): 5–42; Krista E. Wiegand and David L. Paletz, "The Elite Media and the Military-Civilian Culture Gap," *Armed Forces and Society* 27, no. 2 (Winter 2001): 183–204。

64. Deborah D. Avant and James Lebovic, "U.S. Military Attitudes towards Post-Cold War Missions," *Armed Forces and Society* 27, no, 1 (Fall 2000): 37–56.

65. Desch, *Civilian Control of the Military*.

66. Deborah Avant, *Political Institutions and Military Change*: *Lessons from Peripheral Wars* (Ithaca, NY: Cornell University Press, 1994); Deborah Avant, "Conflicting Indicators of 'Crisis' in American Civil-Military Relations," *Armed Forces and Society* 24, no. 3 (Spring 1998): 375–388, and Feaver, *Armed Servants*.

67. Risa Brooks, *Shaping Strategy*: *The Civil-Military Politics of Strategic Assessment* (Princeton, NJ: Princeton University Press, 2008). 另请参见 Risa Brooks and Elizabeth Stanley, *Creating Military Power*: *The Sources of Military Effectiveness* (Stanford: Stanford University Press, 2007)。

68. Cori E. Dauber, "The Practice of Argument: Reading the Condition of Civil-Military Relations," *Armed Forces and Society* 24, no. 3 (Spring 1998): 435–446.

69. Douglas L. Bland, "A Unified Theory of Civil-Military Relations," *Armed Forces and Society* 26, no. 1 (Fall 1999): 7–25.

70. Don M. Snider and Lloyd J. Matthews, eds., *The Future of the Army Profession*, 2d ed., rev. and exp. (New York: McGraw-Hill Primis, 2005).

71. 参见 James Burk, "The Logic of Crisis and Civil-Military Relations Theory: A Comment on Desch, Feaver, and Dauber," *Armed Forces and Society* 24, no. 3 (Spring 1998): 455–462。也可参见 Thomas S. Sowers, "Beyond the Soldier and the State: Contemporary Operations and Variance in Principal-Agent Relations," *Armed Forces and Society* 31, no. 3 (Spring 2005): 385–409。

72. Moskos, Williams, and Segal, *The Postmodern Military*.

73. Rebecca L. Schiff, "Civil-Military Relations Reconsidered: A Theory of Concordance," *Armed Forces and Society* 22, no. 1 (Fall 1995): 7–24.

74. 参见 Burk, "Theories of Democratic Civil-Military Relations."

75. 参见 Goodin and Klingemann, "Political Seieace：The Displine，" p.12。

第五章　哈茨、亨廷顿和美国自由主义传统——与军事现实主义的冲突

对于作者在《布什与将军》一文中提出的观点，本章予以了扩展。参见 "Bush and the Generals," Foreign Affairs 86, no.2 (May-June 2007): 97–108。

1. 一个相关的现象是，在美国武装部队的军官集团中，"共和化"倾向日渐增强。参见 Thomas E. Ricks, "A Widening Gap between the Military and Society," *Atlantic Monthly*, July 1977, pp. 66–78; Ole R. Holsti, "A Widening Gap between the U.S. Military and Civilian Society? Some Evidence,1976—1996," *International Security* 23, no. 3 (Winter 1998): 5–42; essays in Peter D.Feaver and Richard H. Kohn, eds., *Soldiers and Civilians*: *The Civil-Military Gap and American National Security* (Cambridge, MA: MIT Press, 2001)。也可参见达雷尔·W. 德赖弗在本书中撰写的第九章。

2. 我在其他文献中对此事和其他事件也讨论过，该文献是：Michael C. Desch, *Civilian Control of the Military*: *The Changing Security Environment* (Baltimore: Johns Hopkins University Press, 1999), pp. 29–33。另请参见，例如，哈罗德·坎贝尔（Harold

Campbell）少将因发表蔑视克林顿总统的言论而受到惩罚的报告。Robert Burns, "General Who Maligned Clinton Agrees to Retire Early," *Associated Press*, June 19, 1993.

3.　"George W.Bush Holds Campaign Rally in Grand Rapids, Michigan," November 3, 2000, transcripts.ccn.com/TRANSCRIPTS/022.03se.04.html.

4.　Governor George W. Bush, "Acceptance Speech," First Union Center, Philadelphia, August 3, 2000, www.gwu.edu/~action/bush080300.html.

5.　关于拉姆斯菲尔德早期面临的困境，参见 Thomas E. Ricks, "Rumsfeld on High Wire of Defense Reform: Military Brass, Conservative Lawmakers Are among Secretive Review's Unexpected Critics," *Washington Post*, May 20, 2001, p. 1; Thomas E. Ricks, "Review Fractures Pentagon: Officials Predict Major Military Changes Far Off," *Washington Post*, July 14, 2001, p. 1。

6.　关于军官对伊拉克政权更替之必要性的保留意见，参见 Thomas E. Ricks, "Some Top Military Brass Favor Status Quo in Iraq," *Washington Post*, July 28, 2002, p. 1; David Stout, "Former Military Leaders Urge Caution on War with Iraq," *New York Times*, September 23, 2002; Dale Eisman, "Two Retired Generals Voice Doubts over Bush's Plan to Attack Iraq," *Norfolk Virginian-Pilot*, October 17,2002; David Ignatius, "Doubt in the Ranks," *Washington Post*,November 1, 2002, p. 35。以下文献叙述了军官对伊拉克战争中部队规模和战略的担心，这些文献是：Thomas E. Ricks, *Fiasco*: *The American Military Adventure in Iraq* (New York: Penguin, 2006), pp. 40–43, 68–84; Michael R. Gordon and Bernard E. Trainor, *Cobra* II : *The Inside Story of the Invasion and Occupation of Iraq* (New York: Pantheon, 2006),pp. 24–54; Thom Shanker and John Tierney, "Top General Denounces Internal Dissent on Iraq," *New York Times*,April 2, 2003; Bill Keller, "Rumsfeld and the Generals," *New York Times*, April 5, 2003, p. A13; Seymour Hersh, "Offense and Defense: The Battle between Donald Rumsfeld and the Pentagon," *New Yorker*, April 7, 2003, www.newyorker.com/archive/2003/04/07/030407fa_fact1; Thomas DeFrank, "General Challenging Rumsfeld," *New York Daily News*, April 12, 2004; Thomas E. Ricks, "Dissension Grows in Senior Ranks on War Strategy," *Washington Post*, May 9, 2004, p. 1。

7.　David Ignatius, "Rumsfeld and the Generals," *Washington Post*, March 30, 2005,

p. 15; Fred Kaplan, "The Revolt against Rumsfeld: The Officer Corps Is Getting 328 Notes to Pages 91–92 Restless," *Slate*, April 12, 2006, www.slate.com/id/2139777/; David S. Cloud and Eric Schmitt, "More Retired Generals Call for Rumsfeld's Resignation," *New York Times*, April 14, 2006, p. A1; David Margolick, "The Night of the Generals," *Vanity Fair*,April 2007, www.vanityfair.com/politics/features/2007/04/iraqgenerals200704; James Kitfield, "The Generals' Case," *National Journal*, May 5, 2006, pp. 20–29; Major General Paul D. Eaton, "A Top-Down Review for the Pentagon," *New York Times*, March 19, 2006, sec. 4, p. 12; Lieutenant General Greg Newbold (ret.), "Why Iraq Was a Mistake," *Time*, April 9, 2006, www.time.com/time/magazine/article/0,9171,1181629-1,00 .html, pp. 42–43; Richard Whalen, "Revolt of the Generals," *Nation*,October 16, 2006, pp. 11–18; and Andrew Bacevich, "Warrior Politics," *Atlantic Monthly*, May 2007, pp.25–26.

8. 参见 James A. Baker Ⅲ and Lee H. Hamilton, cochairs, "The Iraq Study Group Report," December 2006, Recommendation 46, http://bakerinstitute.org/files/pubs/iragstudygroup_findings.pdf。

9. "Morale," Question no. 19, *Military Times* Poll, December 29, 2006, www.militarycity.com/polls/2006poll_morale.php.

10. Louis Hartz, *The Liberal Tradition in America* (San Diego, CA: Harcourt, Brace, Jovanovich, 1955).

11. 参见 Samuel P. Huntington, *The Soldier and the State*: *The Theory and Politics of Civil-Military Relations* (Cambridge, MA: Belknap Press of Harvard University Press,1957), pp. 2–3, 83–85。哈茨对亨廷顿的影响十分深远。这些年来，亨廷顿在与作者的私人交谈中承认过这一点，最后的一次交谈是 2006 年 6 月在位于马萨诸塞州的玛莎葡萄园岛上进行的。另请参见 Huntington, "Conservativism as an Ideology," *American Political Science Review* 51, no. 2 (June 1957): 454–473; Huntington, *American Politics*: *The Promise of Disharmony* (Cambridge, MA: Belknap Press of Harvard University Press, 1981), pp. 221–262。

12. Desch, *Civilian Control of the Military*, pp. 13–17, 122–123.

13. 后两节借鉴了以下文献，Michael C. Desch, "America's Liberal Illiberalism," *International Security* 32, no. 3 (Winter 2007—2008): 7–43。

14.　Stuart Gerry Brown, *Review of Freedom Limited*: *An Essay on Democracy*, *The Individual and the New World*, and *The Liberal Tradition in America*, *Ethics* 65, no. 4 (July 1955): 313.

15.　Marvin Meyers, "Louis Hartz, The Liberal Tradition in America: An Appraisal," *Comparative Studies in Society and History* 5, no. 3 (April 1963): 263; and Michael W. Doyle, *Ways of War and Peace*: *Realism, Liberalism, and Socialism* (New York: W. W.Norton, 1997), pp. 206–207.

16.　Arthur M. Schlesinger Jr., *The Vital Center*: *The Politics of Freedom* (Boston: Houghton Mifflin, 1949).

17.　Hartz, *The Liberal Tradition in America*,pp. 176–177. 亚历西斯·德·托克维尔在《论美国的民主》中做过一项著名研究，哈茨这里的观点就建立在这项研究的基础之上。Alexis de Tocqueville，*Democracy in America*,vol. 1 (New York: Vintage, 1945), p. 30.

18.　Robert Packenham, *Liberal America and the Third World*: *Political Development Ideas in Foreign Aid and Social Science* (Princeton, NJ: Princeton University Press, 1973), chap. 3. 最后两个前提（反对革命与激进主义，以及民主比稳定更重要）似乎是矛盾的，在某种意义上看确实如此，但是如果认为，人们愿意接受短期的不稳定以实现长久的"和平"，正如许多自由主义者所认为的那样，这两个前提就又变得一致了。

19.　Hartz, *The Liberal Tradition in America*, pp. 12, 285.

20.　Eric Mckittrick, "Is There an American Philosophy?" *New Republic*, April 11, 1955, p. 23.

21.　Packenham. *Liberal America and the Third World*, p. 173.

22.　Ira Katznelson, "Review of Civic Ideals: Conflicting Visions of Citizenship in U.S. History," *Political Theory* 27, no. 4 (August 1999): 568. 可以肯定的是，有很多学者批评哈茨的自由主义传统命题，包括 Rogers M. Smith, "Beyond Tocqueville, Myrdal, and Hartz: The Multiple Traditions in America," *American Political Science Review* 87, no. 3 (September 1993): 549–566; Daniel T. Rodgers, "Republicanism: The Career of a Concept," *Journal of American History* 79, no. 1 (June 1992):11–38; Harry Jaffa, "Conflicts within the Idea of the Liberal Tradition," *Comparative Studies in Society and History* 5, no. 3 (April 1963): 274–278; Judith N. Shklar, "Redeeming

American Political Theory," *American Political Science Review* 85, no. 1 (March 1991): 3–15; Daniel Boorstin, "American Liberalism," *Commentary*20, no.7 (July 1955):99–100; 以及参见本书中由理查德·H.科恩撰写的第十三章。但是，哈茨的命题在某种程度上经历了回归。例如，参见 Philip Abbott, "Still Louis Hartz after All These Years: A Defense of the Liberal Society Thesis," *Perspectives on Politics* 3, no. 1 (March 2005): 93–109。最近发表了一篇试图整合美国政治思想中的自由主义和多元传统的文献，参见 Stephen Skowronek, "The Reassociation of Ideas and Purposes: Racism, Liberalism, and the American Political Tradition," *American Political Science Review*100, no. 3 (August 2006): 385–402。

23. 关于这一议题的文献日渐增多，学者们的兴趣也随之高涨。参见 Uday Singh Mehta, *Liberalism and Empire*: *A Study in Nineteenth-Century British Liberal Thought* (Chicago: University of Chicago Press, 1999); Jennifer Pitts, *A Turn to Empire*: *The Rise of Imperial Liberalism in Britain and France* (Princeton, NJ: Princeton University Press, 2005); Bhiku Parekh, "Superior People," Times Literary Supplement, February 25, 1994, pp. 11–13; David Glenn, "Liberalism: The Fuel of Empires?" *Chronicle of Higher Education*, September 2, 2005, chronicle.com/weeklyv51/i02a01901.htm。

24. 关于利他主义在 19 世纪英国自由帝国主义中扮演的角色，有一项精彩的讨论，参见 Mehta, *Liberalism and Empire*, p.81。"良性"或"和善霸权"是当代美国外交政策的目标，大力倡导它们的人大多是新保守主义者，例如，罗伯特·卡根和威廉·克里斯托。参见 Kagan and Kristol, "The Present Danger," *National Interest*, no. 59 (Spring 2000): 58; and Kagan and Kristol, "Toward a Neo-Reaganite Foreign Policy," *Foreign Affairs* 75, no.4 (July-August 1996): 20。

25. Moynihan and Glazer quoted in John Ehrman, *The Rise of New-conservativism*: *Intellectuals and Foreign Affairs*, 1945—1994 (New Haven, CT: Yale University Press, 1995), pp.80, 108.

26. 在当代，这种不宽容的一个实例是美国自由主义知识分子对待非自由主义思想家的方式，特别是在对待列奥·施特劳斯（Leo Strauss）的态度上。批评家们不只满足于证明他错了，还做得更多，他们常常试图将他妖魔化为精英主义者或隐性的法西斯主义者。关于这一点，参见 Peter Berkowitz, "Liberal Zealotry," *Yale Law Journal* 103, no. 5 (March 1994): 1363–1382, reviewing Stephen Holmes, *The Anatomy*

of Antiliberalism (Cambridge, MA: Harvard University Press, 1993)。另请参见 Michael C. Desch, "What Would Strauss Do?" *American Conservative*, January 17, 2005, pp. 29–31, reviewing Anne Norton, *Leo Strauss and the Politics of the American Empire* (New Haven, CT: Yale University Press, 2004)。

27. Hartz, *The Liberal Tradition in America*, p.58.

28. H. L. Mencken, "A Blind Spot," in Alastair Cooke, ed., *The Vintage Mencken* (New York: Vintage, 1990), p.77.

29. Louis Hartz, "Conflict within the Idea of the Liberal Tradition: Comment," *Comparative Studies in Society and History* 5, no. 3 (April 1963): 283.

30. Robert Kagan, "Power and Weakness," *Policy Review*, no. 113 (June 2002), www. policyreview.org/JUN02/kagan.html. He continues this theme in Robert Kagan, "Cowboy Nation," *New Republic*, October 23, 2006, pp. 20–23. 另请参见 Packenham, *Liberal America and the Third World*, p. 7。

31. 有关新保守主义和自由主义之间关系的更多证据，参见 Irving Kristol, "The Neoconservative Persuasion," *Weekly Standard*, August 25, 2003, www. weeklystandard.com/Content/Public/Articles/000/000/003/000tzmlw .asp; Ehrman, *The Rise of Neoconservativism*, pp. viii, 40, 186。许多"老右翼"（Old Right）的保守主义者对新保守主义的自由主义信条持怀疑态度。参见 Murray Friedman, *The Neoconservative Revolution*: *Jewish Intellectuals and the Shaping of Public Policy* (New York: Cambridge University Press, 2005), pp. 134–135。关于自由主义与新保守主义之间具有相似性的相关讨论，参见 Jonathan Monten, "The Roots of the Bush Doctrine: Power, Nationalism, and Democracy Promotion in U.S. Strategy," *International Security* 29, no. 4 (Spring 2005): 116。Mehta, *Liberalism and Empire*, 214，该文献指出了自由帝国主义和保守主义哲学之间的明显相似之处。

32. Lawrence F. Kaplan, "Regime Change: Bush, Closet Liberal," *New Republic*, March 3, 2003, p. 21. 另请参见 David Kennedy, "What 'W' Owes to 'WW'," *Atlantic Monthly*, March 2005, pp.36–40。

33. Hartz, *The Liberal Tradition in America*, p. 42.

34. Walter Russell Mead, "God's Country," *Foreign Affairs* 85, no. 5 (September-October 2006): 24–44. 基督教与启蒙运动之间具有连续性，这是一个核心议题，参

见 John Gray, Black Mass: *Apocalyptic Religion and the Death of Utopia* (New York: Farrar, Straus and Giroux, 2007)。

35. Ronald Steele, "The Missionary," *New York Review of Books* 50, no. 18 (November 20, 2003), www.nybooks.com/articles/16797.

36. 这部分借鉴的文献是 Michael C. Desch, "Liberals, Neocons, and Realcons," *Orbis* 45, no. 4 (Fall 2001): 520–522, 526–531。

37. 但是许多自由主义者仍然认为，美国霸权对于建立多边机构以及确保这些机构能继续提供必要的"公共物品"至关重要。参见 Robert O. Keohane, *After Hegemony: Cooperation and Discord in the World Political Economy* (Princeton, NJ: Princeton University Press,1984); Mancur Olson, *The Logic of Collective Action* (Cambridge, MA: Harvard University Press, 1965)。

38. Friedman, *The Neoconservative Revolution*, p. 134.

39. Packenham, *Liberal America and the Third World*, pp. 62–63.

40. George W. Bush, *National Security Strategy of the United States* (Washington, DC: White House, September 2002), p.17.

41. "President Bush Presses for Peace in the Middle East," May 9, 2003, www.whitehouse.gov/news/releases/2003/05/print/20030509-11.html.

42. "President Discusses Future of Iraq," February 26, 2003, www.whitehouse .gov/news/releases/2003/02/print/200030226-11.html.

43. "Interview of the Vice President by Wolf Blitzer, CNN," June 23, 2005, www.whitehouse.gov/news/releases/2005/06/print/20050623-8.html.

44. 对于这一广泛接纳的假设，有一个强有力的批评，参见 Samuel P. Huntington, *Political Order in Changing Societies* (New Haven, CT: Yale University Press,1965), p. 6。

45. "President Sworn in to Second Term," January 20, 2005, www.whitehouse .gov/news/releases/2005/01/20050120-1.html.

46. Quoted in Bob Woodward, *Plan of Attack* (New York: Simon and Schuster,2004), p. 88.

47. "President Discusses Progress in Iraq," July 23, 2003, www.whitehouse.gov/ news/releases/2003/07/print/20030723-1.html.

48. 在《败局》（*Fiasco*）的第 17 页上，里克斯引用了沃尔福威茨的话。

49. Quoted in Samuel Flagg Bemis, *The Latin American Policy of the United States*: *An Historical Interpretation* (New York: W. W. Norton, 1943), p. 175.

50. "President Bush Delivers Graduation Speech at West Point," June 1, 2002, www. whitehouse.gov.news/releases/2002/06/print20020601-3.html.

51. Bush, *National Security Strategy* (2002), p. 15.

52. Donald Rumsfeld, "Beyond Nation Building," February 14, 2003, www.dod .gov/ speeches/2003/sp20030214-secdef0024.html.

53. 对于这一态度，有一项严厉而著名的批评，参见 Jeane J. Kirkpatrick, "Dictatorships and Double Standards," *Commentary* 68, no. 5 (November 1979): 34–45。

54. Sean Loughlin, "Rumsfeld on Looting in Iraq: 'Stuff Happens'," CNN.com, April 12, 2003, www.cnn.com/2003/US/04/11/sprj.irq.pentagon/.

55. "Council on Foreign Relations (Transcript)," May 27, 2003, www.dod.gov/ speeches/2003/sp20030527-secdef0245.html.

56. Larry Diamond, "What Went Wrong in Iraq," *Foreign Affairs* 83, no. 5 (September-October 2004): 34–56.

57. Quoted in Ricks, *Fiasco*, p.96.

58. "President Bush Calls for New Palestinian Leadership," June 24, 2002, www. whitehouse.gov/news/releases/2002/06/20020624-3.html.

59. "Interview with Arab Journalists," March 1, 2005, www.state.gov/secretary/ rm/2005/42853.htm.

60. Steven R. Weisman, "Rice Admits U.S. Underestimated Hamas Strength," *New York Times*, January 30, 2006, p. A1.

61. "Special Briefing on Travel to the Middle East and Europe," Washington, DC, July 21, 2006, www.state.gov/secretary/rm/2006/69331.htm.

62. Ricks, *Fiasco*, p.48.

63. Huntington, *The Soldier and the State*, p.2.

64. Ibid., pp.62–79. 正如达雷尔·W.德赖弗在本书第九章中指出的，亨廷顿认为，存在一种以保守的现实主义为特征的统一军事思维定式，对这一观点不乏批评。但是大量的经验数据表明，在对待各种各样问题的态度上，军官与文官确实有分歧，"保守的现实主义"是一种理想类型，确实抓住了军事思维定式的本质。参见 Ole

R. Holsti, "Of Chasms and Convergence: Attitudes and Beliefs of Civilians and Military Elites at the Start of the New Millennium," in Peter D. Feaver and Richard H. Kohn, eds., *Soldiers and Civilians*: *The Civil-Military Gap and American National Security* (Cambridge, MA: MIT Press, 2001), pp. 15–100。

65. Huntington, *The Soldier and the State*, pp. 148–162.

66. Ibid., p.155.

67. John Mueller, "A False Sense of Insecurity?" *Regulation* 27, no. 3 (Fall 2004):42–46.

68. 关于克林顿对国内政治的偏好，参见 David Halberstam, *War in a Time of Peace*: *Bush, Clinton, and the Generals*(New York: Scribner, 2001), pp. 167–168, 241。

69. Quoted in Bob Woodward, *State of Denial: Bush at War, Part* Ⅲ (New York: Simon and Schuster, 2006), p. 3.

70. James Mann, *Rise of the Vulcans*: *The History of Bush's War Cabinet* (New York: Viking, 2004), pp. 255–260.

71. "A National Security Strategy of Engagement and Enlargement," Washington, DC, The White House, February 1996, www.fas.org/spp/military/docops/national/ 1996stra. htm#II.

72. "State of the Union Address," January 20, 2004, www.whitehouse.gov.news/ releases/2004/01/print/20040120-7.html.

73. "National Security Advisor Dr. Condoleezza Rice Discusses War on Terror at McConnell Center for Political Leadership," March 8, 2004, www.whitehouse.gov/ news/releases/2004/03/print/20040308-15.html.

74. Quoted in John J. Mearsheimer, *The Tragedy of Great Power Politics*(New York: W. W. Norton, 2001), p. 23.

75. Governor George W. Bush, "A Distinctly American Internationalism," Ronald Reagan Presidential Library, Simi Valley, California, November 19, 1999, www .mtholyoke.edu/ acad/intrel/bush/wspeech.htm.

76. Franklin Foer and Spencer Ackerman, "The Radical: What Cheney Really Believes," *New Republic*, December 1, 2003, www.tnr.com/docprint.mhtml?i-20031201&s-ackermanfoer120103.

77. 在克林顿政府时期,美国军队的军事行动节奏显著提高,关于这一点, 请参见"United

States Military Operations," fas.org/man/dod-101/ index.html。

78. Debate Transcript, "The Second Gore-Bush Presidential Debate," Commission on Presidential Debates, October 11, 2000, www.debates.org/pages/trans2000b p.html.

79. Bob Woodward, *Bush at War* (New York: Simon and Schuster, 2002), p. 340.

80. 亨廷顿认为军队不愿意打仗可能是军政冲突的来源，参见 Huntington, *The Soldier and the State*, pp. 69, 91。关于"冷战"就是以这种军政冲突模式为特征的证据，参见 Richard K. Betts, *Soldiers, Statesmen, and Cold War Crises* (New York: Columbia University Press, 1991),pp. 4–5。

81. 关于这两个事件的讨论, 参见 Thomas L. Friedman, "Clinton Mends Fences at West Point," *New York Times*, May 30, 1993, p. A1。

82. 参见 George Stephanopoulos, *All Too Human*: *A Political Education* (Boston: Little, Brown, 1999), pp. 69–77。

83. Margolick, "Night of the Generals."

84. Quoted in Jim Garamone, "For Churchill and Rumsfeld, 'The Best Will Do'," American Forces *Information Service News Articles*, January 29, 2003, www. defenselink .mil/news/newsarticle.aspx?id=29513.

85. Stephanopoulos, *All Too Human*, pp. 123–129.

86. Gordon and Trainor, *Cobra* Ⅱ, p. 3.

87. "Secretary Rumsfeld Interview with Associated Press," Friday, September 7, 2001, www.defenselink.mil/transcripts/2001/t09102001_t0907ap/html.

88. Videotaped interview with Thomas Ricks, "Rumsfeld's War," Frontline, October 3, 2005, www.pbs.org/wgbh/frontline/shows/pentagon/interviews/ricks.html.

89. Woodward, Bush at War, p. 61.

90. Newbold, "Why Iraq Was a Mistake," p. 43.

91. David S. Cloud and Eric Schmitt, "More Retired Generals Call for Rumsfeld's Resignation," *New York Times*, April 14, 2006, www.nytimes.com/2006/04/14/washington/14military.html.

92. "Iraq, Afghanistan, and President Bush," *Military Times Poll*, December 29, 2006, Question no. 10, www.militarycity.com/polls/2006poll_iraq.php.

93. Videotaped interview with Thomas White for "Rumsfeld's War," *Frontline*, October

3, 2005, www.pbs.org/wgbh/frontline/shows/pentagon/interviews/white.html.

94. Gordon and Trainor, *Cobra* Ⅱ, 499–500; Hersh, "Offense and Defense."

95. George W. Bush, "A Period of Consequences," speech delivered at the Citadel, South Carolina, September 23, 1999, www.citadel.edu/pao/addresses/pres_bush.html.

96. Joseph S. Nye Jr. and William A. Owens, "America's Information Edge," *Foreign Affairs* 75, no. 2 (March-April 1996): 20–36.

97. 参见 "Is Rumsfeld Up to His Job?" *Milwaukee Journal Sentinel*, August 27 and 28, 2001, www.jsonline.com/; 另请参见 Ricks, "Rumsfeld on High Wire of Defense Reform"; Ricks, "Review Fractures Pentagon."

98. Gordon and Trainor, *Cobra* Ⅱ, p. 53.

99. Kitfield, "The Generals' Case," p. 28. 参见 Kenneth Adelman, "Cakewalk in Iraq," *Washington Post*, February 13, 2002。

100. Gordon and Trainor, *Cobra* Ⅱ, pp. 210, 485.

101. White, *Frontline interview*.

102. Hersh, "Offense and Defense."

103. Ibid..

104. Kitfield, "The Generals' Case," p. 25; and Hersh, "Offense and Defense."

105. Huntington, *The Soldier and the State*, pp. 270–288, 457–460. 我认为，这也解释了"冷战"时期相对和谐的军政关系，但是在某些方面违背了亨廷顿的期望。参见 Desch, *Civilian Control of the Military*, p. 10 n14。

106. Huntington, *The Soldier and the State*, p. 155.

107. Ibid., pp. 80–85.

108. Mann, *Rise of the Vulcans*, p. 196. 另请参见 Woodward, *State of Denial*, pp. xi,34–35, 39; Gordon and Trainor, *Cobra* Ⅱ, p. 3。

109. Donald Rumsfeld, "Rumsfeld's Rules," 1974, revised February 20, 2001, library.villanova.edu/vbl/bweb/rumsfeldsrules.pdf.

110. White, *Frontline interview*.

111. Eaton, "A Top-Down Review for the Pentagon."

112. Eliot A. Cohen, Supreme Command: *Soldiers, Statesmen, and Leadership in Wartime* (New York: Free Press, 2002).

113. 关于科恩的著作对布什政府的影响，参见 Dana Milbank, "Bush's Summer Reading List Hints at Iraq," *Washington Post*, August 20, 2002, p. A11; Lawrence Freedman, "Rumsfeld's Legacy: The Iraq Syndrome," *Washington Post*, January 9, 2005, p. B04; and John Keegan, "Servant of a Theory," *Spectator*, November 16, 2002, www.spectator.co.uk/search/author/20316/servant-of-a-theory.thtml。布什政府期间，科恩曾在国防政策委员会中任职，该委员会其实就是国防部长拉姆斯菲尔德的一个高层顾问团。毫无疑问，科恩也是通过这条途径对军政关系施加重大影响的。

114. Cohen, *Supreme Command*, p.84.

115. Ibid.,p.246.

116. Eliot A. Cohen, "Generals, Politicians and Iraq," *Wall Street Journal*, August 14, 2002, p. A12; Cohen, "Hunting 'Chicken Hawks'," *Washington Post*, September 5, 2002, p. A31.

117. Stephen Goode, "The Character of Wartime Statesmen: Interview with Eliot Cohen," *Insight on the News*, May 30, 2003.

118. Quoted in ibid.; and Eliot Cohen, "Honor in Discretion," *Wall Street Journal*, April 22, 2006, p. 8.

119. Mann, *Rise of the Vulcans*, pp. 196–197.

120. Greg Jaffe, "The Two Star Rebel," *Wall Street Journal*, May 13, 2006, p. 1. 关于这一事件的更为详细的讨论，参见本书中马修·莫滕撰写的第三章。

121. White, *Frontline interview*.

第六章　不只赢得战斗 还要赢得战争——将稳定行动纳入军事职业范畴

1. Samuel P. Huntington, *The Soldier and the State* (Cambridge, MA: Belknap Press of Harvard University Press, 1957), p. 11.

2. Joint Publication (JP) 1-02, *Department of Defense Dictionary of Military and Associated Terms*, as amended through June 13, 2007, www.dtic.mil/doctrine/jel/new_pubs/jp1_02.pdf. 该文献将稳定行动定义为 "全方位展开的军事与民事活动，从和平到冲突，目的是在国家和区域内建立或维持秩序"。DoD Directive 3000.05, "Military

Support for Stability, Security, Transition, and Reconstruction (SSTR) Operations,"
November 28, 2005, www.dtic .mil/whs/directives/corres/pdf/300005p.pdf.

3. 特请参见 Huntington, *The Soldier and the State*, pp. 7–18。

4. Quoted in "From My Bookshelf," *Military Review* 85, no. 1 (January-February 2005):
81。这一对亨廷顿的评论已经被纳入美国陆军参谋长推荐的阅读书单概览。

5. Field Manual (FM) no. 1, *The Army*, Headquarters, Department of the Army,Washington,
DC, June 14, 2005, chapter Ⅰ, sections 1–3 and 1–4, www.army.mil/fm1/chapter1.html.

6. 参见 Major Edwin C. Brouse, "The U.S. Army and Constabulary Operations," School of
Advanced Military Studies, United States Army Command and General Staff College,
Fort Leavenworth, Kansas, AY 05-06, available in the Combined Arms Research
Library, Digital Library, cgsc.cdmhost.com/u?/p4013coll3,714。另请参见 Andrew Birtle,
U.S. *Army Counterinsurgency and Contingency Operations Doctrin*e, 1860–1941
(Washington, DC: U.S. Government Printing Office, November 1997), chap. 1。

7. 例如，参见 Russell F. Weigley, *History of the United States State Army*(New York: Macmillan,
1967), pp. 395–420。

8. 对于职业管辖权的描述，参见 Andrew Abbott, *The System of Professions*: *An Essay on
the Division of Expert Labor* (Chicago: University of Chicago Press, 1988)。

9. Huntington, *The Soldier and the State*, p. 261.

10. Ibid..

11. Ibid., p. 324.

12. Ibid., p. 328.

13. 参见威廉森·默里在本书中撰写的第七章。

14. 陆军中那些闻名于世的军事史都往往忽略了战争的这个部分，正如纳迪亚·沙德
罗在其论文中所详述的那样。Nadia Schadlow, "War and the Art of Governance,"
Parameters 33, no. 3 (Autumn 2003): 85–94.

15. 参见理查德·K.贝茨在本书中撰写的第二章。

16. 参见 John L. Romjue, "The Evolution of the Airland Battle Concept," *Air University
Review*,Ma-June 1984, www.airpower.maxwell.af.mil/airchronicles/aureview/ 1984/may-
jun/romjue.htm。

17. 温伯格训令建议："1. 承诺只有在美国及其盟国重大利益生死攸关之时才出战。

2. 承诺作战时全力以赴，势在必得。3. 作战时必须有明确的政治目标和军事目标。4. 战争很少静态不动，要时刻准备根据目标的变化对承诺进行调整。5. 唯有践行承诺才能赢得美国人民及国会的支持。6. 承诺除非迫不得已，否则绝不出兵。"参见 Casper Weinberger, "Remarks to the National Press Club, November 28, 1984," *Defense*,no. 85 (January 1985), p. 9。这与当时还是温伯格军事助手的科林·鲍威尔有很大关系，在担任参谋长联席会议主席期间，鲍威尔公开表示接受温伯格训令中的重要元素。参见 Colin Powell, "U.S. Forces: Challenges Ahead," *Foreign Affairs* 71, no. 5 (Winter 1992): 35–45。

18. 关于军人对压倒性兵力的偏爱及其在温伯格 – 鲍威尔训令中的反映，另请参见理查德·K. 贝茨在本书中撰写的第二章。

19. Suzanne C. Nielsen, "The Rules of the Game? The Weinberger Doctrine and the American Use of Force," in Don M. Snider and Lloyd J. Matthews, eds.,*The Future of the Army Profession*, 2d ed., rev. and exp. (New York: McGraw-Hill Primis, 2005),pp. 627–653.

20. 特请参见 Huntington, *The Soldier and the State*, chap. 12, pp. 315–344。

21. Antulio Echevarria Ⅱ, "Transforming the Army's Way of Battle: Revising Our Abstract Knowledge," in Snider and Matthews, *The Future of the Army Profession*,p.367.

22. 拉塞尔·韦格利的著作颇具说服力地证明了这一点。Russell Weigley, *The American Way of War*: *A History of U.S. Military Strategy and Policy* (Bloomington: Indiana University Press, 1973), p. 475. 韦格利著作的影响力是巨大的，被列为军种内部和指挥学校中的必读物，并且在陆军参谋长推荐的书单上。Brian M. Linn, "The American Way of War Revisited," *Journal of Military History* 66, no. 2 (April 2002): 502.

23. 在职业军人专业能力要素的等级系统中，作战方面的专业能力具有优先权，关于这种优先权的描述，参见 Richard Lacquement, *Army Professional Expertise and Jurisdictions* (Carlisle, PA: Strategic Studies Institute, 2003); and Lacquement, "Mapping Army Professional Expertise and Clarifying Jurisdictions of Practice," in Snider and Matthews, *The Future of the Army Profession*, pp. 213－235。

24. B. H. Liddell Hart, *Strategy* (New York: Praeger, 1954), p. 366 (emphasis added).

25. 关于战争法及其在后冲突治理中的适用性问题，有一项精彩的概述，参见 David A. Wallace, "The Law of Occupation and Post-Armed-Conflict Governance: Considerations for Future Conflicts," *Military Review* 87, no. 6 (November–December 2007): 20–29。

26. Major James Gavrilis, "The Mayor of Ar Rutbah: Amid the Chaos in Iraq, One Company of U.S. Special Forces," *Foreign Policy*, no. 151 (November–December 2005): 30.

27. Nadia Schadlow, "Root's Rules: Lessons from America's Colonial Office," *American Interest* 2, no. 3 (January-February 2007): 95.

28. Ibid..

29. Edwin Dorn, Howard D. Graves, and Joseph J. Collins, *American Military Culture in the Twenty-First Century* (Washington, DC: Center for Strategic and International Studies, 2000); Thomas G. Mahnken and James R. Fitzsimonds, *The Limits of Transformation*: *Officer Attitudes toward the Revolution in Military Affairs* (Newport, RI: Naval War College Press, 2003).

30. 关于"后冷战"时期国防改革工作的详细研究，参见 Richard Lacquement, *Shaping American Military Capabilities after the Cold War* (Westport, CT: Praeger, 2003)。该书描述和评估了"冷战"宣告结束到"9·11"事件余波未息的这段时间里，美国部队的结构以及对变化的战略环境的理论反应，包括对和平（稳定）行动以及所谓的军务改革的思考。

31. 在这些任务中，许多都可以在最近的各种报告中找到，它们都被清楚地解读过。例如，参见 Center for Strategic and International Studies (CSIS) and the Association of the United States Army (AUSA), *Play to Win*: *Report of the Post-Conflict Reconstruction Commission* (2003), www.csis.org/media/csis/pubs/playtowin.pdf。这些任务中的一些也可以在多宾斯等的著作中找到。James Dobbins et al., *America's Role in Nation-Building*: *From Germany to Iraq* (Santa Monica, CA: RAND, 2003), www.rand .org/publications/MR/MR1753/. 对于这些必要的稳定行动任务，另有一项颇具先见之明的分析，它发表于 2003 年入侵伊拉克之前，可以在陆军战争学院战略研究所的报告中找到。Conrad Crane and Andrew Terrill, *Reconstructing Iraq: Insights, Challenges, and Missions for Military Forces in a Post-Conflict Scenario* (Carlisle, PA: Strategic

Studies Institute, February 2003), www.strategic studiesinstitute.army.mil/pdffiles/ PUB182.pdf.

32. 关于这一论点的概述，参见 Nina M. Serafino, *Peacekeeping and Related Stability Operations*: *Issues of U.S. Military Involvement*, IB94040 (Washington, DC: Congressional Research Service, May 18, 2006), www.fas.org/sgp/crs/natsec/ IB94040.pdf。另请参见 Katherine McIntire Peters, "The Price of Peace," *Government Executive*, March 1, 1997, www.govexec.com/features/0397s2.htm。

33. Defense Science Board, 2004 Summer Study, *Transition to and from Hostilities*, December 2004, www.acq.osd.mil/dsb/reports/2004-12-DSB_SS_Report_Final.pdf.

34. Report of the Defense Science Board Task Force, *Institutionalizing Stability Operations within DoD*, September 2005, www.acq.osd.mil/dsb/reports/2005-09-Stability_Final.pdf.

35. DoD Directive 3000.05, paragraph 4–1, p. 2. 国防部的命令是强大的官僚工具。该命令是以高层部门领导人指导军职和文职人员、作战指挥官和武装部队的形式推行的，它能为组织工作和资源释放强大信号。

36. Joint Publication (JP) 3-0, *Joint Operations*, September 17, 2006; and JP 5-0, *Joint Operation Planning*, December 26, 2006. 将稳定行动纳入其中是一个重要变化，主要反映在计划阶段的重构上，即以新的六阶段观念取代原来的四阶段观念。在联合部队出版物《联合作战》（JP3–0）的第 iv 页上，指出了这六个阶段，它们是"塑造、威慑、掌握先机、控制、维稳与确保文官的权威性"，其中，"维稳"和"确保文官的权威性"是新加的内容。

37. 在联合部队出版物《联合作战》（JP3–0）的第 xxii 页上写道："为实现国家战略最终目标，顺利完成军事行动 / 战役，JFCs（联合部队司令官）必须整合并同步处理稳定行动，包括使命、任务和活动，这样才能在每个主要的军事行动或战役阶段内，以攻防结合的方式来维持或重建有保障的安全环境，提供必要的政府服务、应急基础设施重建或人道主义救济。在联合作战计划启动时，稳定行动计划应该同步开启。"《联合作战》（JP3–0）还将它之前的几个版本合并进来，包括《联合作战训令》（*Doctrine for Joint Operations*）、《非战争类军事行动联合训令》(JP3-07)（*Joint Doctrine for Military Operations Other than War*）。《联合作战》(JP3–0) 不再使用"非战争类军事行动"的说法。

38. 参见 Major Stephanie Ahern, "Learning during War: Analyzing Organizational Change

in the Army's Post 9/11 Environment," U.S. Military Academy, unpublished paper, pp. 16–17。

39. 参见 Gavrilis, "The Mayor of Ar Rutbah."

40. 美国军队于 2003 年入侵伊拉克后，初始阶段取得了成功，也出现了失误，有几个这方面的例子，相关描述可参见 Thomas E. Ricks, *Fiasco: The American Military Adventure in Iraq*(New York: Penguin, 2006); George Packer, *The Assassins' Gate: America in Iraq* (New York: Farrar, Straus and Giroux, 2005)。

41. 参见 "Fact Sheet: Update on the New Iraq Strategy, Helping Iraq's Leaders Secure Their Population," April 20, 2007, www.whitehouse.gov/news/releases/2007/ 04/ print/20070420-11.html。

42. 参见 Andrew F. Krepinevich Jr., "How to Win in Iraq," *Foreign Affairs* 84, no. 5 (September-October 2005): 89。

43. 关于稳定行动与军事职业的专业能力的相关性，有一种更为详尽的论点，参见 Richard Lacquement, "Mapping Army Professional Expertise and Clarifying Jurisdictions of Practice," in Snider and Matthews, *The Future of the Army Profession*, 这一文献明确地将重点放在美国陆军上。本章将该文献的这种推理扩展到整个美国军队，也就是说，扩展到联合部队及其联合职业领导人身上。

44. Department of the Army, Field Manual (FM) 3-0, *Operations*, February 2008 (威廉·S. 华莱士（William S. Wallace）将军是美国陆军训练与条令司令部（United States Army Training and Doctrine Command）司令，引文出自他撰写的序言，第 3–1 页)。

45. Ibid.. 这六项 "实战威慑功能" 是：移动与操纵、智识、火力、维持、指挥与控制、防护。

46. Department of the Army, Field Manual (FM) 3-24/MCWP 3-33.5, *Counterinsurgency*, December 2006.

47. Leonard Wong, *Developing Adaptive Leaders: The Crucible Experience of Operation Iraqi Freedom* (Carlisle, PA: Strategic Studies Institute, July 2004).

48. Major Paul T. Stanton, U.S. Army, "Unit Immersion in Mosul: Establishing Stability in Transition," *Military Review* 86, no. 44 (July-August 2006): 63.

49. 参见 Michael J. Meese and Sean M. Morgan, "New Requirements for Army Expert Knowledge," in Snider and Matthews, *The Future of the Army Profession*, pp.

353–359。另请参见 CSIS and AUSA, *Play to Win*; Post Conflict Reconstruction Project,forums.csis.org/pcrproject/。

50. Department of the Army, Field Manual (FM) 7-1, *Battle Focused Training*,September 2003, section 3-1, p. 47.

51. Dobbins et al., *America's Role in Nation-Building*; Richard B. Finn, *Winners in Peace*: *MacArthur, Yoshida, and Postwar Japan*(Berkeley: University of California Press, 1992); Robert Wolfe, ed., *Americans as Proconsuls*: *United States Military Government in Germany and Japan*, 1944—1952 (Carbondale: Southern Illinois University Press,1984).

52. 例如，参见 Ross Coffey, "Revisiting CORDS: The Need for Unity of Effort to Secure Iraq," *Military Review* 86, no. 2 (March-April 2006): 24–34。

53. 另请参见 Lacquement, "Mapping Army Professional Expertise and Clarifying Jurisdictions of Practice Jurisdictions," in Snider and Matthews, *Future of the Army Profession*, pp. 213–236。

54. 例如，参见 Center for Strategic and International Studies project and associated reports on "Beyond Goldwater-Nichols," www.csis.org/isp/bgn/。还有一系列深思熟虑的文章，它们显然包括促进文官能力的议题，参见 U.S. Army Combined Arms Center, *Military Review special edition*, "Interagency Reader," June 2008, usacac.army.mil/CAC/milreview/English/IAReader/iareader.asp。

55. Briefing on Civilian Stabilization Initiative, Ambassador John E. Herbst, Coordinator for the Office of Reconstruction and Stabilization, Washington, DC, February 14, 2008, www.state.gov/s/crs/rls/rm/100913.htm.

56. 关于这一挑战，有一个精彩的例子，请参阅在众议院军事委员会的一次会议上，代表艾克·斯凯尔顿（Ike Skelton）、国务卿康多莉扎·赖斯和国防部长罗伯特·盖茨的发言及证词。"Hearing on Building Partnership Capacity and the Development of the Interagency Process," April 15, 2008,http://armedservices.house.gov/apps/list/speech/armedSVC_dem/skeltonopeningstatement041508.shtml,http://armedservices.house.gov/pdfs/FC041508/GatesTestimony041508.pdf, http://armedservices.house.gov/pdfs/FC041508/RiceTestimony041508.pdf.

57. 武装部队与文官之间的劳动分工有理想与现实之分，它们之间大不相同，关于这一问题的深入讨论，参见 FM 3-24, *Counterinsurgency*, especially chap. 2, "Unity

of Effort."关于稳定行动中军官与文官如何恰如其分地发挥各自作用，有一项更为详尽的讨论，参见 Richard Lacquement, "Building Peace in the Wake of War: Appropriate Roles for Armed Forces and Civilians," chap. 8 in PaulJ. Bolt, Damon V. Coletta, and Collins G. Shackelford Jr., eds., *American Defense Policy*, 8th ed. (Baltimore: Johns Hopkins University Press, 2005), pp. 282–294。

58. Brian A. Jackson, "Counterinsurgency Intelligence in a Long War: The British Experience in Northern Ireland," *Military Review* 87, no. 1 (January-February 2007): 79.

59. Lacquement, "Building Peace in the Wake of War."

60. 这些观点是安德鲁·克雷皮内维奇（Andrew Krepinevich）与纳迪亚·沙德洛和马林·斯特雷米基（Marin Strmecki）在一篇尚未发表的关于稳定、安全、过渡和重建行动的简报中提出的，他们对此进行了讨论。另请参见 John Nagl, *Institutionalizing Adaptation*, Center for New American Security, June 2007, www. newamericansecurity .org/publications/Nagl_AdvisoryCorp_June07.pdf。另请参见 Charles L. Barry and Stuart E. Johnson, "Organizing for Stabilization and Reconstruction," chap. 4 in Hans Binnendijk and Stuart Johnson, eds., *Transforming for Stabilization and Reconstruction Operations* (Washington, DC: National Defense University, Center for Technology and National Security Policy, November 12, 2003), www.au.af.mil/au/awc/ awcgate/ndu/stab_rec_ops.pdf。如果要支持区域作战司令部，就得审查每个区域面临的国家安全挑战，通过这一审查来决定该区域需要的确切旅级单位数。至少要建立和配置两个这样的旅级单位，其中一个主要是现役部队，这似乎很适合美国中央司令部（CENTCOM）、美国太平洋司令部（PACOM）、美国欧洲司令部（EUCOM）、美国南方司令部（SOUTHCOM）和美国非洲司令部（AFRICOM）。当增加的战略性后备力量包括一个远征司令部以及两或三个旅级联合部队时，会比较合适。

61. 对于更为广泛的"整体政府"（whole of government）的稳定行动进路，这些司令部和部队也能做出切实承诺，他们能支持改善非军事能力，以及那些近年来为许多军方人士迫切倡导的能力，他们是提供这些支持的天然候选人。

62. FM 3-24, *Counterinsurgency*, pp. 2–13 to 2–14. 要了解军政行动中心的更多信息，另请参见 FM 3-05.401/CRP 3-33.1.A。

63. 有一份不错的对省级重建小组 (PRT) 的概述，参见 Michael McNerney, "Stabilization and Reconstruction in Afghanistan: Are PRTs a Model or a Muddle?" *Parameters* 85, no. 4 (Winter 2005—2006): 32–46。关于伊拉克省级重建小组的概述，另请参见 U.S. Embassy Iraq, "PRT Fact Sheet," March 2008, Iraq .usembassy.gov/root/pdfs/factsheetapril2008.pdf。

64. 例如，Stephen Peter Rosen, *Winning the Next War*: *Innovation and the Modern Military* (Ithaca, NY: Cornell University Press, 1991)，该著作提供的证据表明，成功的军事创新不仅需要体制上的认可，还需要创建晋升路径，这方面的例子有：美国海军中的舰载航空兵发展；美国陆军和美国海军两栖作战中的直升机航空兵发展。

65. 参见同上书；Williamson Murray and Allan R. Millett, *Military Innovation in the Interwar Period* (Cambridge: Cambridge University Press, 1996); 以及其他的关于军事创新的文献。

66. David Fastabend, "Adapt or Die: The Imperative for a Culture of Innovation in the United States Army," *Army*, February 1, 2004, www.ausa.org/webpub/Dept ArmyMagazine.nsf/byid/CCRN-6CCSBU.

67. 但是，对于军队来说，这些人道主义任务中的大部分都非常重要。它们能增进当地人民对美国的好感，进而直接对美国外交政策做出贡献；它们还能为世界上那些有麻烦的地区提供有价值的培训机会；在全球范围内，还有一些美国不那么熟悉的地区，对于这些地区的当地文化，它们也可以提供真知灼见。

第七章　职业主义与 21 世纪的军事职业教育

1. Samuel P. Huntington, *The Soldier and the State*: *The Theory and Politics of Civil-Military Relations* (Cambridge, MA: Belknap Press of Harvard University Press, 1957).

2. 在这个方面，应该查阅迈克尔·霍华德爵士对该问题的精彩言论，参见 Michael E. Howard, *War and the Liberal Conscience*, George Treveleyan Lectures in the University of Cambridge, 1977 (New Brunswick, NJ: Rutgers University Press, 1978)。

3. 在美国以外的其他国家中，亨廷顿的著作不是那么有价值，因为那些国家的历史、文化和政治背景与美国截然不同。

4. 第一次世界大战前不久，里奥·盖埃尔·凡·斯韦彭堡（Leo Geyer von

Schweppenburg）将军从德国军事学院毕业，1948 年，在写给 B. H. 里德尔·哈特的一封信中，他说，在德国国防军高级军官中，对军事职业主义缺乏真正意义上的智识性理解："我从来没有读过克塞维茨或德尔布吕克（Delbrück）或豪斯霍费尔（Haushofer）的著作。在我们的总参谋部中，对克塞维茨的看法是，他是一位理论家，他的作品是教授们必读的。" Letter, 3,8.49, Liddell Hart Papers, September 24, 1961, King's College Library, London. 亨廷顿对第二次世界大战中德国军队的考察有其不足之处，这并不令人惊讶，德国国防军对第三帝国的反人性罪行做出过充满激情的响应，自第二次世界大战以来，学者们已经对此进行过研究，亨廷顿并不知道这些学者的研究成果。有关德国军队的新观点，参见 Gerhard Weinberg, *A World at Arms*: *A Global History of World War* II (Cambridge: Cambridge University Press, 2005); or the various volumes on *Das Deutsche Reich und der Zweite Weltkriegpublished by the Militärgeschichtliche Forschungsamt*, the German military's military history institute。

5. 最近，美国陆军中校保罗·英令（Paul Yingling）上校发表了一篇文章，文中指出，在迄今为止的伊拉克，存在的基本问题是高层缺乏职业精神。英令引用了腓特烈大帝（Frederick the Great）对他手下军官们说的话："你们作为军官却与上帝开玩笑，就知道怎么插科打诨，从未认真地对待过军队的事，从未对此怀有过梦想。这就是愚蠢的根源，一旦发生严重冲突，这是最危险的。" Paul Yingling, "A Failure in Generalship," *Armed Forces Journal*, May 2007, http://www.armed forcesjournal.com/2007/05/2635198.

6. 特请参见 Michael Howard, "The Use and Abuse of Military History," in Howard, *The Causes of Wars* (Cambridge, MA: Harvard University Press, 1984)。

7. Carl von Clausewitz, *On War*,trans. and ed. by Michael Howard and Peter Paret (Princeton, NJ: Princeton University Press, 1976), p. 579 (emphasis added).

8. 国防分析研究所的詹姆斯·莱西（James Lacey）和我办过一次"创建和平"（The Making of Peace）的会议，会议于 2006 年 12 月在宾夕法尼亚州的卡莱尔兵营举行，该会议有助于从历史的角度了解政治家、外交官和将军是如何创建和平的。

9. 对于这种演化，参见 Howard, *War and the Liberal Conscience*。

10. Thomas Hobbes, *The Leviathan* (Chicago: Gateway Editions, 1956), chap. 8.

11. Michael Howard, *The Invention of Peace*: *Reflections on War and International Order*

(New Haven, CT: Yale University Press, 2000).

12. 这个方面的斗争始于 19 世纪，作为一场连绵不断的战争，它几乎完全从西方人的脑海中消失了，这多半是因为它看上去已经变得不那么势均力敌了。

13. 在某种程度上，首战告捷的原因是，罗马教皇使节拒绝参加与新教徒瑞典人和德国人展开的谈判。正如西点军校"高层会议"上的两位历史学家指出的："天主教徒最终向帝国的新教徒做出了让步，这大大冒犯了罗马教皇，以至于教皇英诺森十世……正式谴责《威斯特伐利亚和约》，拒绝承认它的合法性。谈判是在罗马教皇的主持下开始的，却是以罗马教皇不会接受的和平条约结束的。"Derek Croxton and Geoffrey Parker, "'A Swift and Sure Peace,' The Congress of Westphalia, 1643—1648," 两位历史学家提交给这次会议的论文是："The Making of Peace," Carlisle Barracks, PA, December 2006, p. 3。引文已经过作者允许。

14. 第二次世界大战期间的南斯拉夫党派战争，以及阿尔及利亚和其他地方的叛乱，可能都不符合这一界定。但是，在这些案例以及类似的案例中，叛乱分子在寻求合法性时，依据的理由都是认定自己是一个国家。

15. Croxton and Parker, "A Swift and Sure Peace," p. 33.

16. 关于罗马人对 17 世纪现代军事组织创建的重要影响，参见 William H. McNeil, *The Pursuit of Power*: *Technology, Armed Force, and Society since A.D.* 1000 (Chicago: University of Chicago, 1982), pp. 126–133。

17. Clausewitz, *On War*, p. 583.

18. Ibid., p. 592.

19. 关于对德国军事职业主义理论基础的现代考察，参见 Azar Gat, *A History of Military Thought*: *From the Enlightenment to the Cold War* (Oxford: Oxford University Press, 2001), chaps. 6–8。

20. "直到政治家终于意识到法国出现的这些力量的本质、了解到欧洲现有的新的政治条件时，他们才能预见到所有这一切对战争的广泛影响；只有以这种方式才能知道必须采用多大的手段，才能了解利用这些手段的最佳方法。" Clausewitz, *On War*, p. 609.

21. 关于维也纳会议及其为建立持久和平所付出的努力，参见尼科尔森的杰作：Harold Nicholson, *The Congress of Vienna*: *A Study in Allied Unity*, 1812—1822 (repr., New York: Grove Press, 2001)。另请参见 Richard Hart Sinnreich, "In Search of Military

Repose: The Congress of Vienna and the Making of Peace," in Williamson Murray, ed., *The Making of Peace*: *Rulers, States, and the Aftermath of War* (Cambridge: Cambridge University Press, 2008)。

22. 德国具有各州较小的特殊性，俾斯麦想努力压制这一特殊性，这时，让德国民族主义来发挥作用就显得特别有意义。

23. 关于军事革命和军务改革的讨论，参见 Williamson Murray and MacGregor Knox, "Thinking about Revolutions in Warfare," in MacGregor Knox and Williamson Murray, eds., *The Dynamics of Military Revolution*, 1300–2050 (Cambridge: Cambridge University Press, 2001)。

24. 感谢伦敦经济学院国际史系麦克奎格·纳克斯（MacGregor Knox）教授提出这一点。

25. 最近的一项研究考察了普法战争期间普鲁士军队的职业主义，参见 Geoffrey Wawro, *The Franco-Prussian War*: *The German Conquest of France in* 1870—1871 (Cambridge: Cambridge University Press, 2003)。

26. 关于德国军事职业教育体系在其影响力达到顶峰时的运行情况，参见 David N. Spires, *Image and Reality*: *The Making of the German Officer*, 1921—1933 (Westport, CT: Praeger, 1984)。

27. 有关德国战术适应的研究，参见 Timothy T. Lupfer, *The Dynamics of Doctrine*: *The Changes in German Tactical Doctrine during the First World War* (Leavenworth, KS: Combat Studies Institute, U.S. Army Command and General Staff College, 1981); Bruce I. Gudmundsson, *Stormtroop Tactics*: *Innovation in the German Army*, 1914—1918 (Westport, CT: Praeger, 1989)。

28. 太多的历史学家犯了神化的错误，其中的一种虚构是，因为军事组织研究了上一场战争，所以在下一场冲突中就表现得很差。对 1919 年以后的战争研究表明，实际的情况是，大多数的军事组织根本没有诚实地研究上一场战争中发生了什么，这才是他们在下一次冲突中遇到麻烦的主要原因。关于德国人在第一次世界大战后的几年里都经历了什么，参见 James S. Corum, *The Roots of Blitzkrieg*: *Hans von Seeckt and German Military Reform* (Lawrence: University of Kansas Press, 1992)。关于英国军队没有成功适应的问题，参见 Harold R. Winton, *To Change an Army*: *General Sir John Burnett-Stuart and British Armored Doctrine*, 1927—1939(Lawrence: University of Kansas Press, 1988)。

29. Huntington, *The Soldier and the State*, pp. 230–236.

30. 大多数 20 世纪 80 年代的军事改革家们都完全没有想到，美国军队之所以重视后勤保障，很大程度上是美国北美大陆的地理位置使然，即它的两侧濒临两大洋。

31. 德怀特·艾森豪威尔最初以优异成绩从位于利文沃思的军校毕业，这突显了一个事实，即那个时候，许多军官将智识表现视为职业主义的一个重要属性。

32. 武装部队工业学院是陆军早期努力的产物，最近，该学院将其所有的讲座和学生论文都放在了它的网站上，参见 www.ndu.edu/library/ic3/icaflectures1.html。它们表明，工业界的领导者都来为学生做演讲，一些对美国参战做出最重要贡献的美国领导人，例如德怀特·艾森豪威尔，也作为学生加入过这所大学。艾森豪威尔的论文是关于军队在全国动员条件下所面临的法律和行政管理问题的，在和平时期的最后几个月里以及在美国加入第二次世界大战的最初几个月中，他要面对的任务正是这篇论文的主题。

33. Captain Walter Warlimont, "The Procurement Activities of the German Army Prior to and during the World War," The Army Industrial College, Washington, DC, Course 1929—1930, January 20, 1930 (emphasis added); available at www.ndu.edu/ library/ic3/ icaflectures1.htm.

34. 关于德国战争经济的失败，参见 the brilliant new study by Adam Tooze, *The Wages of Destruction*: *The Making and Breaking of the Nazi War Economy* (New York: Penguin, 2007)。

35. 参见 "Joseph Lawton Collins," Arlington National Cemetery Web site, www. arlingtoncemetery.net/josephla.htm, and "William Hood Simpson," Arlington National Cemetery Web site, www.arlingtoncemetery.net/whsimpson.htm。

36. 尤请参阅一本反映海军上将杰拉德·托马斯（Gerald Thomas）的优秀传记，该传记回顾了将军从第一次世界大战到朝鲜战争的军事生涯。Allan R. Millett, *In Many a Strife*: *General Gerald C. Thomas and the U.S. Marine Corps* (Annapolis, MD: Naval Institute Press, 1993).

37. 特请参见 Thomas C. Hone, Norman Friedman, and Mark D. Mandeles, *American and British Aircraft Carrier Development*, 1919—1941 (Annapolis, MD: Naval Institute Press, 1999); Stephen Peter Rosen, *Winning the Next War*: *Innovation and the Modern Military* (Ithaca, NY: Cornell University Press, 1994)。

38. Hone, Friedman, and Mandeles, *British and American Carrier Development*,pp.34–36.

39. Quoted in Michael Vlahos, *The Blue Sword*: *The Naval War College and the American Mission*, 1919—1941 (Newport, RI: Naval War College Press, 1980), p. 119.

40. 参见 Allan R. Millett, "Assault from the Sea: The Development of Amphibious Warfare between the Wars—the American, British, and Japanese Experiences," in Williamson Murray and Allan R. Millett, eds., *Military Innovation in the Interwar Period* (Cambridge: Cambridge University Press, 1996)。

41. 参见 Williamson Murray, "The Army's Advanced Strategic Art Program," *Parameters* 30, no. 4 (Winter 2000—2001), www.carlisle.army.mil/usawc/PARAMETERS/00winter/murray.htm。

42. 几乎所有关于核武器影响的认真思考都不是军官完成的，而是文官智囊团完成的，这标志着军官不再认真研究军事职业了。

43. 海军上将雷蒙德·A. 斯普鲁安斯（Raymond A. Spruance）在指挥完太平洋战役后，以四星海军上将的身份成为海军战争学院院长。在两次世界大战之间的这段时期，他回来过两次，在该学院担任教职，而如今，许多海军军官都认为，回来一次就足以让晋升的前景变得渺茫了。

44. General William C. Westmoreland, *A Soldier Reports*(Garden City, NJ: Double-day, 1976).

45. Ibid., p. 364 (emphasis added). 威斯特摩兰将军的确是个言而有信的人：让·拉特奎（Jean Larteguy）的小说《百夫长》中，只有第一章是关于法国与越盟的战斗的。其余都是关于法国在阿尔及利亚与民族解放阵线的斗争的。

46. "Hearings before the Panel on Military Education of the Committee on Armed Services," House of Representatives, 100th Congress, 1st and 2d sess., 1987–1988.

47. 在海军上将特纳改革期间及之后，艾略特·科恩（Eliot Cohen）、斯蒂芬·彼得·罗森（Stephen Peter Rosen）、约翰·刘易斯·加迪斯（John Lewis Gaddis）、霍尔格·赫尔维希（Holger Herwig）、约翰·古奇（John Gooch）、亚瑟·沃尔德隆（Arthur Waldron）、威廉·富勒（William Fuller）、布拉德·李（Brad Lee）和乔治·贝尔（George Baer）等均在海军战争学院讲授过战略与政策课程。

48. 表现不凡的有一所战争学院，即陆军战争学院，2000 年，指挥官罗伯特·斯卡尔斯（Robert Scales）少将在该学院创建了高级战略艺术计划。

49. 关于 20 世纪 80 年代中期战争学院的智识情况，参见 Williamson Murray, "Grading the War Colleges," *National Interest*,no. 6 (Winter 1986—1987): 12–19。

50. 位于诺福克的联合参谋学院仍然采用高中课程，像20世纪80年代后期的教育一样，其特点是不够严肃认真。自斯凯尔顿小组委员会成立以来，在全面研究军事职业教育方面并没有做出过任何卓有成效的成绩。

51. 2004 年，在陆军参谋人员中有一种建议，即考虑到伊拉克和阿富汗的挑战，也许陆军应该关闭它的军事职业教育学院。

52. "令人头疼的"问题指那些没有任何明确的或确定的解决方案的问题，这些问题始终独一无二，在最好的情况下，也只有一部分可能会有解决方案，而且其中很少有真正令人满意的，因为这些解决方案难免会改变最初问题的格局。对于这种十分重要的非线性现象，最初的论述包括：Horst Rittel and Melvin Webber, "Dilemmas in a General Theory of Planning," *Policy Sciences* 4 (1973): 155–169。另请参见 Peter De-Grace Leslie Hulet Stahl, *Wicked Problems*, *Righteous Solutions* (New York: Prentice Hall, 1990)。

53. 在这个全球化时代，出现了更为匪夷所思的理论，其中的一种理论认为，国家将要消亡，这完全是出于无知，根本不知道在去除政治框架限制时有可能发生什么。结果不言而喻，就像在索马里和伊拉克发生的事情一样。

54. General Charles E. Wilhelm, USMC (ret.), Chairman, Lieutenant General Wallace C. Gregson Jr., USMC (Ret), Lieutenant Bruce B. Knutson Jr., USMC (ret.),Lieutenant General Paul K. Van Riper, USMC (ret.), Dr. Andrew F. Krepinevich Jr.,and Dr. Williamson Murray, "U.S. Marine Corps Officer Professional Military Education, 2006 Study and Finding," Quantico, VA, 2006.

55. Mark Bowden, *Black Hawk Down* (New York: New American Library, 2002). 萨达姆·侯赛因觉得美国从索马里撤军的行动令人难以置信。至于与美国视角相比，复兴党政权看待世界的方式会有怎样的不同，尤请参见 Kevin Woods et al., *Iraqi Perspectives Project*: *A View of Operation Iraqi Freedom from Saddam′s Senior Leadership* (Norfolk, VA: U.S. Joint Forces Command, Joint Center for Operational Analysis, 2006)。

56. 参见 Williamson Murray and Robert Scales Jr., *The Iraq War*: *A Military History* (Cambridge, MA: Cambridge University Press, 2003); Michael R. Gordon and General Bernard E. Trainor, *Cobra* Ⅱ : *The Inside Story of the Invasion and Occupation of Iraq*

(New York: Pantheon Books, 2006)。

57. 关于证明该观点正确的证据，可参见 Murray and Scales, The Iraq War; and Gordon and Trainor, *Cobra* Ⅱ。

58. 在这里，高级军事学院等单位做的准备工作，国家培训中心等培训机构做的创建工作，都发挥了重要作用。

59. 对于后冲突军事行动的失败与审判以及伊拉克叛乱活动的攀升，有许多解释性文献，其中包括：James Fallows, *Blind into Baghdad: America's War in Iraq*(New York: Vintage, 2006); Bob Woodward, *State of Denial:Bush at War, Part* Ⅲ (New York: Simon and Schuster, 2006); Rajiv Chandrasekaran,*Imperial Life in the Emerald City*: *Inside Iraq's Green Zone* (New York: Vintage, 2006); L. Paul Bremer Ⅲ , *My Year in Iraq*: *The Struggle to Build a Future of Hope* (New York: Simon and Schuster, 2006)。

60. 要了解美国人及其美国政府对伊拉克人有多么知之甚少，参见 Woods et al., *Iraqi Perspectives Project*。另有一篇基于这项研究的论文，参见 Kevin Woods, James Lacey, and Williamson Murray, "Saddam's Delusions: The View from Inside," *Foreign Affairs* 85, no. 3 (May-June 2006): 2–26。

61. 在这方面，尤请参见 Thomas E. Ricks, *Fiasco*: *The American Military Adventure in Iraq* (New York: Penguin, 2006)。

62. 两年来，这位作者都在安纳波利斯的美国海军学院任教，在这两年中，令人沮丧的情况虽然屈指可数，但是其中的一个发现是，太多的美国高中在教最聪明的学生最简单的历史概念，例如美国南北战争发生的时间，这令人震惊，真是太糟糕了。他们是一些获得 SAT 高分（1200 至 1600）的年轻人，很明显，罪魁祸首是他们的高中设课不好，教学质量太差。

63. 美国在"正义事业行动"中入侵巴拿马，导致曼努埃尔·诺列加（Manuel Noriega）政权、他的军队和他的警察部队在 1989 年 12 月的数小时内被推翻。军事行动取得巨大成功，但是随后立即发生了大肆掠夺，破坏了巴拿马的经济，在这种情况持续发生的那段时间里，美国政府和军队不得不投入大量资源，才使巴拿马政府和它的控制情况略有恢复。

64. 正如一些人已经提出的，这并不意味着其他西方军队可能会做得更好。只有在少数特殊情况下会好些，例如在马来亚，西方军队曾设法击败过一次当地的叛乱活动。

65. 在这方面，我们建议读者去观看 2004 年的纪录片《来自伊拉克的声音》。

66. Huntington, *The Soldier and the State*, p. 31.

67. Wilhelm et al., "U.S. Marine Corps Officer Professional Military Education," p. 16.

68. 在发给威廉的电子邮件中，美国海军陆战队詹姆斯·马蒂斯（James Mattis）将军用了这一措辞。

69. 在接下来的建议中，大部分的思考都源自下述文献：Murray, "Grading the War Colleges"; Leonard D. Holder Jr. (Lieutenant General, U.S. Army) and Williamson Murray, "Prospects for Military Education," *Joint Force Quarterly*, no. 18 (Spring 1998): 81–90。

70. 此观察来自当时的一名旅长。

71. 在纪录片《无尽的视线》（*No End in Sight*）的结尾处，一位年轻的美国海军陆战队中尉问道："您是在告诉我，这就是美国能交出的最好答卷吗？不要告诉我这就是。"另请参见 Charles H. Ferguson, *No End in Sight*: *Iraq's Descent into Chaos* (New York: PublicAffairs, 2008)。

72. 特请参见 Richard Haass, "U.S. Foreign Policy in a Nonpolar World," *Foreign Affairs* 87, no. 3 (May-June 2008): 44–56。

第八章　军事专业人员负责任的服从——对不当行为的自由裁量权

感谢安德鲁·巴塞维奇（Andrew Bacevich）、特德·伯克（Ted Burk）、马丁·库克（Martin Cook）、罗纳克·克雷布斯（Ronald Krebs）、史蒂文·李（Steven Lee）和戴维·佩里（David Perry）对本文初稿给出的详细而有益的评论。2007 年 5 月 31 日至 6 月 2 日，在纽约州西点军校举行了美国军政关系"高层会议"，我与这次会议的参与者以及这次会议的组织者唐·施奈德和苏珊娜·C.尼尔森都进行了讨论，从这些讨论中，我收获颇丰。尤为重要的是，我要感谢特丽莎·J.劳森和一位匿名审稿人，是她们促使我澄清了自己的论点，尽管回避问题看上去更安全。

1. 另请参见本书中迈克尔·C.戴思齐在第五章中的观点，以及纳迪娅·沙德罗和小理查德·A.莱克门德在第六章中的观点。

2. Samuel P. Huntington, *The Soldier and the State* (Cambridge, MA: Belknap Press of Harvard University Press, 1957), p. 73.

3. Alfred Thayer Mahan, *Retrospect and Prospect* (Boston: Little, Brown, 1903),pp. 279–280.

4. Max Weber, "The Meaning of Discipline," in Hans Gerth and C. Wright Mills, eds., *From Max Weber*(New York: Oxford University Press, 1958), pp. 251–264. 例如，韦伯指出："只有纪律严明，而且在很大程度上，只有纪律在先，战争机器的使用在后，火药和所有与之相关的战争技术才变得如此重要。"Ibid., p. 257.

5. Huntington, *The Soldier and the State*, p. 73.

6. Ulysses S. Grant, *Memoirs and Selected Letters* (New York: Library of America, 1990), p. 1043. 设计图是一种电工要"服从"的"命令"，关于这一点，参见 Arthur L. Stinchcombe, *When Formality Works*: *Authority and Abstraction in Law and Organizations* (Chicago: University of Chicago Press, 2001)。

7. 参见戴维·西格尔和卡琳·德·安杰利斯在本书第十章中对职业的讨论。

8. 至少还有另一种值得考虑的可能性，即私营军事公司（private military company）可能有公司客户，或者可能将许多州作为客户。研究这种可能性很有必要，但是超出了本章的范围。在这里，我们的关注点仅限于国家为确保其自身安全而创建的军队。关于私营军事公司的问题，参见 Deborah D. Avant, *The Market for Force* (Cambridge: Cambridge University Press, 2005)。

9. 该阶段可以在亨廷顿《军人与国家》中的第 70 页上找到，我对军人与国家这一领域的讨论也出自这本书的第 70 ~ 72 页。另请参见本书中其他章节对该问题的讨论。

10. 领域（domain）可以被定义为机构活动的合法场所。参见 James D. Thompson, *Organizations in Action* (New York: McGraw-Hill, 1967)。"领域"一词比阿博特（Abbott）"职业权限"（professional jurisdictions）概念的外延更广泛，领域包涵了职业权限。参见 Andrew Abbott, T*he System of the Professions* (Chicago: University of Chicago Press, 1988)。我更喜欢用领域这个范围更广的术语来展开这一讨论。毕竟，国家远不是有某种职业权限的工作，但是它显然具有某种合法行动的领域。

11. 因此，政治家是受到约束的：在军事专业知识范围内，政治家"必须认可军事专业人员的判断"。Huntington, *The Soldier and the State*, p. 71.

12. Ibid., p. 73.

13. Ibid., p. 351.

14. 有一种观点认为，军事与政治领域始终交织在一起，对于这种观点，参见 Hew

Strachan, *The Politics of the British Army* (New York: Oxford University Press, 1997)。正如苏珊娜·C.尼尔森所明确表明的，克劳塞维茨也认为，将军事力量的使用与政治领域分割开来是行不通的，无论在理论上，还是在实践上。参见 Suzanne C. Nielsen, *Political Control over the Use of Force*: *A Clausewitzian Perspective* (Carlisle, PA: Strategic Studies Institute, 2001), www.strategicstudies institue.army.mil/pdfiles/PUB349.pdf。

15. Arthur Isak Applbaum, *Ethics for Adversaries* (Princeton, NJ: Princeton University Press, 1999), chap. 4, esp. pp. 73–74.

16. Hannah Arendt, *Eichmann in Jerusalem*(New York: Penguin, 1977 [1963]), p. 25.

17. Ibid., p. 114.

18. 当按道德原则而不是组织领导人希望推行的计划行事时，组织就会对如此行事的人进行惩罚，这是很常见的现象。参见 Robert Jackall, *Moral Mazes* (New York: Oxford University Press, 1988), pp.101–133。

19. Hannah Arendt, *Eichmann and the Holocaust*(New York: Penguin, 2006 [1963]),p. 20.

20. Ibid., p. 115. 艾希曼是纳粹党卫军的一名军官,不是德国常规职业化部队(即国防军)中的一员，尽管如此，他也明显是盲目服从的例子。

21. Martin Cook, *The Moral Warrior* (Albany: State University of New York Press,2004), p. 61.

22. 亨廷顿在《军人与国家》的第 73 页中引用了这句话。出于同样目的，在保罗·克里斯托弗（Paul Christopher）的论文中也引用了这句话，参见 Paul Christopher, "Unjust War and Moral Obligation," *Parameters* 25, no.3 (Autumn 1995): 4–8; 在下述著作中同样引用了这句话，参见 Michael Walzer, *Just and Unjust Wars* (New York: Basic Books, 1992), p. 39。

23. Lynn Marshall and Sam Howe Verhovek, "Prosecutor Says Officer Caused Shame," *Los Angeles Times*,February 7, 2007, p. A10. 截止到 2008 年年中，和多田案件仍在审理中。

24. 在沃尔泽（Walzer）的著作中引用了维多利亚的观点，参见 Walzer, *Just and Unjust Wars*, p. 39。

25. 这个一般的观点是阿帕鲍姆（Applbaum）提出的，Applbaum, *Ethics for dversaries*, pp. 220–221.

26. 在军事专业人员和（例如）医学专业人员之间有一个重要区别。即使根本没有开战的必要，国家也能命令军官奔赴战场；患者却不能命令他们的医生对自己做不必要的手术。医生有不治疗患者的专业权；军事专业人员却没有这样的权利。

27. Huntington, *The Soldier and the State*, p. 72.

28. Cook, *Moral Warrior*, p. 62.

29. Ibid., pp. 65–66.

30. 利用委托 – 代理模型的过程充满争议，对于这一过程的描述，参见 Peter Feaver, *Armed Servants*: *Agency, Oversight, and Civil Military Relations* (Cambridge, MA: Harvard University Press, 2003)。有一个与此过程相关但冲突较少的版本，即 Peter Roman and David W. Tarr, "Military Professionalism and Policymaking," in Peter Feaver and Richard H. Kohn, eds., *Soldiers and Civilians*: *The Civil-Military Gap and American National Security* (Cambridge, MA: MIT Press, 2001), pp. 403–428。

31. H. R. McMaster, Dereliction of Duty: Johnson, McNamara, *the Joint Chiefs of Staff, and the Lies that Led to Vietnam* (New York: HarperCollins, 1997), pp. 309–312, quoted at p. 312.

32. Ibid., pp. 318–320.

33. Ibid., p. 330.

34. Ibid., p. 331.

35. Huntington, *The Soldier and the State*, p. 74.

36. Ibid..

37. Ibid., p. 75.

38. Ibid..

39. Ibid., pp. 76–78.

40. Ibid., p. 78.

41. Arnold Wolfers, "Statesmanship and Moral Choice," *World Politics* 1, no. 2 (January 1949): 175–195. 更明确地讲，沃尔弗斯认为，如果选择做了最不会破坏价值观的事，它就是一种道德选择，该选择与每个人的许多道德选择在原则上都大同小异。

42. Huntington, *The Soldier and the State*, p. 78.

43. 这一论点不完整，令人遗憾，因为它没有对我们要维护的那些部分提供任何实际的指导，也许有朝一日会发射大型毁灭性武器，这显然是一种种族灭绝行为。

44. 有一项研究简要回顾了最近的关于自主权的社会科学解释，参见 Diana T. Meyers, *Self, Society, and Personal Choice* (New York: Columbia University Press,1989), pp. 25–41。另有一项全面的知识发展史研究，它论述了自主权概念的含义与根源，参见 J. B. Schneewind, *The Invention of Autonomy* (Cambridge: Cambridge University Press, 1997)。

45. 亨廷顿假设，军事行动的合法领域只能根据职业军官的权限来定义，而本章的区分试图在不纳入亨廷顿这一假设的情况下来规定军事行动的合法领域。

46. 在《美国法典》第 18 卷第 1385 条中，可以找到《地方保安队法案》，案文规定，任何人将陆军或空军"用作地方保安队，或者以其他方式令它们执法"，都将被予以处罚，除非宪法或某个国会法案"明文授权"这样做。

47. 这一论点信奉道德现实主义，拒绝包括社会相对主义在内的道德怀疑论，道德怀疑论假定，道德判断只是一些受掌权者影响的公共舆论判断。关于捍卫道德现实主义立场的简要论述，参见 Michael Smith, "Realism," in Peter Singer, ed., *A Companion to Ethics*(Oxford: Blackwell, 1991), pp. 399–410; Russ Shafer-Landau,*Whatever Happened to Good and Evil?*(Oxford: Oxford University Press, 2004)。另请参见 Russ Shafer-Landau, *Moral Realism*: *A Defence*(Oxford: Oxford University Press, 2003)。道德现实主义假设存在道德原则，该原则就像算术规则一样，独立于任何心灵。但是我们是否承认并践行道德原则却是另一回事。只是在阿布格莱布虐囚事件曝光后，大多数的美国人才开始反思和辩论酷刑包括什么，而该辩论尚未解决这一问题。参见 Sanford Levinson, ed., *Torture*: *A Collection* (Oxford; Oxford University Press, 2004); Karen J. Greenberg, ed., *The Torture Debate in America* (Cambridge: Cambridge University Press, 2006)。尽管如此，在评判军事专业人员时，可能会考虑他们是否符合我们对现行道德原则的最大认知。当军事专业人员的行动违反了这些原则，他们是否或者应该在何种程度上承担法律责任或接受惩罚，取决于这一行为到底有多残酷，也就是说，取决于该行为违反基本道德原则的情况有多明显。

48. William A. Edmundson, *An Introduction to Rights* (Cambridge: Cambridge University Press, 2004), p. 136 (emphasis in original).

49. 我对良知反对和良知拒绝的讨论出自 Paul Graham, *Rawls* (Oxford: Oneworld, 2007), pp. 107–119。

50. 该案例研究的全部细节出自 W. "Rick" Rubel and George R. Lucas,eds., *Case Studies in Military Ethics* (Boston: Pearson Education, 2004), pp. 77–80, 185。

51. 感谢苏珊娜·尼尔森援引的一项特殊军事法规，汤普森为捍卫更普遍的价值观而行使自由裁量权进行干预，即使他的干预并没有被明确授权，没有收到一项直接的干预命令，该法规还是可以为汤普森的所为进行辩护，提供依据。《美国法典》第 10 卷第 3583 条规定，所有指挥官和其他陆军中的权威人士都必须"防止和压制一切放纵与不道德的实践，根据陆军的法律和法规纠正所有违反此类规定的人"。

52. Rubel and Lucas, *Case Studies in Military Ethics*, pp. 81–82, 187–189.

53. CNN.com, "U.S. Officer Fined for Harsh Interrogation Tactics," December 13, 2003, www.cnn.com/2003/US/12/12/sprj.nirq.west.ruling. 美国有线电视新闻网的报道称，这一审讯为阻止伏击提供了有用信息。但是托马斯·E.里克斯的叙述并没有对此做出任何类似声明。Thomas E. Ricks, *Fiasco*: *The American Military Adventure in Iraq* (New York: Penguin, 2007), pp. 280–281.

54. 在本章的一个早期版本中讨论过这段话，这个版本曾经向某次会议提交过，托马斯·E.里克斯观察到，韦斯特可以被指控为行事不当。因为韦斯特有理由相信他就是这次伏击的那个特定目标，所以他想尽快并情愿采用不适当方法来得到该计划的情报，他这样做可能出于个人利益。这会带来争议，因为无论多么合乎情理，个人利益都可能会影响他的职业判断。为避免这种可能性，就要遵守不得对与自己有关事项进行审讯的准则。海军少将詹姆斯·马蒂斯对此案进行了反思，他发现韦斯特失去了"道德上的平衡"。参见 Ricks, *Fiasco*, p. 318。

55. 记者是西摩·赫什（Seymour Hersh）。本讨论中的经验事实出自 Seymour Hersh, "Last Stand," *New Yorker*, July 10, 2006, www.newyorker .com/printables/fact/060710fa_fact。

56. 参见 Timothy L. Challans, *Awakening Warrior*: *Revolution in the Ethics of Warfare* (Albany: State University of New York Press, 2007), p. 11。查尔兰（Challan）描述了一种他称之为"战士精神"的进路。查尔兰写道："战士精神确实事关一种工作伦理，一种着眼于完成任务并可能会自我牺牲的伦理，而不是一种侧重于道德约束和遵守法律的伦理。"我相信亨廷顿的论点就是该进路中的一个例子。Ibid..

57. 参见 Ronald Dworkin, *Taking Rights Seriously* (Cambridge, MA: Harvard University Press, 1978), pp. 31–39。"仅在一种背景下，自由裁量权的概念才会发生在国内，在这种情境下，人们通常要根据某个特定权威设定的标准来做决定，并且要对这个决定负责。自由裁量权就像甜甜圈上的孔一样，本来并不存在，除非该限定的周边地带为它留下一块开放之地。因此，自由裁量权是一个相对的概念。它始终在问，'在哪种标准下进行自行裁量？'或'对哪个权威进行自行裁量？'" Ibid., p. 31.

58. 我对这个问题的讨论借鉴了最近出版的一本著作，由唐·施奈德及其学术团队撰写，参见 Don M. Snider and Lloyd J. Matthews, eds., *Forging the Warrior's Character*, 2d ed. (New York: McGraw-Hill Primis, 2008); by Challans, *Awakening Warrior*。任何道德教育计划都必定（并且大概也应该）是有争议的。例如，查伦斯（Challans）严厉批评了军队在这一议题上的做法。

59. 参见 Paul Lewis, George B. Forsthe, Pattrick Sweeney, Paul Bartone, Craig Bullis, and Scott Snook, "Identity Development during the College Years," *Journal of College Student Development* 46, no. 4 (July-August 2005): 357–373。

60. Paul Yingling, "A Failure of Generalship," *Armed Forces Journal*, May 2007, www.armedforcesjournal.com/2007/05/2635198.

61. 关于这四个问题的报告有很多。关于蒂尔曼（Tillman），可参见 Mary Tillman with Narda Zacchino, *Boots on the Ground*: *My Tribute to Pat Tillman* (New York: Modern Times, 2008); Robert Collier, "Family Demands the Truth," SFGate.com, September 25, 2005, http://sfgate.com/cgi-bin/article.cgi?file=c/a/2005/ 09/25/ MNGD7ETMNM1.DTL. 关于阿布格莱布，可参见 2004 年 8 月《费伊－琼斯报告》（Fay-Jones Report）的执行摘要："（安东尼中将）琼斯（Jones）发现，高级军官虽然没有在阿布格莱布施虐，但是监狱设施缺少监管，他们确实对这种情况负有责任，他们没有及时回应红十字国际委员会的报告，所发布的政策备忘录也未能为战术执行提供清晰、连贯的指导。"该报告已被下述文献转载，即 Karen J. Greenberg and Joshua L. Dratel, eds., *The Torture Papers* (Cambridge: Cambridge University Press, 2005), p. 989。另请访问网站 www.defenselink.mil/news/Aug2004/ d20040825fay.pdf. 关于哈迪塞事件，参见 Thomas E. Ricks, "In Haditha Killings, Details Came Slowly," *Washington Post*, June 4, 2006, p. A01。关于士兵的精神健康照护，参见 Dan Frosch, "Fighting the Terror of Battles That Rage in Soldiers' Heads," *New York Times*, May 13, 2007, at www.nytimes.com/ 2007/05/13/us/13carson. htm?ref=pagewanted=print; Kristen Roberts, "Pentagon Says More Funds Needed for Mental Health," *Washington Post*, June 15, 2007, www.washingtonpost.com/up-dyn/

content/article/2007/06/15/AR200706150138_pf .html。

62. Anthony E. Hartle, "Moral Principles and Moral Reasoning in the Ethics of the Military Profession," in Snider and Matthews, *Forging the Warrior's Character*,223. 哈特尔引用了美国陆军部的文献：U.S. Department of the Army, Field Manual (FM) 27-10, *The Law of Land Warfare* (Washington DC: U.S. Government Printing Office, 1956), p. 182。

63. 在苏格拉底与格劳孔（Glaucon）辩论是否需要一支军队时，柏拉图（Plato）认为一些词语出自苏格拉底，这里所引用的话正是柏拉图认定的那些内容。 Plato, *The Republic*, trans. R. E. Allen (New Haven, CT: Yale University Press, 2006), p. 56 (book Ⅱ, 373d). 亨廷顿将这种霍布斯式的世界观置于军事思维的核心，我们可以在亨廷顿《军人与国家》的第 63 页上找到该论点，亨廷顿认为"军事伦理意义上的人本质上是霍布斯式的人"，没有人认为他们能为道德关切所驱动，霍布斯当然也不会这样认为。

第九章　军事思维——对美国军事职业主义思想根源的再评估

1. Craig Reinarman, *American States of Mind*: *Political Beliefs and Behavior among Private and Public Workers* (New Haven, CT: Yale University Press, 1987), pp. 15–18.

2. 彼得·费弗将这种窘境概括为基本的军政问题群。Peter Feaver, "The Civil-Military Problematique: Huntington, Janowitz,and the Question of Civilian Control," *Armed Forces and Society* 23, no.2 (Winter1996): 149–178。另请参见本书第四章中彼得·D. 费弗和埃里卡·西勒的观点。

3. Samuel Finer, *The Man on Horseback*: *The Role of the Military in Politics* (New Brunswick, NJ: Transaction, 2003), pp. 24–26.

4. 费弗认为，通过委托－代理理论机制，可以找到更有用、更独立的措施来实施有效的文官控制。因此，通过军事代理人对其文官上级的反应程度（即不规避责任的程度），可以测量文官政治控制的情况。Peter Feaver, *Armed Servants*: *Agency, Oversight, and Civil-Military Relations* (Cambridge, MA: Harvard University Press, 2003)。对亨廷顿模式的类似批评，参见 Finer, *The Man on Horseback*, p. 25。

5. 自由主义一直是美国的主导意识形态，路易斯·哈茨是 20 世纪倡导这一思想的最具影响力的人。哈茨认为，自由主义是美国唯一的意识形态。亨廷顿在其后来的著作中，也将自由主义视角用作一种理解美国经验的手段。亨廷顿在很大程度上是赞同哈茨的，他发现了美国政治和社会不和谐时期的修正过程，即国家在偏离了一段时间后，就会尝试着回归到它的自由主义根基上来。Louis Hartz, *The Liberal Tradition in America* (New York: Harcourt Brace Jovanovich, 1955); Samuel P. Huntington, *American Politics*: *The Promise of Disharmony* (Cambridge, MA: Harvard University Press, 1981)。另请参见本书第五章中迈克尔·C. 戴思齐的观点。

6. Samuel Huntington, *The Soldier and the State* (Cambridge. MA: Relknap Press of Harvard University Press, 1957), p.93.

7. 到 1957 年，这种保守主义在美国经历了些许觉醒。正如拉塞尔·基尔克（Russell Kirk）的著作中反思的，参见 Russell Kirk, *Conservative Mind* (Washington, DC: Regnery,1953)，以及保守主义的新闻半月刊杂志《国家评论》（*National Review*）（发刊于 1955 年）上反映的，该杂志由威廉姆·F. 巴克利（William F. Buckley）创办，大多数的美国保守主义者都在试图根据英国议员埃德蒙·伯克（Edmund Burke）的著作来定义保守主义。还有一项早期的研究，它批评了美国军人是典型的保守主义者的观点，参见 Allen Guttman, *The Conservative Tradition in America* (New York: Oxford University Press, 1967), pp. 100–122。

8. 值得注意的是，不管是亨廷顿的军事思维命题，还是对它的意识形态要素开展的调查研究，都没有论及各种外在奖励对有效维持文官控制军队的作用。要确保服兵役人员在不干涉政务的条件下还能维系着令其满意的军事生活，一些要素如合理的薪酬、退役和其他福利以及工作上的保障等，大概都能发挥重要作用。由于这些变量超出了亨廷顿论题的范围，此处不再探讨。

9. Angus Campbell et al, *The American Voter* (New York; John Wiley and Sons, 1960); Philip E. Converse, "The Nature of Belief Systems in Mass Publics," in David E. Apter, ed., *Ideology and Discontent* (New York: Free Press, 1964); Herbert McClosky, "Consensus and Ideology in American Politics," *American Political Science Review* 58, no. 2 (June 1964): 361–382.

10. Converse, "The Nature of Belief Systems in Mass Publics," p.207.

11. Robert E. Lane, *Political Ideology*: *Why the American Common Man Believes What He Does* (Glencoe, IL: Free Press, 1962); Robert E. Lane, *Political Man* (New York: Free

Press, 1972).

12. Jennifer Hochschild, *What's Fair? American Beliefs about Distributive Justice* (Cambridge, MA: Harvard University Press, 1981); Karl Lamb, *As Orange Goes: Twelve California Families and the Future of American Politics* (New York: Norton, 1974); Karl Lamb, *The Guardians: Leadership Values and the American Tradition* (New York: Norton, 1981); Lane, *Political Man*; Grant Reeher, *Narratives of Justice: Legislative Beliefs about Distributive Fairness* (Ann Arbor: University of Michigan Press, 1996); Reinarman, *American States of Mind*.

13. Reeher, *Narratives of Justice*; Reinarman, *American States of Mind*, pp. 30–35; Jerome Bruner, "Life as Narrative," *Social Research* 71, no. 3 (Fall 2004): 691–710.

14. 根据亨廷顿的观点，"此处和后面的保守主义……都是在（埃德蒙·）伯克哲学的意义上使用的，不是在美国流行政治用语赋予该词的意义上使用的，在美国的流行政治用语中，保守主义指的是自由主义的自由放任的财产权形式，正如赫伯特·胡佛（Herbert Hoover）举例说明的。" Huntington, *The Soldier and the State*, p. 93n.

15. 有关自由主义是一种有组织的社会原则的讨论，例如，参见 John Rawls, *Political Liberalism*(New York: Columbia University Press, 1993); Michael Sandel, *Liberalism and the Limits of Justice* (Cambridge: Cambridge University Press, 1982)。想了解具体的美国案例，参见 J. David Greenstone, "Political Culture and Political Development," *Studies in American Political Development*1 (1986): 1–49; Hartz, *The Liberal Tradition in America*。有关亨廷顿对保守主义的描述，另请参见 Samuel Huntington, "Conservatism as an Ideology," *American Political Science Review* 51, no. 2 (June 1957): 454–473。

16. Steven R. Brown, "Consistency and Persistence of Ideology: Some Experimental Results," Public Opinion Quarterly 34, no. 1 (Spring 1970): 60–68.

17. Bengt Abrahamsson, *Military Professionalization and Political Power* (London:Sage, 1972); Terry Busch, "A Comparative Cross Service 'Operational Code' Analysis of the 'Military Mind' Concept: The Post World War II American Military Profession" (Ph.D. dissertation, Miami University, 1975); Huntington, *The Soldier and the State*, pp. 62–64, 79; Drew Middleton, "The Enigma Called the Military Mind," *New York Times Magazine*, April 18, 1948.

18. Q 方法是一种为检验信仰之间关系而专门研发出来的技术，它能测量一个人的信仰和态度体系中的优先项与他人的这种优先项之间的一致性程度。Steven R. Brown, "Bibliography on Q-Technique and Its Methodology," *Perceptual and Motor Skills* 26, no. 2 (1968): 587–613; Steven R. Brown, *Political Subjectivity* (New Haven, CT: Yale University Press, 1980); Bruce McKeown and Dan Thomas, *Q-Methodology*, Sage University Paper (London: Sage, 1988).

19. 军事思维命题预期，单一军种的社会化过程会创造出同质性的公共信仰，军官样本只是从美国陆军军官中抽取的，目的是能够使该结果出现的概率最大化。也许有人猜测，在这一样本中加入士兵或其他军种的军官，在意识形态类别上出现变异的可能性会比这次探究中观察到的更大。文中此处没有提到这一命题；可能会在后续的研究中对它进行检验。

20. Huntington, *The Soldier and the State*, p.373.

21. 总体而言，陆军样本包括 5 名女性军官（占比 11%）和 40 名男性军官，与当前美国现役军官队伍中女性占比 15% 的情况相近。在该样本中，还有 9 名自认为是少数民族与少数人种（占比 20%）的军官，而现役军官队伍中，该比例为 23%。Department of the Army, *Army Demographics*: *FY*03 *Army Profile* (Department of the Army: Deputy Chief of Staff for Personnel, G-1, 2003), www.armyg1.army.mil/ hr/demographics/fy03armyprofileweb Vs.pdf; Mady Wechsler Segal and Chris Bong, "Professional Leadership and Diversity in the Army," in Don Snider and Lloyd Matthews, eds., *The Future of the Army Profession*, 2d ed., rev. and exp. (New York: McGraw-Hill Primis, 2005), pp. 505–520. 与军官样本类似，平民对照组也接近于大公司和纽约地区小型企业共同体中性别和少数民族比例的描述：2004 年，《财富》500 强公司中的女性公司领导人占比 12.5%，《财富》1000 强公司中的女性公司领导人占比 11%；据报道，《财富》100 强公司的董事会中，少数民族人口占了 14.9%。2005 年，《催化》杂志、普劳特集团（The Prout Group）、执行领导委员会和西班牙企业责任协会还联合发布了一项报告。2003 年，另有一项更为广泛的调查，它针对的是《财富》1000 强公司董事会中的少数民族人群，该调查结果表明，少数民族者的比例为 21%，比 2001 年的 19% 有所上升。1997 年，商务部进行了一项人口普查，结果显示，在抽到的位于纽约州奥兰治县的样本中，拥有企业所有权的少数民族者占比 9%，在当地女性中，拥有企业所有权的女性占比 26%。

U.S. Census Bureau, "Economic Census Surveys of Minority- and Women-Owned Business Enterprises," Department of Commerce, 1997, www.census .gov/csd/mwb/; Cora Daniels, "50 Best Companies for Minorities," Fortune Magazine, June 28, 2004; Alliance for Board Diversity, *Women and Minorities on Corporate* 100 *Boards* (New York: Catalyst, The Prout Group, The Executive Leadership Council, and the Hispanic Association on Corporate Responsibility, 2005).

22. James Davison Hunter and Carl Bowman, *The State of Disunion*: 1996 *Survey of American Political Culture* (Ivy, VA: Post Modernity Project, University of Virginia,1996); Aaron Wildavsky, "A World of Difference the Public Philosophies and Political Cultures of Rival American Cultures," in Anthony King, ed., *The New American Political System*, 2d ed. (Washington, DC: American Enterprise Institute for Public Policy Research, 1990); Pew Research Center for the People and the Press, *The* 2005 *Political Typology*: *Beyond Red vs. Blue* (Washington DC: Pew Research Center, 2005).

23. 附录展示了 50 条提供给受访者的陈述，受访者要依据这些陈述的价值高低进行排序。本章简要概括了每组最支持的陈述。更为深入的关于方法论、数据支持与细节解释的讨论，参见 Darrell Driver, " Sparta in Babylon: Case Studies in the Public Philosophies of Citizens and Soldiers " (Ph.D. dissertation, Maxwell School, Syracuse University, 2006)。

24. 9 名受访者的陈述序列在统计上不同于两个最广泛的意识形态组，因而无法证明他们是属于这两组中的哪一组。

25. Robert Grafstein, "A Realist Foundation for Essentially Contested Political Concepts," *Western Political Quarterly* 41, no. 1 (1988): 9–28.

26. Walter B. Gallie, "Essentially Contested Concepts," in Max Black, ed., *The Importance of Language* (Englewood Cliffs, NJ: Prentice-Hall, 1962), p. 123.

27. 想更多了解这些极具争议的概念，以及持久进行辩论的前景，参见 Alasdair MacIntyre, *After Virtue* (Notre Dame, IN: University of Notre Dame Press, 1981), pp.6–22。

28. 对于美国存在自由主义共识的主张，有着各种各样的批评，参见 Joyce Appleby, "Republicanism and Ideology," *American Quarterly* 37, no. 4 (Autumn 1985):461–

473; Bernard Bailyn, *The Ideological Origins of the American Revolution* (Cambridge, MA: Harvard University Press, 1967); J. G. A. Pocock, *The Machiavellian Moment*: *Florentine Political Thought and the Atlantic Republican Tradition* (Princeton, NJ: Princeton University Press, 1975); Rogers Smith, *Civic Ideals* (New Haven, CT: Yale University Press, 1997); James A. Morone, *Hellfire Nation*: *The Politics of Sin in American History* (New Haven, CT: Yale University Press, 2003)。

29. Smith, *Civic Ideals*.

30. J. David Greenstone, *The Lincoln Persuasion*: *Remaking American Liberalism* (Princeton, NJ: Princeton University Press, 1993); Greenstone, "Political Culture and Political Development."

31. Clinton Rossiter, *Conservatism in America* (New York: Vintage Books, 1962), p. 5.

32. Ole R. Holsti, "Of Chasms and Convergences: Attitudes and Beliefs of Civilians and Military Elites at the Start of a New Millennium," in Peter Feaver and Richard Kohn, eds., *Soldiers and Civilians*: *The Civil-Military Gap and American National Security* (Cambridge, MA: MIT Press, 2001), pp. 15–99; Ole R. Holsti, "A Widening Gap between the U.S. Military and Civilian Society? Some Evidence, 1976—1996," *International Security* 23, no. 3 (Winter 1998—1999): 5–42.

33. 事实上，在亨廷顿的更具挑衅性的段落里，有一段是亨廷顿恳请美国自由主义者大方地接受他赋予军事思维的保守主义标识。Huntington, *The Soldier and the State*, pp.465–466.

34. Rawls, *Political Liberalism*; Michael Walzer, *Spheres of Justice*: *A Defense of Pluralism and Equality* (New York: Basic Books, 1983).

35. Robert Dahl, *Democracy and Its Critics* (New Haven, CT: Yale University Press, 1989); Robert Dahl, *Who Governs*? *Democracy and Power in an American City* (New Haven, CT: Yale University Press, 1961); McClosky, "Consensus and Ideology in American Politics," pp. 361–382.

36. Marybeth Peterson Ulrich, "Infusing Civil- Military Relations in the Officer Corps," in Don Snider, Gayle L. Watkins, and Lloyd J. Matthews, eds., *The Future of the Army Profession* (New York: McGraw-Hill Primis, 2002), p. 249.

37. 根据以下算法可得，陈述在 p <0.01 水平上不显著。"对于每条陈述而言: 如果 $k(k-1)$

对因素中，有任何一对在 $p < 0.01$ 水平上得分不同，则抛弃该陈述。对于余下的陈述而言：将其变为暂时标记的陈述；如果 $k(k–1)$ 对因素中，有任何一对在 $p < 0.05$ 水平上得分不同，则抛弃标记性陈述。"因此，$p < 0.01$ 水平上不显著表明，对于最具差异的因素而言，因素得分在 $p < 0.01$ 水平上没有不同。 Peter Schmolck, e-mail, May 30, 2005. 即使在"只有军官"的子样本中，对于所有两个最不一致的因素来说，并没有任何陈述的因素得分在 $p < 0.05$ 水平上不同。

38. 这就是莫里斯·贾诺威茨所暗示的，他认为三种职业军事伦理观都源自现代兵役制的要求，而不仅仅是其中的一种：英雄领袖，出于传统作战的需要；管理精神，出于国防机构官僚制度化的需要；军事技术专家，则是由日益增多的工程问题和迅速扩展的技术而延展出来的。Morris Janowitz, *The Professional Soldier: A Social and Political Portrait*, 2d ed. (New York: Free Press, 1971).

39. Charles Moskos, John Williams, and David Segal, eds., *The Postmodern Military*: *Armed Forces after the Cold War* (New York: Oxford University Press, 2000).

40. 实际上，《军人和国家》的一个主要目的是，将军政关系拉回到功能性的源头上去，在那里，独立而保守的意识形态能确保军队在战争中发挥效能。Huntington, *The Soldier and the State*, p. 3.

41. Robert Reich, *Tales of a New America*: *The Anxious Liberal's Guide to the Future* (New York: Vintage Books, 1988), pp. 10–11; Barry Shain, *The Myth of American Individualism*: *The Protestant Origins of American Political Thought* (Princeton, N.J: Princeton University Press, 1994); Robert Bellah et al., *Habits of the Heart*: *Individualism and Commitment in American Life*, updated ed. (Berkeley: University of California Press, 1996).

42. Appleby, "Republicanism and Ideology," pp. 461–473; Michael Sandel, *Democracy's Discontent*: *America in Search of a Public Philosophy* (Cambridge, MA: Belknap Press of Harvard University Press), 1996.

43. 附录中的陈述来源包括：Lane, *Political Ideology*；Feaver and Kohn, *Soldiers and Civilians*；Reeher, *Narratives of Justice*；Hochschild, *What's Fair?* 对于军事思维的意识形态所进行的描述，参见 Abrahamsson, *Military Professionalization and Political Power*；Busch, "A Comparative Cross Service 'Operational Code' Analysis of the 'Military Mind' Concept"；Huntington, *The Soldier and the State*；Alfred Vagts, *A History of*

Militarism: *Civilian and Military* (New York: Greenwich Editions, Meridian Books, 1959)。

第十章　军事职业概念的演变

根据合同 W74V8H–05–K–0007，本章的撰写得到了美国陆军行为及社会科学研究所的支持。本章表达的内容代表作者观点，未必是美国陆军研究所、陆军部或国防部的观点。感谢苏珊娜·尼尔森中校对初稿提出的建议，也感谢柯比·鲍灵（Kirby Bowling）对本研究提供的帮助。

1.　Samuel P. Huntington, *The Soldier and the State* (Cambridge MA: Belknap Press of Harvard University Press, 1957); Morris Janowitz, *The Professional Soldier* (Glencoe, IL: Free Press, 1960).

2.　对于军队不断变化的人口统计学特征的一项历史考察，参见 David R. Segal and Mady Wechsler Segal, "America's Military Population," *Population Bulletin* 59, no. 4 (December 2004): 3–5。

3.　Bernard Boene, "Social Science Research, War, and the Military in the United States," in Gerhard Kummel and Andreas Prufert, eds., *Military Sociology in the United States*: *The Richness of a Discipline* (Baden-Baden: Nomos, 2000), pp.149–251.

4.　当前社会科学跨学科研究中的一个例子是：David R Segal, "Current Developments and Trends in Social Research on the Military," in Giuseppe Caforio, ed, *Social Sciences and the Military*: *An Interdisciplinary Overview* (London: Routledge, Taylor and Francis, 2007), pp.46–66。

5.　参见 Robert M. Yerkes, ed., *Psychological Examining in the U.S. Army*, *Official Report of the Division of Psychology* (Washington, DC: Surgeon General's Office, 1921)。有关群体绩效的研究，参见 Edward L. Munson, *The Management of Men* (New York: Henry Holt, 1921)。

6.　Quincy Wright, *A Study of War* (Chicago: University of Chicago Press, 1942).

7.　例如，参见 Eli Ginzburg et al., *The Ineffective Soldier*: *Lessons for Management and the Nation* (New York: Columbia University Press, 1959)。

8.　Samuel A. Stouffer, ed., *The American Soldier*: *Adjustment during Army Life* (Princeton,

NJ: Princeton University Press, 1949); Samuel A. Stouffer, ed., *The American Soldier*: *Combat and Its Aftermath* (Princeton, N: Princeton University Press, 1949).

9. 关于这些变化对政治科学影响的更为详尽的讨论，请参阅本卷中彼得·D. 费弗和埃里卡·西勒撰写的第四章。

10. C. Wright Mills, *The Power Elite* (New York: Oxford University Press, 1956), pp.198–225; Harold D. Lasswell, "The Garrison State," *American Journal of Sociology* 46, no.4 (January 1941): 455–468.

11. Herbert Spencer, *Principles of Sociology* (New York: Appleton, 1896).

12. Everett C. Hughes, "The Sociological Study of Work," in Everett C. Hughes, *The Sociological Eye*: *Selected Papers* (Chicago: Aldine, 1971), pp.298–303.

13. William J. Goode, "Encroachment, Charlatanism, and the Emerging Profession," *American Sociological Review* 25, no.6 (December 1960): 903. 这份清单除已标示过的地方都需要解释。所有括号中的数字都是作者加上去的。

14. 在正式的工作环境中，即在由管理部门监督的官僚机构中，除职业以外，还有越来越多的从业者做的是工作。职业与工作不同，从事职业的人常常能够独立开展业务，只受职业中同行或职业协会的管控。例如，如果律师或医生通过了律师协会或医学委员会的认证，他们就可以挂牌开业了。虽然随着时间的推移，从事传统自主性职业的人日渐增多，例如，医院或诊所中的医生、公司或大型律师事务所中的律师，但是他们身处官僚背景下，却受到越来越多的管控限制，像工作一样受到同一种法律的制约。例如，医生会发现，自己的执业活动越来越受到医院行政管理人员和保险公司经理的影响，而这些人并没有医学学位。Eliot Friedson, "The Changing Nature of Professional Control," *Annual Review of Sociology* 10 (1984): 1–20.

15. 关于政治中立性是职业的共同特征的论述，参见 Suzanne Keller, *Beyond the Ruling Class* (New York: Random House, 1968)。

16. 社会将职业合理化的一般历程可以用专业化程度的日渐提高来描绘，专业化是其中的一个方面。在某一职业内部，这可以体现为专业化亚共同体（subcommunities）的分化发展，如内科医生、外科医生和神经外科医生。在职业环境中，也可以体现为闯进职业管辖范围的其他工作的发展。

17. Bengt Abrahamsson, *Military Professionalization and Political Power* (Beverly Hills,

CA: Sage, 1972).

18. A. M. Carr-Saunders and P. A. Wilson, *The Professions* (Oxford: Clarendon Press, 1933).

19. 例如，参见 Ernest Greenwood，"Attributes of a Profession," in Sigmund Nosow and William H. Form, eds., *Man, Work, and Society*: *A Reader in the Sociology of Occupations* (New York: Basic Books, 1962), pp.207–218。

20. Albert J Reiss，"Occupational Mobility of Professional Workers," *American Sociological Review* 20, no.6 (December 1955): 693–700.

21. 例如，参见 David R. Segal and Meyer Kestnbaum，"Professional Closure in the Military Labor Market: A Critique of Pure Cohesion," in Don M. Snider, Gayle L. Watkins, and Lloyd J. Matthews, eds., *The Future of the Army Profession* (New York: McGraw-Hill Primis, 2002), pp.439–458。

22. Mills, *The Power Elite*, David R. Segal and John D. Blair，"Public Confidence in the U.S. Military," *Armed Forces and Society* 3, no.1 (Fall 1976): 3–11.

23. 值得注意的是，日本等一些国家并没有独立的军事司法体系或军事法庭，而在欧洲共同体中，服兵役一直被裁定为一种就业形式：它适合于民事就业歧视法，而且民事法庭对它有司法权。

24. Reiss，"Occupational Mobility of Professional Workers," pp.693–700.

25. Segal and Segal，"America's Military Population," p.10.

26. 例如，参见 Thomas Jager and Gerhard Kummel, eds., *Private Military and Security Companies*: *Chances, Problems, Pitfalls and Prospects* (Weisbaden: VS Verlag für Sozialwissenschaften, 2007)。

27. Huntington, *The Soldier and the State*; Janowitz, *The Professional Soldier*.

28. 欧洲社会学家早已开始将军官作为一种职业进行分析了，但是诺贝特·埃利亚斯（Norbert Elias）终其一生也没有完成对海军职业起源的深刻分析，直到最近，这一分析才被重新整理并得以出版，人们也不认为德墨特尔（Demeter）对欧洲军事职业的研究属于社会科学。Norbert Elias, *The Genesis of the Naval Profession* (Dublin: University College Dublin Press, 2007); Karl Demeter, *Das Deutsche Heer und Seine Offiziere* (Berlin: Verlag von Reimer Hobbing, 1935).

29. Charles C. Moskos, *The American Enlisted Man* (New York: Russell Sage Foundation, 1970).

30. David Easton, *The Political System*: *An Inquiry into the State of Political Science* (New York: Alfred A. Knopf, 1953); David Easton, "Traditional and Behavioral Research in American Political Science," *Administrative Science Quarterly* 2, no.1 (June 1957): 110–115; David Easton, *A Framework for Political Analysis* (Englewood Cliffs, NJ: Prentice-Hall, 1965).

31. Samuel P. Huntington, "The Election Tactics of the Nonpartisan League," *Mississippi Valley Historical Review* 36, no.4 (March 1950): 613–632.

32. Harold L. Wilensky, "The Professionalization of Everyone?" *American Journal of Sociology* 70, no.2 (September 1964): 137–158.

33. Huntington, *The Soldier and the State*, p.11.

34. Morris Janowitz, "Civic Consciousness and Military Performance," in Morris Janowitz and Stephen D. Wesbrook, eds., *The Political Education of Soldiers* (Beverly Hills, CA: Sage, 1983), pp.55–80.

35. Paul L. Savage and Richard A. Gabriel, "Cohesion and Disintegration in the American Army," *Armed Forces and Society* 2, no. 3 (Spring 1976): 340–376; John Helmer, *Bringing the War Home* (New York: Free Press, 1974); G. David Curry, *Sunshine Patriots* (South Bend, IN: Notre Dame University Press, 1984).

36. David R. Segal, *Recruiting for Uncle Sam*: *Citizenship and Military Manpower Policy* (Lawrence: University Press of Kansas, 1989); Bernard Rostker, *I Want You*: *The Evolution of the All-Volunteer Force* (Santa Monica, CA: RAND, 2007).

37. 总体部队包括现役人员、预备役人员以及国防部的文职人员与合同人员。

38. Charles C. Moskos, "The All-Volunteer Military: Calling, Profession, or Occupation?" *Parameters* 7, no. 1 (1977): 2–9.

39. Charles C. Moskos, "From Institution to Occupation: Trends in Military Organization," *Armed Forces and Society* 4, no.1 (October 1977): 43.

40. David R. Segal, "Measurement of the Institutional/Occupational Change Thesis," *Armed Forces and Society* 12, no.3 (Spring 1986): 351–375.

41. Morris Janowitz, "From Institutional to Occupational: The Need for Conceptual Clarity," *Armed Forces and Society* 4, no.1 (October 1977): 51–54.

42. George Kourvetaris and Betty Dobratz, "The Present State and Development of

Sociology of the Military," in George Kourvetaris and Betty Dobratz, eds., *World Perspectives in the Sociology of the Military* (New Brunswick, NJ: Transaction Books, 1977), p.12.

43. Zeb B. Bradford and Frederick J. Brown, *The United States Army in Transition* (Beverly Hills, CA.: Sage, 1973).

44. Charles C. Moskos, "The Emergent Military: Civil, Traditional, Plural?" *Pacific Sociological Review* 16, no.2 (April 1973): 255–280.

45. Ibid., p.275.

46. Huntington, *The Soldier and the State*, pp.17–18.

47. U.S. Army, Sergeant Major of the Army, "The NCO Creed," www.army.mil/leaders/sma/creed.htm.

48. Congressional Budget Office, *Educational Attainment and Compensation of Enlisted Personnel* (Washington, DC, 2004), p.1.

49. Ibid., p.11.

50. 大约 8％的新任军官没有大学学位，他们主要是先前入伍的士兵。军事职业范畴内的职业包括医生、律师和牧师，进入到这些职业中的军官大多拥有高级学位。参见 Office of the Under Secretary of Defense, Personnel and Readiness, *Population Representation in the Military Services*, FY 2004, p. vi, www.defenselink.mil/ prhome/poprep2004/download/2004report.pdf。

51. 2005 年，一半的受访者表达了"非常赞同的观点"。2007 年，"非常赞同"的比例降至 29％。Jodie Allen, Nilanthi Samaranayake, and James Albrittain Jr., *Iraq and Vietnam*: *A Crucial Difference in Opinion* (Washington, DC: Pew Research Center), pewresearch.org/pubs/432/iraq-and-vietnam-a-crucial-difference-in-opinion.

52. Huntington, *The Soldier and the State*, pp.12.

53. Moskos, "The All-Volunteer Military," pp.5–6.

54. U.S. Army, "The NCO Creed."

55. 尽管朝鲜战争被列为有限战争，但是这场战争中使用了预备役部队。在动员的第一年，预备役人员占动员人员的三分之一以上。David R. Segal and Mady Wechsler Segal, "U.S. Military's Reliance on the Reserves," *Population Reference Bureau Bulletin* (2005), www.prb.org/Articles/ 2005/USMilitarysRelianceontheReserves.aspx.

56. Christine E. Wormuth, Michele A. Flournoy, Patrick T. Henry, and Clark A. Murdock, *The Future of the National Guard and Reserves* (Washington, DC: Center for Strategic and International Studies, 2006), p.1.

57. Ibid..

58. Segal and Segal, "U.S. Military's Reliance on the Reserves."

59. Ruth H. Phelps and Beatrice J. Farr, eds., *Reserve Component Soldiers as Peacekeepers* (Alexandria, VA: U.S. Army Research Institute for the Behavioral and Social Sciences, 1996).

60. 20世纪90年代，预备役部队年平均服役100万个工作日。在1996年至2000年期间，这个数字增至每年1200万个工作日，参见 Wormuth et al., *The Future of the National Guard and Reserves*, p.2。

61. David R. Segal, "Military Sociology," in Clifton D. Bryant and Dennis L. Peck, eds., *21st Century Sociology*: *A Reference Handbook* (Thousand Oaks, CA: Sage, 2006), p.358.

62. Ibid..

63. Joseph E. Whitlock, LTC, *How to Make Army Force Generation Work for the Army's Reserve Components* (Carlisle, PA: Strategic Studies Institute of the Army War College, 2006), p. v.

64. 例如，陆军现役部队会提供14支旅级战斗队，预备役部队会提供4支旅级战斗队。这些旅可以互换作战，同时需要对现役士兵和预备役士兵进行周期性部署。参见 Wormuth et al., *The Future of the National Guard and Reserves*。

65. Ibid., p.7.

66. 请参阅美国陆军预备队主任兼陆军预备役司令部司令杰克·C. 施图兹（Jack C. Stultz）中将的问答内容，网址为 www.army reserve.army.mil/ARWEB/NEWS/20060908.htm。

67. Reiss, "Occupational Mobility of Professional Workers," p.693.

68. Charles C. Moskos, "From Institution to Occupation: Trends in Military Organization," *Armed Forces and Society* 4, no.1 (October 1977): 41–50.

69. 例如，参见 Ryan Kelty and David R. Segal, "The Civilianization of the U.S. Military," in Jager and Kummel, *Private Military and Security Companies*, pp.213–239。

70. Albert D. Biderman, "What Is Military?" in Sol Tax, ed., *The Draft*: *A Handbook of Facts and Alternatives* (Chicago: University of Chicago Press, 1967), pp.122–137; Bernard Boene, "How 'Unique' Should the Military Be?" *European Journal of Sociology* 31, no.1 (1990): 3–59.

71. 参见 Christian Schaller, "Private Security and Military Companies under the International Law of Armed Conflict," in Jager and Kummel, *Private Military and Security Companies*, pp.324–360。

72. 参见 U.S. Department of Defense. *Report of the Defense Science Task Force on Human Resources Strategy* (Washington, DC: Office of the Under Secretary of Defense for Acquisitions, Technology, and Logistics, 2000)。

第十一章　民主国家中的军事与政治活动

1. 例如，参见 Samuel Finer, *The Man on Horseback* (Middlesex: Penguin,1962)。关于军事力量在一个连续统一体中发生变化的观念，另请参见 R. Hrair Dek mejian, "Egypt and Turkey: The Military in the Background," in Roman Kolkowicz and Andrzej Korbonski, eds., *Soldiers*, *Peasants and Bureaucrats* (London: George Allen and Unwin, 1982); Yehuda Ben Meir, *Civil-Military Relations in Israel* (New York: Columbia University Press, 1995)。

2. Samuel P. Huntington, *The Soldier and the State* (Cambridge, MA: Belknap Press of Harvard University Press, 1957).

3. 参见本书中克里斯托弗·P.吉布森撰写的第十二章。

4. 亨廷顿的规范影响可能也有不良后果，因为它不鼓励军官对自己及同僚的潜在政治活动进行自觉地辩论。军官可能是以这样的方式视自己为专业人员的：当他们参与政治活动时，并不承认自己参与了政治活动，因为如果承认了，就可能威胁到他们已然是"职业"军官的基本身份了。如果相反，我们将军官的政治行为理解为"自然而然"，甚至可能在所难免，并且认为这种行为可能与职业主义的某些方面一拍即合，我们大概就会鼓励军官对这些问题进行更多的自我反省。

5. Thom Shanker, "Mideast Commander Retires after Irking Bosses," *New York Times*, March 12, 2008, www.nytimes.com/2008/03/12/washington/12military.html.

6. David S. Cloud and Eric Schmitt, "More Retired Generals Call for Rumsfeld's Resignation," New York Times, April 13, 2006, www.nytimes.com/2006/04/14/washington/14military.html.

7. 参见 Thom Shanker, "Mideast Commander Retires after Irking Bosses," *New York Times*, March 12, 2008; Michael C. Desch, "Bush and the Generals," *Foreign Affairs* 86, no. 3 (May-June 2007): 97–108; 本书中马修·莫滕撰写的第三章。

8. Huntington, *The Soldier and the State*, p. 84.

9. Finer, *The Man on Horseback*.

10. Alfred Hurley, *Billy Mitchell* (Bloomington: Indiana University Press, 1975 [1964]), pp. 60–62, 92. 参见 Burke Davis, *The Billy Mitchell Affair* (New York: Random House, 1967)。

11. Hurley, *Billy Mitchell*, pp. 68–69，95

12. David H. Petraeus, "Military Influence and the Post-Vietnam Use of Force," *Armed Forces and Society* 15, no. 4 (Summer 1989): 494. 彼得雷乌斯写了一篇言及政治行为议题的文章，这可能让一些人感到有讽刺意味，因为彼得雷乌斯在国会作证时支持了布什政府的战略，有人指责他的这一做法属于"政治"行为，或者是布什政府在试图将他政治化，让他成了其伊拉克政策的发言人。

13. Mike Allen and Roberto Suro, "Vieques Closing Angers Military, Hill GOP," *Washington Post*, June 15, 2001

14. 参见 Michael R. Gordon, "Powell Delivers a Resounding No on Using Limited Force in Bosnia，" *New York Times*, September 28, 1992; Colin L. Powell, "Why Generals Get Nervous," Op-Ed. *New York Times*, October 9, 1992, p. A-35; Colin Powell, "U.S. Forces: Challenges Ahead," *Foreign Affairs* 71, no. 5 (Winter 1992—1993):32–45。

15. 他的行为经常被引用，作为美国军政关系危机迫在眉睫的证据。在下述文献中的引言部分，有对此进行的相关综述，参见 Don M. Snider and Miranda A. Carlton-Carew, eds., *U.S. Civil-Military Relations*: *In Crisis or Transition* (Washington, DC: Center for Strategic and International Studies,1995)。

16. Peter Feaver and Richard Kohn, "The Gap," *National Interest*, no. 61 (Fall 2000): 29–37. 在该文献中，提到了这一点。

17. 参见 H. R. McMaster, *Dereliction of Duty*: *Lyndon Johnson, Robert McNamara, the Joint

Chiefs of Staff, and the Lies That led to Vietnam (New York: HarperCollins, 1997)。

18. 参见 Eliot Cohen, "Enough Blame to Go Around," *National Interest*, no. 51 (Spring 1998): 103–109; 另请参见 Feaver and Kohn, "The Gap."

19. Feaver and Kohn, "The Gap."

20. 参见本书中由理查德·H.科恩撰写的第十三章；以及参见 Desch, "Bush and the Generals."

21. 参见 DoD Directive 1344.10, dated August 2, 2004, Enclosure 3 (superseding DoD Regulation 5500); 克里斯托弗·吉布森撰写了本书中的第十二章，在该章的注释中，详细引述了本命令中的规定。

22. 譬如，参见哈罗德·坎贝尔少将因发表蔑视克林顿总统的言论而受到惩罚的报告；Robert Burns, "General Who Maligned Clinton Agrees to Retire Early," *Associated Press*, June 19, 1993.

23. 詹姆斯·伯克称其为军队的"制度优势"。James Burk, "The Military's Presence in American Society, 1950—2000," in Peter Feaver and Richard Kohn, eds., *Soldiers and Civilians*: *The Civil-Military Gap and American Na tional Security* (Cambridge, MA: MIT Press, 2001), pp. 247–274.

24. Matthew B. Stannard, "Military Voters Increasingly Vocal with Their Opinions," *San Francisco Chronicle*, October 12, 2004, p. Al.

25. 参见 Robert Burns, "Officers Endorsing Clinton Say His Military History Shouldn't Matter," *Associated Press*, October 14, 1992.

26. 参见 Steven Lee Myers, "The 2000 Campaign: Support of the Military; Military Backs Ex Guard Pilot over Private Gore," *New York Times*, September 21, 2000。

27. 参见 "Military Endorsements," PBS NewsHour with Jim Lehrer transcript, September 25, 2000, www.pbs.org/newshour/bb/military/july-dec00/military_9–25 .html。

28. Douglas Turner, "Enlisting Aid of Generals," *Buffalo News* (New York), August 1, 2004, p. Al; "Military Endorsements Seen as Increasing Kerry's National Security Credibility," *Frontrunner*, July 30, 2004; Stannard, "Military Voters Increasingly Vocal with Their Opinions."

29. 有其他迹象表明，这种政治活动日益增长。2002 年，在确保重计佛罗里达州选票时，军方的缺席者投票发挥了重要作用。此后，五角大楼将 2004 年 10 月 11 日至

15 日定为"缺席者投票周"（Absentee Voting Week），甚至指定了"投票协助官员"。据报道，与以往选举期间的情况相比，对军事基地和军事设施的讨论及辩论更加公开和激烈。如果军队不存在党派偏见，这本来不会变得这么重要。在一项非学术性问卷调查中，有 2754 名现役军人、1411 名预备役和国民警卫队人员接受了调查 (联邦法律禁止对军人进行定期的民意调查)，该调查报告称，支持布什的人数是支持克里（Kerry）人数的四倍。因此，无论是否是有意而为之，通过动员缺席者投票（absentee votes），五角大楼的投票助攻行为确实在选举中支持了共和党。参见 Stannard, "Military Voters Increasingly Vocal with Their Opinions."

30. Turner, "Enlisting Aid of Generals."

31. Steven Lee Myers, "The Nation; When the Military (ret.) Marches to Its Own Drummer," *New York Times*, October 1, 2000.

32. 这一点的出处同上书。

33. 参见 "Military Endorsements," *PBS News Hour with Jim Lehrer* transcript。

34. Rear Admiral Craig Quigley, Vice Admiral (ret.) John Shanahan, and defense reporter and author George Wilson on the NewsHour with Jim Lehrer, "Civilians on Board," March 5, 2001, http://www.pbs.org/newshour/bb/military/jan-june01/sub_3-5.html.

35. 参见 John Kifner, "Despite Sub Inquiry, Navy Still Sees Need for Guests on Ships," *New York Times*, April 22, 2001。

36. 参见 Edward Walsh, "A Longtime Military PR Practice," *Washington Post*, February 15, 2001。2001 年 2 月，美国海军的一艘潜艇格林维尔号 (USS Greeneville) 与一艘日本货船相撞，引起公众的密切关注。这艘潜艇上有 16 名文职人员，其中包括密苏里修复基金 (Missouri Restoration Fund) 的捐赠者和颇具声望的企业高管。Christopher Drew, "Civilian Says Submarine Took Precautions," *New York Times*, February 17, 2001.

37. 与 F–22 猛禽战斗机有关的美国空军活动为这些策略提供了例证。参见 Greg Schneider, "Red-Hot Fighter, Trail of Deception," *Baltimore Sun*, July 18, 1999。

38. 例如，参见 Gordon Adams, *The Politics of Defense Contracting* (New Brunswick, NJ: Transaction, 1981)。

39. 有一项关于这些"联络"活动的很有价值的研究，参见 Stephen Scroggs, *Army Relations with Congress* (Westport, CT: Praeger, 2000)。我在全文中都讨论了类似的

游说活动，法律和法规是禁止太公开、太明确的游说策略的。例如，陆军对立法联络人的管理条例就禁止了以下行为：对于总统预算不支持的资金请求，陆军军官却要求国会议员予以支持；制定与国防部不一致、与行政政策或立场相抵触的法规。这些规定可以在陆军的 OCLL（办公室，立法联络处主任）网站上找到，www.hqda.army.mil/ocll/AR120/AR%201-20.pdf。

40.　Art Pine, "Issue Explodes into All-out Lobbying War," *Los Angeles Times*, Jan uary 28, 1993. 此外，军方消息人士称，军事基地的现役人员正在有组织地请来参议员和众议员，向他们表达自己对该项政策变革的反对意见。1993 年 1 月，参议员鲍勃·多尔（Bob Dole）会见了来自 24 个不同退伍军人团体的领导人，这些团体反对废止这项禁令。在《海军陆战队公报》上刊登的一篇文章中，海军战争学院的一名现役海军军官建议说，与其公开接受同性恋者，不如解散海军陆战队。1993 年 1 月 27 日，埃里克·施密特（Eric Schmitt）在《纽约时报》上发表了一篇文章，文中提到，"军队为它的同性恋禁令援引了各种各样的理由"。另请参见 David M. Rayside, "The Perils of Congressional Politics," in Craig A. Rimmerman, ed., *Gay Rights, Military Wrongs*: *Political Perspectives of Lesbians and Gays in the Military* (New York: Garland, 1996), pp. 151, 152, 155, 169; esp. p. 19on81。

41.　"整合"是军事效能的一个组成部分。它涉及以下内容：确保所有军事领域都具有保持一致的能力；在各层级内部和之间都能创建协同效应；避免适得其反的行动。参见 Risa Brooks and Elizabeth Stanley, eds., *Creating Military Power*: *The Sources of Military Effectiveness* (Stanford: Stanford University Press, 2007)。另 请 参 见 Barry R. Posen, *The Sources of Military Doctrine*: *France, Britain, and Germany between the World Wars* (Ithaca, NY: Cornell University Press, 1984)。以下文献也含蓄地表达了这一概念，参见 Allan R. Millett and Williamson Murray, eds., *Military Effectiveness*, vol, 1: *The First World War* (Boston: Allen and Unwin, 1988)。

42.　一些人可能会回应说，对于文官群体或国会的失败，不应该由军事领导人来弥补。这种说法有一定的说服力：对军事相关问题进行更充分的公民教育和辩论确实有助于改善文官在专业知识与能力上的不足。但是这种观点忽略了军事领导人的特殊地位：他们有获取信息的独特优势，有解读这些信息的技能，也受过这方面的培训，而文官分析者和普通人对这些方面几乎都是有心无力。

43.　公开表达反对意见的将军包括：陆军少将保罗·D.伊顿，2004 年以前，他指挥训练过伊拉克安全部队；海军陆战队中将格雷格·纽博尔德，他于 2000—2002 年担任过参谋长联席会议作战部长；陆军少将约翰·巴蒂斯特，他退休前曾在伊拉克指挥过一个师。参见 Cloud and Schmitt, "More Retired Generals Call for Rumsfeld's Resignation."

44. Lieutenant General Greg Newbold (ret.), "Why Irag Was a Mistake," *Time*, April 9, 2006, www.time.com/time/magazine/article/0,9171,1181629,00.html.

45. Ralph Peters, "Hawks for Dissent: A Pro-Iraq War Ex-soldier Defends the Generals Who Took on Rumsfeld," *Washington Monthly*, June 2006.

46. 参见 Kevin Drum, "Political Animal," *Washington Monthly*, April 18, 2006, www. washing-tonmonthly.com/archives/monthly/2006_04.php. Quotations from other blog participants can be found at www2.washingtonmonthly.com/mt/mt-comments .cgi?entry_id=8641。

47. 火警术语，参见 Matthew McCubbins and Thomas Schwartz, "Congressional Oversight Overlooked: Police Patrols versus Fire Alarms," *American Journal of Political Science* 27, no. 4 (February 1984): 165–179。

48. 关于这些创新进路的回顾，以及罗森自己的观点，参见 Stephen P. Rosen, *Winning the Next War*: *Innovation and the Modern Military* (Ithaca, NY: Cornell University Press, 1991)。

49. 参见 Roy K. Flint, "The Truman-MacArthur Conflict: Dilemmas of Civil-Military Relations in the Nuclear Age," in Richard Kohn, ed., *The United States Military under the Constitution of the United States*, 1789—1989(New York: New York University Press, 1991), p. 258。

50. 参见 Michael R. Gordon, "Powell Delivers a Resounding No on Using Limited Force in Bosnia," *New York Times*, September 28, 1992; Powell, "Why Generals Get Nervous"; and Powell, "U.S. Forces: Challenges Ahead"; Snider and Carlton-Carew, U.S. *Civil-military Relations*; Richard Kohn, "Out of Control: The Crisis in Civil-Military Relations," *National Interest*, no. 35 (Spring 1993): 3–17。

51. 参见 Pine, "Issue Explodes into All-Out Lobbying War"; Schmitt, "Military Cites Wide Range of Reasons for Its Gay Ban"; Rayside, "The Perils of Congressional Politics," pp. 151, 152, 155, 169; especially p. 190n81。

52. 譬如，如果确定问题的域，就有可能将适当行为和不当行为区分开了。因此，有人可能会接受军事领导人在预算和采办（官僚政治的典型花销）领域中利用这些策略，却不能接受他们在国家安全目标或战略对话上利用这些策略。但是有一种反驳的观点认为，在以上两个领域中利用这些策略的结果是，都可能对资源如何分配、美国要如何应对安全威胁问题以及美国要以何种抱负来面对这种威胁产生重大影响，因此，通过问题的域来区分行为是否适当可能过于武断。

53. Leon V. Sigal, *The Changing Dynamics of U.S. Defense Spending* (Westport, CT: Praeger, 1999), p. 40.

54. 参见 Alfred Stepan, *Re-thinking Miltary Politics* (Princeton, N: Princeton Uni versity Press, 1988), p. 84。

55. 在对公共与私人机构信任度进行测量的盖洛普调查中，美国人对军队的评价一向很高，可访问网址：www.gallup.com/poll/specialReports/pollSummaries/aoa_index.asp。另请参见以下文献中援引的数字：Paul Gronke and Peter D. Feaver, "Uncertain Confidence: Civilian and Military Attitudes about Civil-military Relations," in Feaver and Kohn, *Soldiers and Civilians*, p. 134。

56. Andrew Bacevich, "Grand Army of the Republicans: Has the U.S. Military Be come a Partisan Force?" *New Republic* 217, no. 23 (December 8, 1997): 22–25.

57. 霍尔斯蒂（Holsti）发现，1976 年，绝大多数接受调查的军官都认为自己是党派中立的。到 1996 年，这一比例已经下降到 22%。与此同时，自称是共和党人的军官人数从 33% 升至约 64%。参见 Ole R. Holsti, "A Widening Gap between the U.S.Military and Civilian Society?" *International Security* 23, no. 3 (Winter 1998—1999): 5–42。另请参见三角战略研究所 (TISS) 做的研究，费弗与科恩在他们的著作《士兵与平民》（*Soldiers and Civillians*）中报告了这项研究。

58. 各类文官的相对人数为：29% 的文官是共和党人；35% 的文官是民主党人；31% 的文官是独立人士；5% 的文官无党派倾向。参见 Feaver and Kohn, *Soldiers and Civilians*, p. 106。

59. Feaver and Kohn, "The Gap," p. 6.

60. Bacevich, "Grand Army of the Republicans." 关于共和党成为军队政党的思想，参见 Donald Zillman, "Maintaining the Political Neutrality of the Military," Op-Ed, *Inter-University Seminar Newsletter*, Spring 2001,p. 17; Feaver and Kohn, *Soldiers and Civilians*。

61. 有一项关于军事职业性质的精彩分析，参见 Don M.Snider and Lloyd J. Matthews, eds., *The Future of the Army Profession*, 2d ed., rev. and exp. (New York: McGraw-Hill Primis, 2005)。

第十二章　强化国家安全和对军队进行文官控制——麦迪逊进路

　　本章仅代表我个人观点，不代表国防大学、陆军战争学院、陆军部、国防部或任何其他政府机构的观点。本章出自我的文稿《保卫国家：军政关系中的国家安全决策程序改革》(*Securing the State*: *Reforming the National Security Decisionmaking Process at the Civil-Military Nexus*)（伦敦：阿什盖特出版社，2007 年）。该书由美军战争学院资助出版。这部文稿是我在当胡佛研究所国家安全事务学者期间完成的，感谢很多审阅初稿的人，他们都给予了有益的评论和建议。在此再次深表谢意。

1. 民意调查数据显示，在 2006 年的美国大选中，伊拉克战争是选民最关心的问题。例如，参见 CNN exit polling at www.cnn.com/ELECTION/2006/special/issues/。

2. 特请参见 Michael R. Gordon and General Bernard E. Trainor, *COBRA* Ⅱ : *The Inside Story of the Invasion and Occupation of Iraq* (New York: Pantheon Books, 2006)； Thomas E. Ricks, *Fiasco*: *The American Military Adventure in Iraq* (New York: Penguin, 2006)；Bob Woodward, *State of Denial*: *Bush at War*, *Part* Ⅲ (New York: Simon and Schuster,2006)。

3. 伊拉克研究小组也得出了这一结论。该小组由 10 名杰出的前两党政府成员组成，在其报告的第 46 条建议中写道："新国防部长应该营造出一种高级军官觉得能出谋划策、畅所欲言的环境，不仅能向五角大楼的文职领导人提建议，而且能向总统和国家安全委员会提建议，要竭尽全力地打造健康的军政关系，恰如《戈德华特 – 尼科尔斯国防部改组法》中所展望的那样。" *Report of the Iraq Study Group*, *Authorized Edition* (New York: Vintage Books, 2006)，p. 77.

4. 拉姆斯菲尔德不只操控了迈尔斯将军，还操控了包括中央司令部指挥官汤米·弗兰克斯将军在内的其他军官。许多著作批评政府对伊拉克战争处理不当，包括注释 2 中援引的那些著作来源，这些文献都得出过同样的结论。五角大楼对战争规划流程与转型都付出了许多努力，拉姆斯菲尔德却把自己的观点强加于这些努力之上，使军队止步不前。罗文·斯卡伯勒（Rowan Scarborough）写了《拉姆斯菲尔德的战争》（*Rumsfeld's War*）一书，该书于 2004 年由位于华盛顿特区的涅里出版社出版，书的中心议题也是拉姆斯菲尔德的这些行动。不过，斯卡伯勒在书中明确表示，他希望人们在读它时，能看到这本书是对这位国防部长的任期表现予以支持的。

5.　H. R. McMaster, *Dereliction of Duty*: *Lyndon Johnson, Robert McNamara, the Joint Chiefs of Staff, and the Lies That Led to Vietnam* （New York: HarperCollins Publishers, 1997），pp. 300–322.

6.　至于另一种观点，请参阅本书中理查德·H.科恩撰写的第十三章，该论文主张军队应该承担塑造军政关系动力的责任。

7.　Samuel P. Huntington, *The Soldier and the State*: *The Theory and Politics of Civil Military Relations* （Cambridge, MA: Belknap Press of Harvard University Press, 1957）: Morris Janowitz, *The Professional Soldier*: *A Social and Political Portrait*, 2d ed. （New York: Free Press, 1971）. "后冷战" 重现了这些进路，分别参见 Richard H. Kohn, "The Erosion of Civilian Control of the Military in the United States Today," *Naval War College Review* 55, no. 3 （Summer 2002）: 9–59; Eliot Cohen, *Supreme Command*: *Soldiers, Statesmen, and Leadership in Wartime* （New York: Free Press, 2002）。

8.　即使缺少自觉的或既定的规范框架，某些总统仍然与军队进行了卓有成效的合作。麦迪逊进路就结合了部分正面案例中的 "最优举措"。虽然任何关系都应该足够灵活，以应对意外发生，但是一份好的协议和框架应该具有问责、效率和效能特征，有助于建立起指导军政关系的明确预期，特别是在生死攸关的时刻。

9.　Richard H. Kohn, "Out of Control: The Crisis in Civil-Military Relations," *National Interest*, no. 35 (Spring 1994): 3–31.

10.　本书中的第十一章由里莎·布鲁克斯撰写，在该章中，她提出了这样一个问题：在军政关系中，军官的适当行为应该由哪些因素构成？该章也指出了为什么客观控制模式不能提供令人信服的答案。

11.　Huntington, *The Soldier and the State*.

12.　Huntington, *The Soldier and the State*,p.80.

13.　Ibid.. pp. 83–85.

14. U.S.Army, Field Manual (FM) 100-1, *The Army*, June 14, 1994. 在该手册中可以看到，亨廷顿的哲学和逻辑是处理美国陆军军政关系的基础。

15. Huntington, *The Soldier and the State*,p.80.

16. 其实，亨廷顿已经意识到文职领导人和军事领导人的角色有时会重叠，但是他认为，有太多的劳动分工是基于某种理论完成的。

17. 可以通过阅读任何四星将军的回忆录来了解这一点。譬如，参见 Colin Powell, *My American Journey* (New York: Random House, 1996); H. Norman Schwarzkopf, *It Doesn't Take a Hero* (written with Peter Petre) (New York: Bantam Books, 1992).

18. Janowitz, *The Professional Soldier*, pp. 417–440. 我完全同意贾诺威茨在本书中的观点。

19. 这些假设导致军政双方在预算和预算份额上发生冲突，促使麦克斯韦·泰勒将军提前退休，并出版了一本批评艾森豪威尔政府的书。参见 Maxwell D. Taylor, *Uncertain Trumpet* (New York: Harper, 1960)。

20. 在 1961 年 6 月 28 日的国家安全行动备忘录（NSAM 55）中，含有总统对参谋长联席会议主席（CJCS）的指示，在该指示中，肯尼迪要求各军种参谋长制订有政治敏锐性的军事建议，就如同他们自己是决策者，而不是顾问。Willard J. Webb and Ronald H. Cole, *The Chairmen of the Joint Chiefs of Staff* (Washington, DC: Historical Division, Joint Chiefs of Staff, 1989),p. 60. 通过访问以下网址可获得此文件：www.jfklibrary.org/Historical+Resources/Archives/ Reference+Desk/NSAMs.htm。

21. 另可参见 Gibson, *Securing the State*; 第四章讨论了亨廷顿客观控制的变体，第五章谈到了理查德·科恩对它的老调重弹。

22. Huntington, *The Soldier and the State*, p. 155.

23. Janowitz, *The Professional Soldier*.

24. Ibid..

25. Ibid.,p.418.

26. Ibid.,p.440.

27. Ibid.,p.436.

28. 关于苏联军政关系的更多信息，参见 Timothy Colton, *Commissars, Commanders and Civilian Authority*: *The Structure of Soviet Military Politics* (Cambridge, MA: Harvard University Press, 1979); Timothy Colton, *Soldiers and the Soviet State*: *Civil-Military*

Relations from Brezhnev to Gorbachev (Princeton, NJ: Princeton University Press, 1990)。

29. Huntington, *The Soidier and the State*, pp. 154–157.

30. 我具体指的是伊莱恩·唐纳利（Elaine Donnelly）领导的军事准备中心。参见 cmrlink.org。

31. 参见 J. D. Lynch, "All Volunteer Force is in Crisis," USNI 123, no. 9 (September 1997): 30–34; John Hillen, "The Civilian-Military Gap: Keep It, Defend It, Manage It," USNI 1124, no. 10 (October 1998): 2–4; John Hillen, "Must U.S. Military Culture Reform?" *Orbis* 43, no. 1 (Winter 1999): 43–57; James Webb, "The War on Military Culture," *Weekly Standard* 2, no. 18 (January 20, 1997): 17–22。

32. 事实上，2005 年 3 月 20 日，来自肯塔基州里士满国民警卫队第 617 宪兵连的利·安·赫斯特（Leigh Ann Hester）中士，因其英勇作战而获得银星勋章。参见 The Army News, www.defenselink.mil/news/ Jun2005/20050616_1745.html。最近，一等医疗兵莫妮卡·布朗（Monica Brown）也因在阿富汗服役而被授予银星勋章。Ann Scott Tyson, "Woman Gains Silver Star—and Removal from Combat : Case Shows Contradictions of Army Rules," Washington Post, May 1, 2008, www.washingtonpost.com/wp-dyn/content/article/2008/04/30/AR2008043003415. html?sid=ST2008043003513.

33. Huntington, *The Soldier and the State*, pp. 2–3.

34. 另请参见艾略特·科恩对此问题的观点。科恩列举了那些意识形态明确、在战场上屡屡取胜的军队，尤其是德国党卫军。因此，不能断言主观控制的军队总是效能低下。参见 Cohen, *Supreme Command*, pp. 243–244。

35. Janowitz, *The Professional Soldier*, pp. 417–440. 另请参见 Gibson, *Securing the State*, chap. 3。

36. 参见 Federalist Papers, no. 10 and no. 51, in Isaac Kramnick, ed., *James Madison, Alexander Hamilton, and John Jay: The Federalist Papers* (New York: Penguin, 1987), pp.122–128, 318–322。

37. 与华盛顿和马歇尔两位领导人的军政关系不同，厄尔·惠勒将军和国防部长罗伯特·麦克纳马拉操控组织机构，导致政策错误，理查德·迈尔斯将军和国防部长唐纳德·拉姆斯菲尔德也将战事引向苦苦挣扎的败局，这两对军政关系都是功能失调、效能低下的。参见 Gibson, *Securing the State*, chap. 3。

38. 关于马歇尔和史汀生之间关系的性质和本质，最好的资料来源是：Pogue, "Marshall on Civil-Military Relationships," in Richard Kohn, ed., *The United States Military under the Constitution of the United States*, 1789—1989 (New York: New York University Press, 1991), esp. pp. 200–202。在其他的优秀资料来源中，我们有一份最接近于马歇尔将军回忆录的文献，参见 George C. Marshal, *George C. Marshall Interviews and Reminiscences for Forrest C. Pogue*, ed. Larry I. Bland and Joellen K. Bland, with an introduction by Forrest C. Pogue, rev. ed. (Lexington, VA: George C. Marshall Research Foundation, 1991)。还有一份文献是：Henry L. Stimson and McGeorge Bundy, *On Active Service in Peace and War* (New York: Harper, 1948)。

39. 1989 年至 1992 年，参谋长联席会议主席科林·鲍威尔将军和国防部长理查德·切尼（Richard Cheney）就监督巴拿马战争、海湾战争和塑造"后冷战"军事力量展开互动，在此期间，双方建立了良好的合作关系，成为五角大楼中另一对合作关系的典范。我认为这是军政互动的典范，但是我不赞同鲍威尔在 1992 年总统大选期间的所作所为，当时他在《纽约时报》上发表了一篇评论文章，该文章带有党派色彩，或者说，我不赞同这些人在乔治·H.W. 布什政府之后的新一届政府机构中的所作所为。职业化的军政领导人需要合作，才能帮助民选领导人了解战略图景和梳理重大决策，至于五角大楼中的军政领导人要如何进行这种合作，1989 年至 1992 年的切尼 – 鲍威尔树立了好榜样。另一个例子发生在克林顿政府时期，国防部长威廉·佩里与参谋长联席会议主席约翰·沙利卡什维利将军之间也形成了有效的合作关系。参见 Charles Stevenson, *Warriors and Politicians*: U.S. Civil-Military Relations under Stress (New York: Routledge, 2006)。

40. Schwarzkopf, *It Doesn't Take a Hero*, pp. 368–370.

41. 关于职业准备情况，参见 Christopher P. Gibson and Don M. Snider, "Civil-Military Relations and the Potential to Influence: A Look at the National Security Decisionmaking Process," *Armed Forces and Society* 25, no. 2 (Winter 1999): 193–218。

42. Peter D. Feaver, *Armed Servants*: Agency, Oversight, and Civil-Military Relations (Cambridge, MA: Harvard University Press, 2003).

43. Ibid.,pp. 54–95.

44. 因此，正如柏拉图在《理想国》中所描述的那样，国防部长是一位"辅助者"

（auxiliaries），这本著作广泛处理的关系正是今天被归类为军政关系的关系。在第二卷中，"护卫者"（guardian）一词描述了精英的责任，这些精英统治社会，影响群体规范的发展。第三卷展现的是委托－代理模式的变体。柏拉图把护卫者分为两类："统治者"(rulers) 和 "辅助者"。理想国中的政府赋予民选代表以制定法律和治理社会的权利，柏拉图说到的 "统治者" 便是民选领导人。而所有辅助统治者的人都是辅助者，因此五角大楼的政治任命官员和军事专业人员都是辅助者。参见 Plato, *Republic*, books Ⅱ and Ⅲ, in John Cooper, ed., *Plato: Complete Works* (Indianapolis: Hackett, 1997), pp. 998–1052。

45. Feaver, *Armed Servants*, p. 3.

46. Huntington, *The Soldier and the State*, pp. 8–9.

47. 一份关于军事职业主义的必读文献是：Don M. Snider and Lloyd J.Matthews, eds., *The Future of the Army Profession*, 2d ed., rev. and exp. (New York: Graw-Hill Primis, 2005)。

48. 参见 Michael J. Meese and Sean M. Morgan, "New Requirements for Army Expert Knowledge: Afghanistan and Iraq," in Snider and Matthews, *The Future of the Army Profession*, pp. 349–366。

49. 在那些最好的解释中有两篇：David McCullough, 1776 (New York: Simon and Schuster, 2005); Marshall, *George C. Marshall Interviews and Reminiscences*。

50. 正如理查德·科恩所言，党派之争导致文官不信任军官集团。参见本书中由理查德·H.科恩撰写的第十三章。

51. Janowitz, *The Professional Soldier*, pp. 422–423.

52. 有关《戈德华特－尼科尔斯国防部改组法》的详细历史，参见 James Locher, *Victory on the Potomac* (College Station: Texas A&M University Press, 2002)。

53. 参见 James Lyons, "The Missing Voice," *Washington Times*, September 20, 2006, p. 19; 以及美国海军陆战队（USMC）前司令官、参谋长联席会议成员詹姆斯·琼斯将军的评论, Woodward, *State of Denial*, p. 404。

54. 海军将领是海军中的上将，所以当一位海军军官担任海军上将时，他或她将成为美国武装部队的指挥官，而不是总指挥官（CG）。而这位军官应该拥有的头衔是 "总指挥官"（CG），不是 "指挥官"，以突出这位军官与总统不同，总统的头衔是 "三军统帅"。高级军官是将军或海军上将，而强调总指挥官这一头衔的地位会加强对军队的文官控制。

55. 参见 Stephen Skowronek, *Building a New American State*: *The Expansion of National Administrative Capacities*, 1877—1920 (Cambridge: Cambridge University Press, 1982), pp. 219–221; Matthew Moten, "Root, Miles, and Carter: Political-Cultural Expertise and an Earlier Army Transformation," in Snider and Matthews, *The Future of the Army Profession*, pp. 723–748. 有鉴于此，在这项提案下，总指挥官的权力高于联合参谋部，具有协调各军种任务的能力，当设置总指挥官这一职位时，麦迪逊进路应该能避免早期出现的问题。麦迪逊进路下的总指挥官应该拥有充分的权力来利用五角大楼和华盛顿特区的潜力，也就是说，有充分的权力利用这一政策共同体来支持野战部队。

56. Bruce Palmer, introduction to Lloyd J. Matthews and Dale E. Brown, eds., *Assessing the Vietnam War* (New York: Pergamon-Brassey's International Defense Publishers, 1987), p. ix.

57. 史蒂文·布林（Steven Brint）的观点令人信服，正如他指出的那样，尽管第二次世界大战后职业规模显著扩大，但是在政策辩论期间，专业建议还是越来越多地让位给了美国政府各部门政治任命官员的政治控制和指导，这多少有些不合常理。政治任命官员现在能接触到的"专家"非常多，即便是少数派观点或激进观点也能找到"专家"支持；在与主流专业判断和建议对质时，这些声音还有可能大获全胜。结果是，在许多部门内的讨论和政策辩论中，政治任命官员已开始左右军事专业人士了。布林的研究结果和分析为我的建议提供了很有分量的支持，我建议设立总指挥官一职，以确保民选美国领导人能够得到专业的军事判断和建议。政治任命官员可能会在国防部内部找到其他的将军来支持他们的分析和建议，但是只有总指挥官才对该职业有发言权：他（她）的建议代表的是"最佳的军事判断"。国防部长的专业意见是"国家安全方面的最佳专业判断"，而不是"最佳的军事判断"，这一区别需要遵从。参见 Steven Brint, *In an Age of Experts*: *The Changing Role of Professionals in Politics and Public Life* (Princeton, NJ: Princeton University Press, 1994), pp. 135–137。

58. 虽然没有授予总指挥官这种权利，但是此前参谋长联席会议有这种权力。根据1948 年的《基韦斯特协定》（该协定规定了"后二战"时期三大军种各自的角色和任务，包括新成立的美国空军），到了 1953 年，各军种参谋长都被指定为统一命令和具体命令的执行代理人。参见 Joint Staff Officer's Guide, 2000 Norfolk, VA: Joint Forces Staff College, 2000), pp. 1–21。

59. 马歇尔在描述他与史汀生的关系时，称其为不可或缺，他无法想象如果没有史汀生，他将如何工作。更多的信息参见 Marshall, *George C. Marhall Interviews and Reminiscences*, p. 621。

60. 关于埃里克·新关将军在退休场合中的讲话，请浏览：www.army.mil/features/ShinsekiFarewell/ farewell. Htm。2002 年，因取消"十字军"计划引起争论，国防部长拉姆斯菲尔德迫使陆军部长怀特辞职，请参阅本书中马修·莫滕撰写的第三章。

61. Gibson and Snider, "Civil-Military Relations and the Potential to Infuence."

62. 因此，在确定顶层任务时，人事部副部长应该考虑到顶级文官和军官的专业准备水平。

63. 战略与国际研究中心（CSIS）的"超越戈德华特和尼科尔斯"项目也提出了类似的建议。参见 Clark A. Murdock et al., *Beyond Goldwater Nichols Phase Ⅱ Report: U.S. Government and Defense Reform for a New Strategic Era* (Washington, DC: CSIS, July 2005), p. 7, www.csis.org/ component/option,com_csis_pubs/task,view/id,1849/type,1/。另请参见 "White House Planning Major Overhaul of National Security Education," *Inside the Pentagon*, February 22, 2007，文中称，总统正准备发布一项关于全面改革教育计划和职业发展的行政令，行政令针对的是国家安全领域中的联邦工作人员，主要是国防部内部的工作人员。

64. Edward J. Shanahan, "Military Alone Can't Deliver Us Peace," *Hartford Courant*, September 11, 2006.

65. 参见 cisac.stanford.edu/docs/about_cisac; www.sais-jhu.edu/; www.wcfia.harvard.edu/olin/; www.rand.org/ard/。

66. 参见 Marybeth Ulrich, "Infusing Normative Civil-Military Relations Principles in the Officer Corps," in Snider and Matthews, *The Future of the Army Profession*,pp. 655–682。另请参见 Marybeth Ulrich and Martin Cook, "U.S. Civil Military Relations since 9/11: Issues in Ethics and Policy Development," *Journal of Military Ethics*5, no. 3 (November 2006): 161–182。

67. Don M. Snider, "The Shared Identity and Professional Practice of Army Officers," in Snider and Matthews, *The Future of the Army Profession*, pp. 143–145. Seealso Moten,

"Root, Miles, and Carter."

68. 尤请参见 Meese and Morgan, "New Requirements for Army Expert Knowledge."

69. 有一项对美国将领所需能力的精彩讨论，参见 Leonard Wong and Don M. Snider, "Strategic Leadership of the Army Profession," in Snider and Matthews. *The Future of the Anmy Profession*, pp. 601–624; 另请参见 *The Strategic Leadership Primer*, 2d ed., Department of Command, Leadership, and Management, United States Army War College (Carlisle, PA, 2004)。

70. 免去某人职务（如退休或辞职）是为了让军政关系中能出现新的职业面孔。有时对于担当顾问角色的军官来说，尽管他的意见很强有力，却无法说服文职上司接受他的最优军事判断，而这正是新声音以新视角进入该决策过程的时机。军官不应该为他们的离开而感到震惊。退休或辞职并不是"在抗议"：军官没有这种权利，这种决策权只掌握在民选领导人手里。对于这一问题，还有一种略有不同的观点，请参阅本书中理查德·H. 科恩撰写的第十三章。

71. Colin Powell, "Why Generals Get Nervous," *New York Times*, October 8, 1992,p. A8.

72. DoD Regulation 5500 *Joint Ethics*, chap. 6.

73. 2004 年 8 月 2 日颁发的美国国防部第 1344.10 号令，附件 3（取代美国国防部第 5500 号指令）：

现役军人可以：（1）登记，投票，对政治候选人和政治问题发表个人意见，但是不得代表军队。（2）促进和鼓励其他军人行使选举权，只要这种促进没有企图影响或干扰选举结果。（3）在不着装的情况下加入政治俱乐部，参加政治俱乐部聚会。（4）担任选举官员，只要这种服务不代表某一党派或政党，不妨碍军事职责，工作时不着装，并且事先经过相关部长或部长指定人的批准。（5）以公民个体而不是以武装部队的身份签署针对某项立法行动的请愿书，或者是签署支持某位候选人的请愿书，前提是这一签署没有强迫他参与党派政治活动。（6）给报社编辑写信，表达其对公共问题或政治候选人的个人看法，前提是该行为并非有组织的写信运动，也没有为支持或反对某个政党、党派事业或候选人拉票。（7）向支持某一特定候选人或候选人名单的政治组织、政党或委员会捐款。（8）在自己的个人车辆上粘贴政治贴纸。（9）在不着装的情况下，以旁观者的身份参加党派或无党派的政治会议或集会。

现役军人：（1）不得利用正式权力或影响力去做以下事项：干扰选举，影响选举过程和结果，为某一特定候选人或特定问题拉选票，或者是要求他人或向他人索取政治捐款。（2）不得在联邦政府、州或地方政府担任文职候选人（除了一些例外的情况，请参阅相关规定），不得为争得党派候选人提名或文职岗位而从事公开活动，或者参与有组织地拉拢其他人成为党派候选人的活动。（3）不得参与党派政治管理、竞选活动或党代会（除非作为不着装的旁听者），不得在党代会期间发表公开演讲。（4）不得为促进包括政治运动在内的政治目标或政治事业，向武装部队中的其他军人或某位本国文官或雇员捐款。（5）不得为促进包括政治运动在内的政治目标或政治事业，从武装部队中的其他军人或某位本国文官或雇员那里索取或接受捐款。（6）不允许被那些为支持或反对某党派政党、候选人或事业而进行拉票的人所利用，不允许出现在有党派政治倾向的署名文章或书面文章上，或者被引导地出现在有党派政治倾向的署名文章或书面文章上。（7）不得担任任何政府公职，不得被列为某党派政治俱乐部的赞助者。（8）不得在某党派的政党集会（包括宣传某党派政党、候选人或事业的任何集会）上发言。（9）不得为支持或反对某党派的政党、候选人或事业，参加任何广播、电视或其他节目，或小组讨论。（10）不得在某党派政治团体的支持下参与政治意见调查，不得分发党派政治文献。（11）不得用轻辱怠慢的词语攻击《美国法典》（USC）第10卷中描述的官员。（12）不得在竞选活动期间或选举日当天，为某个党派的政治委员会担当文书工作或履行其他职责。（13）不得为了某一党派的政治事业或候选人，在包括军事禁区在内的联邦政府办公室或其他场所里，以拉拢或其他方式从事筹款活动。（14）不得以步行或车行方式参加党派政治游行。（15）不得在个人车辆的顶部或侧面张贴大幅政治标识、横幅或海报（区别于粘在保险杠上的贴纸）。（16）不得参与有组织地用车辆运送选民前往投票站的活动，只要该活动是某一党派的政党或候选人组织的，或者是与他们有关的。（17）不得为政治晚宴和类似的筹款活动售票，也不得以其他方式积极宣传此类活动。（18）不得以武装部队官方代表的身份参与党派政治事件。

74. 我在吉布森的《保卫国家》一书中扩展了对该话题的讨论，尤请参阅本书的第三章；该章出自多种来源，包括：General Tommy R. Franks, *American Soldier* (New York: HarperCollins, 2004); Gordon and Trainor, *COBRA* II; Ricks, *Fiasco*; Woodward, *State of Denial*; 以及由罗恩·斯卡伯勒撰写的支持拉姆斯菲尔德的著作《拉姆斯菲尔德的战争》（*Rumsfeld's War*），所有这些来源都表明，我的那些参与了此项计划制定过程的专业同行们的回忆是千真万确的。

75. 参见吉布森的《保卫国家》的第三章。另请参见本书中由詹姆斯·伯克撰写的第八章，该章建议，应该建立一个职业和道德上的受保护空间，当军队执行国家安全政策和开展军事行动时，就在这个空间里行动。伯克对这场辩论做出了扎实的贡献，但是他的例证大多是极端的，例如，对纳粹军官的问责以及美国陆军军官在美莱村的行动。要为这些概念赋予意义需要有更多的分析。

76. 该领域中有两位一流学者，他们是理查德·科恩和艾略特·科恩，他们都怀有最好的愿望，拥有对历史和理论的最为深刻的理解，他们推进了规范模式，尽管两位学者明显不同，但是都助推了五角大楼的操控性动力，以至于民选领导人即使得到了专业的军事建议，这些军事建议的水平、次数和质量也不能满足他们的需要。参见 Kohn, "The Erosion of Civilian Control of the Military in the United States Today"; Eliot Cohen, "Generals, Politicians and Iraq," *Wall Street Journal*, August 18, 2002; Eliot Cohen, "Hunting Chicken Hawks," *Washington Post*, September 5, 2002, p. A31; Cohen, *Supreme Command*。

77. 军官集团的地位与它对民选领导人和国家的责任有关，有关这一点，参见 Fred Kaplan, "After Rumsfeld: What Robert Gates Can Achieve the Next Two Years," *Slate*, November 14, 2006, www.slate.com。卡普兰认为："要给现役军官集团打一针强心剂。看到这么多的三星和四星将军因害怕现任国防部长的不屑一顾与打击报复，变成了战战兢兢的好好先生，真是可悲。他们的卑躬屈膝可能是出于对文官权威的尊重，但是依法遵守命令并不意味着放弃职业化的责任。拉姆斯菲尔德与他的军官建立起了主仆关系，他手下的军官过于谄媚地接受了这种关系，这极大地打击了军人的士气。这种关系为初级职业军官树立了令人生畏的榜样，最为重要的是，这种关系对国家安全不利。国防部长并不应认为，他必须接受军官的建议，他在很多时候是不应该这样做的，但是他至少应该真心实意地听取军官的建议。如果说盖茨的任期是一段关系修复的时期，他能做的最有用的事情之一就是说服高级军官，让他们觉得可以再次畅所欲言，不必害怕被降职或遭报复。"我认为卡普兰说得有道理，但是军队不需要盖茨部长"给军官集团打一针强心剂"。军官集团应该有能力再度拾起自己的道德准则，即使他们需要文职领导人的一些帮助才能进行与军政关系有关的其他改革。

78. 1999 年 3 月至 4 月，《军事评论》（*Military Review*）的一个特别版专门介绍了美国国会在美国国家安全机构中的作用，包括在武装部队中的作用；另请参见 Matthew Moten and Christopher P. Gibson, "The Soldier and Congress," *Military Review* 79, no. 1 (March-April 1999): 65–68。

79. 2006 年 12 月 5 日，罗伯特·盖茨在参议院军事委员会的听证会中表示，这是他的主要目标之一。另请参见 Peter Grier, "A New Chief at the Pentagon," *Christian Science Monitor*, December 8, 2006, p.1。

80. 理查德·H. 科恩在本书的第十三章中指出，军方应该承担起打造军政关系动力的责任。这种进路存在几个问题。首先，根据定义，它是一种关系，所以至少双方对打造这种动力都有责任。其次，民选领导人在该关系中享有更高地位，主导这一动力的是他们，而不是军官，无论是否意识到了这一点。在本书中，马修·莫滕撰写的第三章阐明了这个问题。他的结论是，要使拉姆斯菲尔德和新关的关系正常运转，新关将军能够做的并不多。事实上，莫滕文章中的证据削弱了科恩的立场，科恩认为，军队应该对打造军政动力负责任。我们需要的与科恩要求的恰恰相反，我们需要总统在新政府成立之初，能清楚地阐明一系列的期望和指导方针，这样的话，军政关系中的各方就能理解各自的角色，无论是个人的，还是集体的。至于如何对这一关系予以安排，学者们可以提供各种竞争性框架供总统选择，以此发挥学者的有益作用。如果参众两院军事委员会主席也能提交一份文件来概述他们的期望，同样会有帮助。

第十三章　构建信任——有效维护国家安全的军政行为

本章的部分内容已经在以下机构和场合的讲座中表达过了：哈佛大学肯尼迪政府学院的"国家安全高级管理人员计划"与"国家安全研究人员项目"、国防大学武装部队工业学院、美国陆军军事历史研究所、国防情报学院，以及美国陆军战争学院的詹姆斯·J. 惠伦（James J. Whalen）博士纪念讲座。对于那些阅读了本章早期版本并提出建议的人，作者深表谢意，他们是查尔斯·D. 艾伦（Charles D. Allen）、安德鲁·巴维奇（Andrew Bacevich）、塔米·戴维斯·比德尔（Tami Davis Biddle）、丹尼斯·布莱尔（Dennis Blair）、亚历山大·科克伦（Alexander Cochran）、艾略特·科恩（Eliot Cohen）、雷蒙德·道森（Raymond Dawson）、小查尔斯·J. 邓拉普（Charles

J. Dunlap Jr）、彼得·费弗（Peter Feaver）、赞恩·芬克尔斯坦（Zane Finkelstein）、H.R. 麦克马斯特（H.R.McMaster）、劳埃德·马修斯（Lloyd Matthews）、理查德·B. 迈尔斯（Richard B.Myers）、亚历克斯·罗兰（Alex Roland）、约翰·萨拉帕塔斯（John Salapatas）、查尔斯·史蒂文森（Charles Stevenson）、马修·特平（Matthew Turpin）、沃尔特·乌尔默（Walter Ulmer）、玛丽白·乌尔里希（Marybeth Ulrich）以及迪金森学院政治科学和历史系的同事，美国陆军战争学院指挥、领导和管理系的同事，还有 2006—2007 学年在该系选修了"对军队进行文官控制"课程的同学们。感谢苏珊娜·尼尔森和唐·施耐德提供了令人信服的建议和批评，也感谢本书的其他作者。

1. 其他学者已经研究了这种文化冲突，但是，他们认为，它属于更大的文官政府军事错位问题。参见 Alfred Vagts, *A History of Militarism*: *Civilian and Military* (London: Hollis and Carter, 1959 [1937]); Harold D. Lasswell, "Sino-Japanese Crisis: The Garrison State versus the Civilian State," *China Quarterly* 11 (Fall 1937): 643–649; Harold D. Lasswell, "The Garrison State," *American Journal of Sociology* 46, no. 4 (January 1941): 455–468, 两篇论文都被转载在：Harold Lasswell, *Essays on the Garrison State*, ed. Jay Stanley (New Brunswick, NJ: Transaction Publishers, 1997), pp. 43–78。对亨廷顿著述的最佳且最新的学术回顾是由亨廷顿的学生们完成的，分别为：Eliot A. Cohen, *Supreme Command*: *Soldiers, Statesmen,and Leadership in Wartime* (New York: Free Press, 2002); Peter Feaver, *Armed Servants*: *Agency, Oversight, and Civil-Military Relations* (Cambridge, MA: Harvard University Press, 2003)。另请参见本书中的其他章节。

2. Samuel P. Huntington, *The Soldier and the State*: *The Theory and Politics of Civil-Military Relations* (Cambridge: Belknap Press of Harvard University Press, 1957), p.80.

3. 亨廷顿的主要切入点是："在这一意义上，军事思维是由价值观、态度和观点构成的，它们内含于职业化军事功能的效能表现中，因此，可以从该项功能的性质来对它们进行推断。"Ibid., p. 61.

4. Allen Guttmann, *The Conservative Tradition in America* (New York: Oxford University Press, 1967), pp. 109, 110, 115. Cohen, *Supreme Command*, pp. 225–232。科恩更加充分地重现了格特曼（Guttman）的批评，另请参见 T. 哈里·威廉姆斯在 1952 年发表的著名文章，该文是在亨廷顿的著作之前出版的。T. Harry Williams, "The Macs and the Ikes: America's Two Military Traditions," in *The Selected Essays of T. Harry*

Williams, with a Biographical Introduction by Estelle Williams(Baton Rouge: Louisiana State University Press, 1983), pp.173–181. 米尔斯的书显然刚好在亨廷顿的著作之前出版，参见 C. Wright Mills, *The Power Elite* (New York: Oxford University Press, 1956), chap. 9，该书把军队直接置于美国精英之中："历史上，在美国精英内部，军阀仅有一些不稳定的不良关系；现在他们是表兄弟了，他们很快就会变成亲兄弟。" Ibid., p. 198.

5. Ellen Fitzpatrick, *History's Memory: Writing America's Past*, 1880—1980 (Cambridge, MA: Harvard University Press, 2002), chap.5, "The Myth of Consensus History." 另请参见 Howard Zinn, *The Politics of History*, 2d ed. (Urbana: University of Illinois Press, 1990), p.239; Peter Charles Hoffer, *Past Imperfect: Facts, Fictions, Fraud—American History from Bancroft and Parkman to Ambrose, Bellesiles Ellis, and Goodwin* (New York: Public Affairs, 2004), pp.13–72 but particularly 44–61； Ian Tyrell, *Historians in Public: The Practice of American History*, 1890—1970 (Chicago: University of Chicago Press, 2005), pp. 237–238, 245–246; Leon E. Litwack, "Troubled in Mind: The Education of a Historian," *Proceedings of the American Antiquarian Society*, no. 1n6 (2006):40–42; Sean Wilentz, "American Political Histories," *Magazine of History* 21, no. 2.(April 2007): 24–25。正如菲茨帕特里克（Fitzpatrick）证明的，即使在 20 世纪 50 年代中叶，亨廷顿对自由主义的概括也会引起历史学家们的激烈争论。如今，这些表述还是被绝大多数的美国历史学家强烈驳回。"美国人只知道自由主义……伍德罗·威尔逊的政治意识形态和埃尔布里奇·格里（Elbridge Gerry）的政治意识形态基本相同。美国的自由主义一直稳定不变，既单调呆板，也包罗万象……稳定的经济增长削弱了阶级冲突。对于'馅饼'的分配几乎没发生什么斗争，因为馅饼总是在不断变大。没有任何一个新兴群体发展出激进的意识形态，利用它来挑战现有的秩序：它总是非常快地被同化到现有的秩序里……激进主义和保守主义同样是多余的……由于欧洲的封建主义、欧洲的阶级和欧洲的无产阶级都不存在，美国的政治斗争就仅限于利益集团之间为一些有限的目标而小打小闹了，所有利益集团的基本价值观都并无二致……在通常情况下，美国社会中的每个群体都感受到经济安全，整个美国社会都感受到政治安全。由于没有阶级冲突，美国人民很难意识到权力在国内政治中发挥什么作用。由于没有外部威胁，美国人民也很难意识到权力在对外政治中发挥什么作用。" Huntington, *The Soldier and*

the State, pp. 144–145.

6. John M. Gates, "The Alleged Isolation of U.S. Army Officers in the Late-19th Century," *Parameters* 10, no. 3 (September1980): 32–45. Robert P. Wettemann Jr., "A Part or Apart: The Alleged Isolation of Antebellum U.S. Army Officers," *American Nineteenth Century History* 7, no. 2 (June 2006): 193–217; 这表明，在 19 世纪 40 年代，隔绝不断增加，但是需要注意的是，在此之前，却有相当多的互动。

7. William B. Skelton, *An American Profession of Arms*: *The Army Officer Corps*,1784—1861 (Lawrence: University Press of Kansas, 1992).

8. Christopher McKee, *A Gentlemanly and Honorable Profession*: *The Creation of the U.S. Naval Officer Corps*, 1795—1815 (Annapolis, MD: Naval Institute Press, 1991).

9. Huntington, *The Soldier and the State*, pp. 2–3. 参见伍德沃德于 1960 年发表在《美国历史评论》（*American Historical Review*）上的论义，他随后对其进行了修订，参见 "The Age of Reinterpretation," in C. Vann Woodward, *The Future of the Past* (New York: Oxford University Press,1989), pp.75–99。

10. 参见 Richard H. Kohn, "The Constitution and National Security: The Intent of the Framers," in Richard H. Kohn, ed., *The United States Military under the Constitution of the United States*, 1789—1989 (New York: New York University Press, 1991), pp. 61–94.

11. Huntington, *The Soldier and the State*,p.7.

12. David C. King and Zachary Karabell, *The Generation of Trust*: *Public Confidence in the U. S. Military since Vietnam* (Washington, DC: AEI Press, 2003). 关于最近军队崛起及其在美国社会中的作用，参见 Andrew J. Bacevich, American Empire: *The Realities and Consequences of U. S. Diplomacy* (Cambridge, MA: HarvardUniversity Press, 2002), especially chaps. 5–7; Andrew J. Bacevich, *The New American Militarism How Americans Are Seduced by War* (New York: Oxford University Press,2005), especially chap. 2; Dale R. Herspring, *The Pentagon and the Presidency*: *Civil-Military Relations from FDR to George W. Bush* (Lawrence: University Press of Kansas,2005); Charles A. Stevenson, *Warriors and Politicians*: *U.S. Civil-Military Relations under Stress* (New York: Routledge, Taylor and Francis Group, 2006)。

13. Lawrence S. Kaplan, Ronald D, Landa, and Edward J. Drea, *The McNamara Ascendancy*,

1961—1965, vol. 5: *History of the office of the Secretary of Defense* (Washington,DC: Historical Office, Office of the Secretary of Defense, 2006). 感谢国防部长办公室的历史学家阿尔弗雷德·戈尔德堡（Alfred Goldberg）博士提醒我出版这本书，并允许我在他的办公室中审阅关于麦克纳马拉的下一本书的草稿。

14. 参见 Theodore H. White，"An Inside Report on Robert McNamara's Revolution in the Pentagon," *Look*, April 23, 1963; David S. Cloud, "Rumsfeld Also Plays Hardball on Squash Courts," *New York Times*, September 24, 2006; "The Rumsfeld War: Squash as Metaphor (2 Letters)," ibid., letters to the editor, September 26, 2006。

15. 关于麦克纳马拉和拉姆斯菲尔德之间的对比，参见 Caitlin Talmadge, "Transforming the Pentagon: McNamara, Rumsfeld and the Politics of Change," *Breakthroughs* (MIT Security Studies Program), no.15 (Spring 2006): 12–20。对于麦克纳马拉任期前四年情形的完整描述，参见 Kaplan，Landa and Drea，*McNamara Ascendancy*，chaps. 1, 2, 20。另请参见 Deborah Shapley, *Promise and Power: The Life and Times of Robert McNamara* (Boston: Little, Brown, 1993)。保卫和攻击拉姆斯菲尔德的文献包括：Midge Decter, *Rumsfeld: A Personal Portrait* (New York:ReganBooks, 2003); Rowan Scarborough, *Rumsfeld's War: The Untold Story of America's Anti-Terrorist Commander* (Washington, DC: Regnery Publishing. 2004); Andrew Cockburn, *Rumsfeld: His Rise, Fall, and Catastrophic Legacy* (New York: Scribner,2007); Dale R. Herspring, *Rumsfeld's Wars: The Arrogance of Power* (Lawrence: University Press of Kansas, 2008)。关于拉姆斯菲尔德对文官控制的强调，参见 "Rumsfeld's Rules," rev. ed., January 17, 2001, www.defenselink.mil/news/jan2001/rumsfeldsrules.pdf, or February 1, 2007, pp. 8–9, library.villanova.edu/vbl/bweb/rumsfeldsrules.pdf。还有一项试图平衡拉姆斯菲尔德功过是非的描述，参见 Robert D, Kaplan, "What Rumsfeld Got Right: How Donald Rumsfeld Remade the U.S. Military for a More Uncertain World," *Atlantic Monthly*, July-August 2008, www.the_atlantic.com/doc/200807/Rumsfeld。关于 1945 年之后减少文官控制的研究, 参见 D. W. Brogan, "The United States: Civilian and Military Power," in Michael Howard, ed., *Soldiers and Governments: Nine Studies in Civil-Military Relations* (London: Eyre and Spottiswoode, 1957), pp. 167–185; Richard H. Kohn, "Out of Control: The Crisis in Civil-Military Relations," *National Interest*, no. 35 (Spring 1994): 3–17; Richard H. Kohn, "The Erosion of Civilian Controlof the

Military in the United States Today," *Naval War College Review* 55, no. 3 (Summer 2002): 8–59; Andrew J. Bacevich, "Elusive Bargain: The Pattern of U.S.Civil-Military Relations since World War Ⅱ," in Andrew J. Bacevich, ed., *The Long War*: *A New History of U.S. National Security Policy since World War* Ⅱ (New York: Columbia University Press, 2007), pp. 207–264。

16. James A. Baker Ⅲ and Lee H. Hamilton, co-chairs, et al., *The Iraq Study Group Report* (New York: Vintage Books, 2006), 77. 罗伯特·盖茨承诺构建更具咨询性的关系："总统早已要求我提坦率的建议了，我希望你也能这样做……在我看来，成功的领导人的关键是，那些最终必须执行决策的人要参与决策制定的过程，越早越好，越多越好。" Gates, Message to Department of Defense Personnel, December 18, 2006,www.defenselink.mil/speeches/speech.aspx?speechid=1081.《纽约时报》（*New York Times*）对此回应说，这一共识是高级军官已经不打算再"承受来自拉姆斯菲尔德的横行霸道和意识形态上的盲目性了"。Editorial, "Good Choice for the Chiefs," *New York Times*, June 13, 2007, p. A22. 另请参见 Michael Desch, "Bush and the Generals," *Foreign Affairs* 86, no. 3 (May-June2007): 97–108; Richard B. Myers and Richard H. Kohn, "The Military's Place," *Foreign Affairs* 86, no. 5 (September-October 2007): 147–149。

17. Cohen, *Supreme Command*, chap. 7.

18. "Exercise of Power in the U.S. Government," enclosure in Lt. General V.P.Mock, DCSOPS, "Memorandum For: Chief of Staff, U. S. Army," n.d. (circa March 1966), Harold K. Johnson Papers, U.S. Army Military History Institute, Carlisle, PA. 非常感谢国防部长办公室历史办公室的爱德华·迪亚（Edward Drea）博士带来的这份文献和另一份文献，另一份文献也来自"哈罗德·K. 约翰逊的文件"（Harold K. Johnson Papers），第三份引起我注意的文献来自林登·贝恩斯·约翰逊图书馆，它有可分享的副本，我在后面列了这份文件。

19. "Extract of Remarks by General J. P. McConnell, Chief of Staff, USAF, New General Officer Orientation, Headquarters, USAF, Tuesday, 2 May 1967," enclosed in W. W. Rostow to the President, May 11, 1967, folder Walt Rostow, May 1—15, 1967, box.16, NSF memos to President, Walt Rostow, item no, 44, Lyndon Baines Johnson Library, Austin.

20. 伍德林（Woodring）坚持这一"原则……即军人应该对那些主要是军事性的问题做决定，而不是由文官来做这个决定"；他"在离任五年后写道，'将军事决定权留给总参谋部'是有道理的，因为文官并不比职业军事战略家知之更多，军事战略家终身研究军事问题，并将其视为一种职业"。Keith D. McFarland, Harry H. *Woodring: A Political Biography of FDR's Controversial Secretary of War* (Lawrence: University Press of Kansas, 1975), pp.139, 114, 115.

21. Keith D. McFarland and David L. Roll, *Louis Johnson and the Arming of America: The Roosevelt and Truman Years* (Bloomington: Indiana University Press, 2005),pp.360–361.

22. 对这一事件的最完整的分析，参见 Jeffrey G. Barlow, *Revolt of the Admirals: The Fight for Naval Aviation*, 1945—1950 (Washington, DC: Naval Historical Center, 1994)。

23. Douglas MacArthur, *Reminiscences* (New York: McGraw-Hill, 1964), p. 101.

24. Marriner Eccles, *Beckoning Frontiers: Public and Personal Recollections*, ed. Sidney Hyman (New York: Knopf, 1951), p.336.

25. Robert J. Watson, *History of the Office of the Secretary of Defense,vol. 4: Into the Missile Age*, 1956—1960 (Washington, DC: Historical Office, Office of the Secretary of Defense, 1997), p. 775. 另请参见 A. J. Bacevich, "The Paradox of Professionalism: Eisenhower, Ridgway, and the Challenge to Civilian Control, 1953—1955," *Journal of Military History* 61, no. 2 (April 1997): 303–333; Donald Alan Carter, "Eisenhower versus the Generals," *Journal of Military History* 71, no. 4 (October 2007): 1169–1199。

26. Lieutenant General Charles G. Cooper, U.S. Marine Corps (ret.), with Richard E. Goodspeed, *Cheers and Tears: A Marine's Story of Combat in Peace and War* (Victoria, BC: Trafford Publishing, 2002), pp. 4–5.

27. "Exercise of Power in the U.S. Government," p. 25.

28. 关于这些不同及其影响，有一项出色的分析，参见 "The Soldier and the Statesman," in Cohen, *Supreme Command*, chap. 1。

29. 关于这种问题如何经常引起冲突的一个好例子，参见 John D, Mini, "Conflict, Cooperation, and Congressional End-Runs: The Defense Budget and Civil Military Relations in the Carter Administration, 1977—1978" (M.A. thesis, University of North Carolina at Chapel Hill, 2007)。

30. 参见 Kohn, "The Erosion of Civilian Control," p. 51n75。

31. 关于军队在公众中的地位 , 参见 King and Karabell, *Generation of Trust*。

32. Christopher P. Gibson and Don M. Snider, "Civil-Military Relations and the Potential to Influence: A Look at the National Security Decision-Making Process," *Armed Forces and Society* 25, no. 2 (Winter 1999): 193–218.

33. 这一观点出现在科恩的论文《文官控制的侵蚀》(The Erosion of Civilian Control)中。

34. Memorandum, Charles Bonesteel to Harold K. Johnson, "Increasing Centralization in the Office of the Secretary of Defense," Harold K. Johnson Papers. 博恩斯蒂尔是一位罗兹学术奖得主（Rhodes Scholar），也是一名备受尊敬的军人，此后不久，他就晋升为四星将军。参见 *Assembly* ,no. 36 (March 1978):18, 110，这篇文献中载有院长鲁斯克（Rusk）的悼词。

35. 对国防部长们进行的一项最新调查参见 Charles A. Stevenson, *SECDEF*: *The Nearly Impossible Job of Secretary of Defense* （Washington, DC: Potomac, 2006）。

36. 2007 年 9 月 26 日，前参谋长联合会议主席理查德・B. 迈尔斯将军接受了国家公共广播电台记者汤姆・鲍曼（Tom Bowman）的采访，在采访中，他强调说，在这种关系中，信任高于一切。请浏览：www.npr.org/templates/story/story.php?storyId=14707004。

37. Colonel Lloyd J. Matthews, *The Political-Military Rivalry for Operational Control in U. S. Military Actions*: *A Soldier' s Perspective* (Carlisle, PA: Strategic Studies Institute,U. S. Army War College, June 22, 1998), pp. 20–26, 30–32, 34–35 (emphasis in original).

38. Robert Gates, "Evening Lecture at West Point," April 21, 2008, www.defense link.mil/speeches/speech.aspx?speechid-1232.

39. 小查尔斯・J. 邓拉普少将对现役高级军官的公开声明进行了深思熟虑的讨论 , 参见 USAF, "Voices from the Stars? America' s Generals and Public Debates," *American Bar Association National Security Law Report*, no. 28(November 2006): 8–11。邓拉普将军是美国空军军法署副署长，也是一位著名的军政关系学者。

40. 与参谋长联席会议有关的法定语言如下：" (f) 对国会的建议——在率先通知国防部长之后，参谋长联席会议成员可以在他认为适当的情况下，向国会提出与国防有关的建议。" 参见 Title 10, U.S. Code, Chapter 5, Section 151 (f), frwebgate. access.gpo.gov/cgi-bin/getdoc.cgi?dbname=browse_ usc&docid=Cite:+10USC151。 向

国会坦诚提供证词的观点是玛丽贝茨·P. 乌尔里奇和马丁·L. 库克提出的，参见"Civil Military Relations since9/1: Issues in Ethics and Policy Development," *Journal of Military Ethics* 5, no. 3 (November 2006): 161–182。

41. 例如，参见"Lawmakers Concerned Generals Are Silenced on End Strength Topic," *Inside the Army*, July 18, 2005, p. 1; Damon Coletta, "Courage in theService of Virtue: The Case of General Shinseki's Testimony before the Iraq War," *Armed Forces and Society* 34, no.1 (October 2007): 109–121。该篇论文认为，新关将军于 2003 年初在国会作证时，在占领伊拉克所需部队的数量上，应该避免公开表达与上级不一致的看法。我认为他的推理很弱。请参阅本书中由马修·莫滕撰写的第三章。

42. Paul Gronke and Peter D. Feaver, "Uncertain Confidence: Civilian and Military Attitudes about Civil-Military Relations," in Peter Feaver and Richard H. Kohn,eds., *Soldiers and Civilians*: *The Civil Military Gap and American National Security* (Cambridge, MA: MIT Press, 2001), pp.154–157. 对于问卷调查的问题（共 49 道题），参见第 490 页。该数据集已被存档，由北卡罗来纳大学教堂山分校奥德姆研究所公开提供。有关信息，参见 152.2.32.107/odum/jsp/content_ node.jsp? nodeid'7。

43. Ole R. Holsti, "Of Chasms and Convergences: Attitudes and Beliefs of Civilians and Military Elites at the Start of a New Millennium," in Feaver and Kohn, *Soldiers and civilian*, pp.27–32.96–99; and James A. Davis, "Attitudes and Opinions among Senior Military Officers and a U.S. Cross-Section, 1998—1999," ibid., pp.104–107.

44. "United States Naval Academy Commencement: As Delivered by Secretary of Defense Robert M. Gates, Annapolis, Maryland, Friday, May 25, 2007," www.defenselink.mil/speeches/speech.aspx?speechid=1154; "Remarks as Delivered by Secretary of Defense Robert M. Gates, Colorado Springs, Colorado, Wednesday, May 30, 2007," www.defenselink.mil/speeches/speech.aspx?speechid=1157.

45. Michael S. Mullen, "CJCS Guidance for 2007—2008," October 1, 2007,www.jcs.mil/CJCS_ GUIDANCE.pdf. 另请参见马伦(Mullen)对军队保持非政治性的恳求："From the Chairman: Military Must Stay Apolitical," *Joint Force Quarterly*,no. 50 (Summer 2008): 2–3。

46. 这是作者于 1995 年 1 月在华盛顿特区与一位三星上将之间的谈话。

47. 2003 年 2 月 28 日，我在位于北卡罗来纳州教堂山的三角安全研究所主持了一次晚间研讨会，当时，迈尔斯将军说，恐怖主义威胁是美国南北战争以来所面临的最危险的事件；第二天早上，我和他就这一主张进行了讨论。2005年6月29日，举行了第一次国防部城镇会议，五角大楼有线电视频道在全球范围内播放了这次会议，迈尔斯在会议上声称，恐怖主义"对于我们所珍视的生活方式和自由而言，可能是我们面临过的最严重的威胁"。参见 www.defenselink.mil/transcripts/transcript.aspx?transcriptid=3248。另请参见 Sergeant Sara Wood, "Pentagon Holds First Worldwide Town Hall Meeting," June 29, 2005, www.defenselink.mil/news/newsarticle.aspx?id=16261。

48. George C. Herring, *America's Longest War: The United States and Vietnam* ,1950—1975, 3d ed. (New York: McGraw Hill, 1996), p.199; and Robert Dallek, *Flawed Giant: Lyndon Johnson and His Times*, 1961—1973 (New York: Oxford University Press, 1998), pp. 468, 491, 498, 504.

49. Colin L. Powell, "Why Generals Get Nervous," *New York Times*, October 8, 1992, query.nytimes.com/gst/fullpage.html? res = 9E0CEFD81 63BF93BA35753 C1A964958260 & sec.David Petraeus, "Battling for Iraq," *Washington Post*, September 26, 2004, p. B07. 另有一项批判鲍威尔的分析，参见 Russell F. Weigley, "The American Military and the Principle of Civilian Control from McClellan to Powell," *Journal of Military History* 57, no. 5 (October 1993): 28–30。

50. Thomas E. Ricks, "Exchanges: Leave Politics to Us, Warner Tells General," *Washington Post*, January 24, 2007; p. A21, and subsequent public comments www.washingtonpost.com/ac2/wp-dyn/comments/display?contentID=AR2007012301306.

51. General Peter Pace et al. to Philip Bennett, January 31, 2006, Pace to Reggie B.Walton, May 21, 2007, copy attached in e-mail to the author, July 27, 2007. 这些文件能在互联网上找到，它们使博客圈活跃了起来，博主们纷纷指责有党派倾向的佩斯（Pace）将军。

52. 引文来自 Peter Baker, "Daily Politics Discussion," June 19, 2007,www.washingtonpost.com/wp-dyn/content/discussion/2007/06/15/DI20070615018 Notes to Pages 278–280 38523.html; Paul Krugman, "All the President's Enablers," *New York Times*, July 20, 2007,p. A23; Christopher Gelpi, "Let's End the Charade," *News and Observer*(Raleigh, NC),September 17, 2007, p. 17A; Andrew J. Bacevich, "Sycophant

Savior: General Petraeus Wins a Battle in Washington—if Not in Baghdad," *American Conservative*, October 8, 2007, www.amconmag.com/2007/2007_10_08/print/coverprint. html; Julian E. Barnes, "Military wants more view on Iraq reports: September's assessment put too much focus on Gen. Petraeus, say officials concerned about war's effect on public support," *Los Angeles Times*, November 26, 2007, www.latimes.com/ news/printedition/front/la-na-trust26nov26,1,7684143.story。另请参见 Congressman John Murtha on MSNBC Hardball, May 1, 2007, www.youtube.com/watch?v= SZJOsWXVnSQ; Thomas E. Ricks, "Bush Leans on Petraeus as War Dissent Deepens; General Set Up as Scapegoat, Some Say," July 15, 2007, *Washington Post*, p. A7; Frank Rich, "Who Really Took Over during that Colonoscopy," *New York Times*, July 29, 2007, p. 10wk; Andrew J. Bacevich, "The Overhyping of David Petraeus: Army of One," *New Republic* 237, no. 3 (August 6, 2007): 18–19; Lawrence J. Korb, "Political General," *Foreign Affairs* 86, no. 5 (September–October 2007): 152–153。还有一项面面俱到的分析，参见 John F.Burns, "For Top General in Iraq, Role Is a Mixed Blessing," *New York Times*, August 14, 2007, p. A6。关于彼得雷乌斯及其指挥官下属的表态，参见 "Petraeus: Increased U.S. Troops Yielding Results," *All Things Considered*, July 19, 2007, National Public Radio, www.npr.org/templates/story/story. php?storyId=12099511; John Burns, "U.S. General in Iraq Speaks Strongly against Troop Pullout," and Thom Shanker and David S. Cloud, "U.S. Generals Request Delay in Judging Iraq: But Lawmakers Reject Waiting to November," *New York Times*, July 16, 20, 2007, pp. A6, A1; Robert Burns and Lolita C. Baldor, "Generals Want No Cuts in Iraq until at Least 2008," *Arizona Daily Star* (Tucson), July 21, 2007, p. 1。

53. "ALetter from General Ridgway to the Secretary of Defense," June 27, 1955, in General Matthew B. Ridgway, USA (ret.), as told to Harold H. Martin, S*oldier*: *The Memoirs of Matthew B. Ridgway* (New York: Harper and Brothers, 1956), pp. 330–331.

54. 参见 David Margolick, "The Military: The Night of the Generals," *Vanity Fair*, April 2007, www.vanityfair.com/politics/features/2007/04/iraqgenerals200704; Lieutenant General Greg Newbold (ret.), "Why Iraq Was a Mistake: A Military Inside Sounds Off against the War and the 'Zealots' Who Pushed It," *Time*, April 9, 2006; Richard J. Whalen, "Revolt of the Generals," *Nation*,October 16, 2006, www.thenation.com/

doc/20061016/whalen。

55. 作者参加了本次讲座，并向将军提出了一些问题。

56. Lieutenant General John H. Cushman, U.S. Army (ret.), "Planning and Early Execution of the War in Iraq: An Assessment of Military Participation," Program on Information Resources Policy, Harvard University, January 14, 2007, pp. 19–20, pirp.harvard.edu/pubs_ pdf/ Cushman %5Ccushman-p07-1.pdf.

57. James H. Baker, "Military Professionalism: A Normative Code for the Long War," *Joint Force Quarterly*, no. 44 (Winter 2007): 72–73。

58. 在赞成或鼓励"辞职"观点的学者中，包括：Desch, "Bush and the Generals," 11; Leonard Wong and Douglas Lovelace, "Knowing When to Salute," *Orbis* 52, no. 2 (Spring 2008): 278–288; Don M. Snider, *Dissent and Strategic Leadership of the Military Professions* (Carlisle, PA: Strategic Studies Institute,February 2008); Martin L. Cook, "Revolt of the Generals: A Case Study in Professional Ethics," *Parameters* 38, no. 1 (Spring 2008): 4–15; Herspring, *Rumsfeld's Wars*, pp. 205–207。

59. Admiral Mike Mullen, Commencement Address, U.S. Naval Academy, Annapolis MD, May 23, 2008, www.jcs.mil/chairman/speeches/USNACommencement Address 2008. html. 在陆军指挥与参谋学院，马伦表达了同样的想法。在回应军政关系状况的问题时，马伦回答道："我国民选领导人基本上是从安全角度出发来做政策决定的，我们执行这些决定，这样的军政关系就是坚实稳固的。我认为，那些人，特别是我们当中的那些现役人员，他们必须执行我们的命令，如果某个组织在执行这些命令时，有人却无法成为这个组织的一员，那么正确的选择就是用脚投票并离开。" Address to Command and General Staff College Students, Fort Leavenworth, Kansas, October 23, 2007, www.jcs.mil/chairman/speeches/071023 Address_QA_CGSC.html.

60. George C. Marshall, *George C. Marshall Interviews and Reminiscences for Forrest C. Pogue*, ed. Larry I. Bland and Joellen K. Bland, with an introduction by Forrest C. Pogue, rev. ed. (Lexington, VA: George C. Marshall Research Foundation,1991), p. 416.

61. 罗纳德·R. 福格尔曼将军提前一年退休并默默离开；他并没有辞职，而是请求换人，因为他相信自己已经无力再担当此职了。对他而言，这个决定既复杂又困难。参见 Richard H. Kohn, ed., "The Early Retirement of General Ronald R. Fogleman, Chief of Staff, United States Air Force," *Aerospace Power Journal* 15, no. 1 (Spring 2001):

6–23。关于辞职以及其他军政行为的深思熟虑的讨论，参见 Mackubin Thomas Owens，"Rumsfeld, the Generals, and the State of U.S. Civil-Military Relations," *Naval War College Review* 59, no. 4 (Autumn 2006): 68–80。

62. 参见理查德·斯温（Richard Swain）提出的观点和问题。Richard Swain，"Reflection on an Ethic ofOfficership," *Parameters* 37, no. 1 (Spring 2007): 18–20。

63. 参见查尔斯·G. 博伊德（Charles G. Boyd）将军的评论，USAF (ret.), Air University Graduation Address, May 25, 2006, www.airwarcollegealumni.org/8455.html; Whalen, "Revolt of the Generals"; Margolick, "Night of the Generals"; advertisements by retired army Major Generals Paul Eaton and John Batiste (directed toward Senators Susan Collins and John Sununu), VoteVets.Org, www.votevets.org/index .php?option=com_ content&task=view&id=289&Itemid=102; Thom Shanker, "Army Career behind Him, General Speaks Out on Iraq," *New York Times*,May 13, 2007, p. 16。

64. "Transcript: Democratic Response to President Bush's Radio Address," November 25, 2007, www.foxnews.com/story/0,2933,12735,00.htm. 关于里卡多·桑切斯中将于 2007 年 10 月 12 日对军事记者的致辞，参见 www.militaryreporters.org/sachez_ 101207.html。在布什卸任前，桑切斯还出版了一本回忆录。

65. E-mail, Colonel Zane Finkelstein, USA (ret.) to author, November 15, 2006. 维西将军于 20 世纪 70 年代末任美韩联军总司令，在此期间，芬克尔斯坦上校担任他的军法顾问，在后来的任务中，他偶尔向将军提过建议，证实了将军的这件事情。

66. Neil King Jr., "The Courting of General Jones: Candidates from Both Parties Woo Policy-Savvy Ex-Marine," *Wall Street Journal*, April 23, 2007, p.6.

67. "Walter Scott's Personality Parade," *Parade*: *The Sunday Newspaper Magazine*,April 8, 2007, p.4. 关于四星军官近期参与总统竞选活动的议题，参见 Erik Riker-Coleman, "Breaking with Marshall? The Apolitical Idealand the Reality of Increased Partisanship among the Senior Military Elite, 1968—Present," paper presented at the Society for Military History Annual Meeting, Ogden,Utah, April 19, 2008。

68. John Barry, Richard Wolffe, and Evan Thomas, "Stealth Warrior," *Newsweek*,March 19, 2007, www.msnbc.msn.com/id/17554602/site/newsweek/page/o/; Thom Shanker and Mark Mazzetti, "New Defense Chief Eases Relations Rumsfeld Bruised," *New York Times*, March 12, 2007, p. 6.

69. 这是科恩的论点 , Cohen, *Supreme Command*.

70. Fred Kaplan, "The Professional: Defense Secretary Robert Gates Is the Anti-Rumsfeld," *New York Times Magazine*, February 10, 2008, p. 92.

71. 关于军官是否考虑到了广泛的政治图景，参见 "Tanscript: Confirmation Hearing of Robert Gates to Be Secretary of Defense," *Washington Post*, media.washingtonpost.com/ wp-srv/politics/documents/rgates_hearing_120506.html.; Cohen, *Supreme Command*, pp. 8–10；Desch, "Bush and the Generals," pp. 106, 108。戴思齐建议文官对军队要有一种反身性的尊重，尽管他在"戴思齐的回应"中否认了这一点。Desch, "Desch Replies," *Foreign Affairs* 86,no. 5 (September- October 2007): 156.

72. *Greer v. Spock*, 424 U.S. 828 (March 24, 1976).

73. Ridgway to Secretary of Defense, June 27, 1955, in Ridgway, *Soldier*, p.331.

74. Barry, "Stealth Warrior"; Gordon Lubold, "The Un-Rumsfeld: Robert Gates's Way at Defense," *Christian Science Monitor*, March 19, 2007, p.1.

75. CBS News, "Face the Nation," March 18, 2007, www.cbsnews.com/htdocs/pdf/face_031807.pdf; "Gates Mum on Call for Pace Apology," USA Today, March 19, 2007, p. 5; Josh White and Thomas E. Ricks, "Joint Chiefs Chairman Will Bow Out," *Washington Post*, June 9, 2007, p. A1; Mark Perry, "Gates' Way Forward, Part 1: After Rumsfeld, a New Dawn?" *Asia Times*, June 19, 2007, www.atimes.com/atime/Middle_East/IF2-Ak07.html; "Gates' Way Forward, Part 2: A Clean Sweep?" ibid., June 20,2007, www.atimes.com/atime/Middle_East/IF2-Ak02.html; Gates News Briefing,June 5, 2008, www.defenselink.mil/transcripts/transcript.aspx?transcriptid=4236; Gates, "Remarks to Airmen and Women (Langley, VA)," June 9, 2008, www.defenselink.mil/speeches/speech.aspx?speechid=1256; Rowan Scarborough, "Air Force Firings Followed Budget Battle: Spending, Future Capabilities Split Gates, Top Brass," *Washington Times*, June 15, 2008, p. 1.

76. Feaver, *Armed Servants*.

77. Marshall, George C. *Marshall Interviews and Reminiscences*, p. 297. 当时 (1940 年)，马歇尔指出，他的参谋人员"花了很大的力气，试图迫使我采取违逆政府的公开行动，我拒绝这样做"。Ibid. , p.304.

78. Quoted in Stewart w. Husted, *George C. Marshall*: *The Rubrics of Leadership* (n.p. [Carlisle, PA]: n.p. [U.S.Army War College Foundation], 2006), pp. 187, 215.

79. Quoted in Stevenson, *Warriors and Politicians*, p.98.

80. Forrest C. Pogue, "George C. Marshall on Civil Military Relationships," in Kohn, *U.S.Military under the Constitution*, p. 205. 国防部长盖茨详细讨论了马歇尔，认为他"在以下方面堪称教科书式的典范：他示范了军官应该如何处理与上级的分歧，尤其是在宪法赋予文官以武装部队控制权的条件下，军官应该如何处理与文官的分歧"。参见 Gates，"Evening Lecture at West Point."

81. Quoted in Eric Larrabee, *Commander in Chief*: *Franklin Delano Roosevelt, His Lieutenants, and Their War* (New York: HarperCollins, 1987), p. 644.

82. 参见史蒂文森（Stevenson）的总结，Stevenson，*Warriors and Politicians*, pp. 106–113。

83. 这是 2007 年 2 月与作者在位于宾夕法尼亚州的卡莱尔市进行的谈话。

84. Robert D. Kaplan，"Looking the World in the Eye," *Atlantic Monthly*, December 2008, p. 70.

85. Telford Taylor，"Review of The Soldier and the State," *Yale Law Journal* 67 (1957):164, 167.

第十四章　结语

1. Samuel P. Huntington, *The Soldier and the State*: *The Theory and Politics of Civil-Military Relations* (Cambridge, MA: Belknap Press of Harvard University Press, 1957),p.2.

2. Carl von Clausewitz, *On War*, trans. and ed. Michael Howard and Peter Paret(Princeton, NJ: Princeton University Press, 1976), p. 11.

3. 参见 Eliot A. Cohen, *Supreme Command*: *Soldiers, Statesmen, and Leadership in Wartime* (New York: Free Press, 2002)。

4. 参见 Richard K. Betts, *Soldiers, Statesmen, and Cold War Crises* (New York: Columbia University Press, 1991)。

5. Huntington, *The Soldier and the State*, p. 11.

6. Ibid.,p. 56.

7. Clausewitz, *On War*, p. 177.

8. Ibid.p. 87.

9. Huntington, *The Soldier and the State*, p.2.

10. Ibid., p.36.

11. Ibid., pp.56–57.

12. Ibid., pp. 83–84.

13. 对于该主题，有过一项最为出色的学术研究，这是一项雄心勃勃的项目，本书的几位作者也参与到其中，这项研究是：Peter D. Feaver and Richard H. Kohn, eds., *Soldiers and Civilians*: *The Civil-Military Gap and American National Security* (Cambridge MA：BCSIA Studies in International Security, MIT Press, 2001)。

14. 例如，参见 Don M. Snider, "An Uninformed Debate on Military Culture," *Orbis* 43, no. 1 (Winter 1999): 11–26。

15. Huntington, *The Soldier and the State*, p.84.

16. Don M. Snider, "The Army as Profession," in Don M. Snider and Lloyd J.Matthews, eds., *The Future of the Army Profession*, 2d ed., rev. and exp. (New York: McGraw-Hill Primis, 2005), pp. 11–12.

17. Christopher Gibson and Don M. Snider, "Civil-Military Relations and the Potential to Influence: A Look at the National-Security Decision Making Process," *Armed Forces and Society* 25, no. 2 (Winter 1999): 193–218.

18. 当然，国会议员也可能会敦促军官证人信奉政府的政策，但是他们依据的理由却超出了军官的特殊职责。这种情况构成了另一种形式的政治化。

撰 稿 人

理查德・K. 贝茨（Richard K. Betts）是哥伦比亚大学萨尔兹曼战争与和平研究所的阿诺德・A. 萨尔茨曼教授兼所长。曾在哈佛大学和约翰斯・霍普金斯大学尼采高级国际研究学院任教，在布鲁金斯学会任高级研究员。他担任过对外关系委员会国家安全研究部主任，早年还先后在原参议院情报特别委员会（教会委员会）、国家安全委员会中任过职，并且在蒙代尔总统竞选活动中任过职。他在 20 世纪 90 年代的 6 年间，担任过中央情报局局长的国家安全咨询小组成员；在 1999—2000 年期间，担任过国家恐怖主义委员会（不来梅委员会）成员。贝茨发表了多篇关于美国外交政策、军事战略、情报行动、亚洲与欧洲安全问题、恐怖主义和其他主题的论文，撰写过五本著作，它们是《军人、政治家与冷战危机》（*Soldiers, Statesmen, and Cold War Crises*）、《偷袭》（*Surprise Attack*）、《核讹诈与核平衡》（*Nuclear Blackmail and Nuclear Balance*）、《军事准备》（*Military Readiness*）与《情报的敌人》（*Enemies of Intelligence*）。合著或编辑了《越南反语》（*The Irony of Vietnam*）、《巡航导弹》（*Cruise Missiles*）、《技术、战略与政治》（*Technology, Strategy, and Politics*）、《"冷战"后的冲突》（*Conflict After the Cold War*）和《战略情报之悖论》（*Paradoxes of Strategic Intelligence*）。

里莎・A. 布鲁克斯（Risa A. Brooks）是美国西北大学政治学助理教授。她专门从事军政关系、军事效能、中东政治和恐怖组织问题研究。她是《塑造战略：战略评估的军政政治学》（*Shaping Strategy: The Civil-Military Politics of Strategic Assessment*）（2008）的作者，也是《创建军事力量：军事效能的源泉》（*Creating Military Power: The Sources of Military Effectiveness*）（2007）的编者（与伊丽莎白・斯坦利（Elizabeth

Stanley）合编）。她以往的专业经历包括：在斯坦福大学国际安全与合作中心任博士后研究员；在伦敦国际战略研究所任助理研究员；加入哈佛大学奥林战略研究所。

詹姆斯·伯克（James Burk）是德克萨斯农工大学社会学教授，在德克萨斯农工大学研究和教授社会理论及军政关系课程。他在陶森大学获理学学士学位，在芝加哥大学获硕士和博士学位。他于 1983 年加入德州农工大学，在此之前，在麦吉尔大学任教两年。他在编委会中任过职，曾任《武装力量与社会》杂志编辑，《美国社会学杂志》顾问编辑，还曾担任过美国社会学协会和平、战争与社会冲突分会主席。他最新撰写的论文是《不断变化的兵役道德契约》（The Changing Moral Contract for Military Service），该义发表在安德鲁·贝塞维奇（Andrew Bacevich）编辑的《长期战争：第二次世界大战以来的美国安全诉求》（*The Long War: America's Quest for Security since World War* Ⅱ）（即将出版）上。

卡琳·德·安杰利斯（Karin De Angelis）是马里兰大学学院公园分校的研究生，专攻军事社会学。在 2000—2006 年期间，她在美国空军担任人事官员，在华盛顿特区、意人利北部和卡塔尔执行过任务。她拥有芝加哥大学社会学学士学位。在她目前从事的研究中，有一项是定性分析，主题是美国空军学院对以往性侵投诉的回应以及该回应对组织文化的影响。

迈克尔·C.戴思齐（Michael C. Desch）是斯科夫克罗夫特国际事务研究所的创始人，也是德克萨斯农工大学乔治·布什政府与公共服务学院的情报与国家安全决策部门的第一位享有"罗伯特·M.盖茨主席"称号的人。他曾担任肯塔基大学帕特森外交与国际贸易学院的教授兼主任；奥林研究所所长助理兼高级研究助理；哈佛大学奥林战略研究所国家安全方面的约翰·M.奥林博士后研究员；加利福尼亚大学河滨分校政治学系成员；南加州大学国际研究中心访问学者。他以优异成绩在马凯特大学获政治学学士学位，在芝加哥大学获国际关系硕士学位以及政治学博士学位。他最新出版的专著是《权力与军事效能：民主凯旋论的谬见》（*Power*

and Military Effectiveness: *The Fallacy of Democratic Triumphalism*），
他还撰写了《对军队的文官控制：不断变化的安全环境》（*Civilian
Control of the Military*: *The Changing Security Environment*），与他人共
同编辑出版了《从海盗到毒枭："后冷战"时期的加勒比海安全环境》
（*From Pirates to Drug Lords*: *The Post-Cold War Caribbean Security
Environment*），编写了《城市士兵：城市地带的军事行动》（*Soldiers in
Cities*: *Military Operations on Urban Terrain*）。他的论文发表在《外交事务》
《国际组织》《国际安全》和《伦理学》等学术杂志上。他曾在《国际
安全和安全研究》编辑委员会中任职，经常在新闻界和广播电视上发表
评论。他的其他经历还包括：美国参议员的下属工作人员；美国国务院
情报和研究局工作人员；国会研究服务部的外事与国防部门的工作人员。

达雷尔·W. 德赖弗（Darrell W. Driver）是一位少校，也是美军陆军中的战略
计划和政策军官。他目前在德国加米许的乔治·马歇尔欧洲安全研究中心
担任计划和战略总监。在此之前，他在西点军校担任政治学助理教授。
在马歇尔中心和西点军校，德赖弗少校讲授的课程有国家安全战略、美
国政治和公共政策。他的出版物包括论文和一些著作中的部分章节，内
容涉及政治学教育、军政关系和国防政策。他拥有印第安纳州南本德市
圣母大学文学学士学位，锡拉丘兹大学政治学硕士学位和博士学位。德
赖弗少校早期在陆军服役，是一名步兵军官，在夏威夷的斯科菲尔德兵
营陆军第 25 步兵师以及肯塔基州坎贝尔堡第 101 空降师任过职。

彼得·费弗（Peter Feaver）是杜克大学政治学和公共政策学教授，也是三
角安全研究所主任。在哈佛大学获得博士学位。著有《武装的公仆：代
理人、监督人和军政关系》（*Armed Servants*: *Agency, Oversight, and
Civil-Military Relations*）（2003）和《捍卫监护人：对美国核武器进行文
官控制》（*Guarding the Guardians*: *Civilian Control of Nuclear Weapons
in the United States*）（1992）。他与克里斯托弗·盖尔皮（Christopher
Gelpi）合著了《选择你的战斗：美国军政关系和武力运用》（*Choosing
Your Battles*: *American Civil-Military Relations and the Use of Force*）

（2004），与克里斯托弗·盖尔皮（Christopher Gelpi）和杰森·雷夫（Jason Reifler）合著了《为战争而付出的人类代价》（*Paying the Human Costs of War*）（即将出版）。他还与理查德·H. 科恩（Richard H. Kohn）共同编辑了《军人与文人：军政隔阂和美国国家安全》（*Soldiers and Civilians: The Civil-Military Gap and American National Security*）（2001）。他的论文范围广泛，涉猎美国外交政策、民意、核扩散、军政关系、信息战和美国国家安全。2005 年 6 月至 2007 年 7 月，费弗从杜克大学休假，出任白宫国家安全事务委员会战略规划和机构改革特别顾问。

克里斯托弗·P. 吉布森（Christopher P. Gibson）是一位美国陆军上校，他在伊拉克指挥过一支陆军旅级战斗队。他最近担任斯坦福大学胡佛研究院战争学院研究员。在此之前，他指挥过第 82 空降师第 325 空降旅第二营，所执行的任务包括两次亲赴伊拉克，支持那里的三次全国大选。他早年参加过海湾战争，在北约向科索沃派遣的和平执法行动中任过职，在西点军校讲授过美国政治学，还有过两次美国国会的联络之旅，其中一次是以国会研究生项目成员的身份去的。他的公共行政学硕士、政府学硕士和博士学位均在康奈尔大学获得，他还是美国陆军司令部和参谋学院的杰出荣誉毕业生。他获得的奖项和勋章包括军功勋章、三枚铜星勋章、一枚紫心勋章、带星的战斗步兵徽章和游骑兵章。

理查德·H. 科恩（Richard H. Kohn）是北卡罗来纳大学教堂山分校历史学教授以及和平、战争与国防科学教授。在 2006—2007 学年，任美国陆军战争学院和宾夕法尼亚州卡莱尔市迪金森学院战略领导学方面的奥马尔·N. 布拉德利教授。科恩是美国军事历史和军政关系方面的专家，出版了很多著作。1997 年，他与人合著的《无缘第二次世界大战荣誉勋章的黑人士兵》（*The Exclusion of Black Soldiers from the Medal of Honor in World War Ⅱ*）一书获得了七枚荣誉勋章的奖励。他的最新著作是与彼得·D. 费弗合编的《军人与文人：军政隔阂与美国国家安全》（2001），为了编写这本书，他们针对军政之间的态度和观点分歧，一共进行了为期 3 年的调研。他最近出版的著作侧重在对军队的文官控制上，包括《今日美国对文官控制军队的侵蚀》（*The Erosion of Civilian Control of the Military in the United States Today*），该书获《海军战争学院评论》（*Naval War College Review*）2002 年度爱德华·S. 米勒历史学奖。目前，他正致力于一项美国历史上的总统战争领导力研究，同时继续进行军政关系研究。

小理查德·A. 莱克门德（Richard A.Lacquement Jr.），美国陆军，目前被分配到陆军战争学院就职。在此之前，曾担任国防部稳定行动副部长助理办公室战略官，他的职责集中在执行国防部 3000.05 指令上，即"对稳定、安全、过渡和重建行动予以军事支持"。他是一位陆军战略家和野战炮兵军官，其执行的任务主要面向驻韩美军部队、第 82 空降师、第一装甲师（包括"沙漠风暴"行动）、第三步兵师和第 101 空降师（空袭）。在伊拉克北部军事行动期间，他作为陆军战争计划部和第 101 空降师的战略官，参加了"伊拉克自由行动"。他还在西点军校担任过社会科学助理教授，在美国海军战争学院担任过策略与政策方向的教授。他毕业于西点军校，拥有普林斯顿大学国际关系博士学位，海军战争学院国家安全和战略研究硕士学位。他的专业领域包括稳定行动、平叛、跨部门作战以及军事职业教育和理论。他是《塑造"冷战"后的美国军事能力》（*Shaping American Military Capabilities After the Cold War*）（2003）的作者，在《美国陆军和海军陆战队战地手册》（3–24）的《平叛》（*Counterinsurgency*）中，他还是"统一行动"一章的主要作者。他发表过大量的关于国防转型和稳定行动的文章。

马修·莫滕（Matthew Moten）自 2006 年 3 月以来，一直担任西点军校历史系教授兼副主任。在此之前，他将大部分的职业生涯都贡献给了装甲兵和骑兵。1999 年 4 月，他成为陆军参谋长埃里克·K. 新关将军的演讲撰稿人，后来又担任了他的立法顾问。2002 年，莫滕上校当选为西点军校历史学系的学院教授（Academy Professor），并被任命为军事史部主任。在 2005 年 1 月至 6 月，他还担任了第 108 空降军"龙旅"

（Dragon Brigade）副指挥官，伊拉克多国联合军"巨龙特遣部队"（Task Force Dragon）副指挥官，他拥有莱斯大学的历史学博士学位，著有《德拉菲尔德委员会和美国军事职业》（*Delafield Commission and the American Military Profession*）一书。

威廉森·默里（Williamson Murray）是俄亥俄州立大学名誉教授，国防分析研究所高级研究员，美国海军学院 1957 年杰出教授。他毕业于耶鲁大学，获耶鲁大学博士学位，在此之前，他在美国空军服过兵役，其中的一次被派驻东南亚地区。他先后任教于耶鲁大学、俄亥俄州立大学以及西点军校、空军大学、海军战争学院、陆军战争学院和海军陆战队大学，曾被聘为伦敦经济学院百年访问教授（Centennial Visiting Professor）、海军战争学院海军校友部部长以及海军陆战队大学军事理论方面的霍纳教授。

苏珊娜·C. 尼尔森（Suzanne C. Nielsen）是西点社会科学系国际关系与国家安全研究项目负责人。2008 年上半年，尼尔森中校担任伊拉克总指挥行动小组副主任。在 2008—2009 学年，她担任过华盛顿特区国家战争学院的"美国军事学院研究员"（U. S. Military Academy Fellow）。她还在韩国、德国和波斯尼亚工作过，担任过国家安全局局长。她毕业于西点军校，拥有哈佛大学政治学硕士和博士学位。她的论文《为战争做准备：和平时期军事改革的动力》获美国政治学协会拉斯威尔最佳论文奖，以表彰她于 2002—2003 年在公共政策领域中做出的贡献。她的研究领域还包括军政关系和战略。她出版过专著《对武力使用的政治控制：以克劳塞维茨的视角》（*Political Control over the Use of Force: A Clausewitzian Perspective*），在《陆军职业的未来》（*The Future of the Army Profession*）一书中撰写过部分章节，她的论文发表在《国防研究》《国际研究视角》《公共行政与管理》和《军事评论》上。她还与其他人合著完成了《美国国家安全》（*American National Security*）（第六版）一书，该书由约翰斯·霍普金斯大学出版社在 2009 年出版。她也是对外关系委员会的成员。

纳迪娅·沙德罗（Nadia Schadlow）是史密斯理查森基金会国际安全与外
交政策高级计划官，负责确认那些值得美国政界进一步关注的战略问
题，制定和管理与这些问题有关的计划和项目。在此之前，她先后做
过国防部总统管理项目研究生、国防部长办公室负责生涯管理的公务
员。她在康奈尔大学获得政府和苏联研究文学学士学位，在约翰斯·
霍普金斯大学尼采高级国际研究学院获得硕士和博士学位。她发表了
论文《战争与治理的艺术：美国陆军在军事政府中扮演的角色——
从墨西哥战争到"正义事业行动"》（War and the Art of Governance:
The U.S. Army's Role in Military Government from the Mexican War to
Operation Just Cause），该论文考察了美国陆军在战时国家重建方面
的经验。沙德罗博士还担任过国防部顾问，为那些将陆军新稳定行动
学说付诸实践的项目提供咨询。她的论文发表在《参数》《美国利益》
和《华尔街杂志》上，也编辑出版过多卷图书。

埃里卡·西勒（Erika Seeler）是杜克大学政治学博士候选人。她以优异成
绩获得杜克大学政治学硕士学位，以政治学和日语方面的杰出表现获
得俄亥俄州立大学文学学士学位。她的论文考察了世界政治中宗教与
政体类型之间的关系。在她参与的其他研究项目中，她还考察了福音
派对外交政策的态度，世界政治中的宗教和暴力极端主义，以及对声
誉的关切在核管理中的作用。

戴维·R. 西格尔（David R. Segal）是马里兰大学的"杰出学者 – 教师"
（Distinguished Scholar-Teacher）、社会学教授和军事组织研究中心主
任。在加入马里兰大学之前，他在芝加哥大学获得博士学位，在密歇
根大学任教过，在陆军研究所行为与社会科学部担任过主任。他的研
究涉及军事组织、军事行动、人力和人事问题。

唐·M. 施耐德（Don M. Snider）是西点军校政治学荣誉教授，2008 年退
休，现任陆军战争学院客座研究教授。他拥有马里兰大学公共政策博

士学位，威斯康星大学经济学和公共政策硕士学位。他曾被三次派往越南作战，先以步兵的身份，后以营级指挥官的身份，除此之外，他还担任过欧洲战区野战军计划负责人，陆军参谋长的联合计划官，也在参谋长联席会议主席办公室和白宫国家安全委员会中工作过。1990年，他从陆军上校职位上退休。他还在战略与国际研究中心担任过政治军事研究项目主任，在西点军校担任过三年的国家安全研究"奥林杰出教授"（Olin Distinguished Professor）。他目前的研究方向包括军事创新与适应、美国军政关系、美国陆军军官的认同与发展以及军事职业。他是《陆军职业的未来》（*Future of the Army Profession*）（第二版）（2005）一书的负责人，也是该书的编辑之一，现在，这本书已经成为陆军战争学院和西点军校的教科书。他最近的文章包括：《对军事职业的异议和战略领导》（Dissent and Strategic Leadership of Military Professions）（发表于《奥比斯》）和《军官：职业实践》（Officership: The Professional Practice）（发表于《军事评论》）。他与劳埃德·J. 马修斯合著的著作《锻造勇士的品格》（*Forging the Warrior's Character*）（第二版）于 2008 年发行。他还是外交关系委员会成员，同时也在高等院校武装部队与社会问题研讨会的执行委员会中任职。

索 引

（索引页码为原书页码，即本书边码）

A

300

E

F

G

N

T

后　记

哈尔滨工程大学社会学系张浩老师、哈尔滨理工大学外国语学院孙菲老师，以及哈尔滨工程大学外语系硕士研究生田野同学先后参与了本书初稿的部分翻译工作，尤其是张浩老师，付出良多。出版之际，深表谢意。

刘　辉

2020 年 9 月